평생교육사를 위한

성인학습 및 상담

김현진 이수란 최혜라 공저

KNOWLEDGE COMMUNITY 공동체

오늘날 성인들의 삶은 일과 가정, 사회적 관계, 그리고 학습이라는 다양한 역할과 환경의 경계가 허물어진 복합적 구조 속에서 전개되고 있다. 특히 기술 혁신과 사회 변화의 속도가 빨라질수록 학습은 생애의 특정 시기에 국한되는 것이 아닌, 평생 지속되어야 할 삶의 방식으로 자리 잡고 있다. 이에 따라 성인학습은 단순히 지식과 기술을 습득하는 활동이 아니라, 자기이해와 성장, 사회적 참여를 통해 삶의 의미를 재구성하는 통합적 과정으로 이해된다.

이 책은 이러한 변화된 학습 환경 속에서 성인학습자에게 필요한 교육적 지원과 심리적 조력을 함께 다루기 위해 기획되었다. 성인학습은 학습자의 경험과 맥락, 정체성을 존중하는 교육철학을 바탕으로 하며, 상담은 그 과정에서 학습자가 자신을 성찰하고 내적 동기를 회복하도록 돕는 역할을 한다. 특히 인공지능(AI) 기술이 교육 현장과 상담 장면에 점차 통합되면서, 성인학습자는 새로운 학습 방식과 관계 맥락 속에서 더욱 능동적으로 자기주도적 역량을 발휘할 수 있게 되었다. 이러한 변화 속에서 평생교육사의 역할 또한 단순한 지식 전달자를 넘어, 학습자와 함께 성장하며 심리적·사회적 지원을 제공하는 전문적 조력자로 확장되고 있다.

본 교재는 네 부분으로 구성되어 있다. 제1부에서는 성인학습의 개념과 철학적 기초를 다루고, 제2부에서는 주요 학습이론을 통해 성인학습의 심리적 기제를 탐색한다. 제3부에서는 상담이론과 실제를 중심으로, 성인학습자의 발달과 맥락에 적합한 상담 접근을 제시하였으며, 마지막 제4부에서는 학업, 진로, 정서 영역에서의 상담 실제를 구체적 사례와 함께 다루었다.

이 책이 평생교육과 상담을 전공하는 학생들에게는 학문적 기초를, 현장에서 성인학습자를 지원하는 실천가와 평생교육사들에게는 통합적 이해의 틀을 제공하기를 바란다. 변화와 전환의 시대에 학습과 상담, 그리고 AI 기술의 융합을 통해 인간의 성장과 존엄을 확장해 나가는 길에 본 교재가 작은 이정표 되기를 기대한다.

Part 1

성인학습 및 성인학습자 이해

Chapter 01
평생교육과 성인학습

Chapter 02
성인학습자 이해

Chapter 03
성인학습 환경과 평생교육사

Chapter 01

평생교육과 성인학습

학습목표

- 현대사회의 구조적 변화와 그에 따른 성인학습의 필요성을 설명할 수 있다.
- 교육과 학습의 개념을 구분하고, 평생교육과 성인학습의 차이를 명확히 서술할 수 있다.
- 성인학습 장면에서 상담의 필요성과 활용 방안을 구체적으로 제시할 수 있다.

21세기 사회는 급격한 기술혁신과 인구구조의 변화, 가치관의 다변화 속에서 인간 삶의 방식 자체가 근본적으로 재편되고 있다. 한 번의 교육으로 평생을 살아가던 시대는 이미 지나가고 변화하는 환경 속에서 끊임없이 배우고 성장해야 하는 '학습사회(learning society)'가 도래하였다. 이러한 맥락에서 평생교육은 더 이상 선택이 아닌 생존의 조건이자 개인의 선택을 넘어 국가와 사회가 함께 보장해야 할 공공의 영역으로 확대되고 있다. 본 장에서는 이러한 사회적 변화 속에서 성인학습이 왜 중요한지 탐구하고, 평생교육과 평생학습, 성인교육과 성인학습의 개념적 관계를 체계적으로 구분하여 이해하고자 한다. 또한 학습은 단순한 지식의 축적이 아니라, 개인이 스스로의 삶을 이해하고 성숙해 가는 자아실현의 과정이자 사회 속에서 타인과 함께 성장하는 통합의 과정이다. 이에 본 장에서는 성인학습 맥락에서 상담을 통한 심리적 지원의 필요성을 함께 고찰하며, 학습과 상담이 유기적으로 결합된 통합적 평생학습의 의미를 탐색하고자 한다. 나아가 이러한 논의를 통해 성인학습자의 개인적 성장과 사회적 연대가 조화를 이루는 미래지향적 학습사회의 비전을 제시한다.

1. 현대사회와 성인학습

1) 변화하는 현대사회와 학습의 필연성

21세기 사회는 그 어떤 시대보다 빠르게 변화하는 지식 · 기술 중심 사회로, 사회의 변화는 학습의 의미를 근본적으로 바꾸어 놓았다. 산업혁명 이후 인류는 '기계에 의한 노동의 대체'라는 전환기를 여러 차례 경험했으나, 오늘날의 변화는 단순한 생산수단의 혁신을 넘어 지식, 가치, 인간의 정체성까지 변화시키는 총체적 혁명으로 평가된다. 사회의 변화는 그 사회를 살아가는 사람에게 요구되는 역량과 태도, 행동의 변화를 요구하며, 이러한 요구에 부응할 수 있는 가장 중요한 도구는 교육과 학습이라 할 수 있다.

(1) 산업·경제 구조의 전환

과거의 산업사회에서는 일정한 교육을 받은 후 직업을 선택하고, 그 직업을 평생 유지하는 직선형 생애 경로(linear life course)가 일반적이었다. 그러나 후기 산업사회에서는 기술의 수명주기가 짧아지고, 일자리의 안정성이 약화되면서 이러한 경로가 더 이상 유효하지 않게 되었다. 세계경제포럼의 미래직업보고서(Future of Jobs Report, 2023)에 따르면, 전 세계 근로자의 핵심기술 약 44%가 향후 5년 내 변화되거나 붕괴될 것으로 전망한다. 이는 기술혁신과 자동화가 기존 직무의 역량구조를 재편하고, 다수의 직무에서 재교육과 역량재개발이 필수적임을 의미한다. 한국의 직업시장 역시 이러한 흐름을 반영하고 있다. 한 조사에 따르면, 이직 경험이 있는 근로자의 평균 이직 횟수는 2.8회이며, 그중 절반가량(약 50%)은 3회 이상 이직 경험이 있는 것으로 나타났다. 여러 기관의 보고서에서도 직장인의 평균 이직 횟수는 대체로 2회에서 4회 사이로 조사되었으며, 상당수의 근로자들이 이직을 단순한 불안정의 결과가 아니라 자기개발과 경력 성장을 위한 전략적 선택으로 인식하고 있었다. 이러한 변화는 한 개인이 생애 전반에 걸쳐 하나의 직업만을 유지하는 시대가 이미 저물었으며, 지속적인 학습과 전직을 통한 생애경력 관리가 현대사회의 필수 역량으로 자리 잡고 있음을 보여 준다.

이러한 변화는 단지 기술혁신의 결과가 아니라, 지속가능한 학습역량이 현대사회의 핵심 경쟁력으로 부상하고 있음을 보여 준다. 이제 노동은 더 이상 학습이 끝난 뒤 수행하는 활동이 아니라, 노동 자체가 학습의 장이 되고, 학습 또한 직업세계와 분리되지 않은 지속적 순환 과정으로 자리 잡고 있다. 다시 말해 현대사회는 '일하며 배우고, 배우며 일하는 사회'로 전환되었으며, 새로운 지식과 기술을 끊임없이 학습하고 적용하는 능력이 생애 전반의 성공을 좌우하게 되었다. 이러한 맥락에서 현대사회는 '배우는 능력' 자체가 가장 중요한 자산이 되는 사회라고 볼 수 있다.

(2) 인구구조의 변화와 생애 전환의 다층화

한국은 2025년을 기점으로 전체 인구의 20% 이상이 65세 이상인 초고령사회로 진입했다(통계청, 2024). 15~64세의 생산가능인구 비율은 2020년 72.1%에서 2070년 45.7%로 감소할 것으로 예측되며 이는 노동 공급의 급격한 축소와 세대 간 부양부담 증가로 이어질 것으로 예상된다. 이러한 인구구조의 급격한 변화는 단순한 인구 감소 현상이 아니라, 노동시장 · 복지체계 · 교육체계 전반의 구조적 변화를 요구하는 사회적 전환점이 되고 있다.

세계적으로도 유럽연합(EU)과 일본을 비롯한 선진국들은 인구 고령화에 대응하기 위해 평생학습을 사회안전망의 한 축으로 인식하고 있다. OECD(2023)는 고령층이 평생학습에 지속적으로 참여할수록 생산성 감소가 완화되고, 퇴직 이후 사회적 고립을 예방할 수 있다고 분석하였다. 실제로 핀란드와 덴마크 등 북유럽 국가에서는 55세 이상 인구의 성인학습 참여율이 40% 이상에 달하며, 이들 국가의 고령층 고용률과 사회참여 수준은 OECD 평균을 크게 상회한다. 반면, 한국의 60세 이상 평생학습 참여율은 18.6%에 불과하지만(국가평생교육진흥원, 2024), 참여자의 72.3%가 학습을 통해 삶의 만족도와 정서적 안정이 향상되었다고 응답하였다. 이는 참여율은 낮더라도 학습의 효과성이 매우 높다는 점을 보여 주는 실증적 근거로, 학습이 노년기의 정신건강 유지와 사회적 관계망 회복, 그리고 새로운 역할 정체성 형성에 기여함을 시사한다.

이러한 고령화의 가속화는 단순히 복지 지출의 증가나 노동력 부족의 문제로만 볼 수 없다. 현대의 생애는 더 이상 '학업–직업–은퇴'로 이어지는 단선적 경로가 아니라, 여러 단계와 역할이 중첩되는 다층적 생애주기로 변화하고 있다. 생애주기가 길어질수록 개인은 직업인, 학습자, 돌봄 제공자, 시민으로서의 역할을 교차적으로 수행하게 되며, 그때마다 새로운 의미와 기술을 학습해야 한다. 특히 은퇴 이후의 재학습은 단순한 지식 습득이 아니라, 자기정체성의 재구성 과정으로 기능한다. "나는 이제 무엇을 위해 살 것인가"라는 질문에 대한 탐색이 곧 학습의 동기가 되며, 학습을 통해 새로운 사회적 역할(멘토, 봉사자, 창업자 등)을 획득하는 경우가 늘어날 수 있다.

뿐만 아니라, 고령층의 학습은 다양한 사회적 · 심리적 효과로 이어진다. 연구에 따르면, 노인들이 평생교육 만족도에 따라 사회적 자본 수준이 유의미하게 증가(김근홍 · 김효정, 2016)했고, 고령 학습자가 학습 활동을 통해 사회 · 시민 활동에 더 많이 참여하게 되고, 이를 긍정적인 학습 경험의 일부로 인식하는 것으로 나타났다(Martins et al., 2022). 이러한 결과는 학습이 개인의 정서적 안정뿐 아니라 사회적 유대 강화와 시민성 확장에도 기여함을 보여 준다.

결국, 고령화 사회의 지속가능성은 '얼마나 오래 사는가'보다 '얼마나 배우며 사는가'에 달려 있다. 평생교육은 고령층의 잠재역량을 사회적 자산으로 전환함으로써 생산가능인구 감소를 보완하고, 세대 간 지식과 경험이 순환되는 사회적 구조를 형성하는 핵심 전략이 되어야 한다. 다시 말해, 평생학습은 고령화 사회의 활력과 회복탄력성을 유지하기 위한 전략적 인적자원으로서 기능해야 한다.

(3) 사회문화적 가치의 다변화

전통적인 산업사회는 집단과 제도 중심의 가치체계를 유지하며, 구성원이 동일한 규범과 목표를 지향하도록 요구하였다. 가족과 국가, 학교와 같은 제도는 개인의 선택보다 사회적 안정과 조화를 우선시했고, 교육은 그러한 사회적 통합을 위한 수단으로 기능하였다. 그러나 정보화와 세계화, 개인주의의 확산을 거치며 현대사회는 개인의 정체성과 선택을 존중하는 다원적 사회로 변화하였다. 이러한 전환은 학습의 목적과 방식에도 뚜렷한 변화를 가져왔다. 과거의 학습이 사회적 지위 향상이나 경제적 성취를 위한 수단적 가치를 중심으로 이해되었다면, 오늘날의 학습은 자기성찰과 자기표현을 통한 존재적 가치로 확장되고 있다. 실제로 『2024 평생교육백서』에 따르면, 30대 이하 성인학습자 중 41%가 "자기성장을 위해 학습한다"고 응답했다. 이는 '직업능력 향상'(37.4%)보다 높은 비율로, 특히 MZ세대 학습자가 학습을 생존의 수단이 아니라 자기표현과 사회적 관계 형성의 기회로 인식하고 있음을 보여 준다.

이러한 변화는 사회문화적 가치의 다변화와 밀접하게 연관되어 있다. 오늘날 사회는 단일한 가치규범이 아닌, 다양성과 포용, 자기실현과 공존을 중시하는 가치로 이동하고 있다. 교육과 학습 역시 획일적 목표를 추구하던 시대를 넘어, 개인의 경험과 신념, 문화적 배경에 따라 다양한 의미를 지니는 삶의 탐색 과정으로 재구성되고 있다. 다시 말해, 학습은 더 이상 '무엇을 알아야 하는가'의 지식 차원 문제가 아니라 '어떻게 살아갈 것인가(being)'의 가치 차원 문제로 확장되고 있는 것이다.

메지로우(Mezirow, 2000)는 이러한 현상을 변혁적 학습이론(transformative learning theory)을 통해 설명하였다. 그는 학습을 단순한 지식의 습득이 아니라, 개인이 자신의 경험을 비판적으로 성찰함으로써 기존의 신념과 관점을 재구성하는 의미 구성의 과정으로 재정의했다. 즉, 학습은 개인이 사회 속에서 형성된 가치체계와 정체성을 재검토하고, 자신만의 새로운 관점을 형성하는 가치를 재구성하는 경험인 것이다. 이러한 학습은 다원적 사회 속에서 서로 다른 세계관을 이해하고 조율하는 힘으로 작동하며, 사회적 다양성과 개인의 자율성이 공존하는 토대를 마련한다. 자비스(Jarvis, 2007) 역시 학습을 사회적 맥락 속에서 경험을 재해석하는 사회문화적 행위로 규정하였다. 그는 학습이 개인의 내적 변화뿐 아니라 사회적 관계와 문화적 가치가 교차하는 과정임을 강조하며, 현대의 학습은 서로 다른 가치와 관점이 대화를 통해 통합되는 장이라고 보았다. 이처럼 현대사회의 성인학습은 개인의 다양성과 사회의 포용성을 함께 확장시키는 문화적 실천이자, 서로 다른 가치가 공존하며 상호 이해를 형성하는 사회적 기반으로 기능한다는 점에서 그 중요성은 더욱 커지고 있다.

2) 기술혁신과 AI 시대의 학습

(1) 인공지능의 확산과 인간 역할의 재정의

인공지능(Artificial Intelligence ; 이하 인공지능 또는 AI)의 급속한 확산은 인간의 학습 방식과 지식의 구조를 근본적으로 재구성하고 있다. 과거에는 교사나 전문가가 지식을 전달하고 학습자는 이를 수동적으로 수용했지만, 이제는 생성형 AI가 학습자의 질문에 즉각적이고 맞춤형 피드백을 제공하며, 학습자 스스로가 '학습 설계자'로서 학습과정을 주도할 수 있게 되었다. AI는 단순한 도구가 아니라 공동 학습자로 기능하며, 학습자에게 개별화된 설명, 예시, 요약, 문제풀이까지 지원함으로써 학습의 효율성과 접근성을 비약적으로 향상시켰다.

그러나 기술의 진보는 역설적으로 "무엇을 배워야 하는가"라는 근본적 질문을 다시 던지게 한다. AI가 대부분의 정보와 지식을 제공할 수 있는 시대에, 인간 학습의 핵심은 더 이상 지식의 양이 아니라 그 지식을 어떻게 비판적으로 사고하고, 의미 있게 활용하며, 윤리적으로 적용하느냐에 있다. OECD 교육연구혁신센터(CERI)가 수행한 「AI와 미래역량 프로젝트(The AI and the Future of Skills : AIFS)」에서는 AI 역량 지표를 개발하면서 아직 AI가 대체할 수 없는 인간 고유 역량의 핵심으로 비판적 사고, 사회적 상호작용, 창의적 문제 해결력, 그리고 학습 민첩성 등을 제시하였다(OECD, 2025). AI가 노동시장에 미치는 영향을 예측하고 그 대책을 제안한 레인과 생마르탱(Lane & Saint-Martin, 2021)의 연구에서도 동일하게 창의성, 사회 지능, 추론 능력 및 비판적 사고 스킬을 개발해야 한다고 강조하였다. 인간이 단순히 지식을 보유하거나 소비하는 존재가 아니라, AI와 공존하며 지식의 의미를 구성하고 해석하는 주체적 탐구자로 변화해야 함을 시사한다. 따라서 인공지능 시대의 평생교육은 단순히 기술을 활용하는 교육을 넘어, AI가 제공하는 정보를 비판적으로 해석하고, 맥락화하며, 사회적 가치로 전환할 수 있는 역량을 함양하는 방향으로 나아가야 한다.

표 1-1 • AI 시대의 핵심역량

구분	정의	교육·학습적 함의
비판적 사고 (critical and reflective thinking)	정보의 신뢰성과 타당성을 검토하고, 논리적·윤리적 근거에 따라 판단하는 능력	학습자는 AI가 제시한 지식의 한계를 인식하고, 근거 평가와 반성적 사고를 통해 의미를 재구성해야 함
창의적 사고 (creative reasoning & ideation)	기존의 지식과 경험을 새로운 형태로 재조합해 문제를 해결하거나 아이디어를 창출하는 능력	프로젝트 기반 학습(PBL)과 창의적 설계 학습을 통해 AI와의 협력적 창의성을 개발해야 함

구분	정의	교육 · 학습적 함의
사회적 상호작용 역량 (social interaction and empathy)	타인의 감정·의도·관점을 이해하고, 사회적 관계를 형성·유지·조정하는 능력	학습은 감정 이해, 협동, 공감적 의사소통을 중심으로 설계되어야 함
윤리적 판단력 (ethical and moral reasoning)	행동의 결과를 도덕적·사회적 맥락에서 숙고하고 책임 있게 결정하는 능력	AI 활용 교육에서는 데이터 윤리, 공정성, 책임성을 포함한 디지털 시민성 교육이 필수
학습 민첩성 (learning agility)	새로운 상황에 신속히 적응하며, 학습한 내용을 다른 맥락으로 전이하는 능력	평생학습 체제 내에서 자기주도적 탐구, 리스킬링·업스킬링을 지속적으로 지원해야 함
가치·의미 구성 역량 (meaning-making & purpose orientation)	자신의 경험을 성찰하고, 사회적 맥락 속에서 삶의 목적과 의미를 재구성하는 능력	성인학습은 '무엇을 아는가'보다 '왜 배우는가'에 대한 성찰 중심으로 전환되어야 함

출처 : OECD 「The AI and the Future of Skills (AIFS) Project」의 AI Capability Indicators(2025)를 바탕으로 재구성

(2) 기술 불평등과 학습격차의 심화

인공지능과 디지털 기술은 학습의 방식과 기회를 혁신적으로 변화시키고 있으나, 동시에 '디지털 격차(digital divide)'라 불리는 새로운 형태의 사회적 불평등을 심화시키고 있다. 과거의 디지털 격차가 주로 PC, 스마트폰 등의 기기 보유나 인터넷 접근성 등의 정보통신기술 인프라 문제에 국한되었다면, 오늘날의 격차는 데이터 활용 능력, 비판적 정보 해석력, 알고리즘 이해도, 그리고 윤리적 기술 감수성 등의 역량 차이로 확장되고 있다. 더 나아가 최근에는 디지털 기술을 활용하여 사회 · 경제적 효과와 기회를 얻는 활용 측면에서의 격차로 논의가 확장되고 있다(Ogbo, Brown, Gant & Sicker, 2021). 이러한 격차는 단순히 기술 사용의 편차가 아니라, 사회 · 경제 · 교육의 구조적 불평등이 기술을 매개로 재생산되는 현상으로 볼 수 있다.

이러한 디지털 격차는 직업격차와 소득격차로 전이된다. 디지털 역량을 갖춘 개인은 구직 과정에서 더 높은 효율성을 보이며, 온라인 학습과 재교육을 통해 지속적으로 직무 능력을 향상시킬 수 있다. 그 결과, 이들은 노동시장 내

에서 더 안정적인 고용을 유지하고, 장기적으로 더 높은 소득을 얻는 경향을 보인다. 전 세계 약 10억 건의 채용 공고와 기업 데이터를 분석한 PwC의 「Global AI Jobs Barometer 2025」 보고서에서 이러한 현상은 명백히 드러난다. 해당 보고서에 따르면. AI 기술을 요구하는 직무는 그렇지 않은 직무보다 평균 56%의 임금 프리미엄을 보였으며, AI 노출이 높은 산업의 생산성 증가율은 AI 비노출 산업보다 약 4배 높은 것으로 나타났다. 또한 AI 관련 기술이 요구되는 산업에서는 근로자 1인당 수익이 세 배 이상 빠른 속도로 증가하고 있었다. 이러한 수치는 AI 활용 역량이 단순한 기술적 능력이 아니라, 노동시장에서의 생존력과 경쟁력을 결정하는 핵심 역량임을 보여 준다.

평생교육은 이러한 기술 불평등과 학습격차를 해소하는 데 있어 핵심적인 역할을 수행할 수 있다. 개인이 생애 전반에 걸쳐 AI와 디지털 기술을 이해하고, 그 사회적 함의를 성찰할 수 있도록 하는 비판적 디지털 리터러시(critical digital literacy) 교육은 기술의 불평등을 완화하고, 개인의 학습 역량을 강화하는 데 기여한다. AI 시대의 기술 불평등은 단순히 하드웨어의 접근성 문제가 아니라 지식의 의미를 이해하고 해석할 수 있는 인문사회적 역량의 문제로 전환되고 있다. 평생교육은 기술을 주체적으로 활용하고 사회적 가치 창출로 연결하는 '포용적 학습사회(inclusive learning society)'의 핵심 인프라로 기능하며, 학습을 통해 인간의 존엄과 기회를 확장하는 방향으로 나아갈 수 있다는 점에서 더욱 중요하다.

2. 평생교육과 성인학습의 이해

1) 교육과 학습의 개념적 구분

평생교육 장면에서 평생교육, 평생학습, 성인학습 등의 용어는 혼재되어 사용된다. 현장에서는 명확한 구분 없이 사용하곤 하지만, 각 개념을 명확히 이해하고 사용할 필요가 있다. '교육(education)'과 '학습(learning)'은 일상적으로 혼용되지만, 두 개념은 본질적으로 다른 의미를 지닌다. 교육은 사회가 의도하는 가치나 지식을 계획적 · 조직적으로 전달하는 제도적 행위이며, 주로 교사 중심의 지도와 평가 체계를 포함한다. 교육의 핵심은 '무엇을, 누구에게, 어떻게 가르칠 것인가'에 대한 사회적 합의와 제도적 책임에 있다. 반면 학습은 개인이 경험을 통해 지식과 태도, 행동을 변화시키는 자기주도적 과정이다. 학습은 반드시 제도화된 상황에서만 일어나는 것이 아니라, 일상생활 · 직장 · 가정 등 삶의 모든 장면에서 이루어진다.

듀이(Dewey, 1938)는 교육을 "경험을 재구성하여 의미를 만들어가는 과정"이라 보았으며, 학습을 인간이 환경과 상호작용하며 새로운 통찰을 얻는 지속적 성장의 행위로 정의했다. 즉, 교육이 사회의 필요에 의해 설계된 제도적 체계라면, 학습은 개인의 내적 동기와 자발성에 의해 이루어지는 심리적 · 사회적 과정이다. 이러한 관점에서 안드라고지의 개념으로 교육을 확장한 노울즈(Knowles, 1980)는 성인학습을 '타인의 지시가 아닌 자기주도적(self-directed)' 학습으로 규정하면서, 성인학습은 교육의 하위 범주가 아니라 교육의 본질적 완성형이라고 보았다.

2) 평생교육의 개념과 발전

(1) 평생교육의 개념

평생교육(lifelong education)은 한 개인의 생애 전 주기에 걸쳐 일어나는 학습 활동을 포괄하는 개념으로, UNESCO 성인교육 국장이었던 폴 랑그랑(Lengrand)이 「평생교육(Education Permanante, Lifelong Education) 보고서」를 제출하면서 개념 정립이 시작된 것으로 본다. 랑그랑은 평생교육을 개인의 출생에서 시작하여 죽을 때까지 계속되는 모든 과정이라 정의하였고, 이러한 교육을 위해 새로운 제도를 만들어야 한다고 주장했다(Lengrand, 1970). 이후, 평생교육 개념은 UNESCO가 1972년 발표한 「러닝 투 비(Learning to Be) 보고서」를 통해 세계적으로 확산되었다. 보고서를 주도적으로 작성한 포르(Faure)는 "교육은 한 시기의 사건이 아니라 인간 존재의 전 생애를 관통하는 과정"이라고 하며, 학교 중심의 단선적 교육 패러다임을 넘어 '평생학습사회(lifelong learning society)'로의 전환을 주장하였다(Faure et al., 1972). OECD(2018)는 평생교육을 "개인이 생애 전반에 걸쳐 지식, 기술, 태도를 지속적으로 개발하도록 지원하는 체계"로 정의하고, 이를 경제적 성장뿐 아니라 사회적 통합, 고령화 대응, 민주적 시민성 증진의 수단으로 강조하였다.

한국에서도 1982년 사회교육법 제정 이후, 평생교육의 중요성이 지속적으로 부각되었고, 1999년 「평생교육법」 제정을 기점으로 평생교육은 국가정책의 중심 영역으로 자리 잡았다. 「평생교육법」 제2조에 따르면 평생교육은 "학교의 정규교육을 제외한 모든 형태의 조직적 교육활동"을 의미하며, 이는 공식교육(formal education), 비공식교육(non-formal education), 비형식학습(informal learning)을 포괄한다. 즉, 평생교육은 학교 밖에서 이루어지는 다양한 학습활동뿐 아니라, 일터 · 가정 · 지역사회 등 삶의 전 영역에서 이루어지는 학습을 제도적으로 지원하는 개념이라고 할 수 있다. 따라서 평생교육은 제도적 · 정책적 접근의 틀을 지니며, '누구나, 언제, 어디서나 배울 수 있는 사회적 조건을 마련하는 체계'로 정의할 수 있다.

한편, 「2024 평생교육백서」(국가평생교육진흥원)에 따르면, 국민의 10명 중 7명(69.3%)이 지난 1년간 어떤 형태로든 평생학습에 참여한 경험이 있다고 응답하였다. 그러나 참여율의 증가에도 불구하고 연령, 소득, 학력에 따른 참여격차는 여전히 존재하며, 특히 60세 이상 고령층과 저소득층의 참여율이 낮게 나타났다. 이는 평생교육이 단순한 '기회의 확대'에서 나아가, 학습의 공정성과 포용성을 확보하는 방향으로 발전해야 함을 시사한다.

(2) 평생교육 개념의 발전

평생교육 개념은 1970년대 이후 시대적 변화와 함께 '교육 중심에서 학습 중심으로' 전환되어 왔다. 앞서 언급한 UNESCO의 「러닝 투 비(Learning to Be) 보고서」(일명 「포르(Faure) 보고서」, Faure et al., 1972)는 학교교육의 한계를 넘어 교육을 인간의 전 생애에 걸친 과정으로 확장한 첫 시도였다. 그러나 이후 많은 학자와 교육자들은 교육보다 학습이라는 개념을 강조하였다. 1996년 자크 들로르(Delors)가 주도한 UNESCO 보고서 「Learning : The Treasure Within」은 "교육의 중심을 학교에서 학습자로 이동시켜야 한다"고 강조하며, '평생교육'(lifelong education)이라는 용어 대신 '평생학습(lifelong learning)' 개념을 제시했다. 이는 학습을 제도적 행위가 아닌 인간 존재의 자기갱신(self-renewal) 과정으로 이해하는 관점을 제도화한 전환점이었다. 들로르는 학습을 '인간이 스스로의 삶을 구성하고, 사회적 관계를 통해 의미를 창조하는 능동적 과정'으로 정의하며, 학교를 넘어선 전 생애적 학습 체계를 제시하였다.

비에스타(Biesta, 2022)는 「포르 보고서」 이후 반세기의 변화를 분석하면서, "교육받을 권리(the right to education)"가 "학습해야 할 의무(the duty to learn)"로 전환되었다고 지적하였다. 과거의 평생교육이 국가나 사회의 교육 제공에 초점을 두었다면, 오늘날의 평생학습은 개인이 능동적으로 학습 책임을 지고 지속적으로 자기 역량을 개발해야 한다는 방향으로 이동한 것이다. 이러한 학습의 의무화는 급변하는 노동시장과 기술혁신 속에서 개인의 고용가능성(employability)과 사회적 적응력(adaptability)을 유지하기 위한 사회적 요청과 맞물려 있다. 비에스타는 「포르 보고서」가 제시한 인간주의적 비전이 교육을 특정 정책 목표의 수단이 아니라 인간 해방의 과정으로 이해해야 한다는 점에 여전히 유효하다고 강조하였다. 다시 말해, 학습은 단순히 경쟁력을 유지하기 위한 수단이 아니라, 인간이 스스로의 삶의 의미를 재구성하고 공동체 속에서 새로운 관계를 형성하는 인간적 · 사회적 실천이라는 것이다.

이러한 관점에서 보면, 평생교육은 더 이상 제도나 정책의 영역에 머무르지 않는다. OECD(2018)는 평생교육의 발전 방향을 '학습자 중심의 역량 개발'로 규정하면서, 학습이 경제적 성장뿐 아니라 사회적 연대, 포용성, 시민성 강화에 기여해야 한다고 강조하였다. 이러한 맥락에서 현대의 평생교육은 단순한 교육 기회의 확대나 제도적 지원을 넘어, 인간이 '평생 학습하는 존재로 살아가는 사회적 구조', 즉 학습사회(learning society)를 구현하는 철학적 · 정책적 패러다임으로 발전하고 있다.

학습사회란 모든 시민이 평생 동안 적극적으로 학습에 참여하며, 학교와 직장, 지역사회, 가정 등 사회의 모든 영역이 학습의 장으로 작동하는 사회를 말한다. 이는 사회 전체가 지식과 역량을 지속적으로 발전시키는 구조와 문화를 의미하며, 교육이 아닌 학습의 관점에서 사회를 바라보게 한다. 허친스(Hutchins, 1968)는 학습사회를 "모든 인간이 학습을 통해 사회 발전에 기여하고, 사회 또한 구성원의 학습을 통해 스스로 성장하는 유기적 체계"로 정의하였다. 이후 자비스(Jarvis, 2007)는 이를 계승하여, 학습사회는 개인의 성장과 사회의 진보가 상호 강화되는 '자기학습적 사회(self-learning society)'로 진화하고 있다고 보았다. 결국 학습사회는 개인의 성장과 사회의 발전이 '학습'을 매개로 순환하는 사회적 구조이자, 현대 평생교육이 지향해야 할 궁극적 비전이라 할 수 있다.

아래에는 혼용하는 용어들을 정리하였다.

표 1-2 • 평생교육 관련 용어 정리

구분	개념 정의	핵심 주체 및 초점	주요 영역	교육 · 정책적 함의
평생교육 (Lifelong Education)	개인의 생애 전 주기에 걸친 조직적·제도적 교육활동을 의미하며, 학교교육을 보완하거나 확장하는 공적 교육체계를 포함함.	국가·사회 중심	학교 밖 조직교육 (사회교육, 직업교육, 시민교육 등)	교육의 기회균등과 사회통합을 위한 정책적 체계로서의 의미 강조
평생학습 (Lifelong Learning)	인간의 전 생애에 걸쳐 형식·비형식·무형식 학습을 포괄하는 개념으로, 학습을 인간 존재의 본질적 행위로 이해함.	개인·학습자 중심	일상생활·가정·직장·지역사회 등 비형식 학습 포함	제도 중심의 교육을 넘어 자기주도적 학습문화 조성 및 학습사회 구현에 초점

구분	개념 정의	핵심 주체 및 초점	주요 영역	교육·정책적 함의
성인학습 (Adult Learning)	성인(성숙한 학습자)이 자신의 경험을 바탕으로 자기주도적·경험중심적 학습을 수행하는 과정.	성인 개인 중심	직업교육, 인문·교양학습, 상담·자기성장 등	성인의 자율성과 경험을 존중하는 안드라고지(Andragogy) 이론의 근거 제공
성인교육 (Adult Education)	성인의 사회참여·적응·자기발전을 목적으로 한 조직화된 교육활동으로, 주로 제도적·정책적 맥락에서 다룸.	기관·프로그램 중심	사회교육기관, 평생교육원, 직업훈련센터 등	성인의 사회적 역량 강화와 지속가능한 시민성 함양을 목표로 함

(3) 성인학습의 개념과 특징

성인학습은 '성인'으로 분류되는 학습자가 자신의 경험을 바탕으로 스스로의 삶을 향상시키기 위해 수행하는 자기주도적 학습 과정(self-directed learning)을 의미한다. 이때 성인의 기준은 단순히 연대기적 나이(chronological age)만을 고려하는 것이 아니라, 신체적 활력의 정도를 의미하는 생물학적 나이(biological age), 심리학적 측면에서의 성숙을 의미하는 심리적 나이(psychological age), 자신이 속한 사회의 과업을 수행하고 책임지는 정도를 의미하는 사회적 나이(social age) 등을 종합적으로 고려해야 한다(조성연 · 박미진 · 문미란, 2025).[1] 즉, 생물학적으로 적정 연령에 도달한 사람이 개인적, 사회적 측면에서 기본적인 책임과 의무를 수행하면서 자신의 흥미와 요구에 따라 경험을 활용하며 자기주도적으로 수행하는 학습활동을 성인학습이라고 정의할 수 있다(권두승 · 조아미, 2016). 노울즈(Knowles, 1980)도 성인학습을 자율적인 개인이 스스로의 필요와 목표를 인식하고, 자기주도적으로 학습하는 과정이라고 정의한 바 있다.

여러 학자들은 성인학습의 본질을 다양한 관점에서 설명했지만, 공통적으로 다음과 같은 다섯 가지 핵심 원리를 중심에 두고 있다고 볼 수 있다.

첫째, 경험(experience)이다. 대부분의 학자들은 삶의 경험을 성인학습의 출발

1) 성인에 대한 정의 및 구분 기준은 제2장에서 자세히 다룬다.

점으로 본다. 린드먼(Lindeman, 1926)은 성인학습은 일상생활의 문제와 경험으로부터 출발한다고 하였으며, 듀이(Dewey, 1938)는 교육을 경험의 재구성으로 보았다. 자비스(Jarvis, 2007) 또한 경험이 새로운 학습의 자원이자 의미를 만들어 내는 기반이라고 보았다. 즉, 성인은 이미 축적된 삶의 경험을 통해 학습의 의미를 구성하며, 그 경험이 학습의 내용과 방향을 결정짓는다.

둘째, 자기주도성(self-direction)이다. 노울즈(Knowles, 1980)는 성인학습의 가장 큰 특징을 자기주도성에 두었다. 성인은 교사나 제도에 의해 학습을 '당하는' 존재가 아니라, 자신의 필요와 목표를 인식하고 스스로 학습을 설계하고 운영하는 주체이다. 크로스(Cross, 1981)는 성인이 일상에서 수행하는 학습의 70% 이상이 스스로 계획된 자기주도적 학습이라고 보았고, 터프(Tough, 1971)는 전체 성인의 약 90%는 매년 최소 한 가지 이상의 자기주도적 학습 프로젝트를 수행한다고 언급하며 학습의 주도권이 교사에서 학습자에게 이동해야 함을 강조하였다.

셋째, 성찰과 의미 구성(reflection & meaning-making)이다. 성인학습은 단순히 새로운 지식을 습득하는 것이 아니라, 기존의 경험을 반성적으로 탐색하고 그 속에서 새로운 의미를 만들어가는 과정이다. 듀이(Dewey, 1938)는 학습을 경험에 대한 반성적 사고(reflective thinking)로 정의하였고, 메지로우(Mezirow, 1991)는 이를 확장하여 학습을 신념과 관점의 재구성을 통한 변혁적 과정으로 보았다. 자비스(Jarvis, 1987)는 학습을 경험을 재해석하여 삶의 의미를 재구성하는 행위로 설명하며, 성찰이 성인학습의 핵심적 메커니즘임을 강조한 바 있다.

넷째, 변혁과 해방(transformation & emancipation)이다. 성인학습은 개인의 내적 변화를 넘어, 사회적·문화적 억압으로부터의 해방을 추구한다. 메지로우(Mezirow, 1991)는 변혁적 학습이론을 통해 학습이 단순한 인지적 변화가 아니라, 개인이 기존의 세계관을 비판적으로 검토하고 더 포용적이고 자율적인 관점으로 전환하는 과정이라고 설명했다. 브룩필드(Brookfield, 1986) 역시 성인학습은 비판적 사고를 통해 사회구조 속에서 자신의 위치를 재인식하고, 불평등한 현실을 변화시키는 해방적 실천이라고 강조하였다.

다섯째, 사회적 맥락성(social context)이다. 성인학습은 개인 내부에서만 일어나는 심리적 과정이 아니라, 사회적 관계와 문화적 맥락 속에서 형성되는 상호작용의 결과이다. 자비스(Jarvis, 2007)는 학습이 사회적 경험의 해석을 통해 자신과 사회를 동시에 변화시키는 과정이라 하였고, 메리엄과 캐퍼렐라(Merriam & Caffarella, 1999)는 학습이 개인적 성장뿐 아니라 사회적 참여와 공동체적 변화로 이어질 때 완성된다고 보았다. 즉, 성인학습은 타인과의 대화와 관계 속에서 의미가 구성되는 사회적 행위라고 할 수 있다.

3. 성인학습과 상담

1) 성인학습 상담의 의미와 필요성

(1) 성인학습 상담의 의미

성인은 생애의 다양한 전환기(직업 변화, 은퇴, 가족구조의 변화 등)에 놓여 있으며, 이때 학습은 적응과 성찰의 도구로 작용한다. 그러나 학습의 과정에서 경험되는 정서적 불안, 자기효능감 저하, 학습동기의 약화, 학습정체성의 혼란 등은 학습의 지속을 어렵게 만든다. 이러한 맥락에서 상담(counseling)은 성인학습자가 자신의 내적 자원을 발견하고, 학습의 의미를 재정립하며, 학습 과정에서의 심리적 균형을 회복하도록 돕는 역할을 할 수 있다.

일반적으로 상담은 인간이 삶의 과정에서 겪는 정서적 · 인지적 · 행동적 어려움을 이해하고, 스스로 해결할 수 있도록 돕는 전문적 조력 관계로 정의된다. 로저스(Rogers, 1961)는 상담을 개인이 자신의 경험을 탐색하고 자기이해를 확장하여 보다 건설적인 방향으로 성장하도록 돕는 인간적 관계의 과정으로 정의하였는데, 상담이 단순한 문제 해결이 아니라 상담자와 내담자 간의 진정성 있는 만남을 통해 자아성찰과 성장을 촉진하는 상호작용이라는 점에서 성인학습의 본질과 맞닿아 있다고 할 수 있다.

성인학습 상담과 일반적인 학습상담은 서로 다른 개념이다. 전통적으로 상담은 진로상담, 학습상담, 심리상담, 생활상담 등 여러 하위 영역으로 구분되어 왔다. 그중 '학습상담(learning counseling)'은 주로 청소년이나 대학생의 학습 전략, 시간관리, 학습동기 향상 등을 다루는 교육적 · 기술적 지원 형태의 상담으로 발달해 왔다. 학습상담의 목표는 주로 학업 성취를 높이는 데 있으며, 상담자는 학습계획 수립, 시험불안 조절, 자기조절 전략 등을 지도하는 역할을 수행한다. 그러나 본 교재에서 다루는 성인학습 상담(adult learning counseling)은 지식을 잘 배우는 방법을 가르치거나 학습의 성과를 높이는 데 집중하는 것이 아니라, 삶의 맥락 속에서 배우는 의미를 성찰하고, 평생학습자로 살아가도록 조력하는 상담이라는 점에서 구별된다.

앞서 언급한 바와 같이 노울즈(Knowles, 1980)는 성인학습자를 자신의 학습을 계획하고 수행하는 자기주도적 존재로 규정하였다. 이론적으로 성인학습자는 학습에 자발적인 동기와 흥미를 가지고 주도적으로 참여하는 존재이지만 현실의 성인학습자는 학습동기의 불안정, 시간적 제약, 실패 경험, 역할갈등 등으로 인해 다양한 어려움을 겪는다. 이때 상담은 단순히 '공부하는 방법'을 제시하는 것이 아니라, 학습자의 내적 동기와 삶의 의미를 재정립하도록 돕는 전인적인 지원의 도구가 된다. 따라서 성인학습 상담은 기존의 학습상담처럼 공부를 잘하게 하는 기술이 아니라, 삶을 통해 배우고, 배움을 통해 성장하도록 돕는 심리 · 정서적 촉진 과정을 의미한다.

(2) 성인학습 상담의 필요성

성인학습 상담은 학습자의 삶과 학습을 연결하는 다리라 할 수 있다. 성인학습 맥락에서의 상담이 학습자의 감정, 가치, 경험을 존중하면서, 학습 과정에서 발생하는 불안 · 혼란 · 갈등을 성장의 계기로 전환시키는 통합적 지원을 제공하기 때문이다. 성인학습 상담은 평생교육의 실천 장면에서 학습 지속성을 높이고, 학습자가 자기주도적 주체로 성장하도록 하는 핵심적 매개체로 기능하기 때문에 평생교육사 혹은 성인학습 관련 업무에 종사하는 전문가에게 상담 역량은 매우 중요하다.

성인학습에서 상담이 필요한 이유는 학습이 단순히 문제 해결이 아니라, 인간의 성장과 변화의 과정이기 때문이다. 학습은 새로운 지식을 습득하는 과정이면서 동시에 자신을 이해하고, 삶의 방향을 재정립하며, 사회적 관계 속에서 의미를 찾아가는 심리사회적 여정이다. 이 과정에서 성인은 다양한 내적 · 외적 도전에 직면하게 된다. 성인학습 상담의 필요성은 다음과 같은 맥락에서 이해할 수 있다.

첫째, 심리적 측면에서 필요성이 존재한다. 성인학습자는 오랜 학습 공백, 낮은 자기효능감, 실패 경험 등으로 인해 학습불안이나 무기력감을 경험하기 쉽다. 특히 직장인이나 중 · 장년 학습자는 '나는 이제 늦었다', '예전처럼 기억이 안 된다', '배워도 크게 달라지지 않는다'는 자기비판적 사고에 빠지기도 한다. 상담은 이러한 부정적 정서를 완화하고, 학습자 자신에 대한 자기수용(self-acceptance)과 학습 회복탄력성(resilience)을 강화하는 기능을 수행한다.

둘째, 동기적 측면에서의 필요성이다. 성인학습의 핵심은 외적 보상이 아니라 내적 동기(intrinsic motivation)에 있다. 학습의 목적이 진급이나 자격증 취득에서 그치지 않고, 자기성장과 삶의 의미 추구로 확장되기 위해서는 학습자가 자신의 배움의 이유(why)를 명확히 해야 한다. 상담은 학습자가 자신의 가치와 목표를 성찰하도록 돕고, 학습동기의 내면화에 기여한다.

셋째, 생애전환 측면에서의 필요성이다. 성인은 생애주기 속에서 직업 변화, 자녀의 독립, 은퇴, 건강 문제 등 크고 작은 전환기를 경험한다. 이러한 변화는 종종 불안과 혼란을 수반하지만, 동시에 새로운 학습의 계기가 되기도 한다. 슐로스버그(Schlossberg, 1981)는 전환(transition)을 개인이 자신의 역할과 정체성이 변화하는 상황에 적응해 가는 과정으로 보았으며, 상담이 이 과정에서 적응을 돕는 중요한 지원 체계임을 강조한 바 있다.

넷째, 사회적, 관계적 측면에서도 상담이 필요하다. 학습은 고립된 개인의 활동이 아니라 사회적 관계 속에서 이루어진다. 성인학습자는 집단학습이나 협동과정에서 대인관계의 어려움을 겪거나, 타인과의 비교로 인해 자존감이 흔들릴 수 있다. 상담은 이러한 사회적 상호작용의 갈등을 조정하고, 학습공동체 내에서 건강한 관계성을 형성하도록 도울 수 있다.

2) 성인학습 상담의 주요 원리와 기능

(1) 성인학습 상담의 기본 원리

성인학습 상담은 성인학습자가 자신의 경험을 이해하고, 학습을 통해 자기 삶을 재구성하도록 돕는 조력 과정이다. 따라서 상담의 원리 또한 일반 심리상담의 기법이나 절차에만 근거하기보다, 성인학습의 특성과 발달적 요구를 반영하는 것이 중요하다. 본 교재에서는 일반적인 상담의 변화기제가 성인학습 상담에 어떻게 적용될 수 있는지 주요 원리를 다음과 같이 정리하였다.

① 상담적 관계 형성의 원리 : 신뢰와 공감의 학습 기반

모든 상담의 출발점은 신뢰로운 관계(rapport)이다. 로저스(Rogers, 1957)는 상담자의 진실성(genuineness), 무조건적 존중(unconditional positive regard), 공감적 이해(empathic understanding)를 변화의 필수 조건으로 제시하였다. 성인학습 상담에서 이러한 관계적 요인은 단순한 친밀감을 넘어 심리적 안전감(psychological safety)을 형성하는 토대가 된다. 성인은 이미 다양한 실패 · 평가 · 비교의 경험을 축적해 왔기 때문에, 학습 상황에서 자신을 방어적으로 표현하는 경향이 있다. 또한, 사회와 중요한 타인으로부터, 때로는 스스로 부과한 다양한 기대와 기준에 자신의 현재를 끊임없이 비교하며 부정적 사고와 감정을 경험하곤 한다. 상담자는 판단 없는 수용과 존중을 통해 학습자가 자신을 솔직하게 탐색할 수 있도록 돕는다. 신뢰가 형성된 관계 속에서 학습자는 비로소 자신의 모습을 온전히 드러내며, 이는 새로운 성장의 출발점이 된다.

② 자기이해와 통찰의 원리 : 경험의 인식과 재구성

성인학습의 핵심은 '무엇을 배우는가'보다 '배움을 통해 자신을 어떻게 이해하는가'에 있다.

상담의 변화 과정에서 통찰(insight)은 학습자가 자신의 사고, 감정, 행동의 패턴을 자각하도록 하는 중요한 전환점이다. 성인학습 상담에서는 이러한 통찰이 주로 경험의 재인식(reframing of experience) 형태로 나타난다. 예를 들어, "나는 공부를 잘 못한다"는 신념이 객관적 사실이 아니라 과거의 평가 경험에서 비롯된 자신의 해석이라는 것을 깨닫는 순간(통찰), 학습자는 자신에 대한 인식을 새롭게 구성하게 된다. 매번 과제를 미루고 시험 치기 직전에 다른 약속을 잡는 등 학습에 도움이 되지 않는 행동을 하는 이유가 자신의 능력이 드러나는 것에 대한 무의식적 두려움 때문이라는 것을 깨닫는 순간(통찰), 그 두려움의 실체를 들여다 보고 직면하는 용기를 가지게 된다. 이는 메지로우(Mezirow, 1991)가 말한 관점 전환(perspective transformation)과 같은 의미를 가지며, 자기이해를 통해 학습동기가 재활성화되는 과정을 포함한다.

③ 인지적 · 정서적 재구조화의 원리 : 사고의 유연성과 감정 조절 증진

상담의 중요한 변화 메커니즘은 사고의 재구조화(cognitive restructuring)이다 (Ellis, 1962). 성인학습자는 종종 "지금 배워 봤자 늦었다", "나는 원래 학습에 재능이 없다"와 같은 비합리적인 신념에 사로잡힌다. 성인학습 상담은 이러한 신념을 단순히 교정하는 것을 넘어서, 학습자가 스스로의 사고를 관찰하고 선택할 수 있도록 돕는다. 이러한 과정은 학습된 무기력(learned helplessness)을 해소하고, 학습 상황에서의 감정 조절 능력을 강화한다. 상담자는 "그 생각이 당신에게 어떤 영향을 미치고 있나요?". "그 생각과 다른 경험은 없었나요?" 등의 반성적 질문을 통해 학습자가 사고와 감정을 재구조화하도록 돕는다.

④ 자기결정과 주체성의 원리 : 동기의 내재화

성인학습 상담은 내담자가 '스스로 선택하고 결정하는 존재'임을 전제로 한다. 데시와 라이언(Deci & Ryan, 2000)의 자기결정이론(self-determination theory)에 따르면, 인간은 자율성(autonomy), 유능성(competence), 관계성(relatedness) 욕구를 충족할 때 지속적인 내적 동기를 느낀다. 상담자는 학습자의 자율적 선택을 존중하고, 외적 요구에 부응해야 한다는 의무적인 사고에서 벗어나 내적 가치에 기반한 '하고 싶다'로 전환할 수 있도록 돕는다. 또한 건강하고 신뢰로운 상담관계 속에서 학습 성과 및 성취 수준과 관계없이 안정된 지지를 보여 주고, 작은 성공 경험을 쌓도록 도움으로써 자기결정성을 증진할 수 있다.

⑤ 실천과 통합의 원리 : 학습-삶의 연결

상담의 궁극적 목적은 이해나 통찰이 아니라 '변화'이다. 성인학습 상담에서도 통찰이 실제 행동 변화로 이어질 때 진정한 학습이 일어난다고 할 수 있다. 상담은 행동 변화를 촉진하는 다양한 상담 기법을 사용하여 학습자가 학습과 삶을 통합하도록 돕는다. 예를 들어, 자기효능감을 높이기 위한 대화에서 끝나지 않고, "오늘 세운 목표를 달성하기 위해 이번 주에 새롭게 시도할 수 있는 학습 실천은 무엇인가요?"와 같이 행동계획을 구체화하고, 장애물을 미리 탐색하거나 대안 행동을 마련함으로써 실천 가능성을 높인다. 이러한 상담 기법 적용은 학습의 지속성과 자기성장을 강화하는 핵심 단계라 할 수 있다.

(2) 성인학습 상담의 주요 기능

패터슨(Patterson, 1986)은 상담의 핵심 기능을 내담자가 스스로를 이해하고, 자기결정적 행동을 선택하며, 환경에 보다 효과적으로 적응하도록 돕는 것이라고 설명하였다. 이러한 맥락에서 성인학습 상담의 주요 기능은 다음의 네 가지로 요약할 수 있다.

① 이해(understanding) 기능

성인학습 상담의 첫 번째 기능은 학습자가 자신의 내면, 경험, 학습 양식, 감정을 이해하도록 돕는 것이다. 예를 들어, "내가 배우려는 이유는 무엇인가?", "왜 나는 학습이 두려운가?"와 같은 질문을 통해 학습자는 자신의 동기와 저항을 탐색하고, 과거의 실패 경험이나 학습 중단의 이유를 통찰하게 된다. 이러한 자기이해는 학습을 성과 중심의 활동에서 자기탐색의 과정으로 전환시키는 중요한 계기가 된다.

② 변화(change) 기능

상담의 두 번째 기능은 사고, 감정, 행동의 변화를 촉진하는 것이다. 성인학습자는 학습에 대한 고정관념이나 비합리적 신념, 실패에 대한 두려움, 꾸물거림, 완벽주의 등으로 인해 학습행동의 변화를 주저하는 경우가 많다. 상담은 이러한 심리적 저항을 완화하고, 학습자가 스스로의 한계를 재정의하며 변화 가능성을 인식하도록 돕는다. 예를 들어, "나는 원래 공부를 못해"라는 신념을 "공부는 훈련으로 향상되는 기술이다"라는 관점으로 재구조화함으로써, 자기효능감(self-efficacy)을 회복시키고, 부정적 신념으로 인해 유발된 수치심, 두려움, 불안 등의 부정적 감정을 완화할 수 있다. 또한, 구체적 목표 설정과 점진적 실천을 통해 학습 행동 및 습관을 변화시킨다. 이러한 변화의 경험은 학습 영역에만 국한되지 않고 성인의 일상생활 · 직무수행 · 대인관계에서도 긍정적인 전이 효과를 가져온다.

③ 적응(adjustment) 기능

성인학습은 단절된 사건이 아니라 생애 전환(life transition) 과정과 맞물려 있다. 직업 전환, 승진, 은퇴, 가족구조 변화 등은 새로운 역할 적응과 학습을 요구한다. 상담은 이러한 변화 상황에서 학습자가 혼란을 완화하고 환경에 적응하며 새로운 정체성을 형성하도록 돕는다. 성인학습 상담은 학습자가 자신의 상황을 객관적으로 바라보고, 필요한 지원체계를 탐색하며, 불안을 성장의 에너지로 전환하도록 돕는 역할을 수행한다. 예를 들어, 은퇴 후 학습자는 '이제 사회에서의 내 역할이 끝났다'는 상실감을 느끼지만, 상담을 통해 새로운 배움의 목표(멘토링, 재능기부 등)를 발견함으로써 삶의 전환에 성공적으로 적응할 수 있다. 또한, 상담을 통해 자신의 지원체계를 바라보는 시선을 확대하고 자원을 발굴함으로써 적응을 촉진할 수 있다.

④ 성장(growth) 기능

상담의 궁극적인 목적은 단순한 문제 해결이 아니라 개인의 성장과 자아실현에 있다. 성인학습 상담은 학습자의 잠재력과 의미추구 욕구를 자극함으로써, 지식적 성장뿐 아니라 존재적 성장을 촉진한다. 로저스(Rogers, 1961)는 인간을 자기실현 경향성을 가진 존재로 보았으며, 상담의 본질을 성장을 위한 관계적 촉진이라 했다. 이러한 맥락에서 성인학습 상담은 학습을 지식을 쌓는 행위가 아니라 자신을 확장하는 여정으로 경험하도록 돕는다. 학습자가 상담을 통해 자신감, 자기효능감, 사회적 관계, 의미감 등을 회복하게 될 때, 학습은 개인의 정체성 회복과 자아성취의 통로가 된다.

요약하기

1. 현대사회와 성인학습

- 인공지능과 디지털 전환 등 급격한 사회 변화 속에서, 성인은 평생에 걸쳐 새로운 지식과 역량을 개발해야 하는 학습자의 역할을 수행한다.
- 현대사회에서 학습은 생존과 경쟁력의 수단을 넘어, 자기이해와 삶의 의미를 재구성하는 인간적 성장의 과정으로 인식된다.
- 따라서 성인학습은 변화하는 환경 속에서 개인이 자율적으로 적응하고, 사회적 기여를 확장하기 위한 핵심적 실천이 된다.

2. 평생교육과 성인학습의 이해

- 평생교육은 학교 중심의 제도교육을 넘어, 인간의 전 생애에 걸친 학습을 보장하는 체계로 발전해 왔다.
- 성인학습은 경험을 바탕으로 한 자기주도적 학습으로, 개인의 성장 · 적응 · 자기실현을 목표로 한다.
- UNESCO와 OECD의 평생학습 담론은 교육의 중심을 '가르침(teaching)'에서 '학습(learning)'으로 이동시키며, 학습사회로의 전환을 강조하고 있다.

3. 성인학습 및 상담의 필요성

- 성인학습 과정에는 동기 저하, 학습불안, 역할갈등 등 다양한 심리 · 정서적 어려움이 수반되며, 이를 조력하기 위한 상담의 역할이 중요하다.
- 성인학습 상담은 학습자가 자신의 경험과 감정을 이해하고, 삶과 학습을 통합하여 성장하도록 돕는 전문적 지원 과정이다.
- 상담은 이해, 변화, 적응, 성장의 기능을 통해 성인학습자의 자기주도성과 평생학습 역량을 강화하는 핵심적 매개체로 작용한다.

Chapter

02 성인학습자 이해

학습목표

- 생물학적, 인지적, 심리적, 사회적, 발달적 측면에서 성인학습자의 특성을 이해하고, 각 특성이 학습동기와 참여행동에 미치는 영향을 구체적으로 설명할 수 있다.
- 성인학습자의 학습유형을 구분하고, 개인의 학습양식과 동기에 따라 맞춤형 평생교육 및 상담전략을 제시할 수 있다.

제1장에서 우리는 평생교육과 성인학습이 어떻게 교육 중심에서 학습 중심으로 전환되었는지 살펴보았다. 평생학습이 사회적 패러다임으로 자리 잡으면서 모든 인간이 생애 전반에 걸쳐 학습하는 존재이며 평생학습이 권리이자 의무일 수 있음을 확인하였다. 그러나 학습이 제도나 정책의 차원을 넘어 실제로 일어나기 위해서는 그 학습의 주체인 '성인학습자'에 대한 깊은 이해가 필요하다. 학습은 제도에 의해 일어나는 것이 아니라, 결국 사람에 의해, 사람 안에서 일어나는 심리적 · 사회적 과정이기 때문이다.

제2장은 바로 이 지점에서 출발한다. 본 장에서는 성인학습자가 어떤 특성과 욕구를 지닌 존재인지, 그리고 그 특성이 학습의 방식과 동기에 어떠한 영향을 미치는지를 살펴본다. 1장에서 평생교육의 철학적 토대를 다루었다면, 2장에서는 그 토대 위에서 누가, 어떤 방식으로 배우는가에 초점을 맞춘다. 구체적으로는 첫째, 성인학습자의 생물학적 · 심리적 · 사회적 특성과 발달단계별 학습욕구를 이해하고, 둘째, 다양한 학습자 유형과 학습양식을 분석함으로써 개별화된 교육 및 상담의 방향을 제시한다. 성인학습자를 다양한 각도에서 깊이 이해하려는 시도는 내담자를 이해하는 시도와도 맞닿아 있다. 따라서 개별적 특징을 갖는 성인학습자에 대한 이해를 바탕으로 실제적 역량을 키울 수 있을 것이다.

1. 성인학습자의 특성

1) 성인학습자의 개념

'성인(adult)'이란 단순히 일정한 나이에 도달한 사람을 의미하지 않는다. 성인은 신체적 · 심리적 · 사회적 측면에서 일정 수준의 성숙을 이루고, 스스로 삶의 방향과 책임을 결정할 수 있는 존재이다. 따라서 성인을 이해하기 위해서는 연령이라는 외형적 기준 외에도 내적 성숙과 사회적 역할을 함께 고려해야 한다.

대한민국 「민법」 제4조(2023 개정 기준)는 "만 19세로 성년에 이른다"고 규정하고 있다. 따라서 법적으로는 만 19세 이상이면 독립된 행위능력을 가진 성인으로 간주된다. 그러나 실제 사회에서는 19세 이후라도 경제적 자립이나 사회적 책임을 완전히 수행하지 못하는 경우가 많으며, 반대로 법적 성인 연령에 미치지 않아도 성숙한 판단과 행동을 보이는 청소년도 있다. 이러한 이유로 성인 개념을 보다 포괄적으로 이해하기 위해서는 다음의 네 가지 관점을 고려할 필요가 있다(조성연 · 박미진 · 문미란, 2025 ; 최윤정, 2018).

첫째, 연대기적 나이(chronological age)이다. 이는 출생 후 경과된 연수를 기준으로 나이를 구분하는 가장 전통적인 방식이다. 행정, 정책, 통계에서 주로 사용되며, 법적 성년의 기준도 여기에 해당한다. 하지만 연대기적 나이는 단지 시간의 흐름을 측정하는 지표일 뿐, 개인의 실제 성숙도나 사회적 독립성, 학습준비도를 반영하지 못한다. 예를 들어, 동일한 30세 성인이라도 어떤 사람은 결혼과 직장생활을 통해 사회적 역할을 완전히 수행하고 있을 수 있는 반면, 다른 사람은 여전히 부모의 지원 속에서 생활하며 성인으로서의 자율성을 충분히 발휘하지 못할 수도 있다. 따라서 교육 현장에서는 연령만으로 학습자의 성숙 수준을 단정해서는 안 된다.

둘째, 생물학적 나이(biological age)이다. 이는 신체적 활력, 감각 · 인지 기능, 건강 상태 등 신체 기능의 유지 수준을 의미한다. 연령이 같더라도 건강 상태, 생활습관, 체력 수준의 차이에 따라 학습 능력이나 집중력, 피로도는 매우 다르게 나타난다. 예를 들어, 규칙적인 운동과 건강관리를 해온 60대 성인은 신체적으로 활발하며 학습 참여도가 높을 수 있지만, 잦은 피로와 만성질환을 겪는 40대 성인은 오히려 학습 지속에 어려움을 겪을 수 있다. 따라서 성인교육에서는 시각적 자료의 명료화, 적절한 휴식 제공, 체험형 학습의 병행 등 신체적 특성을 고려한 교수전략이 필요하다.

셋째, 심리적 나이(psychological age)이다. 이는 개인의 정서적 안정, 자기통제, 자아정체성, 대인관계 성숙도 등 심리적 성숙 수준을 가리킨다. 에릭슨

(Erikson, 1999)은 성인기를 생산성 대 침체(generativity vs. stagnation)의 단계로 설명하며, 성숙한 성인은 자신보다 다음 세대를 돌보고 사회에 기여함으로써 자아통합과 의미를 경험한다고 하였다. 즉, 심리적 성숙은 단순히 감정의 안정이 아니라, 삶의 방향과 타인과의 관계에서 의미를 구성하는 능력을 포함한다. 심리적 성숙이 높은 성인일수록 학습을 자기성장의 수단으로 인식하고, 타인과의 협력적 학습에도 긍정적으로 참여한다. 반대로 심리적 미성숙 상태에서는 학습 실패나 피드백을 자신에 대한 부정으로 받아들이기 쉬워 지속적 학습이 어렵다. 따라서 상담과 교육은 학습자의 심리적 회복탄력성을 높이는 방향으로 설계되어야 한다.

넷째, 사회적 나이(social age)이다. 사회적 나이는 개인이 사회 속에서 수행하는 역할과 책임의 정도를 의미한다. 직업인, 배우자, 부모, 시민 등으로서의 역할 수행 능력과 사회적 기여 수준이 이에 포함된다. 예를 들어, 직장에서의 리더십, 지역사회 참여, 가족 내 역할 수행 등은 사회적 성숙을 판단하는 주요 지표가 된다. 사회적 나이는 개인의 사회적 지위뿐 아니라, 자신의 삶을 타인과 연결시키는 관계적 능력을 반영한다는 점에서 중요하다. 따라서 사회적 나이가 많은 성인은 학습을 '공동체의 발전'이나 '사회적 기여'의 맥락에서 이해하며, 자신의 지식을 사회적으로 환원하려는 동기를 보이기도 한다.

요컨대, 성인은 단순히 생물학적으로 성장한 존재가 아니라, 신체적 활력과 심리적 성숙, 그리고 사회적 책임을 조화롭게 수행하는 전인적 존재이다. 따라서 성인학습자는 나이나 경험의 양에 의해 규정되기보다, 삶의 주체로서 학습의 의미를 스스로 구성하는 자율적 존재로 이해되어야 한다.

2) 성인학습자의 다차원적 특징

우리는 성인학습자가 단순히 연령적으로 성숙한 존재가 아니라, 신체적 · 인지적 · 심리적 · 사회적 · 발달적 요인이 상호작용하는 전인적(全人的) 학습자라는 것을 살펴보았다. 성인의 학습은 이러한 복합적 특성의 영향을 받으며, 개인의 경험, 삶의 맥락, 사회적 관계, 그리고 발달단계에 따라 학습의 양상과 의미가 달라진다. 따라서 평생교육 현장에서 교수자와 상담자는 학습자의 다차원적 특성을 이해하고, 그들의 삶 전체를 고려한 통합적 접근을 취할 필요가 있다.

(1) 생물학적(신체적) 특징

성인학습자의 신체적 특성은 학습 참여와 몰입, 집중력, 기억 유지 등 학습 전반에 영향을 미친다. 생애 주기적으로 볼 때, 성인은 성장기 아동이나 청소년에 비해 신체적 발달이 정점에 도달한 이후 점차 감각 기능의 변화, 신경계의 변화, 신체 건강과 체력의 변화가 서서히 나타난다. 그러나 성인이 된다고 해서 노화가 급속도로 진행되거나 학습 능력이 급격히 저하되는 것은 아니다. 신체적 노화는 개인차가 크며, 뇌의 신경가소성(neuroplasticity)은 성인기 이후에도 유지되어 새로운 학습과 기억의 형성이 충분히 가능하고 성인 뇌도 학습과 경험에 따라 구조와 기능이 변화할 수 있다는 증거가 지속적으로 발견되고 있다(Fuchs & Flügge, 2014 ; Marzola et al., 2023). 즉, 성인의 뇌는 여전히 환경 자극과 경험, 학습을 통해 신경 연결망의 구조와 기능이 변화할 수 있는 능력을 지니고 있다. 오히려 성인은 풍부한 삶의 경험과 축적된 지식을 바탕으로 새로운 정보를 체계적으로 조직하고 실생활과 연관지어 학습하는 전략적 사고 능력을 발휘할 수 있다. 따라서 이러한 생물학적 변화는 학습의 제약 요인이 되기도 하지만, 성인학습자의 신체적 특성을 이해하고 이를 학습전략에 적절히 반영한다면 오히려 학습 효율을 높이고 자기주도적 학습 역량을 강화하는 자원이 될 수 있다.

생물학적 특징은 감각 기능, 신경계와 인지처리 속도, 신체 건강과 체력 측면에서 살펴볼 수 있다. 먼저, 성인기 이후에는 시각, 청각, 촉각, 미각, 후각 등 감각기관의 기능이 점진적으로 변화한다. 특히 시력의 저하는 40대 이후 두드러지며, 작은 글씨를 읽거나 어두운 환경에서 학습할 때 어려움을 초래할 수 있다(권두승 · 조아미, 2016). 대다수의 성인학습자들은 노안(presbyopia)을 경험하는데, 노안이 40세 전후에 시작되어 50세경에는 거의 모든 사람에게 나타나는 생리적 변화이기 때문이다(Crooke et al., 2022). 근거리 시력 저하, 흐릿한 시야, 독서 시 눈의 피로 및 두통 등이 주요 증상이며, 시력의 저하는 활동성을 약화시켜 우울감에 영향을 주기도 한다(Renaud & Bédard, 2013). 또한 청력의 변화로 인해 고주파 음역대의 인식 능력이 감소하면서, 강의식 수업이나 집단토의 중 미세한 음성 구분이 어렵게 된다. 특히, 청력의 감소는 단순히 듣는 능력만이 아니라 듣고 이해하는 과정 전체에 영향을 미칠 수 있다는 점에서 중요하다(Wingfield et al., 2006). 하지만 20세부터 90세까지의 성인 433명을 대상으로 한 연구에서 청각 민감도는 20세에서 90세에 이르는 동안 점진적으로 감소한 반면, 듣기 이해력은 약 65~70세까지는 거의 변화가 없었으며, 가장 고령층에서 감소가 뚜렷하게 나타났다(Sommers et al., 2011). 이러한 결과는 청력의 변화가 특히 고령층 학습자에게 더 큰 장애 요인이 될 수 있음을 시사한다.

이러한 감각 기능의 변화는 단순한 생리적 노화로만 볼 것이 아니라, 학습환경 설계의 핵심 요인으로 고려되어야 한다. 예를 들어, 학습 자료의 글자 크기와 명도 대비를 높이고, 시각 자료에는 자막을 병기하며, 조명과 음향 환경을 조정하는 것은 중·장년층 학습자의 몰입도를 높이는 기본적 조건이다. 메리엄과 캐퍼렐라(merriam & caffarella, 2020)는 성인학습자의 감각 기능 변화를 학습의 장애 요인으로 간주할 것이 아니라, 학습 설계자가 고려해야 할 주요 변인임을 강조하였다. 즉, 감각 기능의 저하를 보완하는 교육적 설계는 학습자의 자기효능감과 참여도를 높이는 실천적 전략이라 할 수 있다.

(2) 신경계의 변화와 인지적 특징

성인기의 신경계는 구조적 변화와 기능적 재조직화를 동시에 경험한다. 특히 전두엽(prefrontal cortex)과 해마(hippocampus) 영역의 신경세포 수 및 시냅스 연결의 감소, 신경전달물질(예 : 도파민, 아세틸콜린)의 분비 저하 등은 인지처리 속도(cognitive processing speed)와 작업기억(working memory) 능력의 저하로 이어질 수 있다(Cavanaugh & Blanchard-Fields, 2006). 그러나 이러한 변화는 단순히 능력의 쇠퇴로 해석되기보다, 정보처리의 방식 변화로 이해하는 것이 바람직하다. 성인은 청소년기에 비해 즉각적 기억이나 속도는 다소 느리지만, 경험을 토대로 한 의미 구성력과 통찰력, 맥락적 판단능력에서 높은 수준을 보이는 것으로 알려져 있다(Brookfield, 1986).

연구에 따르면 성인기 이후에도 뇌는 학습과 경험에 따라 신경망의 구조적 · 기능적 변화를 지속적으로 겪는다. 특히, 뇌가 새로운 자극에 반응하여 시냅스를 강화하거나 새로운 연결을 형성하는 능력을 의미하는 신경가소성(neuro-plasticity)은 성인기 이후에도 유지된다(Fuchs & Flügge, 2014 ; Marzola et al., 2023). 즉, 노화로 인해 뇌세포와 신경의 손실이 일어나더라도 남아 있는 신경 간의 연결이 새롭게 만들어지거나 강화되어 일정 수준의 뇌 활동을 유지할 수 있는 것이다. 이러한 신경가소성은 새로운 기술 습득, 문제 해결 전략의 변화, 감정 조절 능력의 향상 등 학습의 여러 영역에서 핵심적인 역할을 한다.

최근 연구에서도 성인의 인지 기능 저하는 감소가 아니라 보상(compensation)과 전략적 전환(strategic shift)의 과정으로 이해된다(Prince, 2024). 예를 들어, 정보처리 속도는 다소 느려지더라도, 성인은 축적된 지식과 경험적 판단을 활용하여 효율적으로 문제를 해결한다. 이러한 능력은 카텔(Cattell)이 제시한 결정화 지능(crystallized intelligence)과 관련되며, 오히려 나이가 들수록 언어능력, 어휘력, 문제 해결 경험 등은 더욱 풍부해진다는 선행연구와도 일치한다(Cattell, 1971). 성인은 학습 내용을 단순히 암기하거나 재현하기보다, 자신의 삶과 연결하여 통합적으로 이해하려는 경향을 보인다. 단순한 정보처리를 넘어, 자신의 사고과정을 성찰하고 지식의 타당성을 비판적으로 검토하는 복합적 인지 활동을 수행하는 것이다(Orona et al., 2025).

따라서 성인의 인지적 특징은 단순한 퇴화가 아니라 속도에서 깊이로, 양에서 질로 전환되는 과정이라 할 수 있다. 성인학습자는 느리더라도 깊게 이해하고, 반복을 통해 통찰을 얻으며, 경험을 통해 새로운 지식을 재구성하는 능력을 지닌다. 교육적으로 이는 짧고 빠른 정보전달보다는 맥락 중심의 설명, 자기성찰적 학습, 그리고 반복적 이해의 기회 제공이 더욱 효과적임을 의미한다.

(3) 심리적·정서적 특징

성인학습자는 제1장에서 살펴본 바와 같이 지식의 습득보다 자기이해와 자기실현을 중시하며, 내적 동기와 자율성에 기반해 학습을 주도한다. 학습 과정에서 다양한 감정과 도전을 경험하지만 성인은 이를 인지적 재평가를 통해 조절하고 성장의 기회로 전환하는 정서적 성숙성을 지닌다. 성인학습자의 심리적·정서적 특징은 자기주도성, 의미 중심의 동기, 정서적 통합 능력 등으로 요약되지만, 성인은 심리적으로 발달적 안정성과 변화 가능성이 공존한다는 점에서 독특성을 갖는다.

성인은 이미 자아정체성이 비교적 확립된 존재이지만, 생애주기 속에서 다양한 사회적 역할 변화(직업, 결혼, 부모 역할, 은퇴 등)를 경험하며 자아개념(self-concept)을 재조정해 나간다. 이 시기의 학습은 단순한 기술 습득이 아니라, "나는 어떤 사람인가"에 대한 지속적인 성찰과 자기이해의 과정과 맞닿아 있으며 이 과정에서 새로운 혼란이나 불안, 안도감과 희망 등 다양한 감정을 경험하게 된다.

성인의 심리적·정서적 특징을 이해함에 있어 성격(personality)에 대한 이해는 중요한 의미를 갖는다. 성격은 개인이 일관되게 보이는 사고, 정서, 행동의 특유한 양식으로, 시간이 지나도 비교적 안정적으로 유지되는 심리적 특성의 집합을 의미한다(Allport, 1937). 성격은 개인이 세상을 지각하고 해석하며 타인과 관계 맺는 방식뿐 아니라, 학습 상황에서의 동기, 태도, 몰입 수준에도 직접적인 영향을 미친다(McCrae & Costa, 1999). 따라서 성인의 학습행동을 이해하기 위해서는 인지적 능력이나 지식 수준을 넘어, 그 사람의 성격적 경향을 함께 고려해야 한다.

다음 표는 성격 연구에서 가장 널리 활용되는 성격 5요인(Big five personality traits)의 주요 내용을 정리한 것이다.

표 2-1 • 성격 5요인과 학습 관련 특징

요인	주요 특징	성인학습에서의 의미
개방성 (openness to experience)	상상력, 호기심, 새로운 경험에 대한 수용	새로운 학습 내용과 교수법에 대한 수용성, 창의적 문제 해결과 관련됨
성실성 (conscientiousness)	책임감, 목표지향성, 자기통제력	학습 지속성, 과제 완수 능력, 자기주도적 학습 태도와 밀접
외향성 (extraversion)	사교성, 활력, 긍정적 정서	협동학습, 토론 참여, 사회적 상호작용을 통한 학습 촉진
우호성 (agreeableness)	공감, 협력, 신뢰	학습공동체 내 협력과 관계 형성, 갈등 최소화에 기여
신경증 (neuroticism)	정서적 불안정성, 스트레스 취약성	학습 실패나 변화에 대한 불안 수준과 관련, 정서조절 역량

성격의 측면에서, 성인은 청년기에 비해 성실성과 우호성이 높아지고, 신경증 수준은 점차 안정되는 경향을 보인다. 이러한 변화는 정서적 안정감과 자기통제력 향상으로 이어지며, 학습과 대인관계 상황에서 보다 일관되고 책임감 있는 태도를 가능하게 한다(Roberts et al., 2006). 또한 성인은 다양한 삶의 경험을 통해 감정적 반응을 조절하고 상황을 재평가하는 능력을 발전시킨다. 그로스(Gross, 2015)는 성인기의 정서조절이 단순한 억제가 아니라, 상황을 인지적으로 재구성하는 정서 재평가(cognitive reappraisal) 전략에 기반한다고 설명하였다. 이는 학습과정에서 스트레스나 실패를 성장의 자극으로 해석하게 하는 중요한 심리적 메커니즘이다.

한편, 성인기의 정서발달은 복합적 감정 경험(mixed emotions)의 증가로 특징지어진다. 성인이 긍정적·부정적 감정을 동시에 인식하고 통합하는 능력을 정서적 복합성(emotional complexity)이라 정의하는데, 이는 심리적 성숙의 핵심 지표로 간주된다(Labouvie-Vief, 2003). 이러한 정서적 통합 능력은 학습과 인간관계에서 유연한 사고와 공감능력을 높이는 요인으로 작용한다.

일부 성격 연구에서는 나이가 들수록 개방성(openness) 감소 경향을 보고한다. 예를 들어, 도넬란과 루카스(Donnellan & Lucas, 2008)는 연령이 증가할수록 개방성이 감소하는 경향을 보인다고 보고하였으며, 린드너 등(Lindner et al., 2021)은 고령자의 일상에서 개방성과 관련된 행동 변화 폭이 줄어드는 양상을 확인하였다. 이는 "새로운 것을 받아들이는 태도"가 성인기 후반에 다소 보수적으로 전환될 가능성을 시사한다. 따라서 성인학습자에게 일정 수준의 유연성 감소 또는 보수적 경향이 공존할 수 있다는 점까지 고려하여, 학습 설계 및 상담에서는 변화에 대한 저항이나 보수성 가능성도 함께 염두에 두고 유연한 접근을 할 필요가 있다.

(4) 사회적 특징

성인학습자의 학습은 개인의 심리적 요인뿐만 아니라 사회적 관계와 역할 변화 속에서 이루어진다. 성인은 사회의 구성원으로서 다양한 역할을 수행하며, 이 과정에서 학습의 필요를 인식하고 학습 동기를 형성한다. 따라서 성인학습의 사회적 맥락을 이해하기 위해서는 사회적 역할과 성역할의 변화, 직장과 가족을 중심으로 한 사회적 관계의 변화, 그리고 사회적 지지체계의 변화를 함께 고려할 필요가 있다.

첫째, 성인은 생애주기 속에서 사회적 역할이 다양화되고 전환되는 과정을 경험한다. 청년기에는 직업인으로서의 사회 진입, 중년기에는 부모와 조직 구성원으로서의 책임, 노년기에는 은퇴와 돌봄 등 새로운 역할이 나타난다. 이러한 변화는 학습의 필요성을 자극하는 동시에 학습 참여의 동기와 방식에도 영향을 미친다. 슐로스버그(Schlossberg, 1981)는 성인의 전환을 역할, 관계, 루틴의 변화로 인해 자신의 삶의 구조를 재조정해야 하는 상황으로 정의하며, 학습이 그 적응 과정의 핵심 자원임을 강조하였다. 특히, 현대사회에서는 성역할(gender role)의 경계가 완화되면서 남성과 여성 모두에게 새로운 사회적 기대가 부여되고 있다. 여성의 경제활동 참여 확대와 남성의 돌봄·가사노동 참여 증대는 기존의 성역할 고정관념을 넘어서는 학습과 적응을 요구한다. 이러한 변화는 중·장년 여성에게는 재취업, 자격 취득, 경력 전환 학습의 필요성을 높이고, 남성에게는 관계 중심적 소통능력이나 돌봄 역량 등 새로운 학습 영역을 확장시키는 계기가 된다. 즉, 성인학습은 단순한 지식 습득을 넘어 변화된 성역할과 사회적 정체성을 재구성하는 과정이라 할 수 있다.

둘째, 직장과 가족을 중심으로 한 사회적 관계의 변화 또한 성인학습자의 특징을 형성한다. 직장 환경의 변화는 성인학습의 주요 촉진 요인으로 작용한다. 조직의 유연화, 기술혁신, 평생직장의 약화는 성인에게 지속적인 직무역량 개발을 요구하며, 직무 전환이나 은퇴 후 재취업은 새로운 학습의 계기를 만든다. 또한 세대 간 협업, 리더십 개발, 커뮤니케이션 능력 향상, 디지털 리터러시 등의 중요성도 커지고 있다. 한편, 가정의 측면에서 성인은 배우자, 부모, 자녀 등 다양한 관계 속에서 상호의존적 역할을 수행한다. 자녀의 성장과 독립, 부모 부양, 맞벌이와 돌봄의 병행 등은 가족 내 관계의 재조정과 심리적 부담을 초래하며, 이는 학습동기와 참여에도 영향을 미친다. 가족은 학습자가 정서적 지지를 얻는 근원이자 동시에 학습과 관련된 역할 충돌이 일어나는 장이 되기도 한다. 이러한 경험은 개인이 삶의 의미를 재구성하고, 새로운 배움의 필요성을 자각하게 하는 중요한 계기가 된다.

셋째, 성인기의 사회적 지지체계는 양적으로는 축소되지만 질적으로는 더욱 깊고 선택적인 관계로 재편되는 경향을 보인다. 메리엄과 캐퍼렐라(Merriam & Caffarella, 1999)는 성인의 학습 지속성(persistence)이 개인의 내적 동기뿐 아니라 가족, 동료, 직장 상사, 학습공동체 등으로부터 받는 사회적 지지(social support)의 수준에 따라 크게 달라진다고 하였다. 다시 말해, 성인은 혼자 배우는 존재가 아니라 관계 속에서 동기를 유지하고, 지지를 통해 학습을 지속하는 사회적 학습자라는 점을 강조하였다. 특히 최근에는 학습동아리, 지역평생학습관, 온라인 커뮤니티 등 비공식적 학습공동체(learning community)가 중요한 지지체계로 부상하고 있다. 이러한 사회적 지지망은 성인학습자에게 정서적 안정감과 소속감을 제공하며, 학습에 대한 자기효능감을 강화하며 상호 인정과 격려를 통해 학습의 지속성과 몰입을 높이는 데 중요한 역할을 한다.

3) 성인학습자의 발달단계와 특징

성인은 생애주기(life cycle) 속에서 끊임없이 변화하는 존재로, 각 발달단계마다 독특한 과업과 적응의 도전을 경험한다. 성인학습자는 이러한 발달적 변화의 맥락 속에서 이해되어야 하며, 발달단계별 심리적 요구와 사회적 과업은 학습동기, 목표, 참여 방식에 깊은 영향을 미친다. 이 때문에 생애주기는 교육 및 정책 대상을 세분화하는 준거로 사용되며, 평생학습에서 특정 시기에 어떤 교육이 필요한지 제안하는 중요한 기능을 수행한다(장미정 외, 2021). 따라서 성인학습자를 삶의 전환기마다 새로운 역할과 의미를 학습을 통해 재구성해 나가는 존재로 이해하고 발달단계에 기반한 학습 및 상담전략을 수립하는 것이 중요하다.

(1) 에릭슨의 심리사회적 발달이론

에릭슨(Erikson, 1968)은 인간의 전 생애를 여덟 단계로 구분하고, 각 단계마다 달성해야 할 심리사회적 과업(psychosocial task)을 제시하였다. 이 중 청소년기부터 노년기에 이르는 네 단계는 성인학습자와 밀접한 관련이 있다.

청소년기(약 12~18세)는 정체성 대 역할혼미(identity vs. role confusion)의 시기로, 자신이 누구이며 어떤 삶을 살고자 하는지를 탐색하며 자아정체성을 확립하는 단계이다. 학업, 또래관계, 사회적 비교 등을 통해 자신만의 가치관과 진로 방향을 형성하지만, 이러한 탐색이 혼란스럽게 이루어질 경우 시행착오를 겪으며 절망, 불안 등을 경험하는 심리적 유예(psychological moratorium)를 경험하기도 한다. 정체성을 형성한다는 것은 내가 누구인지에 대해 답할 수 있게 된다는 것을 의미하는데, 자신이 무엇을 좋아하고 잘하며, 어떤 가치관을 가지고 있는지 등을 이해하게 되는 과정이라고 할 수 있다. 이 시기의 정체성 형성은 이후 성인기로의 전이를 가능하게 하는 심리적 기반이 된다.

성인 초기는 친밀감 대 고립(intimacy vs. isolation)의 시기로, 타인과의 정서적 유대와 신뢰를 바탕으로 한 친밀한 관계를 형성하며 정체성을 확장하는 시기이다. 이 과정에서 친밀한 관계 맺기에 실패하거나 자신을 과도하게 보호하려는 경우 정서적 고립을 경험할 수 있다. 성인 중기는 생산성 대 침체(generativity vs. stagnation) 단계로, 가족, 직업, 사회 속에서 다음 세대를 양육하고 사회 발전에 기여함으로써 생산성을 발휘한다. 반면 자기 중심적이거나 사회적 역할 상실을 경험할 경우, 침체감과 무의미감을 느끼게 된다. 노년기는 통합 대 절망(integrity vs. despair) 단계로, 자신의 삶을 되돌아보며 성취와 한계를 수용하고 인생의 의미를 통합하는 시기이다. 인생을 긍정적으로 수용하면 통합감을 획득하지만, 후회와 두려움이 지배할 경우 절망감을 경험한다.

이러한 심리사회적 과업은 성인학습자의 학습동기와 참여 이유를 설명하는 핵심 요인이 된다. 청소년기의 자아정체성 형성은 "나는 어떤 삶을 살 것인가"에 대한 탐색으로 이어지며, 이는 직업 선택, 전공 결정, 진로 모색 등 학습의 방향성을 설정하는 심리적 기반이 된다. 성인 초기의 학습은 친밀한 관계 속에서 사회적 적응력과 자아성장을 증진시키기 위한 욕구와 연결된다. 새로운 인간관계, 결혼, 직장생활 등 사회적 역할 변화에 적응하기 위해 의사소통, 정서관리, 대인기술 등 실질적 학습이 강조된다. 중년기의 학습은 가족과 조직, 사회에 기여하고자 하는 생산성(generativity)의 욕구와 관련된다. 이 시기의 학습은 직업 역량 강화나 사회 공헌, 자녀교육과 같은 구체적 실천으로 이어지며, 자신이 쌓아온 경험을 타인과 공유하려는 경향이 강하다. 노년기의 학습은 삶의 회고와 의미 통합을 통한 자기성찰(reflective learning)의 성격을 지닌다. 과거의 경험을 재해석하고, 새로운 가치를 발견하며, 삶의 지혜를 후세에 전하고자 하는 학습이 주를 이룬다.

에릭슨의 발달이론은 흔히 연령을 기준으로 단계가 구분되지만, 이를 단순히 '나이'의 문제로 해석해서는 안 된다. 에릭슨은 발달을 일생에 걸친 연속적 과정(lifelong process)으로 보았으며, 이전 단계의 과업이 완전히 해결되지 않은 경우, 이후 생애 단계에서도 그 과업이 다시 등장하거나 재경험될 수 있다고 보았다. 따라서 성인기 학습자라 하더라도, 청소년기나 성인 초기 단계의 발달적 욕구를 여전히 경험할 수 있다. 예를 들어, 청소년기에 자아정체성을 형성할 기회를 충분히 갖지 못한 학습자는 성인 이후에도 "나는 누구인가", "내가 진정 원하는 일은 무엇인가"를 탐색하며, 진로 전환이나 자기탐색 중심의 학습(예 : 진로 재설계, 자기이해 코칭, 성격검사 참여)에 강한 흥미를 보일 수 있다. 또한, 성인 초기에 친밀한 인간관계를 충분히 형성하지 못한 학습자는 중년기에 들어서도 대인관계 기술이나 의사소통, 감정표현과 관련된 교육(예 : 인간관계 훈련, 공감적 의사소통 강의)에 높은 참여동기를 나타낼 수 있다. 이처럼 발달과업의 미완수는 단순한 결핍이 아니라, 새로운 학습의 기회이자 성장을 위한 잠재적 동기 요인이 된다는 점을 기억할 필요가 있다.

표 2-2 • 에릭슨의 심리사회적 발달 8단계

심리사회적 위기	연령	주요 특징	바람직한 결과
신뢰 대 불신	0~1세	양육자의 일관된 보살핌과 애정은 기본적인 신뢰를 형성하며, 불안정한 양육은 불신과 불안을 낳는다.	신뢰, 희망
자율성 대 수치 및 의심	2세	스스로 선택하고 행동할 기회를 가질 때 자율성이 자라나며, 과도한 통제는 수치심과 의심을 초래한다.	의지
주도성 대 죄의식	3~5세	탐색과 시도를 격려받을 때 주도성이 발달하고, 억압적 환경은 죄책감과 위축을 형성한다.	목적, 의도
근면성 대 열등감	6~11세	성취에 대한 인정과 격려는 근면성을 키우며, 실패에 대한 비난은 열등감을 강화한다.	기술, 유능감
정체성 대 역할 혼미	청소년기	자신의 존재와 가치에 대한 명확한 인식이 정체성을 확립하게 하며, 역할의 혼란은 불안과 혼미로 이어진다.	정체성, 충성심
친밀성 대 고립	성인 전기	타인과의 깊은 관계를 맺고 정서적 유대감을 형성할 때 친밀감이 발달한다. 친밀한 관계 형성에 실패하거나 상호의존을 두려워하면 고립감을 느끼게 된다.	사랑
생산성 대 침체	성인 중기	다음 세대를 양육하고 사회적 기여 활동에 참여함으로써 생산성이 발달한다. 반면 자기중심적 태도나 무관심은 침체감과 무의미감을 초래한다.	배려
통합성 대 절망	노년기	자신의 삶을 되돌아보며 만족과 의미를 찾고, 인생을 수용할 때 통합성이 형성된다. 반대로 후회와 두려움에 사로잡히면 절망감이 깊어진다.	지혜

(2) 해비거스트의 발달과업이론

해비거스트(Havighurst, 1972)는 인간의 발달을 연속적인 학습과 성장의 과정으로 보고, 각 생애 단계마다 사회적 기대와 개인적 가치, 신체적 성숙이 상호작용하여 형성되는 발달과업(developmental task)이 존재한다고 보았다. 발달과업이란 한 개인이 해당 시기에 사회적으로 요구되는 역할을 수행하고, 자신이 속한 문화와 사회의 규범에 맞추어 성공적으로 적응하기 위해 달성해야 할 행동적 · 심리적 과제이다. 이러한 과업을 성취하면 만족감과 성공적 적응을 얻게 되지만, 실패할 경우에는 불안, 좌절, 사회적 부적응으로 이어질 수 있다고 하였다.

해비거스트의 이론 역시 연령 단계를 중심으로 구성되어 있으나, 연령이 발달을 결정하는 절대적 기준은 아니다. 발달과업은 생리적 변화나 사회적 역할 전환에 따라 나타나며, 개인의 경험에 따라 지연되거나 반복될 수도 있다. 따라서 청년기, 중년기, 노년기의 성인학습자들은 각각의 삶의 맥락 속에서 서로 다른 학습 욕구와 목표를 지니게 되며, 해비거스트의 발달과업이론은 성인학습을 생애주기별 과업 해결을 돕는 성장의 과정으로 바라보게 한다는 점에서 중요하다.

청년기(약 18~30세)는 해비거스트가 성인으로의 전이기로 규정한 시기이다. 이 시기의 주요 과업은 직업 선택과 준비, 배우자 선택, 가정생활의 시작, 시민으로서의 역할 수행이다. 즉, 사회적 독립을 이루고 자신만의 정체성과 책임 있는 역할을 확립하는 시기이다. 청년기의 학습은 실질적이고 실용적인 성격을 띠며, 직업역량 강화, 사회적 기술 습득, 인간관계 형성 등과 관련된다. 예를 들어, 대학이나 직업교육기관에서의 학습은 단순한 지식 습득을 넘어 사회적 적응력을 높이는 수단이 된다. 또한 배우자 관계나 대인관계 기술을 다루는 교육은 친밀감과 사회적 책임을 학습하는 장으로 기능한다. 성인학습의 관점에서 청년기는 역할 적응과 자립 학습의 시기라 할 수 있다. 자기이해, 진로탐색, 인간관계훈련 등은 청년기의 주요 발달과업 수행을 촉진하는 대표적 학습 영역이다.

중년기(30~60세)는 해비거스트가 생산성의 중심기로 본 단계이다. 이 시기의 주요 발달과업은 직업생활의 성취, 가정의 유지, 사회적 책임 수행, 시민으로서의 역할 강화, 중년기의 생리적 변화에 대한 적응 등이다. 성인학습자의 대부분은 중년기에 해당하며, 이 시기의 학습은 단순한 기술 향상보다 삶의 질 향상과 역할 효율성 강화에 초점을 둔다. 중년기 학습자는 직장 내에서 새로운 기술을 배우거나, 리더십, 의사소통, 코칭 역량 등을 강화함으로써 조직 내 영향력을 확장하려 한다. 또한, 자녀교육, 부부관계, 부모 부양 등 가족 내 역할 수행에 필요한 심리·정서적 학습의 필요성도 높다. 중년기의 성인학습은 경험의 재구성과 사회적 기여를 중심으로 설계되어야 한다. 예를 들어, 직장 내 멘토링, 후배 코칭, 봉사활동 참여 등은 중년기 발달과업의 교육적 실현 형태라 할 수 있다.

노년기(60세 이후)는 해비거스트가 적응과 통합의 시기로 규정한 단계이다. 이 시기의 주요 발달과업은 은퇴와 소득 감소에 대한 적응, 배우자 상실의 수용, 건강관리와 여가 활용, 삶의 의미 통합과 죽음의 준비이다. 신체적 기능 저하나 사회적 역할 상실로 인해 자존감이 위축될 수 있지만, 학습은 이러한 심리적 변화를 완충하고 새로운 삶의 의미를 재발견하는 중요한 수단이 된다. 노년기의 학습은 단순한 취미활동이 아니라, 자기성찰(reflective learning)과 회고학습(reminiscence learning)을 통해 삶의 의미를 재해석하는 과정이다. 예컨대 자서전 쓰기, 회상활동, 세대 간 대화 프로그램 등은 인생의 통합감을 높이는 대표적인 학습 형태이다. 또한, 건강관리, 디지털 역량 강화, 평생교육 참여는 노년기의 자기효능감을 높이고, 사회적 고립을 완화하는 역할을 한다.

표 2-3 • 해비거스트의 발달단계 및 특징

발달단계	시기(연령)	주요 특징
유아기	출생~6세	기초적인 신체운동 발달, 언어능력 신장, 성별 구분과 정서적 관계 형성
아동기	6~12세	기초적인 학습기술 습득(읽기·쓰기·셈하기), 또래관계 형성, 가치와 도덕 개념 발달
청소년기	12~18세	정체감 확립, 성역할 학습, 시민으로서의 준비, 부모 및 성인으로부터의 정서적 독립
청년기	18~30세	가정과 직업의 책임 수행, 사회적 역할 확립, 자녀 양육 및 사회적 기여
중년기	30~60세	직업적 안정과 사회적 책임 강화, 중년기의 생리적 변화 수용, 건강관리
노년기	60세 이후	신체적 기능 저하에 대한 적응, 은퇴와 죽음의 준비, 사회적 관계 재조정

(3) 레빈슨의 인생 계절론

레빈슨(Levinson, 1978)은 인간의 성인기를 안정(stable)과 전환(transition)이 반복되는 구조적 발달의 연속으로 보았다. 개인의 삶은 일정한 주기를 따라 삶의 구조(life structure)를 형성하고, 이를 재평가하며, 다시 새로운 구조를 구축하는 과정을 거친다고 보았다. 즉, 성인기의 발달은 성장과 안정, 재조정과 변화가 순환적으로 이어지는 역동적 과정이라는 것이다. 레빈슨은 예일대학교에서 수행한 「남성의 생애사 연구(The Seasons of a Man's Life, 1978)」를 통해, 40세 전후의 중년 남성들이 삶의 의미를 재검토하고 기존의 삶의 구조를 수정하려는 변화를 공통적으로 경험한다는 사실을 발견하였다. 그는 이를 통해 성인기의 삶이 단순히 안정된 시기가 아니라, 변화와 재구조화가 반복되는 발달적 구조임을 제시하였다. 이후 여성의 생애를 다룬 후속 연구 「The Seasons of a Woman's Life (1996)」에서도 유사한 패턴이 확인되었으며, 이러한 관점은 흔히 인생의 사계절 이론(the seasons of life theory)으로 불린다.

레빈슨의 인생주기 모형은 성인기의 발달을 세 구간—성인 초기(17~45세), 성인 중기(40~65세), 성인 후기(60세 이후)—으로 구분하며, 각 구간은 다시 전환기와 안정기의 순환으로 구성된다. 안정기는 특정한 삶의 구조를 형성하고 유지하는 시기로, 개인은 직업 · 가정 · 사회적 관계에서 비교적 안정된 역할을 수행한다. 전환기는 기존의 구조를 재평가하고 새로운 방향을 탐색하는 시기로, 개인은 자신의 가치 · 관계 · 목표를 재조정하며 새로운 생애 단계로 이행한다. 이러한 주기는 약 5~7년 단위로 순환하며, 각 전환기에는 혼란 · 의문 · 성찰이 동반된다. 그러나 레빈슨은 이를 위기(crisis)가 아니라 성장을 위한 재조정의 과정으로 보았다. 즉, 성인은 주기적인 전환을 통해 자신의 삶을 재구성하고, 새로운 목표를 설정하며, 점차 통합적 자아를 확립해 간다.

그림 2-1 ○ 레빈슨의 인생주기 모형

표 2-4 • 레빈슨의 발달단계 및 특징

발달단계	연령	주요 특징
성인 이전 시기	0~22세	아동기와 청소년기를 포함하며, 성인기로의 준비를 위한 기초 역량을 형성하는 시기.
성인 초기 전환기	17~22세	성인 세계로 진입을 준비하는 전환기로, 가능성을 탐색하고 자율성과 독립을 시도하는 시기.
성인 초기 (성인 세계 도입기)	22~28세	직업 선택, 결혼, 가족 형성 등을 통해 첫 번째 인생 구조를 수립하는 시기.

발달단계	연령	주요 특징
30세 전환기	28~33세	기존 인생 구조의 문제점을 인식하고 재평가하며, 새로운 방향을 모색하는 시기.
성인 초기 절정 (정착기)	33~40세	직장, 가정, 사회생활에 적극적으로 참여하며 삶의 기반과 정체성을 확립하는 시기.
성인 중기 전환기	40~45세	자신의 삶과 가치관을 재평가하고, 중년의 위기를 경험하며 새로운 의미를 탐색하는 시기.
성인 중기 도입기	45~50세	새로운 인생 구조를 형성하는 시기로, 가족관계와 직업적 역할을 재정립하는 시기.
50세 전환기	50~55세	이전 전환기에 충분한 성찰이 이루어지지 않았다면 위기감이 심화될 수 있는 시기.
성인 중기 절정	55~60세	중년기의 성과를 통합하고, 삶의 균형과 안정감을 완성하는 시기.
성인 후기 전환기	60~65세	은퇴와 신체적 변화에 적응하며 새로운 생활 패턴을 모색하는 시기.
성인 후기 안정기	65세 이후	삶의 의미를 재해석하고 통합감을 획득하며, 노화와 죽음에 대비하는 시기.

성인학습의 관점에서 레빈슨의 이론은 중요한 시사점을 제공한다. 전환기는 기존의 정체성과 가치관이 흔들리는 시기이지만, 동시에 새로운 학습이 일어나는 시기이기도 하다. 직업 전환, 은퇴 준비, 삶의 의미 재탐색 등은 모두 전환기에 나타나는 학습 욕구의 표현이다. 따라서 성인교육은 단순한 기술 교육을 넘어, 생애전환기 학습(transition learning)과 성찰적 학습(reflective learning)을 지원하는 방향으로 설계될 필요가 있다.

2. 성인학습자의 유형

성인학습자는 연령이나 직업적 배경뿐 아니라 학습동기, 학습양식, 학습환경에 대한 선호 등 다양한 요인에 따라 서로 다른 특성을 보인다. 따라서 성인학습자를 이해하기 위해서는 "무엇을 배우는가"보다 "왜 배우는가"와 "어떻게 배우는가"를 함께 살펴볼 필요가 있다. 본 절에서는 대표적인 세 가지 접근인 호울(Houle)의 학습동기 유형, 콜브(Kolb)의 경험학습양식, 던과 던(Dunn & Dunn)의 학습양식 모형을 중심으로 성인학습자의 특성을 구분하고, 이에 따른 교육적 시사점을 살펴본다.

1) 호울의 학습참여 동기 유형

호울(Houle, 1961)은 성인들이 왜 학습에 참여하는지 심층면접을 실시하여 학습참여 동기에 따라 학습자를 '목표지향형', '활동지향형', '학습지향형'의 세 가지 유형으로 구분하였다. 각 유형의 특징은 아래와 같으며, 유형에 따라 학습몰입과 성취도, 학습 장면에서 보이는 특징이 달라진다. 국내에서 수행한 연구에서도 대체로 호울의 세 가지 유형이 지지되었다. 예를 들어, 성인 여성학습자의 학습참여 동기를 유형화하고 각 유형별 학습성과를 비교한 결과, 학습지향형과 목표지향형이 활동지향형에 비해 학습성취도가 높게 나타났다. 이는 호울의 분류가 한국 성인학습자에게도 유효함을 시사하며, 배움 자체의 즐거움과 자격 · 직무 향상 동기가 성과로 이어진다는 것이 확인되었다(정기범, 2014).

호울 외에도 성인학습자의 학습 동기를 유형화하려는 시도는 계속되어 왔다. 대표적으로 모스타인과 스마트(Morstain & Smart, 1976)는 호울의 분류를 확장하여 '성인교육 참여동기 질문지(Participation Motivation Questionnaire, PMQ)'를 개발하였다. 이들은 성인교육 프로그램 참여자의 다양한 동기를 여섯 가지 범주로 구분하였는데, 다른 사람의 지시를 따르거나 기대사항을 수행하기 위한 동기를 의미하는 '외부적 기대'와 직업에서 더 높은 지위를 차지하거나 경쟁에서 뒤처지지 않으려는 '전문성 향상', 새로운 친구를 사귀고 우정을 형성하려는 '사회적 관계', 지루함으로부터 벗어나거나 다른 일로부터 휴식하기 위한 '도피/자극', 공동체와 인류를 위해 봉사하고자 하는 '사회적 복지', 알고자 하는 욕구 충족과 지식을 추구하는 '인지적 흥미'가 그것이다. 이 중에서 외부적 기대와 전문성 향상은 호울의 목표지향형 동기에, 사회적 관계와 도피/자극, 사회적 복지는 활동지향형 동기에, 인지적 흥미는 학습지향형 동기에 해당한다고 할 수 있다(권두승, 2000).

호울은 학습참여 동기가 고정적인 것이 아니라 한 사람의 학습생애 속에서 서로 전환될 수 있다고 보았다. 예컨대 직업적 이유로 학습을 시작한 학습자가 점차 지식을 확장해 가는 즐거움 자체에 흥미를 느껴 학습지향형으로 변화하는 경우가 이에 해당한다. 성인학습자의 학습참여 동기를 이해하면 그에 적합한 교육을 안내하고 학습을 촉진할 수 있을 뿐만 아니라, 장기적으로는 학습자의 내적 동기와 삶의 의미를 탐색하고, 학습을 통한 자기성장 과정을 지원하는 기초자료로 활용할 수 있을 것이다.

표 2-5 • 호울의 학습참여 동기 유형

유형	주요 특징	예시 및 교육적 시사점
목표지향형 (goal-oriented)	학습을 특정한 목표나 문제해결의 수단으로 인식한다. 이들은 학습을 통해 자격증 취득, 승진, 재취업, 업무 효율 향상 등 실질적 결과를 기대한다. 학습의 효율성과 실용성을 중시하며, 결과 중심의 학습자라고 할 수 있다. 현실적인 이익을 충족시키려는 욕구가 강하며, 일단 교육의 목표를 달성할 경우 학습을 중단하는 경향이 있다.	직장인 대상 직무교육, 자격증 과정, 리더십 훈련 등에서 높은 참여율을 보임. 학습목표를 명확히 제시하고, 즉각적 피드백과 성과를 제공하는 것이 효과적.
활동지향형 (activity-oriented)	학습활동을 사회적 상호작용과 관계 형성의 기회로 본다. 학습 그 자체보다 학습 속에서의 만남, 소속감, 관계 형성을 즐긴다. 정서적 만족감이 중요한 동기이며, 학습은 사회적 욕구 충족의 수단이 된다. 학습활동을 통해 얻는 실질적인 성과보다는 인간관계의 양이나 유형에 비중을 높게 둔다.	지역 평생학습관, 동호회형 학습, 문화교실 등에서 많이 발견됨. 공동체 중심 활동, 팀 프로젝트, 협동학습이 적합.
학습지향형 (learning-oriented)	학습 그 자체에서 의미와 즐거움을 느끼며, 지식 탐구와 자기성장을 위해 학습한다. 학습을 일상적 습관으로 삼으며, 내적 성취감과 자아실현의 욕구가 강하다.	인문학 강좌, 독서 모임, 철학 토론, 대학원 진학 등에서 자주 나타남. 교사는 정보 제공자보다는 성찰 촉진자로서 역할을 해야 함.

2) 콜브의 학습양식

콜브(Kolb, 1984)는 학습을 단순한 정보의 습득이 아니라 경험을 성찰하고 개념화하며 행동으로 옮기는 순환적 과정으로 보았다. 그는 '경험적 학습이론(Experiential Learning Theory, ELT)'을 제안하였는데, 이 이론에 따르면 학습은 구체적인 경험(Concrete Experience)에 대한 반성적 관찰(reflective observation)을 통하여 경험으로부터 일반화 원리를 도출하는 추상적 개념화(abstract conceptualization)를 하고 이를 바탕으로 개념과 원리를 적용하는 능동적 실험(active experimentation) 단계로 발전하는 4단계의 순환 과정 속에서 일어난다.

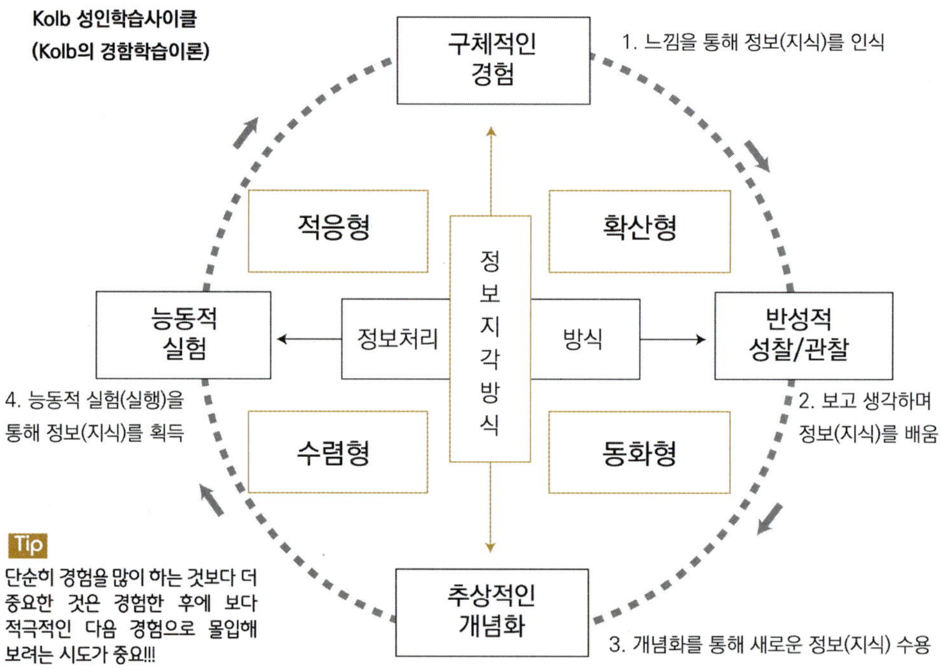

그림 2-2 ○ 콜브의 경험적 학습이론

각 개인의 학습은 정보를 받아들이는 방식(정보지각방식, 세로축)과 받아들인 정보를 어떻게 처리하는가(정보처리방식, 가로축)에 따라 서로 다른 학습양식(learning style)을 보일 수 있다. 즉, 어떤 사람은 감각적으로 경험하고 느끼는 것을 선호하는 반면(concrete experience), 또 다른 사람은 개념적으로 사고하며 논리적 구조를 세우는 것을 선호할 수 있다(abstract conceptualization). 또한, 어떤 학습자는 조용히 관찰하며 배우는 성향이 있고(reflective observation), 어떤 학습자는 직접 시도하고 행동하며 배우는 성향이 있다(active experimentation). 이 두 축의 조합에 따라 콜브는 학습자를 확산형(diverging), 동화형(assimilating), 수렴형(converging), 적응형(accommodating)의 네 가지 학습양식으로 구분하였다. 각 학습양식은 학습자 개인의 사고방식, 학습전략, 대인관계 선호, 문제 해결 접근방식 등에 영향을 미치며, 다음과 같은 특징을 지닌다.

표 2-6 • 콜브의 학습양식

학습양식	주요 특징	성인학습 맥락 예시
수렴형 (융합형)	추상적 사고와 능동적 실험을 결합하여 논리적 분석과 문제 해결에 능숙하다. 감정보다는 논리를 중시하고, 실제적 문제 해결을 선호한다.	기술훈련, 경영전략, 데이터분석 등 실용적·공학적 학습환경에서 두각을 나타낸다. 과제 중심 학습이나 문제기반학습(PBL)이 효과적이다.
확산형 (분산형)	구체적 경험과 반성적 관찰을 선호하며, 상상력과 공감능력이 풍부하다. 다양한 관점을 수용하고 사람 중심의 상황 이해에 강하다.	상담심리, 교육, 디자인, 예술 관련 학습에서 탁월하다. 토론, 역할극, 사례분석 중심의 수업이 적합하다.
동화형	추상적 개념화와 반성적 관찰을 결합하여 이론적 구조화와 논리적 사고를 선호한다. 정확한 지식과 체계적 이해를 중시한다.	학문적 연구, 이론 중심 강의, 데이터 모델링 등에서 높은 성과를 보인다. 강의식 수업, 독서 기반 학습, 분석적 과제가 효과적이다.
적응형	구체적 경험과 능동적 실험을 결합하여 행동 중심적·도전적 학습자이다. 실패를 두려워하지 않고 실행을 통해 배우며, 경험을 중시한다.	창업, 리더십 훈련, 현장실습, 워크숍 등 실전형 학습에서 강점을 가진다. 시뮬레이션, 체험학습이 효과적이다.

콜브의 이론은 모든 성인학습자가 단일한 학습유형에 고정된 존재가 아니라, 상황과 경험의 특성에 따라 서로 다른 양식을 유연하게 활용할 수 있음을 강조한다. 따라서 교수자나 상담자는 학습자가 선호하는 학습양식과 현재 처

한 학습상황을 함께 고려하여, 개념적 설명(이론 중심)과 경험적 실습(체험 중심) 학습의 균형을 조절할 필요가 있다.

3) 던과 던의 학습양식

던과 던(Dunn & Dunn, 1978)은 학습자가 정보를 받아들이고 처리하는 과정에서 개인마다 서로 다른 환경적 · 정서적 · 사회적 · 생리적 · 심리적(인지적) 요인이 작용한다는 점에 주목하였다. 이들은 학습을 단순한 인지적 활동이 아니라, 학습자의 개인적 특성 전반이 상호작용하는 복합적 과정으로 보고, 학습자의 학습 선호도와 환경 조건을 체계적으로 설명하는 학습양식 모형(learning styles model)을 제시하였다. 이 모형의 핵심은 모든 학습자는 동일한 방식으로 배우지 않는다는 점이다. 이들에 따르면 학습자의 학습양식은 한두 가지 차원으로 설명될 수 없으며, 여러 자극 요인(stimuli)이 상호작용한 결과로 나타난다. 이들은 아래와 같은 5개 요인, 20여 개 세부항목을 제시했는데, 학습자마다 서로 다른 항목의 영향을 받으며 대체로 6개에서 14개 정도의 요인에 의해 영향을 받는 것으로 알려져 있다(최윤정, 2018).

표 2-7 • 던과 던의 학습양식

요인 영역	세부항목	설명
환경적 요인 (Environmental)	소리(Sound)	학습 시 소음 또는 배경음악에 대한 선호 정도
	조명(Light)	밝거나 어두운 조명 환경의 선호
	온도(Temperature)	따뜻하거나 시원한 온도 조건의 선호
	디자인(Design)	공간 배치나 학습 장소의 디자인에 대한 선호 (책상, 의자, 소파, 낮은 테이블, 바닥 등)

요인 영역	세부항목	설명
정서적 요인 (emotional)	동기(motivation)	학습과제에 임하는 내적 동기 수준
	지속력(persistence)	과제를 끝까지 지속하려는 성향
	책임감(responsibility)	학습 과제에 대한 책임감과 자율성
	구조화 욕구(structure)	명확한 지시나 구조를 원하는 정도
사회적 요인 (sociological)	개인학습(alone)	혼자 학습할 때 효율이 높은 정도
	짝학습(pair)	짝과 함께 학습할 때의 선호도
	또래학습(peers).	또래나 동료와의 집단학습을 선호하는 정도
	팀학습(team)	소규모 또는 대규모 팀 활동을 통한 학습 선호
	성인/교사 중심 (adult/teacher)	교사나 지도자 주도의 학습 환경을 선호하는 정도
	다양성 선호(variety)	다양한 학습방식과 자극의 변화를 선호
생리적 요인 (physiological)	지각양식(perceptual style : 시각·청각·운동감각·촉각)	정보를 인식하는 감각적 선호 (시각·청각·운동감각·촉각)
	간식(intake)	학습을 할 때 섭취(간식 등)이 필요한 정도
	시간대(time)	오전, 오후 등 집중이 잘 되는 시간대
	이동성(mobility)	학습 시 움직이거나 활동해야 하는 정도
심리적/인지적 요인 (psychological)	분석적 사고(analytic) / 전체적 사고(global)	세부 중심의 논리적·분석적 사고 선호 / 전체 맥락을 중시하는 총체적 사고 선호
	충동적 반응(impulsive) / 숙고적 반응(reflective)	빠르고 즉흥적인 반응 성향 / 숙고 후 반응하는 신중한 성향

학습자의 학습양식별 특성을 이해하는 것은 학습 상황에서 나타나는 다양한 행동을 해석하는 데 매우 중요한 틀이 된다. 예를 들어, 한자리에 오래 앉아 있지 못하고 계속 이동하거나 다른 학습자와 대화를 시도하는 경우, 혹은 교수자가 강의하는 동안 혼자 그림을 그리거나 표를 작성하며 산만해 보이는 경우가 있다. 이러한 행동은 겉보기에는 집중력이 부족하거나 학습에 소극적

인 모습처럼 보일 수 있지만, 던과 던의 학습양식 이론으로 보면 오히려 자신의 학습 특성에 맞게 학습환경을 조정하고 있는 것일 수도 있다. 즉, 학습자가 학습자답지 않게 행동하는 것처럼 보이는 순간에도, 사실은 자신에게 적합한 방식으로 정보를 처리하고 학습을 지속하려는 적극적 시도일 수 있음을 이해해야 한다. 따라서 성인학습의 효과를 높이기 위해서는 학습에 영향을 미치는 다양한 개인적 요인을 미리 파악할 수 있는 학습양식 진단 도구나 체크리스트를 활용하여, 학습자에게 적합한 교수 · 학습 환경을 설계하려는 노력이 필요하다.

요약하기

1. 성인학습자의 특성

- 성인은 연령이 아니라 신체적·심리적·사회적 성숙과 자율성을 바탕으로 스스로 삶과 학습의 방향을 결정하는 존재이다.
- 성인학습자는 생물학적, 인지적, 심리적, 사회적, 발달적 측면에서 다양한 특성이 나타난다. 감각 기능 및 신체 기능, 인지능력 등의 변화가 있으나 신경가소성과 결정화 지능을 바탕으로 맥락화·성찰적 이해에 강한 특징을 보인다.
- 에릭슨·해비거스트·레빈슨에 따르면 성인은 생애주기 속에서 역할과 의미를 재구성하며 발달과업을 해결해 나가는 존재로, 미완의 발달과업은 학습·상담의 주제로 재등장할 수 있다.

2. 성인학습자의 유형

- 호울의 학습참여 동기 유형 : 목표지향형, 활동지향형, 학습지향형으로 구분되며, 동기의 차이는 학습행동과 학습 초점을 달리하게 한다.
- 콜브의 학습양식 : 경험 → 성찰 → 개념화 → 실험의 순환 속에서 확산·동화·수렴·적응형이 나타난다.
- 던과 던의 학습양식 : 환경·정서·사회·생리·인지의 5요인과 20여 개 세부 항목이 학습 선호를 결정하며, 학습자의 행동은 자신에게 맞는 방식으로 학습하려는 적극적 조절로 이해될 수 있다.

Chapter 03

성인학습 환경과 평생교육사

학습목표

- 평생교육의 법적·정책적 기반과 다양한 학습 및 자격제도를 이해하고, 성인학습의 제도적 운영 체계를 설명할 수 있다.
- 형식적·비형식적·무형식적 학습환경의 특성을 구분하고, 원격대학·평생교육원·기업체 등 주요 학습기관의 역할을 비교·분석할 수 있다.
- 평생교육사의 전문적 역할과 윤리적 책무를 이해하고, 학습자 상담 및 지원을 위한 실천적 역량을 제시할 수 있다.

제2장에서는 이러한 평생학습의 주체인 성인학습자가 어떤 특성과 발달적 욕구를 지닌 존재인지를 살펴보았다. 학습이 제도에 의해 자동으로 이루어지는 것이 아니라, 결국 '사람 안에서 일어나는 심리적 · 사회적 과정'임을 강조하면서, 학습자의 동기와 경험, 학습양식에 대한 이해가 성인학습의 출발점이 된다는 점을 확인하였다.

제3장에서는 이러한 학습이 어디서, 어떤 제도적 · 환경적 기반 위에서, 누구에 의해 지원되는가에 초점을 맞춘다. 성인학습은 개인의 노력만으로 이루어지지 않으며, 법과 정책, 제도, 그리고 전문 인력의 체계적 지원 속에서 지속될 수 있다. 따라서 본 장에서는 첫째, 평생교육법과 국가 정책을 중심으로 한 성인학습의 제도적 기반을 살펴보고, 둘째, 학교 · 직장 · 지역사회 등 다양한 성인학습 환경과 기관의 특성을 분석하며, 셋째, 평생교육을 현장에서 기획 · 운영 · 상담으로 실천하는 평생교육사의 역할과 자질을 고찰한다. 이를 통해 성인학습이 개인의 성장뿐 아니라 사회적 발전의 기반으로 기능하기 위해 필요한 제도적 구조와 실천적 전문성을 함께 이해하게 될 것이다.

1. 성인학습 제도

1) 평생교육의 법적·정책적 기반

대한민국은 헌법 제31조 1항에 "모든 국민은 능력에 따라 균등하게 교육받을 권리를 가진다"고 규정하고 있으며 교육기본법 제3조에는 "모든 국민은 평생에 걸쳐 학습하고, 능력과 적성에 따라 교육받을 권리를 가진다"고 명시하고 있다. 이는 지식기반사회에서 모든 국민이 평생학습의 권리, 학습에 대한 선택권, 그리고 평생교육의 기회균등을 보장받을 수 있는 기반을 마련한 것이다. 우리나라의 평생교육은 1999년 「사회교육법」을 전면 개정하여 「평생교육법」을 제정한 것을 기점으로 구체적인 제도적 기반을 갖추게 되었다. 이 법은

2000년 3월부터 시행되었으며, 2023년 개정까지 총 24차례의 개정을 거치면서 평생교육에 대한 국가와 지방자치단체의 책무를 점차 구체화해 왔다(법제처, 2024). 즉, 대한민국에서 평생학습은 단순한 선택적 복지가 아니라, 헌법상 교육권의 확장으로 이해되며, 국가의 제도적 지원을 통해 공공성이 강화된 국민의 학습권 보장체계로 발전해 왔다고 할 수 있다.

「평생교육법」은 대한민국의 평생학습을 제도적으로 보장하고 추진하기 위한 기본 법률이다. 제1조(목적)에서는 "이 법은 「헌법」과 「교육기본법」에 규정된 평생교육의 진흥에 대한 국가 및 지방자치단체의 책임과 평생교육제도와 그 운영에 관한 기본적인 사항을 정하고, 모든 국민이 평생에 걸쳐 학습하고 교육받을 수 있는 권리를 보장함으로써 모든 국민의 삶의 질 향상 및 행복 추구에 이바지함을 목적으로 한다"고 명시하고 있다. 즉, 평생교육은 단순한 개인의 학습활동이 아니라, 국가 발전과 사회 통합을 위한 공공정책의 영역으로 규정된다.

또한 제2조(정의)에서는 평생교육을 "학교의 정규교육과정을 제외한 학력보완교육, 성인 문해교육, 직업능력 향상교육, 성인 진로개발역량 향상교육, 인문교양교육, 문화예술교육, 시민참여교육 등을 포함하는 모든 형태의 조직적인 교육활동"으로 정의한다. 이 조항은 '학교 밖 학습'을 포괄적으로 인정하고, 다양한 교육기관 · 조직 · 학습자의 참여를 제도적으로 보장한다는 점에서 중요한 의의를 가진다. 「평생교육법」에서 눈여겨 볼 만한 부분은 제4조(평생교육의 이념)이다. 여기서는 다음과 같이 총 네 가지의 이념을 밝히고 있는데, 평생교육이 어떠한 가치와 원칙 위에서 운영되어야 하는지를 제시하는 조항이다. 이 네 가지 이념은 단순한 선언적 문구가 아니라, 평생학습을 인간 존엄과 학습권의 관점에서 접근해야 함을 명확히 하는 법적 · 철학적 근거라는 점에서 중요하다. 먼저, ① 모든 국민은 평생교육의 기회를 균등하게 보장받는다는 원칙은 학습을 사회적 특권이 아닌 보편적 권리로 인식하도록 하는 헌법적 가치의 확장이라는 점에서 중요성을 갖는다. ② 평생교육은 학습자의 자유로운 참여와 자발적인 학습을 기초로 이루어져야 한다는 조항은 성인학습의 본질을 규정하는 핵심으로, 강제나 통제보다 학습자의 자기주도성과 내적 동기를 존중해야 함을 강조한다. ③ 평생교육은 정치적 · 개인적 편견의 선전을 위한 방편으로 이용되어서는 아니 된다는 조항은 교육의 중립성과 공공성의 원리를 내포한다. 마지막으로 ④ 일정한 평생교육과정을 이수한 자에게는 그에 상응하는 자격 및 학력인정 등 사회적 대우를 부여하여야 한다는 조항은 학교 밖 학습과 비형식적 학습의 가치를 제도적으로 보장함으로써, 다양한 학습 경험이 사회적 자본으로 전환될 수 있는 통로를 마련한다는 점에서 의의가 있다. 이 밖에 「평생교육법」의 주요 내용은 〈표 3-1〉에서 확인할 수 있다.

표 3-1 • 「평생교육법」 제2조(정의)

제2조(정의) 이 법에서 사용하는 용어의 정의는 다음과 같다. 〈개정 2014.1.28., 2021.6.8., 2023.4.18., 2023.6.13.〉

1. "평생교육"이란 학교의 정규교육과정을 제외한 학력보완교육, 성인 문해교육, 직업능력 향상교육, 성인 진로개발역량 향상교육, 인문교양교육, 문화예술교육, 시민참여교육 등을 포함하는 모든 형태의 조직적인 교육활동을 말한다.
2. "평생교육기관"이란 다음 각 목의 어느 하나에 해당하는 시설·법인 또는 단체를 말한다.
   가. 이 법에 따라 인가·등록·신고된 시설·법인 또는 단체
   나. 「학원의 설립·운영 및 과외교습에 관한 법률」에 따른 학원 중 학교교과교습학원을 제외한 평생직업교육을 실시하는 학원
   다. 그 밖에 다른 법령에 따라 평생교육을 주된 목적으로 하는 시설·법인 또는 단체
3. "문해교육"이란 일상생활을 영위하는 데 필요한 문자해득(文字解得)능력을 포함한 사회적·문화적으로 요청되는 기초생활능력 등을 갖출 수 있도록 하는 조직화된 교육프로그램을 말한다.
4. "평생교육사업"이란 국가 및 지방자치단체가 국민과 주민의 평생교육을 위하여 예산 또는 기금으로 조직적인 교육활동을 직·간접적으로 지원하는 사업을 말한다.
5. "평생교육이용권"이란 평생교육프로그램을 이용할 수 있도록 금액이 기재(전자적 또는 자기적 방법에 따른 기록을 포함한다)된 증표를 말한다.
6. "성인 진로개발역량 향상교육"(이하 "성인 진로교육"이라 한다)이란 성인이 자신에게 적합한 직업을 찾고 진로를 인식·탐색·준비·결정 및 관리할 수 있도록 진로수업·진로심리검사·진로상담·진로정보·진로체험 및 취업지원 등을 제공하는 활동을 말한다.

표 3-2 • 「평생교육법」 주요 내용

장 구분	핵심 내용
제1장 총칙 제1조~제8조	평생교육의 목적, 정의, 이념, 국가 및 지자체의 책무를 규정. 모든 국민의 평생학습권을 보장하고 공공성을 강화함.
제2장 평생교육진흥 기본계획 등 제9조~제18조	교육부장관이 수립하는 5년 단위의 평생교육진흥기본계획과 시·도 단위의 지역평생교육진흥계획을 규정. 평생학습도시, 장애인평생학습도시, 평생교육통계조사 등에 대해 명시함.
제3장 국가평생교육진흥원 등 제19조~제23조	국가평생교육진흥원(NILE)의 설치 근거와 역할을 규정. 학점은행제, 독학학위제, 평생학습계좌제 등을 관리·운영함.
제4장 평생교육사 제24조~제27조	평생교육사의 자격 요건, 등급(1·2·3급) 및 자격검정 절차, 평생교육 전문인력의 역할과 배치기준을 명시함.
제5장 평생교육기관 제28조~제38조	평생교육시설, 학교 형태의 평생교육시설, 평생학습관 등 평생교육기관의 설치, 등록, 운영기준 및 감독을 규정.
제6장 문해교육 제39조~제40조(제40조의2)	성인문해교육의 지원 근거와 국가·지자체의 의무를 명시. 문해교육 프로그램 인증 및 학력 인정 규정 포함.
제7장 성인 진로교육 제40조(제40조의3)	성인의 진로개발역량 강화를 위한 교육 지원, 직업전환 및 경력개발을 위한 프로그램 운영의 법적 근거 마련.
제8장 평생학습 결과의 관리·인정 제41조	학습이력관리, 학습성과인정, 평생학습계좌제 운영 등을 통해 학교 밖 학습의 제도적 인정체계를 규정.
제9장 보칙 제42조~제46조	재정지원, 행정처분, 벌칙 등 평생교육 운영과 관련된 일반 규정 및 행정적 절차를 명시.

2) 평생학습제도

우리나라는 「평생교육법」을 통해 학습의 권리를 선언하는 데 그치지 않고, 이를 현실적으로 보장하기 위한 다양한 제도적 장치를 마련하고 있다. 이들 제도는 학교 밖에서 이루어지는 학습을 제도적으로 인정하고, 개인의 생애주기별 학습경로를 설계할 수 있도록 지원한다는 점에서 의미가 크다. 대표적인 평생학습제도로는 학점은행제, 독학학위제, K-MOOC(한국형 온라인 공개강좌), 국민내일배움카드제, 평생학습계좌제 등이 있다. 이러한 평생학습제도는 성인의 학습권을 실질적으로 보장하기 위한 제도적 장치로, 학습의 기회-인정-

활용을 아우르는 국가 평생교육체계라 할 수 있다. 국가는 각종 제도를 통해 성인학습자가 자신의 생애주기와 상황에 맞추어 학습을 이어가며, 배움을 사회적 성취로 연결할 수 있도록 지원한다.

(1) 학점은행제

그림 3-1 ○ 학점은행제 이용대상
출처 : 국가평생교육진흥원

학점은행제는 「평생교육법」 제8장 및 「학점인정 등에 관한 법률」에 근거하여, 학교 밖에서 이수한 다양한 학습경험(평생인정 학습과정, 시간제 등록, 자격취득, 독학학위제 시험 합격 등)을 학점으로 인정받아 정규 학위(전문학사, 학사)를 취득할 수 있도록 하는 제도이다. 1995년 대통령 직속 교육개혁위원회가 열린 평생학습사회 구현을 위한 새로운 교육체제로서 학점은행제를 제안하였으며, 관련 법령 제정을 거쳐 1998년 3월부터 본격 시행되었다(국가평생교육진흥원). 이는 전통적 학위과정에 참여하기 어려운 성인학습자에게 학습경험의 제도적 인정과 학위 취득의 기회를 제공함으로써, 언제, 어디서나 배운 것이 학문적 성과로 이어질 수 있는 열린 교육체제를 실현한 것이다. 고등학교 졸업자 또는 동등 이상의 학력을 가진 사람은 누구나 학점은행제를 통해 학위를 취득할 수 있다. 국가평생교육진흥원(NILE)이 운영 주체로서 학점인정, 학위수여, 학점관리 등을 통합 관리하고 있다. 그림과 같이 직장인, 경력단절여성, 군인, 전업주부 등 다양한 성인학습자가 학점은행제를 이용할 수 있으며, 학점은행제는 학위 취득의 문턱을 낮춤으로써 평생학습의 실질적 사다리 역할을 한다고 볼 수 있다.

(2) 독학학위제

독학학위제는 정규 대학과정을 이수하지 않고, 독학을 통해 학사학위를 취득할 수 있는 제도이다. 1990년 「독학에 의한 학위취득에 관한 법률」에 의해 도입되었으며, 현재는 국가평생교육진흥원이 주관한다. 이 제도는 자기주도적 학습자(self-directed learner) 즉, 독학자(獨學者)에게 학사학위를 수여함으로써 평생교육의 이념을 구현하고 개인의 자아실현과 국가사회의 발전에 이바지하는 것을 목적으로 하는 제도라고 할 수 있다. 시험은 교양과정 · 전공기초과정 · 전공심화과정 · 학위취득 종합시험의 4단계로 구성되어 있으며, 고등학교 졸업 이상의 학력을 가진 사람이라면 누구나 응시할 수 있다. 또한 학점은행제와 연계되어 일부 과목 면제나 학점 인정이 가능하다는 점에서 두 제도는 상호 보완적으로 작동한다. 결국 독학학위제는 정규 교육과정의 경계를 넘어, 개인의 노력과 학습 성취를 학위로 인정함으로써 학습평등을 실질적으로 구현하는 제도라 할 수 있다.

(3) K-MOOC(Korean Massive Open Online Course)

K-MOOC는 교육부와 국가평생교육진흥원이 운영하는 한국형 온라인 공개강좌 플랫폼으로, 「평생교육법」 제22조 및 「고등교육법」 제26조에 따라 수강 인원의 제한 없이(Massive) 모든 사람이 수강 가능한(Open) 웹 기반의(Online) 강좌(Course)인 무크(MOOC)의 한국형 모델로 정의된다. K-MOOC는 대학과 전문기관의 고등교육 수준 강좌를 누구나 무료로 수강할 수 있도록 제공하는 전국민 온라인 지식 공유 플랫폼이다. 이는 디지털 전환 시대의 대표적인 공공 평생학습 플랫폼으로, 고등교육의 개방과 공유를 통해 학습격차를 완화하고

교육의 접근성을 높이는 데 기여하고 있다. 최근에는 인공지능, ESG, 심리상담, 인문교양 등 다양한 실무·전문 영역의 강좌가 개설되고 있으며, 일부 강좌는 대학 학점으로도 인정된다. K-MOOC는 '언제, 어디서나, 누구나 학습할 수 있는' 학습권 실현의 대표적 사례로, 지식기반사회의 핵심 인프라로 자리잡고 있다.

(4) 국민내일배움카드제

국민내일배움카드제는 「근로자직업능력개발법」에 근거한 직업훈련 지원제도로, 성인학습자의 직무역량 향상과 경력개발을 지원하는 대표적 국가제도이다. 고용보험에 가입한 근로자의 직무능력 향상 및 경쟁력 강화를 도모하기 위하여 근로자가 자율적으로 직업능력개발훈련에 참여할 경우 국민내일배움카드를 발급받아 훈련비용의 일부를 지원받을 수 있다. 일정 요건을 충족하면 개인별 한도(300만~500만 원) 내에서 직업능력개발훈련비의 45~100%를 정부가 지원한다. 학습자는 이 제도를 통해 일·학습 병행형 훈련, 온라인 직무교육, 산업현장 맞춤형 과정 등을 자유롭게 선택할 수 있으며, 학습결과는 고용정보망을 통해 경력·취업정보와 연계된다. 학습자는 이를 통해 일·학습 병행형 훈련, 온라인 직무교육, 산업현장 맞춤형 교육 등 다양한 과정을 자유롭게 선택할 수 있으며, 학습결과는 고용정보망을 통해 경력 및 취업정보와 연계된다. 국민내일배움카드제는 생애주기 전반에서 직업능력개발을 가능하게 함으로써, 평생직업교육체제의 핵심 기반으로 기능하고 있다.

(5) 평생학습계좌제

평생학습계좌제는 국민이 언제, 어디서, 어떤 방식으로 학습하든 그 학습경험을 체계적으로 기록하고 사회적으로 인정받을 수 있도록 지원하는 제도이다. 「평생교육법」 제23조에 따라 국민의 다양한 학습경험을 온라인 학습계좌에 누적·관리하고, 이를 학력·자격인정과 연계하거나 고용정보로 활용함으로써, 학습이수 결과에 대한 사회적 인정 및 활용 기반을 확대하기 위한 제도이며, 국가평생교육진흥원(NILE)이 주관하여 운영하고 있다. 앞서 언급한 학점은행제, K-MOOC, 독학학위제 등이 각각 평생학습 경로에 해당한다면, 평생학습계좌제는 그 다양한 학습결과를 통합적으로 관리하고 인정하는 제도적 플랫폼이라 할 수 있다.

특히 2023~2024년 평생교육법 개정에서는 '전 국민 평생학습계좌제'의 추진이 명문화되었으며, 학습자의 생애 전반의 학습활동을 계좌 형태로 관리하여 학교 밖 학습까지 제도적으로 인정하는 디지털 평생학습 인프라로 발전하였다. 경제적 자산을 계좌로 관리하듯, 학습자는 자신의 학습성과를 '학습계좌'에 누적하여 관리 · 활용할 수 있고, 이를 기반으로 개인별 'e-포트폴리오'나 '평생학습 종합이력부'를 구축할 수 있다. 결국 평생학습계좌제는 국민의 생애 전체를 하나의 학습 여정으로 연결하는 제도적 기반으로, 개인의 학습경험을 사회적 자산으로 전환시키는 평생학습 제도라 할 수 있다.

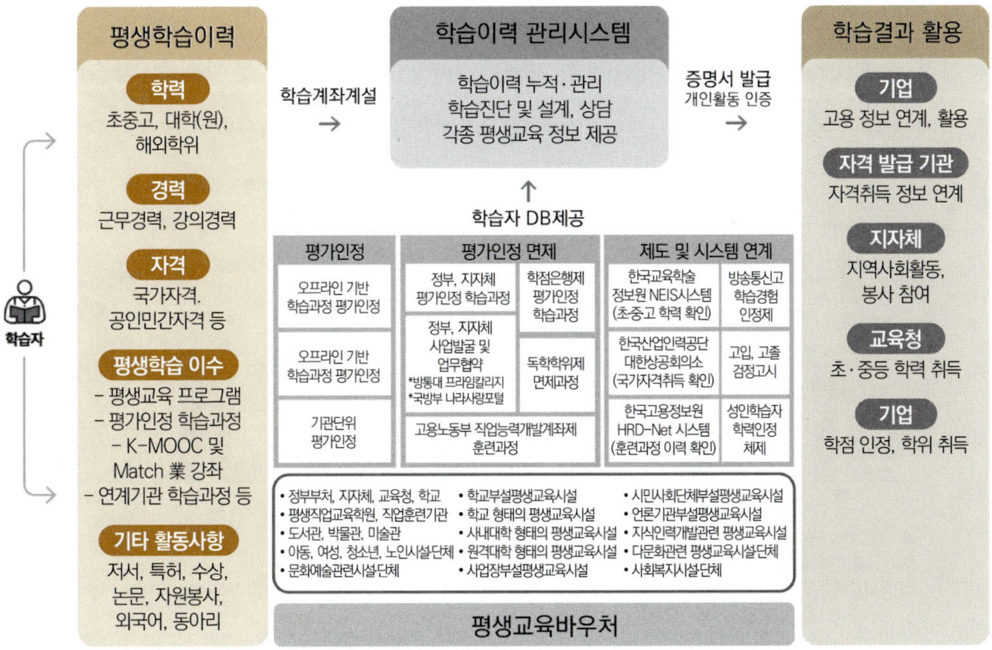

그림 3-2 ◦ 평생학습계좌제 운영 체계도

출처 : 국가평생교육진흥원

2. 성인학습 환경과 기관

성인은 자신이 처한 상황과 학습의 목적에 따라 적절한 환경을 선택할 수 있다. 또한 성인학습의 성과는 학습이 일어나는 맥락과 구조적 환경이 어떻게 조성되는가에 따라 달라질 수 있다. 즉, 학습의 주체가 성인이라면 그 학습이 이루어지는 장(場)은 다양하고 복합적일 수밖에 없다. 평생교육법과 관련 정책들은 이러한 학습의 장을 제도적으로 구분하고, 각 환경에서의 학습을 지원하기 위한 체계를 구축해 왔다. 본 절에서는 성인학습의 환경과 주요 기관을 다양한 측면에서 살펴보고, 각 환경의 특징을 구체적으로 밝히고자 한다.

1) 성인학습의 환경

성인학습은 학습이 이루어지는 제도적 구조와 맥락에 따라 일반적으로 형식적 학습(formal learning), 비형식적 학습(non-formal learning), 무형식적 학습(informal learning)으로 구분된다(Coombs, Prosser & Ahmed, 1973 ; Merriam, Caffarella & Baumgartner,

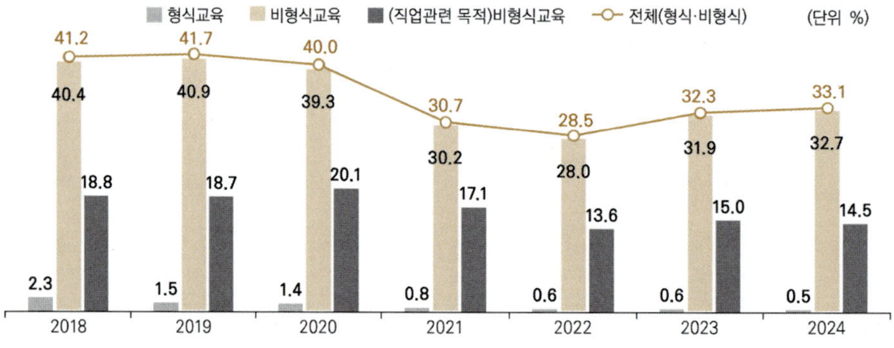

주: 표기된 연도는 조사기준시점이 아닌 조사시행연도임
출처: 교육부·한국교육개발원(각 연도). 한국 성인의 평생학습실태.
* (형식교육) 초·중·고등학교나 대학(원)과 같이 학위(졸업장) 취득이 가능한 정규교육과정(학점은행제, 독학학위제 등 학력보완교육 포함)
** (비형식교육) 학위(졸업장) 취득이 가능한 교육 이외의 구조화된 학습활동으로, 공식적인 학위나 졸업장 취득을 우선 목적으로 하지 않으며, 평생교육기관에서 운영하는 프로그램이나 교육과정을 통해 이뤄지는 교육(예: 직장에서 받은 직무연수, 학원 수강, 대학의 평생교육원 수강 등)

그림 3-3 ○ 평생학습 참여율
출처 : 평생교육백서, 2024

2007). 이러한 구분은 단순한 행정적 분류가 아니라, 인간의 학습이 제도권 학교 밖에서도 지속적으로 일어나며, 다양한 사회적 · 문화적 환경 속에서 이루어진다는 인식에 기반한다. 이러한 구분은 전 세계적으로 통용되며, 우리나라 평생교육백서에서도 평생학습참여율을 형식교육과 비형식교육으로 구분하여 조사, 발표하고 있다.

(1) 형식적 학습 환경

형식적 학습은 국가의 법령이나 제도적 규범에 따라 운영되는 공식적인 교육체계 내에서 이루어지는 학습을 말한다. 초 · 중 · 고등학교, 대학교, 대학원과 같은 정규학교 교육이 대표적이며, 일정한 교육과정과 학사일정, 평가기준을 갖춘 학점은행제, 방송통신대학, 사이버대학, 산업체 위탁교육, 자격증 취득과정 등도 이에 포함된다.

형식적 학습의 가장 큰 특징은 명확한 교육목표와 평가체계, 그리고 학위나 자격의 공식적 인정이 수반된다는 점이다. 예를 들어, 대학의 정규학위 과정이나 사이버대학의 온라인 강의는 엄격한 이수 기준과 평가 절차를 거쳐 학점을 인정받으며, 이는 사회적으로 공신력 있는 학력이나 자격으로 인정된다. 이처럼 형식적 학습은 학습의 질과 공공성을 제도적으로 보장하지만, 반면에 시간 · 장소 · 비용의 제약 때문에 많은 성인학습자들에게는 접근이 쉽지 않다. 실제로 최근 자료(교육부 · 한국교육개발원 평생학습실태조사, 2024)에 따르면 우리나라 성인학습자들의 평생학습(형식 · 비형식) 참여율은 약 33% 정도인 것으로 나타났으나, 형식교육 참여율은 0.5%에 불과했다.

형식교육의 한계를 보완하기 위해 등장한 것이 바로 비전통적 고등교육기관이다. 대표적으로 방송통신대학교, 사이버대학, 학점은행제는 직장인, 경력단절 여성, 군인, 중장년층 등 다양한 성인학습자가 학습의 연속성을 유지할 수 있도록 지원한다. 예를 들어, 사이버대학에서는 주중 야간이나 주말에도 온라인을 통해 강의를 수강할 수 있고, 학점은행제는 직업훈련 · 자격취득 · 독학시험 등의 경험을 학점으로 인정받아 학위취득으로 이어질 수 있다.

형식적 학습은 여전히 사회적으로 가장 강력한 인증 체계를 제공하지만, 학습의 장을 학교 안으로 한정하는 전통적 관점만으로는 성인학습의 다양성을 포착하기 어렵다. 성인학습은 일터, 가정, 지역사회 등 다양한 맥락 속에서도 일어나며, 학습의 결과가 반드시 시험이나 학위로 귀결되지 않더라도 그 과정 자체가 성장의 의미를 갖는다. 따라서 형식적 학습은 평생학습의 한 부분으로 이해되어야 하며, 성인학습자에게는 시간 · 공간 제약의 완화가 핵심 과제라 할 수 있다.

(2) 비형식적 학습 환경

비형식적 학습은 학교와 같은 제도권 교육체계 밖에서 이루어지지만, 일정한 교육목표와 내용, 조직적 구조를 갖춘 학습활동을 말한다. 이는 자격이나 학위를 부여하지 않더라도 학습자의 직무능력 향상, 인문적 소양 개발, 시민역량 강화 등 구체적 목적을 가지고 설계 · 운영되는 교육 형태이다.

비형식적 학습의 대표적인 장으로는 평생교육원, 평생학습관, 시민대학, 직업훈련기관, 기업체 연수원, 문화센터, 여성인력개발센터, 노인복지관, 청소년수련관 등이 있다. 이들 기관에서는 성인의 생애주기와 상황에 맞춘 다양한 교육 프로그램이 운영된다. 예를 들어, 직장인은 기업 내 리더십 연수나 직무능력 향상교육을 통해 경력개발을 도모하고, 은퇴 이후에는 노년층을 위한 인문학 강좌나 스마트폰 활용 교육을 통해 사회적 연결망을 유지할 수 있다. 또한 지역주민은 평생학습관의 부모교육, 글쓰기, 공예, 음악, 시민참여 교육 등을 통해 일상 속에서 성장의 기회를 얻는다.

비형식적 학습의 핵심적 특징은 '유연성'과 '접근성'이다. 형식적 학습이 학위나 자격을 중심으로 한 제도적 인증체계를 강조한다면, 비형식적 학습은 학습자의 자발적 참여와 실용적 학습목표를 강조한다. 수강자들은 시험을 위해서가 아니라 삶의 문제를 해결하기 위해 배우며, 학습과정에서 얻는 경험 자체가 내적 동기의 원천이 된다. 예컨대 직장 내 갈등관리 교육, 부모의 자녀 의사소통 교육, 지역사회 자원봉사 리더 양성과정 등은 모두 실생활의 문제 해결과 밀접하게 연관되어 있다.

특히 기업체 교육훈련은 성인학습의 중요한 비형식적 영역이다. 최근 기업들은 단순 직무교육을 넘어, 직원의 커리어 설계, 웰니스, 리더십, ESG[2] 감수성 등 조직문화와 연계된 학습을 강화하고 있다. 예를 들어, 대기업의 '사내대학형 평생교육원'에서는 재직자가 학사학위를 취득하거나, 전문직 자격 과정을 이수할 수 있는 프로그램이 개설되어 있다. 이처럼 직업세계의 빠른 변화 속에서 기업은 더 이상 '근무 장소'가 아니라 '학습공동체'의 역할을 수행하고 있다. 또한, 지방자치단체의 평생학습관과 시민대학은 지역사회의 대표적인 비형식학습 공간으로 기능한다. 「평생교육법」 제정 이후 전국적으로 확산된 평생학습도시 정책은 성인의 다양한 학습 기회를 지역 기반에서 보장하는 제도적 틀을 마련했다. 평생학습관에서는 문해교육, 시민교육, 문화예술교육 등 다양한 프로그램이 제공되며, 이를 통해 학습은 개인의 역량 강화뿐 아니라 지역공동체의 재생과 통합을 이끌어 내는 사회적 기능을 수행한다.

비형식적 학습 환경은 형식적 학습과 무형식적 학습의 중간지대로서, 제도적 안정성과 개인의 자율성을 동시에 보장한다는 점에서 의의가 크다. 학위나 성적보다는 학습 경험의 실제적 가치, 즉 배운 것을 삶에서 어떻게 활용하는가에 초점을 두기 때문에, 성인학습의 본질인 자기주도적 성장과 사회적 실천을 동시에 가능하게 한다. 우리나라 성인이 실제로 어떠한 형태의 비형식 학습에 참여하고 있는지 살펴보면, 가장 많이 참여한 비형식교육 형태는 일정 장소에서 강사가 강의하는 강좌로 여전히 대면 중심의 강의식 학습이 성인학습에서 주된 참여 형태임을 보여 준다. 참여 프로그램 유형별로 보면, 직무능력 향상 교육과정이 가장 높은 비중을 차지했으며, 그 다음으로 스포츠 강좌, 자격증 취득과정, 음악 관련 강좌, 건강 및 의료과정 순으로 나타났다. 참여 기관별로는 지식 · 인력개발형태 평생교육기관이 가장 많았고, 대학, 원격교육형태 평생교육기관, 주민자치센터, 평생학습관 등이 뒤를 이었다. 이러한 결과는 성인학습이 여전히 직업능력개발 중심으로 이루어지고 있으며, 동시에 건

2) ESG(Environmental, Social, Governance)는 기업이 환경보호, 사회적 책임, 윤리적 경영을 얼마나 실천하는지를 평가하는 개념이다.

강·여가·취미 등 삶의 질 향상형 학습도 점차 확대되고 있음을 보여 준다.

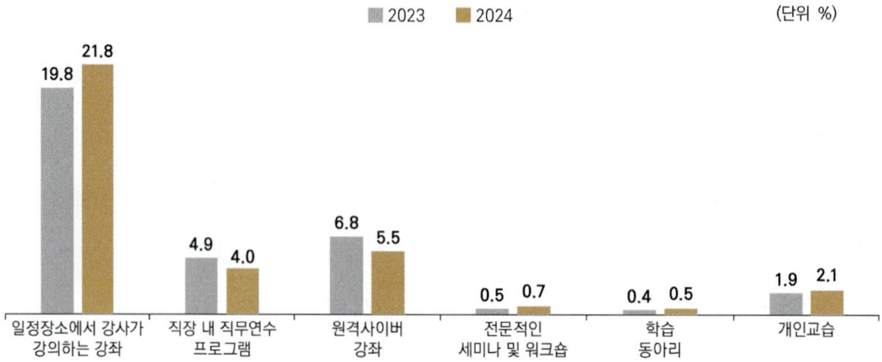

그림 3-4 ○ 비형식교육 참여 형태별 참여율

출처 : 평생교육백서, 2024

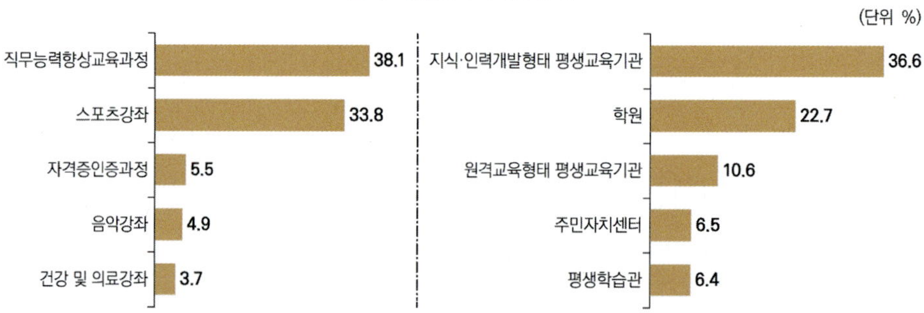

그림 3-5 ○ 비형식교육 프로그램 참여율 및 참여기관 비율

출처 : 평생교육백서, 2024

(3) 무형식적 학습 환경

무형식적 학습은 제도적 교육체계나 공식적 프로그램의 틀 밖에서, 일상생활의 경험과 사회적 상호작용을 통해 자연스럽게 일어나는 학습을 의미한다(Callanan, Cervantes & Loomis, 2011 ; Eraut, 2004). 쿠움즈 등(Coombs et al., 1973)은 형식적·비형식적 학습과 더불어 무형식적 학습을 제시하며, 학습은 제도적 구조 속에서만 일어나는 것이 아니라, 삶 자체가 학습의 장이 될 수 있음을 강조하였다. 즉, 무형식적 학습은 학습자가 의도적으로 배우려 한다기보다, 생활 속 문제 해결이나 타인과의 관계 맥락에서 자연발생적으로 이루어지는 학습 형태라 할 수 있다.

무형식적 학습은 매우 광범위하다. 예를 들어, 직장에서 선배의 업무 방식을 관찰하며 배우는 것, 가족이나 동료와의 대화를 통해 가치관을 형성하는 것, 사회관계망(SNS)이나 유튜브, 팟캐스트를 통해 정보를 습득하는 것, 지역사회에서 자원봉사나 동호회 활동을 하며 사회적 기술을 익히는 것 모두 무형식적 학습에 해당한다. 이러한 학습은 학교나 기관의 교육과 달리 정해진 시간표나 평가 없이, 자발적이고 맥락적인 방식으로 이루어진다.

무형식적 학습의 핵심은 삶과 학습의 경계가 없다는 점이다. 학습자는 '학생(student)'으로서가 아니라, '생활인'으로서 배우며, 그 과정에서 자신도 모르게 새로운 지식 · 기술 · 태도를 내면화한다. 예컨대 부모는 자녀를 양육하며 의사소통 방식과 감정 조절에 대해 찾아보고 적용하며 자신에게 더 적합한 방법을 배우게 되고, 직장인은 팀 내 협업을 통해 자연스레 리더십과 공감능력을 함양한다. 이러한 학습은 비공식적이지만, 개인의 성장과 사회적 적응에 깊은 영향을 미친다.

무형식적 학습은 특히 성인학습자의 학습 정체성을 이해하는 데 중요하다. 성인은 이미 삶의 다양한 역할 속에서 학습을 지속하고 있으며, 공식 교육에 참여하지 않아도 배우고 있는 존재로서 끊임없이 변화한다. 따라서 평생교육의 과제는 단순히 '무엇을 가르칠 것인가'가 아니라, 성인의 삶 속에서 일어나고 있는 무형식적 학습을 어떻게 인식하고 지원할 것인가에 있다. 최근에는 디지털 환경이 확장되면서 무형식적 학습의 양상이 더욱 다양해지고 있다. 온라인 커뮤니티, SNS, 유튜브 학습 채널 등은 개인이 관심 있는 주제에 대해 스스로 탐색하고, 전 세계의 학습자와 지식을 교류할 수 있는 새로운 학습공간으로 자리 잡았다. 특히 MZ세대를 중심으로, 자격증 취득이나 학위보다 자기표현, 취향 확장, 커뮤니티 참여를 통한 학습이 활발하게 이루어지고 있으며, 이는 전통적 교육 개념의 경계를 허무는 흐름으로 볼 수 있다.

연구에 따르면 무형식 학습은 이미 성인의 삶 속에 매우 보편적으로 자리하고 있다. 예컨대 OECD와 Canada 통계청이 공동 수행한 조사(2005)에서는, 조사대상 6개국 가운데 5개국에서 지난 1년 내 어떤 형태로든 무형식 학습에 참여한 비율이 거의 90% 이상에 달했음이 보고되었다. 특히, 사람들은 스스로 시도하거나 관찰하거나 도움을 구하는 형태의 능동적 · 무형식 학습을 하는 경우 국가 간 격차가 있으나 일부 국가에서는 80%대에 달하기도 하며, 수동적 무형식 학습(박물관 관람, 견학, 간단한 특강 등)은 대부분의 국가에서 90% 이상의 참여 비율을 보였다(Statistics Canada & OECD, 2005). 우리나라 평생학습실태보고서(교육부, 한국교육개발원, 2024)에 따르면, 우리 국민은 'Youtube 등을 활용한 정보 습득'을 가장 많이 하며, 그다음으로 '가족, 친구 또는 직장 동료, 상사의 도움이나 조언을 통한 지식 습득', '인터넷뉴스, E-book 등 온라인 매체를 활용한 정보 습득', '텔레비전 · 라디오 등을 활용한 지식 습득', '트위터, 페이스북, 카페, 블로그, 밴드 등을 활용한 정보 습득' 순으로 무형식 학습에 참여하는 것으로 나타났다. 또한, 전반적으로 학력과 월가구소득이 높을수록 무형식 학습 참여 비율이 높았다.

한편, 슈구렌스키(Schugurensky, 2000)는 무형식 학습에 대한 정의가 모호하고, 형식 · 비형식 · 무형식 학습 간 경계가 불분명하다는 점을 지적하며, 무형식 학습을 의도성과 인식의 정도에 따라 자기주도적 학습, 우연적 학습, 사회화 또는 암묵적 학습으로 구분하였다. 슈구렌스키는 무형식 학습은 모두 의도성이 다르지만, 세 유형 모두 일상적 경험 속에서 자연스럽게 일어난다고 보았다.

표 3-3 • 무형식 학습의 형태

구분	의도성	인식 수준	정의 및 특징	대표 예시
① 자기주도적 학습 (self-directed learning)	높음 (학습자가 명확한 목표와 계획을 가지고 학습을 주도함)	높음 (학습 과정과 결과를 스스로 인식하고 평가함)	학습자가 스스로 목표, 자원, 평가를 설정하여 수행하는 학습. 명확한 학습 의도를 가지고 있으며, 교사나 제도 없이 진행됨.	새로운 업무 프로그램을 배우기 위해 스스로 온라인 튜토리얼을 찾아 학습.
② 우연적 학습 (incidental learning)	낮음 (학습 의도 없이 다른 활동 중 우연히 발생함)	부분적 (학습 결과를 나중에 인식하거나 우연히 깨달음)	학습 의도 없이, 다른 활동을 수행하는 과정에서 부수적으로 일어나는 학습. 학습의 결과는 나중에 인식되는 경우가 많음.	회의 중 동료의 발표 방식을 보고 자연스럽게 배우는 것.

구분	의도성	인식 수준	정의 및 특징	대표 예시
③ 사회화 혹은 암묵적 학습 (socialization or implicit learning)	없음 (무의식적이며 학습이 일어나고 있음을 인식하지 못함)	없음 (학습이 일어났다는 사실 자체를 인식하지 못함)	무의식적 · 비인지적으로 일어나는 학습으로, 문화 · 규범 · 가치관 등을 내면화함. 학습자는 학습이 일어나고 있다는 사실조차 인식하지 못함.	조직의 분위기나 상사의 행동양식을 따라 배우는 것.

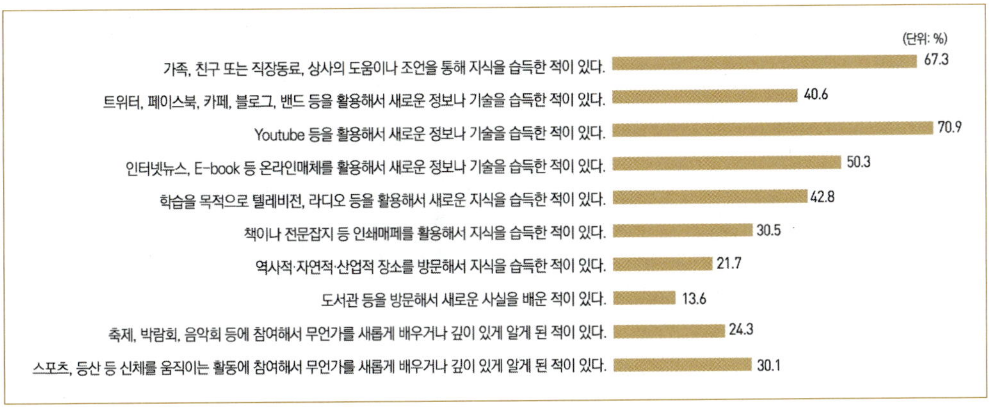

주) 평생학습 개인실태조사 응답자 전체에 대한 현황임

그림 3-6 ◦ 무형식학습 참여 형태별 참여율
출처 : 한국 성인의 평생학습실태

2) 평생교육기관의 분류와 특징

우리나라의 평생교육기관은 「평생교육법」 제2조 제2항에 따라 크게 세 가지 유형으로 나뉜다. 구체적으로 「평생교육법」에 의해 인가 · 등록 · 신고된 시설 · 법인 또는 단체, 「학원의 설립 · 운영 및 과외교습에 관한 법률」에 따른 학원 중 학교교과교습학원을 제외한 평생직업교육을 실시하는 학원, 그 밖에 다른 법령에 따라 평생교육을 주된 목적으로 하는 시설 · 법인 또는 단체로 구분된다. 각 기관은 설치 주체와 교육 대상, 운영 형태에 따라 구분되는데, 최근 자료에 따르면, 평생교육 맥락에서 가장 많이 이용하는(비형식교육) 기관은 지식 · 인력개발형태 평생교육기관이었고(36.6%), 그다음으로 학원(22.7%), 주민자치센터(10.6%), 기타(6.5%), 원격교육형태 평생교육기관(6.4%) 순으로 나타났다(교육부, 한국교육개발원, 2024).

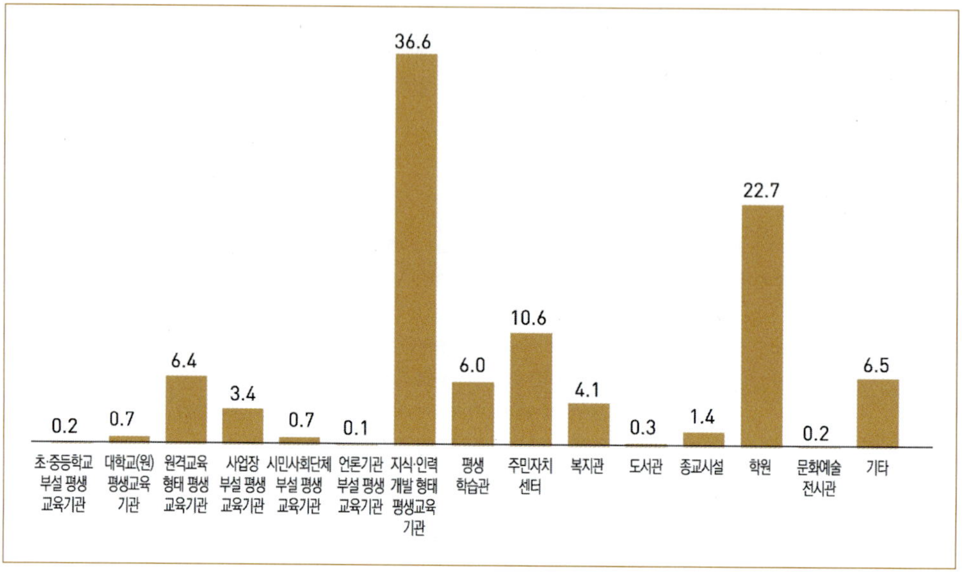

주) 비형식교육 참여자의 참여 프로그램 응답 수에 대한 현황임(1인당 약 1.22개 프로그램 참여))

그림 3-7 ○ 비형식교육 참여자의 기관별 비형식교육 참여율
출처 : 한국 성인의 평생학습실태

(1) 학교형태 평생교육시설

「평생교육법」 제31조에 근거하여 교육청 인가를 받아 설립된 기관으로, 학력보완교육을 주된 목적으로 한다. 초등 · 중등 · 고등학교 과정의 학력을 인정받을 수 있으며, 학습 기회를 놓친 성인에게 '두 번째 교육기회(second-chance education)'를 제공한다. 대표적으로 방송통신고등학교, 학교형태 평생교육시설이 있다. 이들은 정규학교의 교육과정을 대체하거나 보완하는 기능을 하며, 2024년 현재 약 300여 개 기관이 전국적으로 운영 중이다(국가평생교육진흥원, 2024).

(2) 사내대학형태 평생교육시설

「평생교육법」 제32조는 산업체가 설치한 사내대학(company college)을 평생교육기관으로 규정한다. 기업이 종업원 또는 일반인을 대상으로 직무능력 향상, 자격취득, 인성교육을 실시할 수 있으며, 일정 요건을 충족하면 학위과정도 운영할 수 있다. 예를 들어, 삼성전자공과대학교, 현대자동차인재개발원, LG인화원 등이 대표적 사례이다. 사내대학형태 평생교육기관은 산업 현장의 수요에 기반하여 인재를 양성하고, 근로자의 일·학습 병행(work-learn balance)을 지원하는 기능을 수행한다.

(3) 원격대학형태 평생교육시설

「평생교육법」 제33조 및 「고등교육법」 제23조에 따라 설립된 원격대학 및 사이버대학은 ICT 기반의 학습환경을 통해 시공간 제약 없이 학습 기회를 제공한다. 대표적으로 한국방송통신대학교, 서울사이버대학교, 한양사이버대학교 등이 있으며, 평생학습계좌제 및 학점은행제와 연계되어 학점 및 자격 인정이 가능하다. 최근에는 K-MOOC(한국형 온라인 공개강좌), 스마트러닝 플랫폼 등 공공·민간 연계형 원격교육이 확산되며, 성인학습자의 접근성이 대폭 확대되고 있다.

(4) 사업장부설 평생교육시설

「평생교육법」 제35조는 산업체·백화점·문화센터 등 현장 기반 사업체가 직접 설치·운영하는 평생교육시설을 명시한다. 예컨대 백화점 문화센터는 종사자뿐 아니라 일반 고객을 대상으로 인문교양, 직무능력, 여가 관련 교육을 제공한다. 특히 직장 내 교육훈련과 시민 대상 문화강좌가 결합된 형태로, 지역사회와 기업이 함께 평생학습 생태계를 조성하는 사례로 평가된다.

(5) 시민사회단체부설 평생교육시설

「평생교육법」 제36조에 따라 법인이나 주무관청에 등록된 시민사회단체로서 회원 300인 이상인 단체가 운영할 수 있다. 예를 들어, YMCA, YWCA, 여성단체, 환경·노동단체 등이 해당되며, 시민의식 함양, 사회참여, 환경교육 등 비형식적 학습을 촉진한다. 최근에는 시민대학, 지역공동체 학습공동체 등으로 발전하며, 민주적 시민역량 및 사회적 자본 형성의 장으로 기능한다.

(6) 학교부설 평생교육시설

「평생교육법」 제30조에 근거하여 대학 및 전문대학이 자체 인적 · 물적 자원을 활용해 지역사회에 개방한 기관이다. 예를 들어, 대학교부설 평생교육원, 사회교육원이 여기에 속한다. 대학이 보유한 교수진과 교육자원을 지역주민에게 개방함으로써 고등교육과 평생교육의 연계를 실현하는 중요한 형태이다.

(7) 언론기관부설 평생교육시설

「평생교육법」 제37조에 근거하여 신문사, 방송사 등 언론기관이 부설로 설치하는 평생교육시설이다. 신문사, 방송사, 인터넷 언론사 등에서 시민을 대상으로 문화 · 교양 · 언론 · 커뮤니케이션 관련 교육을 운영하며, 사회적 이슈에 대한 이해를 높이고 시민 교양 향상과 공공 담론 형성에 기여한다.

(8) 지식 · 인력개발형 평생교육시설

「평생교육법」 제38조는 산업교육기관, 연구소, 컨설팅기관 등 지식정보 제공과 교육훈련을 주된 목적으로 하는 기관을 포함한다. 이들은 직업전환, 리더십, 전문역량 개발 등 성인직업교육을 수행하며, 고용노동부의 직업능력개발훈련기관, 교육부의 산학협력형 평생교육기관이 여기에 해당된다. 최근에는 ESG 인재양성, 디지털 리터러시, AI 역량 개발 등 4차 산업혁명형 학습이 활발히 이루어지고 있다.

(9) 다른 법령에 의한 평생교육시설

「학원의 설립 · 운영 및 과외교습에 관한 법률」, 「도서관법」, 「박물관 및 미술관 진흥법」, 「근로자직업능력 개발법」 등 타 법령에 근거하여 설립된 기관 중 평생교육 기능을 수행하는 기관도 포함된다. 예를 들어 도서관, 박물관, 과학관, 문화원, 직업훈련원 등이 해당되며, 이들은 비형식 · 무형식 학습의 중심 거점으로서 지역사회 문화 · 인문교육의 저변 확대에 기여한다.

3. 평생교육사 자격과 역할

성인학습 현장은 학습자의 생애 전반에 걸쳐 다양한 교육적 욕구를 충족시키는 실천의 장이다. 이러한 현장을 기획 · 운영 · 평가하며 학습자의 성장을 지원하는 전문 인력은 다양하지만, 본 교재에서는 가장 핵심 전문가라고 할 수 있는 평생교육사를 중심으로 살펴보고자 한다. 평생교육사는 단순히 프로그램을 운영하는 행정 인력이 아니라, 학습자 중심의 평생교육을 설계하고, 지역사회 학습생태계를 촉진하며, 성인학습의 촉매자(facilitator)로서 기능한다. 따라서 평생교육사에게 요구되는 자격, 역할, 윤리, 그리고 상담적 자질을 살펴보고 해당 역량을 갖추는 것은 성인학습의 질을 결정하는 핵심 요인이라 할 수 있다.

1) 평생교육사 자격제도

평생교육사는 "평생교육의 기획, 진행, 분석, 평가 및 교수업무 등 평생학습 관련 업무의 전반을 담당하는 현장 전문가"로 정의된다(국가평생교육진흥원). 「평생교육법」 제19조 및 제24조에 따라 국가평생교육진흥원이 평생교육사 자격증 교부, 평생교육사 전문 역량 강화를 위한 연수 운영 등 업무 전반을 담당하고 있다. 국가자격증인 평생교육사는 1 · 2 · 3급으로 구분되며, 이수방법에 따라 승급과정과 양성과정으로 구분한다. 승급과정은 일정 자격요건을 갖춘 평생교육사 자격증 소지자가 상위 급수로 승급하기 위해 이수하는 연수과정으로 평생교육사 1급 승급과정이 이에 해당한다. 양성과정은 대학, 학점은행기관 등 평생교육사 양성기관에서 관련 과목을 이수하여 일정 학점 이상 취득하는 과정을 의미하며 평생교육사 2급과 3급이 이에 해당한다. 구체적인 이수과정은 다음 그림과 같이 요약된다.

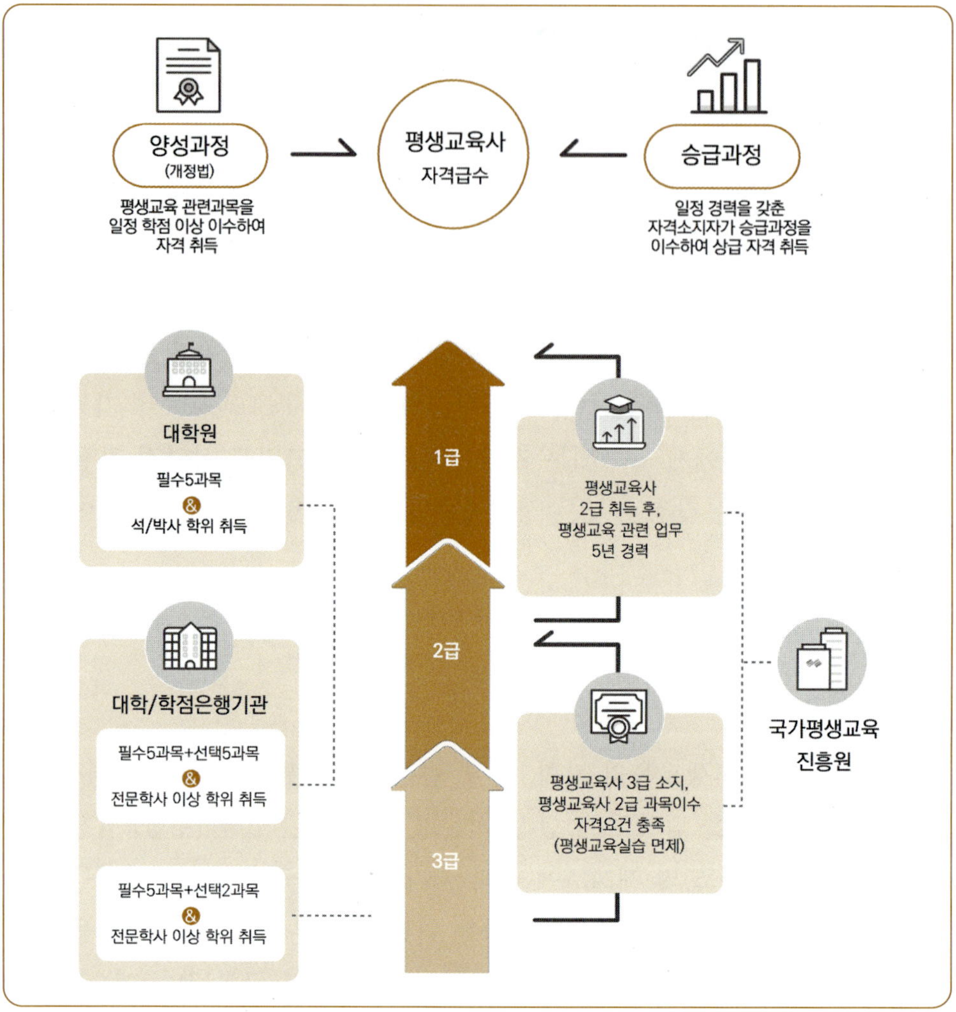

※ 평생교육사 이수과정은 평생교육법 시행령 제19조에 따라 양성과정과 승급과정으로 구분됨.

그림 3-8 ○ **평생교육사 이수과정**
출처 : 평생교육사 자격관리 홈페이지 / https://lledu.nile.or.kr/system/qualify/

평생교육사 자격제도는 「사회교육법」에서 「평생교육법」으로 전환(1999)된 이후, 성인학습 및 평생학습의 확산에 맞춰 전문성을 확보하기 위한 법정 자격으로 제도화되었다. 기존 사회교육전문요원 자격 명칭을 평생교육사로 변경하고, 수차례의 개정을 통해 평생교육사의 현장 실무 역량 및 전문성을 강화하는 방향으로 자격제도가 정비되어 왔다. 평생교육사는 2 · 3급 자격 취득

요건은 그림과 같이 요약할 수 있으며, 평생교육사 2급 자격증을 취득한 후, 교육부장관이 정하는 평생교육과 관련된 업무에 5년 이상 종사한 경력이 있는 자로서 국가평생교육진흥원이 운영하는 평생교육사 1급 승급과정을 이수한 자는 1급 취득이 가능하다.

평생교육사 자격은 대학 정규과정, 학점은행제, 시간제등록, 대학원 과정 등 다양한 경로를 통해 취득할 수 있다. 특히, 학점은행제와의 연계를 통해 직장인이나 비전공자도 학점 이수를 통해 자격을 취득할 수 있어 열린 학습(Open Learning)의 철학을 반영한다. 이러한 제도는 평생교육 현장의 전문성을 제고함과 동시에, 교육복지 및 인적자원 개발(HRD) 차원에서도 중요한 의미를 지닌다. 즉, 평생교육사가 국가의 학습권 보장 체계 안에서 학습기획자 · 학습상담자 · 지역연계조정자의 역할을 수행할 수 있도록 지원하는 제도적 기반이라 할 수 있다.

2) 평생교육사 역할과 활동 분야

2급		
대학원	1호 대학원 재학생 대학원 학위과정 내에서 대학원 개설 교과목 필수5과목(총15학점)을 모두 이수 후 학위 취득한 경우에 한함	
대학/학점은행기관	2호 대학 재학생 / 학점은행제 학위과정 수강생 5과목+선택5과목(총30학점) & 전문학사 이상 학위취득	3호 대학(원) 졸업생 / 동등 이상의 학력이 인정되는 자 필수5과목+선택5과목(총30학점)

3급		
대학/학점은행기관	1호 대학 재학생 / 학점은행제 학위과정 수강생 필수5과목+선택2과목(총21학점) & 전문학사 이상 학위취득	2호 대학(원) 졸업생 / 동등 이상의 학력이 인정되는 자 필수5과목+선택2과목(총21학점)

그림 3-9 ◦ 평생교육사 2, 3급 자격 요건

출처 : 평생교육사 자격관리 홈페이지 / https://lledu.nile.or.kr/system/class/)

(1) 평생교육사의 직무

평생교육사는 평생교육기관에서 학습자의 생애학습을 지원하고, 지역사회 및 조직의 학습활동을 체계적으로 설계 · 운영하는 전문인력이다. 「평생교육법」 제24조에 근거하여 국가 또는 지방자치단체, 대학, 시민단체, 기업 등 다양한 영역에서 평생교육사업의 기획, 운영, 평가, 상담 등을 수행한다. 국가평생교육진흥원(2024)은 평생교육사의 주요 직무를 다음의 열 가지로 제시하고 있다.

① **행정 및 경영**: 평생학습사업의 효과적 운영을 위한 행정실무, 예산관리, 기관운영 업무 수행.

② **조사 및 분석**: 프로그램 개발 및 정책 수립을 위한 지역사회 학습 수요 및 자료의 과학적 분석.

③ **기획 및 계획**: 기관의 비전과 추진전략을 수립하고, 학습자 요구에 기초한 교육과정 설계.

④ **네트워킹**: 유관기관 · 학습동아리 · 지역사회 조직 간 협력체계 구축 및 정보 공유 활성화.

⑤ **프로그램 개발**: 학습자의 특성 및 요구를 반영하여 교육내용을 선정 · 조직하고 교육자료 개발.

⑥ **운영 및 지원**: 프로그램의 실행, 학습자 관리, 강사 및 시설 · 재정 지원.

⑦ **교수 · 학습**: 성인학습자의 특성에 맞는 교수전략을 적용하고 학습 촉진자로서 교수활동 수행.

⑧ **상담 및 컨설팅**: 학습자 개인의 생애학습경로 설계, 진로상담, 학습적응 지원 및 기관 컨설팅 수행.

⑨ **평가 및 보고**: 프로그램의 성과를 진단하고, 평가결과를 토대로 향후 사업 개선 및 보고서 작성.

⑩ **변화촉진**: 학습조직의 혁신과 지역사회 변화를 촉진하는 리더십 발휘.

즉, 평생교육사는 행정가이자 교육기획자이며, 동시에 학습촉진자와 상담자의 역할을 아우르는 다기능 전문직이라 할 수 있다.

(2) 평생교육사의 활동 영역

평생교육사의 주요 활동 영역은 다음과 같이 네 가지로 구분된다(국가평생교육진흥원).

① 평생학습 전담기구

국가평생교육진흥원, 시 · 도 평생교육진흥원, 시 · 군 · 구 평생학습관, 읍 · 면 · 동 평생학습센터 등이 이에 해당한다. 평생교육사는 이들 기관에서 정책 사업 기획, 학습도시 사업, 학습동아리 지원, 지역사회 학습 연계 등의 업무를 수행한다.

② 평생학습 행정기구(평생교육 담당부서)

광역자치단체 및 기초자치단체의 평생교육과, 교육지원청 등에서 근무하며, 평생학습도시 조성, 공모사업 추진, 평생교육 진흥계획 수립 등 정책 집행 기능을 담당한다.

③ 평생교육시설

평생교육사는 각종 평생교육시설에서 활동한다. 예를 들어, 장애인평생교육시설, 원격대학형태 시설, 시민사회단체 부설시설, 언론기관 부설시설, 사업장 부설시설, 지식 · 인력개발 관련기관, 사내대학 등에서 근무하며, 프로그램 운영, 학습자 관리, 기관 컨설팅 등을 담당한다.

④ 기타 평생교육을 주된 목적으로 하는 기관

주민자치센터, 도서관 · 박물관, 청소년수련시설, 직업훈련기관, 사회복지시설, 미술관 · 과학관, 연수원 등에서 평생학습 프로그램을 기획 · 운영한다. 특히 최근에는 문화예술, 디지털 역량, 세대통합교육 등 새로운 분야에서의 평생교육 수요가 증가함에 따라 활동영역이 지속적으로 확대되고 있다.

(3) 평생교육사 배치 기준

「평생교육법 시행령」 별표 2에 따르면, 평생교육사는 다음과 같은 기관에

법적으로 배치가 의무화되어 있다. 이러한 배치기준은 평생교육사의 전문성을 제도적으로 보장하기 위한 최소 인력 기준으로, 기관의 규모나 성격에 따라 상위 등급 평생교육사의 배치를 의무화하고 있다.

표 3-4 • 평생교육사 배치대상 기관 및 배치 기준

배치대상 기관	배치 기준
국가평생교육진흥원, 시·도평생교육진흥원	1급 평생교육사 1명 이상을 포함한 5명 이상
장애인평생교육시설	평생교육사 1명 이상
시·군·구 평생학습관	• 정규 직원 20명 이상 : 1급 또는 2급 평생교육사 1명을 포함한 2명 이상 • 정규 직원 20명 미만 : 1급 또는 2급 평생교육사 1명 이상
법 제30조~제38조의 평생교육시설 (학력인정 평생교육 시설 제외) 학점은행기관 타 법령에 따라 평생교육을 주된 목적으로 하는 시설·법인 또는 단체	평생교육사 1명 이상

3) 평생교육사의 역량

(1) 평생교육사의 전문역량

평생교육사는 성인학습이 이루어지는 다양한 맥락 속에서 관리자, 기획자, 교수자, 상담자, 조정자, 평가자로서의 복합적 역할을 수행한다. 따라서 이들에게 요구되는 역량은 단일한 기능이 아니라, 교육기획 · 운영 · 상담 · 평가를 포괄하는 통합적 전문성(integrated competence)이라 할 수 있다.

최윤정(2018)은 저서에서 평생교육사의 역할을 크게 관리자, 프로그램 개발자, 교수자, 상담자, 조정자, 평가 및 컨설팅 전문가로 정의하고 이 역할을 수행하기 위한 역량이 필요하다고 언급하였다. 구체적인 역량은 김미영과 강훈(2016)의 성인교육자 핵심역량 도출 연구를 통해 제시하고 있는데, 이들은 평생교육 현장에서 활동하는 성인교육자의 실제 직무를 분석하고, 문헌연구 및 전문가 인터뷰를 통해 다음과 같이 4가지 역할과 9개의 핵심역량을 도출하였다. 이를 바탕으로 평생교육사의 역량을 정리하면, 우선 프로그램 개발자 역량은 학습자의 사회적 · 심리적 요구를 진단하고 이에 맞는 교육 프로그램을 기획 · 설계 · 운영할 수 있는 능력을 의미한다. 이는 학습자의 요구를 분석하고, 교수매체를 개발하며, 교육과정의 목표와 학습성과를 유기적으로 연계할 수 있는 전략적 사고를 포함한다. 또한 평생교육사는 프로그램의 질을 유지하고 향상시키기 위해 지속적인 전문성 개발이 필요하다. 사회 변화와 기술 혁신이 빠르게 일어나는 시대에 교육내용과 교수법을 갱신하는 자기개발 역량이 필수적이다.

학습 촉진자 역량은 학습자가 능동적으로 참여하고 몰입할 수 있도록 돕는 교수 · 학습 운영 능력을 말한다. 평생교육사는 성인학습자의 자율성과 경험을 존중하며, 토의, 사례, 프로젝트 학습 등 다양한 교수기법을 활용해 학습 동기를 강화한다. 이는 노울즈(Knowles, 1980)가 제시한 안드라고지의 핵심 원리—자율적이고 경험 중심의 문제 해결 학습—을 실제 교수 현장에 구현하는 과정이라 할 수 있다. 교수(teaching) 역량은 단순한 지식 전달이 아니라 학습자의 참여와 실천적 반성을 유도하는 교수법을 설계하고 실행하는 능력을 뜻한다. 즉, 학습자 중심의 피드백을 제공하고, 학습 환경을 조성하여 학습자 스스로 성찰하고 성장할 수 있는 조건을 만드는 것이다.

학습평가 역량은 교육 프로그램의 목표 달성 정도를 측정 · 분석하고, 평가결과를 바탕으로 프로그램을 개선하는 능력이다. 평생교육사는 학습성과를 관리하고, 자기평가 및 동료평가 체계를 설계하여 교육의 질을 지속적으로 향상시킬 수 있어야 한다.

성인학습자 이해 역량은 학습자의 발달단계, 학습동기, 경험, 사회적 맥락을 이해하고 이를 교수설계에 반영하는 감수성을 의미한다. 성인학습자는 연령, 경력, 학습동기에서 다양성을 지니므로, 그들의 배경과 요구를 이해하는 것은 교육 효과를 결정짓는 핵심 요소이다. 학습상담 역량은 학습자가 자신의 학습 경로를 설계하고 지속할 수 있도록 지원하는 상담 및 코칭 기술을 포함한다.

평생교육사는 학습자의 목표를 함께 설정하고, 학습 중 발생하는 어려움을 진단하여 적절한 자원과 동기부여 전략을 제시함으로써 학습의 지속성을 높인다. 인성과 태도 역량은 평생교육사의 전문성을 뒷받침하는 기본적 자질로서, 교육철학에 대한 신념, 인간 존중의 가치, 윤리의식, 자기관리, 열정과 창의적 태도를 포함한다. 평생교육사는 학습자에게 모범이 되는 태도와 도덕적 책임감을 가져야 하며, 평생학습의 공공성과 사회적 가치를 실천하는 존재로서의 역할을 수행해야 한다. 마지막으로 커뮤니케이션 역량은 학습자, 동료, 기관 등 다양한 이해관계자 간의 소통을 원활하게 하는 능력이다. 이는 단순한 정보 전달을 넘어 협력적 관계를 형성하고, 학습공동체 내에서 긍정적 상호작용을 촉진하는 역량으로 확장된다.

표 3-5 • 성인교육자의 역할 및 핵심역량

역할	핵심역량	세부역량
프로그램 개발자	① 교수설계(프로그램 개발) ② 전문성 향상	• 학습자 요구 분석 및 교육과정 설계 능력 • 교수매체 및 콘텐츠 개발 역량 • 프로그램 운영 기획 및 실행 능력 • 교육목표와 학습성과의 연계 설계 • 전문분야 지식의 심화 및 지속적 자기개발
학습 촉진자	③ 교수·학습 진행 ④ 교수(teaching)	• 학습참여 촉진 및 집단학습 운영 역량 • 성인학습자의 자율적 학습 지원 • 다양한 교수기법(토의, 사례, 프로젝트 등) 적용 • 학습자 중심의 피드백 제공 및 동기 유발 • 교수법 혁신 및 학습환경 조성 능력
학습 평가자	⑤ 내용 요약 및 목표 달성 정도 확인	• 프로그램 목표 달성 정도 측정 및 분석 • 학습성과 관리 및 개선안 도출 • 평가결과 활용 및 후속 조치 능력 • 자기평가 및 동료평가 체계 설계
학습 멘토	⑥ 성인학습자 특성 이해 ⑦ 학습상담 ⑧ 인성과 태도 ⑨ 커뮤니케이션	• 성인학습자의 발달 특성과 동기 이해 • 학습상담 및 진로지도 능력 • 학습 지속 유지를 위한 코칭·멘토링 기술 • 윤리의식 및 인간 존중 태도 • 원활한 커뮤니케이션과 협력적 관계 형성

출처 : 김미영, 강훈, 2016.

성인학습자는 아동이나 청소년과 달리, 자발적이고 목적 지향적이며 풍부한 경험을 지닌 학습자이다. 따라서 성인학습을 촉진하는 평생교육사 또는 교수자는 전통적인 교사와는 다른 학습동반자(learning companion)의 자질이 요구된다. 메리엄과 비에레마(Merriam & Bierema, 2014)는 성인교육자의 역할 및 자질에 대해 다음과 같이 설명한다. 첫째, 학습자의 자율성을 존중하고 자기결정권을 보장한다. 둘째, 학습자의 경험을 수용하고 이를 학습의 출발점으로 삼는다. 셋째, 학습자 간의 협동과 상호작용을 촉진한다. 넷째, 지식의 전달자보다 '촉진자'로서 학습환경을 설계하고 참여를 유도한다. 선행연구를 통합하면, 성인학습을 담당하는 교육자는 공감적 이해력, 경청 태도, 비판적 사고력, 포용적 태도, 윤리적 책임감을 갖추어야 한다. 특히 성인학습 현장은 연령, 성별, 직업, 학력, 가치관이 매우 다양한 학습자들이 공존하기 때문에, 교육자는 학습자 간 차이를 존중하며, 평등한 참여와 소통을 보장해야 한다.

(2) 평생교육사의 윤리

평생교육사는 성인학습자의 성장과 학습을 촉진하는 전문직으로서, 단순한 행정 담당자나 프로그램 운영자가 아니라 인간의 학습권과 성장 가능성을 다루는 교육 전문가이다. 따라서 평생교육사의 윤리는 직무 수행의 기술적 규범을 넘어, 인간 존중과 사회적 책임이라는 가치에 기반을 두어야 한다. 현재까지 한국에는 「평생교육사 윤리강령」이 법적으로 명문화되어 있지 않지만, 성인교육자와 유사한 전문직군(교사, 상담사, 사회복지사, 코치 등)의 윤리기준과 해외 평생교육전문가 협회의 윤리강령, 관련 논문 등을 통해 그 방향성을 모색할 수 있다.

일반적으로 성인교육자의 윤리적 책무는 다음과 같은 세 축으로 요약할 수 있다. 첫째, 학습자에 대한 윤리적 책임으로, 학습자의 다양성과 자율성을 존중하고 개인적 신념 · 정치적 성향 · 종교적 관점을 강요하지 말아야 한다. 둘째, 전문직으로서의 책임으로 전문성을 지속적으로 개발하고, 학습자의 권익을 해치는 행위를 하지 않아야 하며, 동료 간 상호 존중과 협력을 유지해야 한다. 셋째, 사회적 책임으로, 평생교육의 공공성과 정의를 실현하며 사회적 약자의 학습권을 보호하고 사회적 불평등을 완화하는 방향으로 실천해야 한다.

시겔(Siegel, 2000)은 성인교육자의 전문성과 사회적 책임을 강조하며, 성인교육의 윤리적 토대를 정립하기 위해 「성인교육자를 위한 보편적 윤리강령 개발을 향하여」에서 열 가지 윤리 원칙을 제안하였다. 시겔은 윤리강령을 비판적으로 검토하면서, 성인교육의 특수성을 반영한 보편적 윤리강령(Universal Code of Ethics)을 제시하고자 하였는데, 그는 성인교육자는 단순한 기술자가 아니라, 사회적 책임을 지닌 지식 실천가(knowledge practitioner)라고 규정하며, 윤리는 법적 규제나 기관의 규정이 아니라 학습자 존중, 자율성, 사회 정의 실현에 기반한 전문직의 실천 철학이어야 한다고 강조했다. 이 내용은 오늘날 평생교육사에게 요구되는 윤리적 기준을 제시하는 중요한 준거로 활용될 수 있다.

표 3-6 • 보편적 윤리강령

번호	윤리 영역	핵심 내용 요약
1	전문적 지식과 최선의 실천 활용	성인교육자는 최신의 전문 지식과 모범 사례를 활용해 모든 학습자를 지원해야 함.
2	학습자 존중 및 차별 금지	인종, 성별, 종교, 성적지향, 장애 등에 관계없이 모든 학습자를 공정하게 대우해야 함.
3	이해 상충 회피	개인적 이익을 추구하거나 교육의 공정성을 해치는 이해 상충을 피해야 함.
4	비밀보장	학습자와의 상호작용에서 알게 된 정보를 비밀로 유지하고 사생활을 보호해야 함.
5	학습자의 다양성과 자율성 존중	학습자의 학습 요구를 인식하고 학습과정 의사결정에 참여할 권리를 존중해야 함.
6	조직·제도적 영향에 대한 책임	조직의 정책이 학습자나 지역사회에 미치는 부정적 영향을 인식하고 개선해야 함.
7	정직한 홍보와 정보 제공	프로그램 내용을 사실적으로 홍보하고 과장이나 허위를 피해야 함.
8	재정적 책임성과 성과의 진실성	교육과정 운영 시 재정적 투명성과 성과의 진실성을 유지해야 함.
9	사회적 정의와 공동선 추구	학습을 통해 사회 정의와 공동선 증진에 기여해야 함.
10	무해의 원칙	교육활동에서 학습자에게 해를 끼치지 않으며 윤리적 유해를 예방해야 함.

출처 : Siegel, 2000.

나아가 평생교육사는 성인학습자와의 관계 속에서 상담자, 멘토, 조력자의 역할을 동시에 수행하므로, '교육윤리'와 '상담윤리'의 경계가 맞닿아 있다고 할 수 있다. 따라서 성인학습자의 개인적 성장과 학습 효과를 극대화하기 위해서는 단순한 규정 준수가 아니라, 인간 존중, 학습권 보장, 공공선에 대한 책임이라는 가치 중심의 윤리의식이 필요하다. 향후 평생교육사 윤리강령이 제정될 경우, 이러한 국제적 원칙을 토대로 한국 사회의 문화적 맥락과 평생교육 현장의 현실을 반영한 구체적 실천 지침이 마련될 필요가 있다.

요약하기

1. 성인학습 제도

- 평생교육은 헌법과 「평생교육법」에 근거해 모든 국민이 평생에 걸쳐 학습할 권리를 가지며, 국가와 지방자치단체는 이를 제도적으로 보장할 의무를 진다.
- 학점은행제, 독학학위제, K-MOOC, 국민내일배움카드, 평생학습계좌제 등은 성인학습자의 다양한 학습경험을 제도적으로 인정하고 경력·자격과 연계하는 핵심 장치이다.

2. 성인학습 환경과 기관

- 성인학습은 형식적·비형식적·무형식적 학습환경에서 이루어지며, 특히 무형식학습은 일상 속 자발적 학습으로 성인학습에서 중요성이 증대되고 있다.
- 평생교육기관은 「평생교육법」에 따라 학교형태, 사내대학형태, 사회·시설형태, 원격대학 등으로 구분되며, 성인의 생애주기별 맞춤형 학습을 지원한다.

3. 평생교육사 자격과 역할

- 평생교육사는 「평생교육법」에 따른 국가자격으로, 평생교육의 기획·운영·상담·평가를 수행하는 전문인으로 양성된다.
- 평생교육사는 기획자, 교수자, 상담자, 행정관리자, 평가자 등으로 활동하며, 지역사회·직업훈련·원격교육 등 다양한 평생학습 현장을 지원한다.
- 평생교육사는 기획·운영·관리·상담·의사소통·윤리 등 다차원적 전문역량을 갖추고, 성인학습자의 성장과 사회적 변화를 촉진하는 윤리적 실천가로서의 역할을 수행한다.

Part 2

학습이론과 성인학습이론

Chapter

04 전통적 학습이론

학습목표

- 학습의 개념을 이해하고, 유사 개념과 비교하여 설명할 수 있다.
- 행동주의 관점에서 학습원리를 이해하고, 교육 및 상담에 주는 시사점을 설명할 수 있다.
- 사회인지주의 관점에서 학습과정을 이해하고, 교육 및 상담에 주는 시사점을 설명할 수 있다.
- 인지주의 관점에서 학습과정을 이해하고, 교육 및 상담에 주는 시사점을 설명할 수 있다.
- 구성주의 관점에서 학습원리를 이해하고, 교육 및 상담에 주는 시사점을 설명할 수 있다.

성인은 일생을 통해 다양한 맥락에서 학습한다. 학습은 학교 교육을 넘어 직장, 가정, 사회생활 속에서도 계속되며, 삶의 질 향상과 적응을 위한 핵심적 수단이 된다. 특히 성인은 많은 삶의 경험을 바탕으로 학습하며, 학습의 목적과 방식 또한 아동 · 청소년과는 뚜렷하게 구분되는 경향이 있다(김영식, 2012 ; Houle, 1961 ; Knowles, Holton & Swanson, 2014). 이러한 성인학습의 본질을 이해하고 이들이 효과적으로 학습하도록 돕기 위해서는 기본적으로 학습이란 무엇이며, 학습은 어떻게 일어나는가에 대한 근본적인 지식이 필요하다.

전통적 학습이론은 바로 이러한 질문에 대한 체계적 설명을 제공하게 된다. 성인의 학습은 단순히 지식의 축적이 아니라 기존의 신념, 태도, 행동을 변화시키는 과정까지 포함하며, 이 과정은 다양한 학습이론의 관점에서 설명될 수 있다. 따라서 학습이론은 성인학습자의 행동과 사고의 변화를 이해하고, 이를 교육 및 상담 장면에서 효과적으로 지원하기 위한 이론적 토대로 제공하게 된다.

이 장에서는 먼저 학습의 개념을 정의하고 대표적인 학습이론인 행동주의, 사회인지주의, 인지주의 및 구성주의 학습이론을 중심으로 학습 현상을 설명한다. 이들 이론은 인간의 행동과 인지를 각기 다른 관점에서 조명하며, 성인학습에 다양한 통찰을 제공한다. 또한 각 학습이론이 제시하는 학습과정에 대한 이해를 토대로, 성인 대상 교육 및 상담 장면에서의 적용 가능성과 시사점을 제시하였다.

1. 학습의 정의

학습(learning)이란 '연습과 경험을 통해 비교적 지속적인 행동 및 행동 잠재력의 변화'로 정의된다(Klausmeier & Goodwin, 1975 ; Ormrod, 2008). 여기서 말하는 행동은 단순한 신체적 반응만을 뜻하는 것이 아니라, 사고, 정서, 태도 등 심리적 반응 전체를 포함한다. 또한 즉각적으로 드러나는 행동의 변화뿐만 아니라 현재는 수행으로 드러나지는 않지만 이후 관련 상황이 주어졌을 때 행동으로 드러나는 행동 잠재력까지도 포함한다. 예를 들어, 한 학습자가 운전 연수를 받은 이후 실제로는 운전을 하지 않고 있지만, 다시 운전대를 잡았을 때 교통 상황에 맞게 운전할 수 있다면, 이는 학습을 통해 형성된 행동 잠재력의 변화로 볼 수 있다.

학습은 시간 경과에 따라 자연스럽게 나타나는 유전적 성숙이나 약물이나 질병에 의한 일시적인 반응의 변화와는 구분되며, 환경과의 반복적인 상호작용을 통해 새로운 반응이 형성되거나 기존의 반응이 수정되는 것을 의미한다. 예를 들어, 한 성인이 이전에는 발표 상황에서 극심한 불안을 느꼈으나, 점차 반복된 발표 경험과 긍정적 피드백을 통해 자신감을 갖고 발표할 수 있게 되었다면, 이는 전형적인 학습의 결과로 볼 수 있다. 이처럼 학습은 실생활의 적응과 변화를 이끄는 중심 기제이며, 그 원리를 이해하는 것은 성인학습 및 상담 장면에서 필수적이다.

2. 행동주의 학습이론

1910년대에 소개된 행동주의는 초기 학습이론으로 인간의 학습을 외부 자극과 관찰 가능한 반응 간의 연합 과정으로 보았다. 즉, 학습이란 환경적 자극에 반복적으로 노출되거나 특정한 조건에서 반응이 형성되고 강화되는 과정으로 정의된다(Schunk, 2020 ; Skinner, 1938 ; Watson, 1924). 행동주의는 인간의 내적 의식, 사고, 감정과 같은 심리적 과정을 중시하던 기존의 철학적·심리학적 접근을 거부하고, 관찰하거나 측정하기 어려운 심리적 과정 대신 객관적으로 관찰하고 측정할 수 있는 행동의 변화에 주목하였다. 즉, 인간 행동을 설명함에 있어 내적 과정이나 주관적 경험을 배제하고 환경과 행동 간의 직접적이고 객관적인 연합에 초점을 맞추었다. 이러한 관점에서 경험에 의한 객관적인 행동 변화를 학습의 핵심으로 간주한다.

행동주의 학습이론의 주된 특징은 다음과 같다. 첫째, 학습은 관찰 가능한 외현적 행동의 변화로 정의된다. 둘째, 인간의 행동은 환경적 자극과의 연합 또는 그 결과인 강화와 처벌의 결과물로 본다. 즉 적절한 자극으로 행동변화를 가져올 수 있다는 신념에 기반을 두고 있다. 셋째, 학습은 내적 사고나 동기보다는 외적 조건에 의해 결정된다. 넷째, 실험을 통한 경험적 검증과 행동의 예측 가능성을 강조한다. 이에 따라 행동주의는 교육, 심리치료, 상담 등 다양한 실제 상황에 적용되며, 특히 문제 행동의 수정, 적응 행동의 강화, 습관 형성 등에 효과적인 이론적 틀을 제공하고 있다. 이러한 행동주의 학습이론은 크게 고전적 조건형성과 조작적 조건형성으로 구분할 수 있다.

1) 고전적 조건형성(classical conditioning) : 자극과 자극의 연합

고전적 조건형성은 파블로프(Pavlov, 1927)의 연구를 기점으로 본격적으로 주목받기 시작하였다. 러시아의 생리학자 파블로프는 소화계에 관한 생리학적 실험을 진행하던 중, 개가 음식이 주어지기 전에도 침을 흘리는 현상에 주목하였다. 단순 반사 반응으로 이러한 현상을 설명할 수 없었기 때문에, 그는 이를 체계적으로 실험하는 과정에서 고전적 조건형성이론을 정립하였다. 처음에 개는 음식에만 침을 흘렸으나 이후 음식과 함께 제시되는 실험자의 발소리나 종소리에도 침을 흘리는 것을 관찰하였다. 또한 이후에는 음식 없이 종소리만으로도 침을 흘리는 것을 발견하였다.

고전적 조건형성이론에서 학습이란, 원래 반응을 일으키지 않던 중립 자극이 무조건적으로 반응을 일으키는 무조건자극과의 반복된 연합을 통해 조건자극으로 변화하고, 조건반응을 유발하게 되는 과정을 의미한다. 즉, 자극 간의 연합을 통해 새로운 반응이 형성되는 것이 학습이며, 이는 파블로프의 실험에서 종소리(조건자극)가 음식(무조건자극)과 반복적으로 연합됨으로써, 종소리만으로도 침 분비(조건반응)를 유도하는 사례에서 잘 드러난다. 이를 인간의 행동 학습에 적용해 보면, 시험(처음에는 중립 자극)과 실패나 부정적 평가(무조건자극)가 반복적으로 연합됨으로써 시험 자체만으로도 불안(조건반응)을 느끼게 된다. 또한 특정 제품이나 브랜드(처음에는 중립자극)가 유명인 모델, 좋은 음악, 즐거운 이미지(무조건자극)와 반복적으로 연합되어 소비자가 그 제품만 봐도 긍정적 감정이나 선호(조건반응)를 느끼게 되는 경우도 해당된다. 이러한 고전적 조건형성은 주로 수동적이고 자동적인 반응 학습을 설명하는 데 유용하며, 실생활에서의 공포 반응, 정서 학습, 습관 형성과 같은 영역에서 다양하게 적용된다. 뿐만 아니라 특정 대상에 대한 태도나 선호도의 형성 등의 학습에도 적용된다. 나아가 사회적 편견이나 가치관, 특정 상황에 대한 정서적 반응도 이러한 조건형성 과정을 통해 강화되거나 변화될 수 있다.

고전적 조건형성이론은 교육과 상담 현장에서 다양한 방식으로 적용될 수 있다. 첫째, 학습된 역기능적 반응을 약화시키기 위해 소거(extinction) 기법을

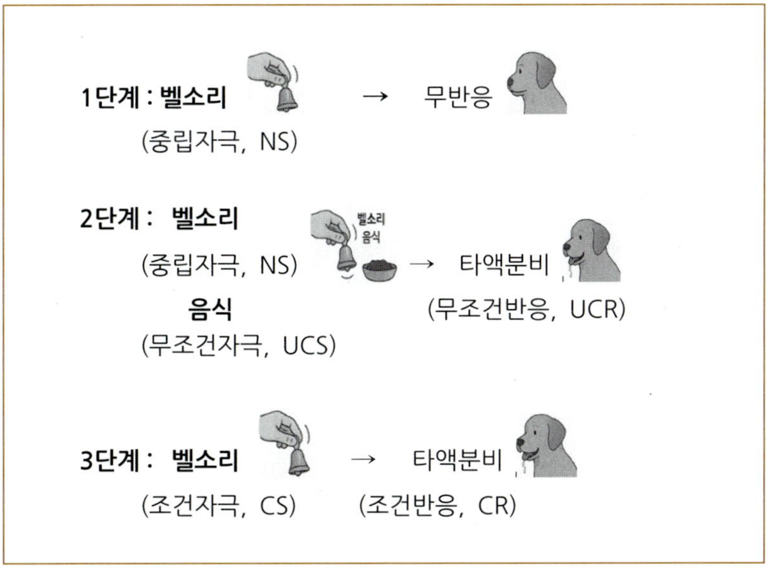

이 현상은 무조건자극에 대한 무조건반응(Unconditional Response)이 새로운 자극에 의해 유발되는 조건화의 가능성을 시사하였으며, 파블로프는 이 과정을 체계적으로 검증하기 위해 중립자극(Neutral Stimulus : NS)을 무조건자극(Unconditional Stimulus : US)과 반복적으로 연합시키는 실험을 설계하였다. 그 결과, 원래 반응을 일으키지 않던 자극(중립자극)이 조건자극(Conditional Stimulus : CS)으로 변화하고, 조건반응(Conditional Response : CR)을 유발하는 현상을 발견함으로써, 고전적 조건형성이론을 정립하게 되었다.

그림 4-1 ◦ **고전적 조건형성 과정**

활용할 수 있다. 예를 들어, 불안을 유발하는 조건자극을 무조건자극과 결합하지 않고 반복적으로 제시함으로써 불안 반응을 점차 약화시킬 수 있다. 시험불안을 가진 학습자에게 시험 상황(조건자극)을 반복적으로 경험하게 하되, 실패나 부정적 평가(무조건자극)를 제거함으로써 시험에 대한 불안 반응을 점차 줄일 수 있다.

둘째, 역조건화(counterconditioning)는 이미 형성된 조건반응, 특히 불안이나 공포와 같은 부정적 정서 반응을 새로운 긍정적 반응으로 대체하는 학습 과정이다. 이 개념은 존스(Jones, 1924)의 연구에서 처음 주목을 받았는데, 그녀는 토끼에 대한 공포를 지닌 아동 피터에게 토끼와 함께 사탕과 같은 긍정적 자극을 점진적으로 연합시켜 공포를 줄이는 데 성공하였다(Jones, 1924).

이러한 원리를 바탕으로 월프(Wolpe, 1958)는 체계적 둔감법(systematic desensitization)을 개발하였다. 체계적 둔감법은 불안을 유발하는 자극을 불안 수준이 낮은 것에서 높은 것으로 단계화하여 제시하면서, 동시에 근육 이완과 같은 긴장 완화 반응을 학습시켜 불안 반응을 점진적으로 약화시키는 치료 기법이다. 이 방법은 역조건화의 한 형태로, 불안 자극과 이완 반응을 연합시켜 기존의 불안 반응을 억제하는 것을 목표로 한다(Wolpe, 1958). 오늘날 교육 현장에서는 발표 불안이나 시험 불안과 같은 학습 상황에 이 기법을 적용하여, 학생들이 점진적으로 긍정적 경험을 축적하고 자신감을 회복하도록 돕는 데 활용되고 있다(Paul, 1966).

2) 조작적 조건형성(operant conditioning) : 반응과 결과의 연합

"행동의 결과가 그 행동의 빈도를 변화시킨다"는 효과의 법칙(law of effect)을 제시한 손다이크(Thorndike, 1898)의 영향을 받은 스키너는, 1930년대 초반에 '스키너 상자(Skinner Box)'라고 불리는 장치를 고안하였다. 그는 이 상자에 쥐를 넣고 레버를 누르면 먹이가 나오는 실험을 통해 조작적 조건형성의 원리를 검증하였다(Skinner, 1938). 상자 속 쥐가 레버를 우연히 누르면 먹이가 제공된다.

이러한 경험이 반복되면 쥐의 레버 누르기 행동은 증가하게 된다. 이를 통해 행동은 결과(강화 · 벌)에 의해 조절된다는 점을 입증하였다.

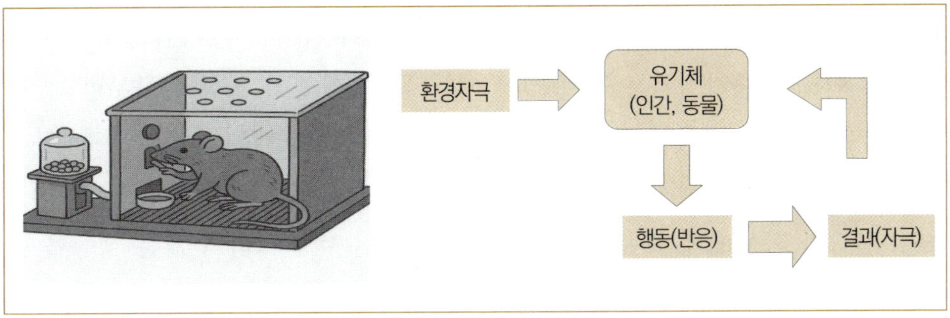

그림 4-2 ◦ 조작적 조건형성 과정

조작적 조건형성 이론에서 학습이란, 학습자가 주어진 환경 속에서 방출한 반응에 대해 선택적으로 보상(강화)이나 처벌을 제공함으로써 그 반응이 일어날 확률을 증가하거나 감소시키는 과정을 의미한다. 즉, 학습은 행동(반응)에 뒤따르는 결과 자극을 통제하여 조작적 반응의 빈도를 변화시키는 절차로 이해할 수 있다. 이러한 과정에서 결과 자극은 보상(강화)이나 벌(처벌)과 같이 행동에 수반되는 사건으로 작용한다.

여기서 강화(reinforcement)란 특정한 반응이나 행동의 빈도를 증가시키는 절차를 말한다. 예를 들어, 학습자가 과제를 성실히 수행했을 때 칭찬을 하거나 보상을 제공하는 것은 그 행동을 더 자주 일어나게 하는 강화의 사례이다. 반대로, 벌(punishment)은 특정 반응이나 행동의 빈도를 감소시키는 절차를 뜻한다. 체벌, 꾸중, 또는 특권의 철회와 같은 조치는 학습자가 바람직하지 않은 행동을 반복하지 않도록 억제하는 역할을 한다.

강화와 벌은 다음 〈표 4-1〉과 같이 보다 세분화될 수 있다. 학습자가 어떤 반응을 보였을 때, 그 결과로 주어지는 자극은 자극의 성질(유쾌한 자극, 혐오적 자극)과 자극 제시 방식(제시, 제거)에 따라 네 가지 형태로 구분된다. 첫째, 정적 강화는 특정 행동 후에 유쾌한 자극을 제시하여 특정 반응의 발생 빈도를 증가시키는 절차이다. 예를 들어, 학생이 열심히 공부할 때 칭찬을 해 주는 것은 그 행동을 더 자주 하도록 강화하는 것이다. 둘째, 정적 벌은 혐오적 자극을 제시하여 특정 반응의 빈도를 감소시키는 절차이다. 예를 들어, 학생이 지각했을 때 꾸중하는 것은 그 행동이 줄어들도록 하는 정적 벌에 해당한다. 셋째, 부적 강화는 특정 행동 후 기존에 있던 혐오적 자극을 제거함으로써 반응의 발생 빈도를 증가시키는 절차이다. 예를 들어, 학생이 열심히 공부할 때 잔소리를 하지 않는 것은 그 행동을 지속하거나 강화하도록 돕는다. 넷째, 부적 벌은 유쾌한 자극을 제거하여 특정 반응의 빈도를 감소시키는 절차이다. 예를 들어, 지각한 학생에게 자유시간을 박탈하는 것은 바람직하지 않은 행동을 줄이기 위한 부적 벌에 해당한다.

표 4-1 • 강화와 처벌의 종류

결과 자극		자극의 성질	
		유쾌한 자극	혐오적 자극
자극 제시 방식	반응 후 자극 **제시**	**정적 강화** 예 : 열심히 공부할 때 칭찬하는 것	**정적 벌** 예 : 지각에 꾸중하는 것
	반응 후 자극 **제거**	**부적 벌** 예 : 지각에 자유 시간 박탈	**부적 강화** 예 : 열심히 공부할 때 잔소리 제거

조작적 조건형성이론은 교육 및 상담 장면에서 학습자의 행동을 변화시키는 데 중요한 기초를 제공한다. 대표적으로 행동수정기법(behavior modification)은 강화와 벌의 원리를 활용하여 바람직한 행동을 증가시키고 바람직하지 않은 행동을 감소시키는 전략이다. 예를 들어, 교실에서 학생이 수업에 적극적으로 참여했을 때 교사가 칭찬이나 추가 학습 기회를 제공하면 정적 강화가 이루어지고, 반대로 무단 지각을 반복하는 학생에게는 자유시간을 제한하는 부적 벌이 적용될 수 있다. 상담 장면에서도 내담자가 과제를 성실히 수행했을 때 긍정적 피드백이나 보상을 제공함으로써 자기조절 행동을 촉진할 수 있다. 이러한 과정은 단순히 외적 행동을 통제하는 것을 넘어, 학습자와 내담자가 긍정

적인 행동의 변화를 경험하게 하며, 이를 통해 자기효능감을 형성하는 데 기여한다(Bandura, 1977).

또한 강화계획은 강화물을 언제, 어떻게 제공할 것인지를 정하는 조건으로, 학습자의 행동을 더 효과적으로 변화시키고 유지하기 위한 절차이다. 구체적으로는 바람직한 행동이 일어날 때마다 매번 보상을 제공하는 계속적 강화와, 일정한 간격이나 횟수마다 보상을 제공하는 간헐적 강화로 구분된다. 계속적 강화는 초기 학습 단계에서 새로운 행동을 빠르게 습득하게 하는 데 효과적이지만, 시간이 지나면 강화가 없어질 경우 행동이 쉽게 소거될 수 있다.

반면 간헐적 강화는 일정한 시간 간격에 따라 보상을 제공하는 간격 강화와 일정한 반응 횟수에 따라 보상을 제공하는 비율 강화로 나눌 수 있으며, 고정적이거나 변동적인 형태로도 운영된다. 이러한 간헐적 강화는 학습된 행동을 장기적으로 유지하는 데 효과적이다. 따라서 교사나 상담자는 학습자의 특성과 상황에 맞는 강화계획을 선택함으로써 바람직한 행동의 지속과 안정적 학습 효과를 이끌어 낼 수 있다(Ferster & Skinner, 1957).

표 4-2 • 강화계획 유형

간헐강화	강화유관	
	비율(횟수) (일정한 횟수의 반응 뒤 강화)	간격(시간) (일정 시간 경과 뒤 강화)
고정	**고정비율** 예 : 5번의 반응마다 강화	**고정간격** 예 : 반응 후 20초마다 강화
변동	**변동비율** 예 : **평균** 5번째 반응에 강화하되 무작위로	변동간격 예 : **평균** 20초마다 반응에 강화하되 무작위로

이러한 강화계획 외에도 조작적 조건형성의 원리를 이용하여 새로운 행동의 형성이나 기존 행동의 변화하기 위한 다양한 전략이 있다. 조성(shaping)은 목표 행동에 근접한 행동을 점진적으로 강화하여 새로운 행동을 형성하는 방

법이며, 연쇄(chaining)는 여러 단순 행동을 순서대로 연결하여 복잡한 행동을 완성하도록 하는 절차이다. 또한 프리맥의 원리(Premack principle)는 빈도가 높은 활동을 강화물로 사용하여 빈도가 낮은 행동을 촉진하는 기법으로, "공부를 마친 후 게임을 할 수 있다"와 같은 방식으로 적용된다. 토큰 경제(token economy)는 바람직한 행동이 일어날 때마다 토큰을 제공하고, 일정 수가 모이면 실제 보상으로 교환하도록 하는 방법으로, 교실이나 상담 현장에서 학습자의 동기 유발과 행동 유지에 효과적이다. 이러한 다양한 행동수정 전략들은 단순한 외적 통제를 넘어 학습자와 내담자가 긍정적인 행동 변화를 경험하도록 돕고, 궁극적으로 자기효능감과 자기조절능력을 향상시키는 데 기여한다.

3. 사회인지주의 학습이론

사회인지주의 학습이론(social cognitive learning theory) 또는 사회학습이론(social learning theory)은 반두라(Bandura, 1977)에 의해 제안되었다. 그는 1960년대 행동주의 학습이론이 지배적이던 시기에, 인간의 학습을 자극과 반응, 강화의 단순한 연합 과정으로만 설명하는 접근의 한계를 지적하였다. 행동주의는 인간의 내적 인지과정을 무시한 채 관찰 가능한 행동 변화만을 강조했다. 반두라는 이러한 시각에 문제를 제기하며, 인간은 외적 강화뿐 아니라 타인의 행동을 관찰하고 내적으로 해석하는 과정에서도 학습이 일어난다고 주장하였다(Bandura, 1977).

이를 실증적으로 보여 준 대표 연구가 1961년의 보보 인형(bobo doll) 실험이다. 실험에서 아이들은 성인이 인형을 공격적으로 대하는 장면을 관찰한 후, 유사한 공격 행동을 그대로 모방하였다. 이 결과는 직접적인 강화 없이도 타인의 행동과 그 결과를 관찰함으로써 학습이 가능하다는 점을 입증하였다(Bandura, Ross & Ross, 1961). 이 연구는 이후 사회학습이론의 토대를 마련하는 전환점이 되었다.

사회학습이론에서 학습은 단순히 외부 자극에 대한 수동적 반응이 아니라, 관찰, 모방, 인지적 판단이 통합적으로 작용하는 과정이다. 학습자는 타인의 행동을 관찰하면서 그 결과를 해석하고, 자신의 기대와 신념, 가치에 따라 행동을 채택하거나 거부한다. 따라서 학습은 환경, 개인의 인지적 요인, 행동의 상호작용 속에서 형성되는 능동적 과정으로 이해된다(Bandura, 1986).

이러한 관점은 학습자가 동일한 환경 조건에서도 서로 다른 반응을 보일 수 있다는 점을 강조한다. 즉, 학습은 획일적인 자극-반응의 법칙이 아니라, 개인의 성격과 경험, 기대와 같은 내적 요인이 함께 작동하는 과정으로 정의된다.

반두라는 학습을 설명하기 위해 삼원체계이론(triadic reciprocal determinism)을 제시하였다. 이는 학습이 개인, 행동, 환경의 세 요소가 상호적으로 영향을 주고받는 과정에서 이루어진다고 설명한다(Bandura, 1986). [그림 4-3]에서 보여주듯이 개인은 지적 능력, 성격, 신념, 태도, 기대 등을 포함하며, 행동은 언어적 반응, 정서적 표현, 선택, 상호작용 등을 의미한다. 환경은 물리적 조건, 사회적 관계, 자원과 같은 요소를 포함한다. 이 세 요소는 일방적으로 작용하지 않고 순환적 · 상호작용적 관계를 형성한다. 예를 들어, 개인은 환경의 영향을 받지만 동시에 자신의 행동을 통해 환경을 변화시키며, 그 결과는 다시 개인의 자기개념과 효능감 형성에 영향을 준다.

삼원체계이론은 사회학습이론이 행동주의와 다른 점을 잘 보여 준다. 전통적 행동주의가 환경 자극에 따라 인간의 행동이 결정된다고 보는 단선적 모형이었다면, 반두라의 삼원체계이론은 개인(인지적 요인) · 행동 · 환경이 서로 영향을 주고받는 상호적 관계를 강조하였다. 즉, 기대, 신념, 태도, 자기효능감과 같은 인지적 요인이 학습 과정에 개입하여 같은 환경에서도 개인에 따라 행동이 달라질 수 있으며, 행동이 다시 환경을 변화시키기도 한다는 점에서, 사회학습이론은 인간을 단순히 수동적인 존재로 보던 행동주의를 넘어선 것이다.

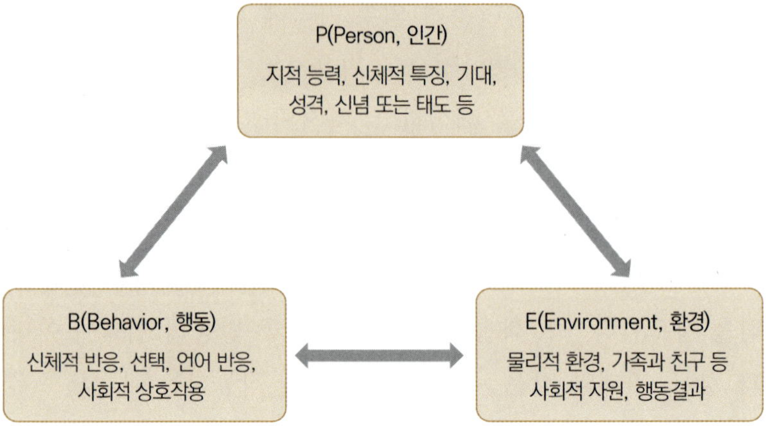

그림 4-3 ○ 삼원체계이론모형

사회인지주의 학습이론의 대표적인 개념 중 관찰학습(modeling)은 타인의 행동과 그 결과를 지켜보면서 학습자가 새로운 행동을 습득하는 과정을 의미한다. 이는 직접적인 강화나 처벌 없이 대리강화나 처벌만으로도 학습이 가능하다는 점에서 행동주의의 조건형성과 구별된다(Bandura, 1977). 반두라는 관찰학습이 네 가지 핵심 요소를 통해 이루어진다고 보았다. 첫째, 주의집중(attention) 단계에서는 모델의 행동에 집중해야 한다. 둘째, 파지(retention) 단계에서는 관찰한 행동을 기억 속에 저장한다. 셋째, 재생(reproduction) 단계에서는 기억한 행동을 실제로 모방하여 실행한다. 넷째, 동기화(motivation) 단계에서는 보상에 대한 기대를 통해 해당 행동을 지속적으로 수행할 동기가 형성된다. 이 네 과정은 상호적으로 작용하며, 관찰학습의 성패를 결정한다.

다음으로 자기효능감(self-efficacy)은 특정 과제를 성공적으로 수행할 수 있다는 개인의 신념을 의미한다(Bandura, 1997). 이는 단순한 자신감과 달리, 특정 상황이나 과제 수행에 대한 구체적인 능력 인식과 관련된다. 자기효능감은 학습자의 선택, 노력의 지속성, 도전 과제에 대한 긍정 정서 및 실패 후 회복력에 결정적인 영향을 미치는 요인으로 높은 성취를 예측한다(Bandura, Barbaranelli, Caprara & Pastororella, 2001 ; William & William, 2010).

반두라는 자기효능감의 근원을 네 가지로 제시하였다(Bandura, 1997). 첫째,

성취 경험(mastery experiences)은 실제 성공 경험을 통해 형성되는 가장 강력한 효능감의 원천이다. 둘째, 대리 경험(vicarious experiences)은 타인의 성공 사례를 관찰하면서 '나도 할 수 있다'는 믿음을 얻는 것이다. 셋째, 언어적 설득(verbal persuasion)은 교사나 동료의 격려, 피드백을 통해 효능감이 증진된다. 넷째, 정서적 · 생리적 각성(physiological & affective states)은 불안, 긴장, 신체적 반응 등을 어떻게 해석하느냐에 따라 자기효능감이 강화되거나 약화된다(Bandura, 1997).

사회학습이론은 교육 및 상담 장면에서 다음과 같은 시사점을 제공한다. 첫째, 모델링을 통한 학습의 중요성이다. 반두라는 인간이 타인의 행동을 관찰하고 그 결과를 인식함으로써 학습이 일어난다고 보았다. 이는 교육에서 교사나 또래의 모델이 학습자에게 미치는 영향이 크다는 것을 의미한다. 교사는 지식 전달자일 뿐 아니라 학습자가 모방할 수 있는 모델이 되어야 하며, 상담가는 내담자의 긍정적 역할 모델로 새로운 행동양식을 습득하도록 돕는 역할을 할 필요가 있다.

둘째, 자기효능감의 증진이 학습과 적응의 핵심이라는 점을 강조한다. 반두라는 개인이 자신의 능력에 대해 갖는 신념이 학습 동기, 노력의 지속성, 실패에 대한 대처방식에 직접적인 영향을 미친다고 보았다. 따라서 교육자와 상담자는 학습자가 성공 경험을 통해 자신감을 쌓을 수 있도록 과제를 적절히 구조화하고, 격려와 긍정적 피드백을 제공하며, 자신과 타인의 성취 경험을 재조명함으로써 자기효능감을 강화할 필요가 있다.

셋째, 자기조절능력의 개발이 학습과 상담의 궁극적 목표임을 시사한다. 사회인지이론은 학습자가 목표를 설정하고 자신의 행동을 계획, 점검 및 평가하는 과정을 통해 학습을 능동적으로 통제할 수 있음을 강조한다(Bandura, 1986 ; Zimmerman, 1989). 이는 학습을 타인이나 환경에 의존하지 않고 주도적으로 조절하는 능력을 의미하며, 학습자가 학습을 계획하고 수행을 관찰하며 그 결과를 개선하는 경험을 통해 점진적으로 형성된다.

4. 인지주의 학습이론

인지주의 학습이론(cognitive learning theory)은 행동주의와 사회학습이론이 주로 외현적 행동과 반응에 초점을 맞추었던 것과 달리, 인간 내부에서 일어나는 인지 과정을 탐구한다는 점에서 특징적이다. 인지주의 학습이론에서 학습은 단순한 자극과 반응의 연결이 아니라, 학습자의 머릿속에서 일어나는 정보처리, 전략적 사고, 그리고 자기조절 과정을 포함하는 복합적 과정으로 이해된다. 따라서 인지주의는 학습자를 환경의 자극에 수동적으로 반응하는 존재가 아니라, 능동적으로 정보를 처리하고 의미를 구성하는 주체로 본다(Neisser, 1967).

1) 인지주의와 행동주의 학습이론의 비교

행동주의와 인지주의 학습이론을 비교하면 다음 〈표 4-3〉과 같다. 행동주의는 학습을 자극과 반응의 연합 과정으로 보고, 관찰 가능한 외적 행동의 변화를 학습의 핵심으로 이해한다. 학습이 일어나는 주요 요인은 강화와 반복이며, 학습자는 환경 자극에 반응하는 수동적 존재로 간주된다. 반면 인지주의는 학습을 사고, 기억, 문제 해결 등 내적 인지과정의 변화로 설명하고, 학습자가 정보를 적극적으로 조직하고 의미를 구성하는 능동적 존재라고 본다. 강화보다는 이해와 통찰, 인지구조의 변화를 중시하며, 인간의 학습을 단순한 자극-반응의 연결을 넘어선 정신적 정보처리 과정으로 파악한다.

표 4-3 • 인지주의와 행동주의의 비교

인지주의	구분	행동주의
인지과정(사고, 문제 해결, 기억 등)의 분석	탐구목적	자극-반응의 관계 분석
인간	연구대상	동물
내적 구조의 변화	학습	외현적 행동이나 반응의 변화
학습의 필수요소 X	강화	학습의 필수요소 O
통찰이나 인지적 과정을 중시함	문제 해결	직접적인 시행착오를 중시함
능동적 상태	출생 시 상태	수동적 상태

출처 : 권대훈(2015)

2) 정보처리이론

인지주의의 대표적 이론은 컴퓨터의 정보처리 과정을 인간의 학습 과정에 빗대어 설명하는 정보처리이론(information processing theory)이다. 이 이론은 학습자가 외부 자극을 감각기관을 통해 받아들이고, 이를 단기기억과 장기기억 속에서 처리 및 저장하며, 필요에 따라 장기기억에 저장된 지식을 단기기억으로 인출하는 과정을 설명한다. 특히 앳킨슨(Atkinson)과 쉬프린(Shiffrin)이 제안한 이중저장모델(dual-store model)은 인지주의 학습이론의 핵심적 틀로서 널리 활용된다(Atkinson & Shiffrin, 1968).

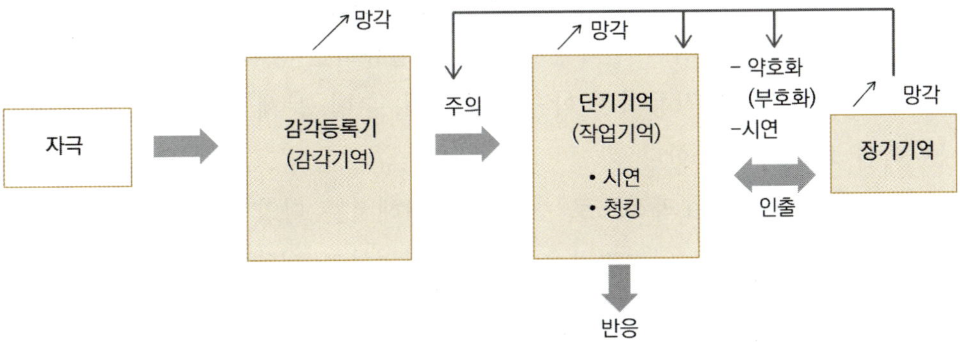

그림 4-4 ◦ 앳킨슨과 쉬프린의 이중저장모델

이중저장모델은 정보가 감각등록기를 거쳐 단기기억과 장기기억에 순차적으로 저장된다고 설명한다. 감각등록기에서는 시각, 청각, 촉각, 후각 등을 통해 들어온 정보가 순간적으로 저장되며, 이 가운데 주의가 집중된 정보만 단기기억으로 전달된다. 단기기억은 용량과 시간적 제약이 있어 제한된 정보를 일시적으로 유지하지만, 시연이나 조직화와 같은 인지전략을 통해 장기기억으로 전이될 수 있다. 그러나 이러한 과정에서 주의집중에 실패하거나 인지전략이 부족한 경우, 많은 정보가 장기기억으로 넘어가지 못하고 망각되는 문제가 발생한다. 장기기억은 의미 있게 부호화된 정보가 지식의 형태로 오랫동안 저장되는 공간으로, 필요할 때 인출되어 새로운 학습이나 문제 해결에 활용된다(Anderson, 2010).

장기기억에 저장된 지식은 일반적으로 서술적 지식, 절차적 지식, 조건적 지식으로 구분된다(Anderson, 2010). 서술적 지식(declarative knowledge)은 사실이나 개념, 법칙, 이론 등과 같이 언어로 표현할 수 있는 정보로, '무엇을 알고 있는가'에 해당한다. 이는 학교 학습에서 다루는 의미적 기억(semantic memory)과 개인적 경험에 관한 일화적 기억(autobiographical memory)으로 나눌 수 있다. 절차적 지식(procedural knowledge)은 어떤 일을 '어떻게 수행하는가'에 관한 지식으로, 말로 설명하기보다는 행동으로 표현되는 기술이나 전략, 기법 등을 포함한다. 마지막으로 조건적 지식(conditional knowledge)은 특정한 상황에서 '언제' 그리고 '왜' 서술적 지식과 절차적 지식을 적용해야 하는지를 아는 지식으로, 목적과 맥락에 맞게 적절한 전략을 선택하고 활용하는 능력이다. 이러한 세 가지 지식 유형은 상호작용하며 학습자의 이해, 수행, 문제 해결 능력을 구성하는 핵심 요소로 작용한다.

정보처리 과정을 효과적으로 수행하기 위해서는 다양한 인지전략(cognitive strategies)이 필요하다. 인지전략은 정보를 기억하고 이해하는 데 직접적으로 사용되는 방법으로, 주의집중(주의, attention), 시연(반복 학습, rehearsal), 부호화(약호화, encoding), 심상(imagery)이나 기억술(mnemonics), 그리고 인출(retrieval)과 같은 절차를 포함한다(Weinstein & Mayer, 1986).

주의집중은 감각 정보 가운데 어떤 것을 단기기억으로 전환할지 결정하는 과정이며, 시연은 정보를 반복하여 기억을 유지하는 기법이다. 부호화는 새로운 정보를 기존의 지식과 연결하거나 그 의미를 깊이 있게 이해함으로써 의미 있는 형태로 저장하는 과정이다. 이때 정교화(elaboration)나 조직화(구조화, organization) 과정을 활용하면 학습 내용이 장기기억에 보다 안정적으로 저장된다. 정교화는 새로운 정보를 기존의 지식과 적극적으로 연결하거나 구체적인 예시, 비유, 이미지를 활용해 의미를 확장하는 과정이며, 조직화는 관련 있는 정보를 범주화하거나 위계적으로 구조화하여 기억 내의 질서와 관계를 명확히 하는 과정이다. 인출은 장기기억에 저장된 정보를 다시 불러내는 과정으로,

학습자의 성취와 직결된다.

이러한 다양한 인지전략을 보다 효과적으로 활용하기 위해서는 메타인지전략(metacognitive strategies)이 필요하다. 메타인지전략은 자신의 인지 과정을 점검하고 통제하는 상위 수준의 인지전략으로, 학습 계획 수립, 학습 과정 모니터링, 학습 전략 조절과 같은 기능을 수행한다(Flavell, 1979). 예를 들어, 학습자가 스스로 학습 목표를 세우고 이에 따라 학습을 진행하는 과정에서 자신의 이해가 부족한 부분을 인식하여 학습 방법을 바꾸는 것은 메타인지전략의 대표적 사례이다. 메타인지 능력은 학습자가 자기조절학습(self-regulated learning)을 실천할 수 있도록 돕는 핵심 요인으로, 상담이나 코칭에서 특히 강조된다(Pintrich, 2002).

인지주의 학습이론은 교육과 상담 현장에서 다양한 방식으로 적용될 수 있다. 첫째, 학습자의 주의집중을 유도하기 위해 시각적 강조나 교사의 음성 변화, 제스처와 같은 단서를 활용할 수 있다. 둘째, 학생들이 효과적인 인지전략을 알고 실제 학습에 적용하도록 지도할 필요가 있다. 셋째, 학습자가 자신의 전략을 점검하고 조절하는 메타인지 훈련을 통해 자기조절학습을 촉진할 수 있다. 이를 통해 학습자는 단순히 지식을 습득하는 수준을 넘어, 스스로 학습을 계획, 실행, 점검, 조절하는 능동적 주체로 성장할 수 있다.

결론적으로 인지주의 학습이론은 학습을 단순한 자극-반응의 결과가 아니라, 정보처리와 전략적 사고의 과정으로 설명한다. 정보처리이론과 이중저장모델은 학습자가 정보를 어떻게 받아들이고, 저장하며, 인출하는지를 보여 주며, 인지전략과 메타인지전략은 이를 효과적으로 수행할 수 있는 실질적인 도구를 제공한다. 따라서 교육 현장에서 인지주의는 학습자의 주체적 참여와 자기조절 능력을 강조하며, 효과적인 교수·상담 기법을 마련하는 데 핵심적 기초를 제공한다.

5. 구성주의 학습이론

구성주의(constructivism)는 학습자가 지식을 외부로부터 수동적으로 받아들이는 존재가 아니라, 기존에 자신이 가지고 있는 지식과 새로운 정보를 연결하며 능동적으로 의미를 형성하는 주체라는 관점에 기초한다. 따라서 학습은 지식의 단순한 전달이 아니라, 개인적 경험과 사회적 상호작용을 바탕으로 새로운 지식을 구성하고 재해석하는 과정으로 이해된다. 이 과정에서 학습자는 각자의 사전지식과 경험에 따라 서로 다른 이해와 해석을 만들어 내므로, 구성주의는 학습에서의 개인차를 중시한다.

구성주의는 크게 인지적 구성주의(cognitive constructivism)와 사회문화적 구성주의(sociocultural constructivism)로 나눌 수 있다. 인지적 구성주의는 피아제(Piaget, 1952)의 발달이론을 기반으로 정립되었으며, 학습을 도식(schema)의 변화와 확장 과정으로 설명한다. 학습자는 새로운 정보를 기존 도식에 맞추어 해석하는 동화(assimilation)와, 기존 도식으로는 해석하기 어려운 정보를 수용하기 위해 도식을 수정하거나 새로운 도식을 형성하는 조절(accommodation)을 거쳐 지식을 습득한다. 이러한 과정 속에서 학습자는 불균형 상태를 해소하고 새로운 균형을 이루는데, 이를 평형화(equilibrium)라고 한다. 결국 학습은 동화와 조절이 반복되며 새로운 평형을 찾아가는 과정이며, 이는 학습자가 환경과 능동적으로 상호작용하며 의미를 구성하는 모습을 잘 보여 준다.

예를 들어 한 성인학습자가 직장에서 새로운 업무용 프로그램을 배우게 되었다. 처음에는 이전에 사용하던 엑셀과 비슷할 것이라고 생각하며 기존 방식대로 데이터를 정리하려 했는데, 이는 익숙한 지식을 바탕으로 새로운 정보를 해석하는 동화(assimilation) 과정이었다. 그러나 프로그램에는 자동 계산식이나 협업 기능처럼 익숙하지 않은 부분이 많았고, 학습자는 혼란을 느끼며 새로운 기능을 이해하기 위해 사용 방법을 바꾸고 사고방식을 조정하는 조절(accommodation) 과정을 겪었다. 반복된 시도 끝에 그는 단순히 표를 만드는 수준을 넘어 데이터를 효율적으로 관리하는 새로운 방식을 익히게 되었고, 이전의 이해와 새로운 경험이 조화를 이루는 평형화(equilibrium) 상태에 도달했다. 이처럼 인지적 구성주의에서 학습은 익숙한 지식을 바탕으로 새로운 상황에 적응하며 스스로 의미를 재구성하는 과정이다.

사회문화적 구성주의는 비고츠키(Vygotsky, 1978)의 이론을 바탕으로 형성되었으며, 학습이 개인 내부의 활동이 아니라, 사회적 상호작용 속에서 내면화되는 과정이라고 본다. 특히 [그림 4-5]에서 보여 주듯이 근접발달영역(zone of proximal development, ZPD) 개념은 학습자가 혼자서는 해결할 수 없지만 유능한 타인의 도움을 통해 해결할 수 있는 영역을 가리킨다. 효과적인 교육 및 학습은 바로 이 영역에서 이루어질 때 가능하다고 본다. 이를 지원하는 대표적 전략은 스캐폴딩(scaffolding)으로, 교사가 학습자가 과제를 수행할 수 있도록 단계적으로 도움을 제공하다가 점차 그 도움을 줄여 결국 학습자가 스스로 과제를 독립적으로 수행할 수 있도록 이끄는 방법이다. 또한 비고츠키는 언어를 사회적 상호작용의 핵심 도구로 보았다. 언어는 지식을 전달하는 매개체일 뿐만 아니라, 개인이 사회적 경험을 내면화하여 사고를 발달시키는 주요 수단으로 간주한다.

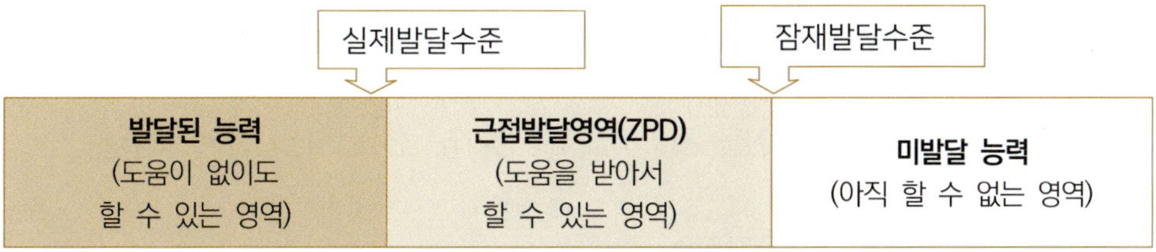

그림 4-5 ◦ 근접발달영역(ZPD)

구성주의 학습이론은 교육과 상담 현장에 여러 시사점을 제공한다. 첫째, 교실에서 교사는 학생들의 사전지식과 현재 지식 수준을 파악하고 이를 기반으로 새로운 개념을 연결하여 학습을 도와야 한다. 그렇게 할 때 보다 의미있는 학습이 이루어질 수 있다. 둘째, 학습자의 능동적 참여와 문제 해결을 강조하며, 탐구학습이나 협동학습 같은 수업 방식의 이론적 근거가 된다. 셋째, 상담이나 코칭 장면에서는 학습자의 기존 신념과 인지 구조를 탐색하고, 새로운 경험과 대화를 통해 인지적 틀을 변화시키도록 지원하는 접근으로 활용될 수 있다. 결국 구성주의는 지식을 단순히 주입하는 것이 아니라 학습자가 의미를 재구성하고 내면화하는 과정으로 이해함으로써, 현대 교육의 학습자 중심 패러다임을 정당화하는 데 중요한 기여하였다.

요약하기

1. 학습의 정의

- 학습은 연습과 경험을 통해 비교적 지속적인 행동 및 행동 잠재력의 변화 과정으로 정의된다.
- 학습의 원리를 이해하는 것은 성인학습과 상담 장면에서 필수적이다.

2. 행동주의 학습이론

- 학습은 자극과 반응의 연합을 통해 행동이 형성되고 변화하는 과정으로 정의된다.
- 강화와 벌의 원리를 활용하여 바람직한 행동을 촉진하고 부적응 행동을 수정할 수 있다.

3. 사회인지주의 학습이론

- 학습은 타인의 행동을 관찰하고 그 결과를 인지적으로 해석함으로써 일어나는 과정으로 정의된다.
- 모델링과 자기효능감 증진을 통해 학습자의 동기와 성취를 향상시킬 수 있다.

4. 인지주의 학습이론

- 학습은 정보의 주의, 부호화, 저장, 인출을 통해 이루어지는 인지적 과정으로 정의된다.
- 인지 및 메타인지 전략을 활용하여 학습자가 자기조절학습을 실천하도록 지원할 수 있다.

5. 구성주의 학습이론

- 학습은 학습자가 기존의 지식과 새로운 경험을 연결하여 의미를 구성하는 과정으로 정의된다.
- 사전지식을 기반으로 한 스캐폴딩과 협동학습을 통해 능동적 학습을 촉진할 수 있다.

Chapter

05 성인학습이론

학습목표

- 안드라고지의 개념과 성인학습자의 특성을 이해하여 설명할 수 있다.
- 자기주도학습의 개념과 핵심 모형을 이해하여 설명할 수 있다.
- 변혁적 학습의 개념과 주요 과정을 설명할 수 있다.
- 경험학습의 개념과 주요 이론가의 관점을 이해하여 설명할 수 있다.

성인학습이론은 성인학습자의 특성과 학습 과정을 설명하고, 이를 기반으로 교육 현장에서 효과적인 교수·학습 전략을 설계할 수 있도록 돕는 이론적 틀이다. 아동과 달리 성인은 이미 다양한 사회적 역할과 경험을 지니고 있으며, 학습의 목적 또한 직무 수행, 자기계발, 삶의 질 향상 등으로 다양하다. 이러한 성인학습의 복잡성과 맥락성을 이해하기 위해서는 성인학습이론에 대한 체계적 고찰이 필요하다. 성인학습이론은 성인학습자가 어떻게 배우고, 어떤 요인이 학습을 촉진하거나 방해하는지를 설명해 줌으로써 교수자에게는 성인교육의 원리와 방향을 제시하는 역할을 한다.

본 장에서는 대표적인 성인학습이론으로서 안드라고지, 자기주도학습이론, 변혁적 학습이론, 경험학습이론을 살펴보고자 한다. 이를 통해 성인학습이론이 변화하는 교육 현실 속에서 어떻게 적용되고 확장될 수 있는지를 탐색하고자 한다. 마지막으로 이러한 논의를 종합하여 성인학습이론이 교육 실천 현장에 주는 시사점을 제시한다.

1. 안드라고지

1) 개념 정의 및 출현 배경

안드라고지(andragogy)라는 용어는 원래 19세기 독일의 교육학자 카프(Kapp)가 사용한 개념으로, 문자 그대로는 '성인(andr-)을 이끄는(agogos) 방법'을 의미한다(Kapp, 1833/1971). 그러나 오늘날 널리 알려진 의미로 자리 잡은 것은 노울즈(Knowles, 1970)에 의해서이다. 그는 성인학습은 아동학습과 동일한 틀로 설명하기 어렵다고 보고, 성인학습만의 독자적 원리를 체계화하기 위해 안드라고지라는 용어를 정립하였다(Knowles, 1980).

안드라고지는 좁은 의미에서 성인학습의 교수 및 학습 원리를 지칭한다. 즉, 성인이 어떻게 학습하는지를 설명하는 기본 전제와 이를 토대로 교수자의 역할을 규정하는 교육 방법론에 한정한 개념이다(Knowles, Holton & Swanson, 2015). 그러나 넓은 의미에서는 성인학습 전반을 다루는 학문적 영역을 포괄하는 용어로 성인교육학의 대명사처럼 사용되기도 한다(Merriam & Brockett, 2007).

안드라고지가 본격적으로 주목받기 시작한 배경에는 사회적, 철학적, 그리고 학문적 요인들이 복합적으로 작용한 것으로 보인다(김동일 · 이미나 · 임형택, 2022). 우선 사회적 배경으로는 20세기 중반 이후 가속화된 사회 변화가 크게 작용하였다. 산업화와 기술혁신, 민주주의와 시민사회의 발전은 성인들에게 새로운 지식과 기술을 끊임없이 습득할 것을 요구하였다. 변화의 다양성과 복잡성, 그리고 그 속도는 교육을 단순히 아동이나 청소년기에 국한된 제도적 경험이 아니라, 평생에 걸쳐 지속적으로 이루어져야 하는 과정으로 이해하도록 만들었다. 이에 따라 성인학습은 개인의 직업 역량 향상과 사회 적응을 위한 필수 조건으로 자리 잡았고, 이는 성인교육을 정당화하는 주요한 근거가 되었다.

둘째, 철학적 배경으로는 인본주의 심리학과 교육철학의 영향을 들 수 있다(Jarvis, 1985). 매슬로우(Maslow, 1954)와 로저스(Rogers, 1951)를 중심으로 한 인본주의(humanism)는 인간을 자율적이고 능동적인 존재로 바라보며, 학습은 개인의 잠재력 실현과 역량 증진을 돕는 과정이라고 강조하였다. 이러한 관점은 성인학습자를 단순히 지식을 수동적으로 받아들이는 존재가 아니라, 자기주도적으로 학습을 계획하고, 경험을 통해 의미를 구성하는 주체로 규정하는 안드라고지의 이론적 토대를 제공하였다.

셋째, 학문적 및 실천적 배경으로 성인교육이 독립적인 연구와 실천 영역으로 발전하면서 새로운 정체성이 요구되었다. 평생교육, 직업훈련, 지역사회교육 등 다양한 영역에서 성인교육이 활발히 이루어지면서, 이를 다른 교육 분야와 구분할 뿐만 아니라 관련 분야에 전문성을 확보할 필요가 제기되었다. 이 과정에서 성인교육을 체계적으로 탐구할 수 있는 과학적 지식 체계가 형성되어야 했으며, 현장에서 활동하는 교육자들의 전문성을 뒷받침하는 이론적 기반이 필요했다.

이러한 사회적 변화, 인본주의 철학의 영향, 그리고 성인교육의 학문적 및 실천적 확장은 안드라고지가 하나의 독자적 개념으로 부각되는 배경이 되었으며, 성인학습을 이해하고 실천하는 데 있어 중요한 이론적 전환점을 마련하였다.

전통적으로 페다고지(pedagogy)는 아동·청소년을 대상으로 하는 교수학으로 정의되어 왔다. 아동 및 청소년의 학습은 주로 학교 교육이라는 제도적 틀 안에서 교사의 주도적 통제와 발달 단계에 따른 지식 전달이 중심을 이룬다. 반면 안드라고지는 성인을 자율적이고 자기주도적인 존재로 전제하며, 교수자는 지식 전달자보다는 학습을 지원하는 촉진자의 역할을 수행하게 된다(Knowles, 1980). 즉, 페다고지는 외적 통제와 교사의 지시 중심의 학습을, 안드라고지는 학습자의 내적 동기와 경험 존중을 강조한다는 점에서 차이가 있다.

전통적으로 페다고지(pedagogy)는 아동 및 청소년을 대상으로 하는 교수학을, 안드라고지(andragogy)는 성인을 대상으로 하는 교수학을 설명하는 개념으로 이해되어 왔다. 그러나 최근에는 페다고지와 안드라고지를 단순히 이분법적으로 나누어 이해하는 접근이 한계가 있다는 점이 강조되고 있다(Merriam & Caffarella, 1999). 성인이라고 해서 언제나 자기주도적으로 학습할 준비가 되어 있는 것은 아니며, 기초 지식이나 기술 습득 단계에서는 페다고지적 접근이 여전히 필요하다. 반대로 청소년이나 대학생도 자신의 학습 경험을 바탕으로 목표를 설정하고 주도적으로 학습할 수 있으며, 이 경우 안드라고지적 접근이 효과적일 수 있다. 따라서 두 개념은 배타적 관계가 아니라, 학습자의 발달 수준과 학습 맥락에 따라 상호 보완적으로 적용할 수 있는 연속선상의 개념으로 이해하는 것이 바람직하다(Merriam, Caffarella & Baumgartner, 2007).

2) 안드라고지의 기본 가정

노울즈(Knowles, 1990)는 성인학습자가 가진 특성을 여섯 가지 기본 가정으로 정리하였다. 이는 성인학습이 아동·청소년의 학습과 구분되는 지점을 잘 보여 주며, 성인교육을 설계할 때 고려해야 할 전제들이다. 첫째, 성인학습자는 자신의 결정과 삶에 대한 책임을 지는 자기주도성의 자아개념을 가진 존재이다. 성인은 발달해 오면서 의존적 성향에서 자기주도적으로 학습할 수 있는 능력을 갖추게 되었다(Knowles, 1980). 따라서 교육은 이러한 성인학습자의 자율성을 존중하는 방식으로 진행될 때 효과적이다. 성인은 자신을 독립적이고 자율적인 개인으로 인식하기 때문에, 학습 상황에서 이러한 자아개념이 존중되지 않으면 참여를 거부하거나 소극적으로 반응할 수 있다.

둘째, 성인학습자는 풍부한 삶의 경험을 지니고 교육활동에 참여한다. 성인은 직업, 가정, 사회생활에서 축적한 경험을 가지고 있으며, 이는 중요한 학습 자원이 된다. 따라서 성인교육은 학습자의 경험을 단순히 배경지식으로 간주하는 것이 아니라, 학습의 중요한 출발점으로 활용해야 한다. 따라서 교육내용과 학습활동은 성인학습자의 이전 경험과 연결되거나 경험을 통해 새로운 학습이 이루어지도록 설계될 필요가 있다.

셋째, 성인학습자는 성인으로서의 발달과업을 해결하려는 욕구를 바탕으로 학습할 준비가 되어 있다. 인간은 여러 발달단계를 거치면서 그 단계의 발달과업을 달성해 간다. 아동 및 청소년의 주된 발달과업은 생리적이고 정신적인 성숙을 이루는 것에 있다. 성인은 직업적 과업, 가족 내 역할, 사회적 관계 등 성인기의 사회적 역할 수행이 주된 발달과업이며, 이러한 과업과 관련된 내용은 학습을 자극하는 주요한 동기 요인이 된다. 따라서 성인은 현재의 발달과업과 직접 관련된 학습에는 적극적이지만, 개인적 필요와 무관한 내용을 일방적으로 주입받는 학습에는 소극적일 수 있다.

넷째, 성인학습은 현재 당면한 문제를 해결하기 위한 생활 중심적, 과제 중심적, 그리고 문제 중심적 성격을 띤다. 아동·청소년 시기의 학습은 미래를 준비하기 위한 교과 중심의 학습 경향을 띤다. 반면 성인은 학습한 내용을 삶에 곧바로 적용하기를 원하며, 학습이 자신의 발달과업을 해결하는 데 실질적인 도움이 되기를 기대한다. 따라서 조직화되지 않은 내용이나 불필요한 방법 중심의 수업은 성인학습자의 흥미를 끌기 어렵다. 대신 실제 문제 해결이나 과제 수행과 연결된 학습이 효과적이다.

다섯째, 성인학습자는 학습에 대한 강력한 내재적 동기를 지니고 있다. 내재적 동기는 외부의 어떤 보상을 얻기 위해서가 아니라 내적 강화에 의해 행동하는 것이다. 성인은 외재적 보상이나 압력뿐 아니라, 자신의 기대와 현재 상태 간의 차이를 줄이고자 하는 내적 동기에 의해 학습에 참여한다. 이러한 내적 동기는 성인학습을 지속시키는 강력한 원천이 되며, 교육자는 이를 자극하고 강화할 수 있는 환경을 제공해야 한다.

여섯째, 성인학습자는 학습 욕구가 분명할 때 학습에 참여한다. 성인은 단순히 새로운 지식을 습득하기 위해서가 아니라, 학습을 통해 무엇을 얻을 수 있는지, 그 결과가 자신의 삶에 어떤 의미를 지니는지를 따져 본다. 따라서 성인학습자는 시간과 비용을 투자하기 전에 학습으로부터 얻을 수 있는 실질적 이득을 탐색하고, 그 필요가 분명할 때 학습을 시작하는 경향이 있다(Tough, 1979). 따라서 교육을 설계할 때 학습을 해야 하는 목적과 기대효과를 명확히 제시하는 것이 학습 참여를 높일 수 있다. 여섯 가지 기본 가정과 시사점을 정리하면 다음 〈표 5-1〉과 같다.

표 5-1 • 안드라고지의 기본 가정과 시사점

기본 가정	성인학습자의 특성	교육적 시사점
학습자의 자아개념	자신의 결정과 삶에 책임을 지며, 자율적 학습을 선호하는 자기주도성	교수자는 지식전달자보다 촉진자 및 조력자로 역할 전환
경험의 역할	삶의 다양한 경험을 학습 자원으로 지님	학습자의 경험을 수업 속에서 적극적으로 활용해야 함
학습준비도	사회적 역할 변화(예 : 직업, 가족, 시민 등)에 따라 학습의 필요성을 느낄 때 학습할 준비가 됨	학습 내용을 학습자의 현재 과업 및 욕구와 연결해야 함
학습지향성	추상적으로 배우기보다 생활, 과제, 문제 중심의 학습을 선호	실제 문제 해결과 즉시 실제 적용 가능한 활동 설계 필요
학습동기	성인은 외적 보상보다 내적 동기(자기성장, 성취감, 자아실현 등)에 의해 학습	학습자의 자발성과 성취욕을 자극하는 환경 조성 필요
알고자 하는 욕구	성인은 필요성과 이득이 분명할 때 학습에 참여함	학습의 목적과 기대효과를 명확히 제시해야 함

2. 자기주도학습이론

1) 개념 정의 및 출현 배경

자기주도학습(self-directed learning, SDL)은 소크라테스, 플라톤 등과 같은 고대 그리스 철학자들이 스스로의 사유를 통해서 이치를 깨닫는 학습 방식에서 그 기원을 찾을 수 있다. 그러나 학문적으로는 1960년대 초반 학교 밖의 비형식적 교육활동에 자발적으로 참여하는 성인학습자들에 대한 호울(Houle, 1961)의 연구에서 태동되었으며, 그후 노울즈(Knowles, 1975)와 터프(Tough, 1971)에 의해 본격적으로 체계화되면서 주목을 받게 되었다(권두승 · 조아미, 2016). 자기주도학습은 1970~80년대에 크게 주목을 받았던 '평생학습'의 개념과 더불어 성인학습 및 교육의 핵심 개념으로 자리 잡았으며, 특히 미국, 캐나다를 비롯한 북미지역에서 성인학습자의 이상적인 학습 형태로 많은 연구가 이루어졌다.

자기주도학습은 학자들에 따라 조금씩 다르게 정의되어 왔다. 먼저, 노울즈(Knowles, 1975)는 자기주도학습을 학습자가 타인의 조력 여부와 관계없이 스스로 학습의 요구를 진단하고, 목표를 설정하며, 필요한 자원을 확보하고, 학습 전략을 실행하고, 학습결과를 평가하는 전 과정에서 주도권을 행사하는 것이라고 보았다. 또한, 개리슨(Garrison, 1997)은 자기주도학습을 학습자가 의미 있는 학습 결과를 구성하기 위해 인지적 자기점검과 맥락적 자기관리 과정을 활용하며, 이에 대한 개인적 책임감을 가지고 학습을 이끌어가는 접근 방식으로 설명하였다. 더 나아가, 캔디(Candy, 1991)는 자기주도학습을 개인의 자율성과 자기관리 능력, 학습 과정에 대한 통제, 그리고 비형식적 학습 기회를 추구하는 독학을 포함하는 포괄적 개념으로 보았다.

한편 구글리엘미노(Guglielmino, 1977)는 자기주도적인 학습자의 특징을 설명하였다. 그는 자기주도적인 학습자는 새로운 학습에 대한 개방성, 효율적인 학습자로서의 자아개념, 학습에 대한 책임감과 애정, 미래지향성, 창의성, 기초학습능력과 문제해결력 등을 지닌다고 보았다. 이러한 특성들은 이후 자기주도학습 준비도 검사(self-directed learning readiness scale, SDLRS)의 개발로 이어져, 자기주도학습 연구에서 널리 활용되는 척도의 기초가 되었다.

이러한 정의들을 종합하면, 자기주도학습은 학습자가 단순히 주어진 과제를 수행하는 수준을 넘어, 학습의 전 과정을 스스로 계획하고 관리하는 능동적 과정이라고 할 수 있다. 즉, 학습자는 무엇을, 왜, 어떻게 배울지 스스로 결정하며, 학습을 실행하고 그 결과를 평가하는 데 주체적으로 참여한다. 이는 학습에 대한 강한 내적 동기와 자율성을 바탕으로 하며, 나아가 학습을 통해 자신의 성장과 더 나은 삶을 추구하는 지속적이고 평생적인 태도를 의미한다.

2) 자기주도학습 모델

자기주도학습에 관한 이론은 학습자가 학습 과정을 어떻게 주도하는지를 설명하는 방식에 따라 여러 모델로 구분된다. 대표적으로 선형모형(linear model), 상호작용모형(interactive model), 그리고 그로우(Grow, 1996)의 단계적 자기주도학습모형(staged self-directed learning model)으로 구분할 수 있다. 이 세 가지 모형은 자기주도학습에 대한 관점 및 학습자의 특성과 교수자의 역할 설정에 있어 차이를 보인다.

(1) 선형모형

선형모형은 자기주도학습을 일련의 절차에 따라 순차적으로 진행되는 과정으로 본다. 즉, 학습자는 먼저 학습의 필요를 인식하고, 목표와 방법을 설정하며, 자원을 탐색하고, 학습전략을 실행한 뒤, 결과를 평가하는 순차적 절차를 밟는다고 본다. 대표적으로 터프(Tough, 1979)와 노울즈(Knowles, 1975)의 모형이 있다.

터프(Tough, 1979)는 성인학습자가 실제 학습 프로젝트를 수행할 때 거치는 자기주도학습의 과정을 세밀하게 분석하여 구체적으로 제시하였다. 즉, 학습 내용, 학습 장소, 목표달성 시점, 시작할 시점, 진행 속도 및 방법, 학습에 필요한 자원, 방해 요소 등을 탐색하고 의사결정하는 13개의 단계 과정을 제시하였다.

반면 노울즈(Knowles, 1975)는 자기주도학습의 과정을 교육적 맥락에 맞추어 6개의 핵심 절차로 단순화하여 제시하였다. 노울즈의 자기주도학습의 구체적인 단계와 개입 전략은 〈표 5-2〉에 제시하였다.

표 5-2 • 노울즈의 자기주도학습 과정

단계	내용	설명
1단계	학습장면의 분위기 형성	학습자가 편안한 분위기 속에서 참여할 수 있는 환경 조성함
2단계	학습요구의 진단	학습자 스스로 배우고 싶은 것과 부족한 점을 파악함
3단계	학습목표 설정	진단을 바탕으로 구체적이고 달성 가능한 목표 수립함
4단계	학습 자원 파악	학습에 필요한 자료, 도구, 사람 등 확인함
5단계	학습전략 선택 및 실행	학습 방법을 정하고 학습활동 수행함
6단계	학습결과 평가	성과를 점검하고 이후 방향 모색함

(2) 상호작용모형

상호작용모형은 학습자가 처한 개인적 특성(동기, 성향 등), 학습 과정에서의 전략적 선택, 그리고 환경적 요인(교사, 동료, 맥락 등)이 서로 영향을 주고받으며 학습이 이루어진다고 본다. 즉, 자기주도학습은 단순히 단계에 따라 순서대로 진행되는 것이 아니라, 학습자와 환경 간의 상호작용 속에서 역동적으로 발생하는 과정으로 이해된다(Merriam & Bierema, 2014). 상호작용모형에는 대표적으로 스피어(Spear, 1988)와 개리슨(Garrison, 1997) 모형이 있다.

특히 개리슨(Garrison, 1997)은 자기주도학습을 '자기점검-자기관리-동기'라는 세 가지 요소가 서로 영향을 주고받는 통합적 과정으로 보았다. 이는 학습자가 책임감을 가지고 학습 환경을 관리하고, 자신의 학습 과정을 점검하며, 내적 동기를 유지하는 과정 전체를 강조한 것이다. 첫째, 자기점검(self-monitoring)은 학습자가 자신의 생각과 학습 방법을 되돌아보며, 목표를 얼마나 달성했는지 확인하는 인지적 과정이다. 이를 통해 학습자는 학습 내용을 스스로 이해하고 조정할 수 있다. 둘째, 자기관리(self-management)는 학습자가 학습 환경과 자원과 같은 조건들을 스스로 정리하고 조절하는 행동적 측면을 말한다. 이는 학습을 실제로 실행할 수 있는 기반을 마련해 준다. 셋째, 동기(motivation)는 학습을 시작하고 계속하게 하는 내적인 힘으로, 학습자가 책임감을 가지고 적극적으로 참여하도록 이끄는 중요한 요인이다.

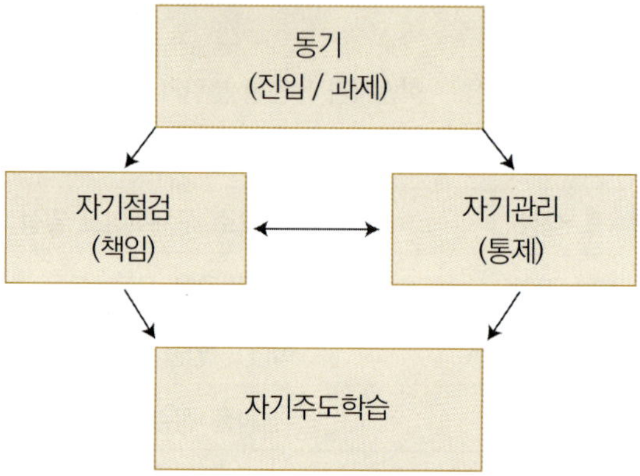

그림 5-1 ○ 개리슨의 자기주도학습의 차원
출처 : Garrison, 1997

(3) 그로우(Grow)의 단계적 자기주도학습모형

그로우(Grow)의 단계적 자기주도학습모형(1996)은 학습자의 자기주도성 수준에 따라 교수 방식이 달라질 필요가 있음을 제시하였다. 즉, 학습자가 의존적인 단계에서 자기주도적인 단계로 발달해 갈수록 교사의 직접적인 지시와 통제는 점차 줄어들고, 대신 학습자의 자율성과 책임을 점차 확대해 나가야 한다는 것이다. 이 과정에서 교사의 역할은 단순히 지식을 전달하는 수준을 넘어, 학습자의 자기주도성을 키워주기 위해 필요한 지원과 환경을 제공하는 데 초점이 맞추어진다. 다시 말해, 학습자가 주체적으로 학습할 수 있도록 안내하고 촉진하는 교사의 전략적 개입이 중요하다는 점을 강조한다.

표 5-3 • 그로우의 단계적 자기주도학습모형

학습자의 자기주도성 수준		교수자 역할	학습 방법
1단계: 의존적 학습자	• 자기주도성이 낮은 학습자 • 권위 있는 존재가 무엇을 할지를 말해주기를 원하는 학습자	권위자	• 연습, 지도, 코칭, 요구 파악, 정보 제공
2단계 : 관심 있는 학습자	• 자기주도성이 적은 학습자 • 동기화되어 있고 자신감도 있으나 학습 주제에 대하여 잘 알지 못하는 학습자	안내자	• 강의, 훈련, 교수자 중심 토론, 학습전략 설정
3단계: 참여적 학습자	• 자기주도성이 중간 수준인 학습자 • 기본 지식과 기술을 갖춘 학습자로서 좋은 안내자와 함께 학습 주제 영역을 탐구할 준비가 되어 있고 능력도 있다고 스스로 간주하는 학습자	촉진자	• 학습계약, 학습법 학습, 교수자가 촉진하는 참여식 토론, 세미나, 집단과제
4단계 자기주도적 학습자	• 자기주도성이 높은 학습자 • 전문가 도움 없이도 자신의 학습을 계획, 실행, 평가할 수 있다고 보는 학습자	상담자	• 연구논문, 자원 활용, 목표 달성, 자기평가, 높은 수준의 과제, 독자적 학습

출처 : Grow, 1996 ; 현영령 외, 2024 재인용.

3. 변혁적 학습이론

1) 개념 정의 및 출현 배경

변혁적 학습(transformative learning)은 성인학습의 흐름 속에서 중요한 전환점을 제시한 이론이다. 이 이론은 학습자가 단순히 새로운 지식을 습득하는 데 머무는 것이 아니라, 자신이 지니고 있던 기존의 신념, 가치관, 그리고 세계관을 근본적으로 변화시키는 과정을 설명한다. 다시 말해, 변혁적 학습은 학습을 통해 기존의 관점을 전환하여 새로운 의미와 행동 양식을 형성하는 과정을 의미한다.

변혁적 학습이 등장한 배경은 1970년대 이후 성인학습 연구의 확대와 밀접한 관련이 있다. 성인은 아동이나 청소년과 달리 풍부한 경험을 가지고 있으며, 이러한 경험을 토대로 자신의 삶을 성찰하고 새로운 의미 체계를 재구성할 필요가 있다. 따라서 변혁적 학습은 무비판적으로 지식을 수용하는 데 그치기 쉬운 아동·청소년기의 학습과는 달리, 비판적 성찰과 자기주도적 관점 전환을 중심에 두고 있다는 점에서 성인학습의 고유성을 잘 보여 준다.

변혁적 학습의 일반적 특징은 세 가지로 요약할 수 있다. 첫째, 학습자는 비판적 성찰을 통해 자신이 기존에 지니고 있던 신념이나 가정이 과연 타당한지를 검토하고 이를 재구성한다. 둘째, 학습의 결과는 관점 전환으로 이어지며, 학습자는 새로운 이해 방식을 수용함으로써 세계를 바라보는 틀 자체가 바뀌는 경험을 하게 된다. 셋째, 이러한 과정은 단순한 인지적 변화에 그치지 않고 정체성의 변화로까지 확장되어 학습자의 자아와 삶의 방향성 전반에 근본적 영향을 미친다.

변혁적 학습이론의 대표적인 학자로는 변혁적 학습 개념을 처음 체계화한 메지로우(Mezirow), 억압적 사회 구조 속에서 학습자의 해방을 강조한 프레리(Freire, 1970), 그리고 변혁적 학습을 개인적 및 사회적 관계 차원까지 확장한 크랜튼(Cranton, 2006) 등이 있다.

2) 메지로우(Mezirow)의 변혁적 학습

메지로우(Mezirow)는 성인학습에서 중요한 변화 과정을 설명하기 위해 변혁적 학습을 제시하였다. 그는 1978년 미국 여성 성인학습자들의 교육 경험을 분석하면서, 많은 여성이 학습 이전에는 가정 중심의 전통적 역할에 머물러 있었지만, 교육 과정을 통해 자신의 사고와 삶이 사회문화적 제약에 의해 형성되었음을 자각하고 이를 비판적으로 성찰하게 된다는 사실을 발견했다. 그 결과 성인학습자들은 기존의 관점을 전환하여 자기개발, 직업 활동, 사회 참여 등 새로운 가능성을 수용하게 되었으며, 이는 학습이 단순한 지식 습득을 넘어 삶의 관점과 의미 체계 자체를 변화시키는 과정임을 잘 보여 준다. 메지로우는 학습자가 자신의 삶의 경험을 비판적으로 성찰하고 기존의 의미틀(frame of reference)을 전환함으로써 새로운 이해와 행동 양식을 형성한다고 보았다(Mezirow, 1978 ; 1991 ; 2000).

메지로우는 변혁적 학습이 이루어지는 핵심 요소를 경험, 비판적 성찰, 성찰적 담론의 세 가지로 제시하였다(Mezirow, 2000). 그러나 이후 크랜튼(Cranton, 2006), 타일러(Taylor, 2007), 호간(Hoggan, 2016) 등은 변혁적 학습이 단순한 인식 전환에 머물지 않고 반드시 행동으로 실천되어야 한다는 점을 강조하였다. 이에 따라 변혁적 학습의 핵심 요소를 네 가지(경험-비판적 성찰-성찰적 담론-행동)로 확장하여 설명하고 있다. 첫째, 경험(experience)은 학습자는 자신의 풍부한 경험을 바탕으로 학습을 시작하며, 경험은 전환의 출발점이 된다. 둘째, 비판적 성찰(critical reflection)은 기존 신념과 가정이 타당한지 검토하고, 왜곡된 인식이나 습관적 사고를 수정한다. 셋째, 성찰적 대화(rational discourse)는 타인과의 대화를 통해 다양한 관점을 탐색하고 새로운 시각의 정당성을 확인한다. 마지막으로 행동(action)은 변화된 관점을 실제 삶과 행동에 적용함으로써 학습이 완결된다. 이러한 구성 요소들이 상호작용하면서 학습자는 관점 전환을 경험하게 되는데, 메지로우는 이를 10단계 과정으로 보다 구체적으로 제시하였다(Mezirow, 2000).

표 5-4 • 메지로우의 변혁적 학습 10단계

단계	변혁적 학습 단계의 내용
1단계	아직 경험하지 못했던 혼란스러운 사건 경험
2단계	감정(두려움, 분노, 수치심 등)에 대한 자기분석
3단계	자신의 삶의 전제나 가정에 대한 비판적 성찰
4단계	자신의 불만족이나 전환 과정이 타인과 공유된다는 인식
5단계	새로운 관계, 역할, 행동을 만들기 위한 대안 탐색
6단계	새로운 행동의 계획
7단계	새로운 행동의 실행을 위한 기술과 지식 학습
8단계	새로운 임무의 시험적 시도
9단계	새로운 관계와 역할에서 자신의 역량과 자신감 구축
10단계	자신에 삶을 새로운 관점 전환으로 재통합

출처 : Mezirow, 2000, p.22.

3) 프레리(Freire)의 의식화 교육

프레리(Freire, 2000)는 억압적 사회 구조 속에서 교육이 단순히 지식을 전달하는 도구로 머무를 것이 아니라, 학습자가 현실을 비판적으로 인식하고 해방을 지향하도록 돕는 과정이어야 한다고 보았다. 이를 그는 의식화 교육(conscientization)이라 불렀다. 이 개념은 1960년대 브라질의 극심한 빈곤과 문맹, 그리고 군사독재 체제 속에서 억압받던 민중들의 교육 현실을 분석하면서 발전하였다.

그는 당시 주류 교육을 '은행식 교육(bank education)'이라고 비판하였다. 은행식 교육은 교사가 지식을 '저축'하듯 일방적으로 전달하고, 학생은 이를 수동적으로 '저장'하는 방식을 의미한다. 이는 학습자의 비판적 사고를 억압하고 지배 집단의 가치를 주입하여 현재의 사회 구조를 재생산하는 결과를 낳는다. 이에 비해 의식화 교육은 학습자가 자신의 삶의 조건을 비판적으로 성찰하고, 현실을 변화시키기 위한 집단적 실천을 가능하게 하는 교육이다.

프레리는 의식화의 과정에서 대화(dialogue)의 중요성을 강조하였다. 대화는 단순한 의견 교환이 아니라, 학습자와 교사가 상호 존중 속에서 함께 현실의 주제를 탐구하고, 억압적 구조를 넘어설 수 있는 새로운 가능성을 모색하는 행위이다. 특히, 그는 『피억압자의 교육학』(Freire, 1970)에서 대화가 사랑, 겸손, 신뢰, 비판적 사고, 그리고 희망을 바탕으로 이루어져야 한다고 강조하였다. 이러한 요소를 통해 대화는 단순한 토론을 넘어 학습자의 해방을 위한 핵심 수단으로 기능한다.

메지로우의 변혁적 학습이 주로 개인의 인식 전환과 합리적 담론 과정을 강조하였다면, 프레이리의 의식화 교육은 교육을 사회적 해방의 실천으로 이해하였다. 따라서 그는 억압받는 사람들이 자신의 상황을 집단적으로 인식하고 변혁을 추구하는 과정을 강조함으로써, 변혁적 학습과는 다른 사회 및 정치적 차원의 성격을 드러낸다.

4. 경험학습이론

1) 개념 정의 및 출현 배경

경험학습(experiential learning)은 학습을 단순한 지식의 전달이나 습득이 아니라, 학습자가 직접 경험을 통해 의미를 구성하고 성장을 이루는 과정으로 이해하는 이론이다. 이러한 관점은 철학적 · 역사적 맥락 속에서 등장하였다. 듀이(Dewey, 1938)는 교육을 '삶의 준비'가 아니라 '삶 자체'라고 보면서, 학습자가 실제 경험을 바탕으로 문제를 탐구하고 반성하는 과정을 강조하였다. 레윈(Lewin, 1946) 또한 행동과 경험을 중시하며, 학습을 실험적 탐구 과정으로 보았다. 이러한 사상적 기반 위에서 20세기 후반 성인학습 연구가 확장되면서 경험학습은 독자적 이론으로 정립되었다.

성인학습에서 '경험'은 단순한 배경이나 보조 수단이 아니라 학습의 핵심 자원으로 간주된다. 성인은 아동 · 청소년에 비해 풍부한 삶의 경험을 지니고 있으며, 학습은 이러한 경험을 비판적으로 성찰하고 새로운 상황에 적용하는 과정에서 이루어진다. 이 점에서 경험학습은 전통적인 주입식 교육과 달리, 학습자가 자신의 경험을 분석하고 의미를 재구성하는 과정이라고 말할 수 있다. 학습자가 경험을 통해 의미를 구성한다는 점에서 경험학습은 구성주의 학습이론(constructivism)과 깊은 관련성을 가진다(Kolb, 1984 ; Merriam, Caffarella & Baumgartner, 2007). 구성주의와 경험학습의 두 이론 모두 학습자는 지식을 수동적으로 받아들이는 것이 아니라, 능동적으로 구성한다고 본다는 공통점을 갖는다. 다만 경험학습은 개인의 경험과 성찰 과정을 중심으로 설명되는 반면, 구성주의는 지식 형성에 있어 사회문화적 구성 맥락을 보다 강조하는 측면이 있다.

경험학습의 대표적인 이론가로는 콜브(Kolb)와 자비스(Jarvis)가 있다. 콜브는 경험학습이 '구체적 경험-반성적 성찰-추상적 개념화-적극적 실천'의 순환 과정을 통해 이루어진다고 본 반면, 자비스는 학습이 항상 순환적으로 일어나는 것이 아니라 때로는 불완전하거나 왜곡될 수 있다는 점을 강조하였다(Jarvis, 1987).

2) 콜브(Kolb)의 경험학습론

Kolb는 미국의 사회심리학자로서 17년간의 연구를 거쳐 1984년 저서 『Experiential Learning : Experience as The Source of Learning and Development』를 통해 듀이, 피아제, 레윈의 이론에 기초한 경험학습모델을 발표하였다. 콜브(Kolb, 1984)는 학습을 "경험의 전환을 통해 지식이 창출되는 과정(learning is the process whereby knowledge is created through the transformation of experience)"이라고 정의하였다(p. 38). 학습은 단순히 정보를 수동적으로 받아들이는 것이 아니라, 경험을 반성하고 이를 개념화하며, 다시 행동으로 실험하는 역동적인 과정이다. 이러한 정의는 듀이(Dewey)의 교육철학에서 큰 영향을 받았다. 듀이는 교육을 '삶의 준비'가 아니라 '삶 그 자체'로 보았으며, 학습자는 실제 경험 속에서 문제를 탐구하고 성찰함으로써 새로운 이해에 도달한다고 강조하였다(Dewey, 1938).

콜브(Kolb, 1984)는 학습을 두 가지 차원의 상호작용 과정이라고 보았다. 첫째, 정보인식 과정은 학습자가 경험을 어떻게 받아들이고 이해하는지를 의미한다. 이는 구체적 경험(concrete experience, CE)과 추상적 개념화(abstract conceptualization, AC)라는 두 가지 방식으로 구분된다. 구체적 경험은 실제 체험과 감각을 통해 정보를 받아들이는 방식이며, 추상적 개념화는 추상적 사고나 체계적 분석, 이론적 모형을 통해 경험을 이해하는 방식이다.

둘째, 정보처리 과정은 학습자가 받아들인 경험을 어떻게 다루고 활용하는가를 뜻한다. 이는 '반성적 관찰(reflective observation, RO)'과 '능동적 실험(active experimentation, AE)'으로 나눌 수 있다. 여기서 반성적 관찰은 경험을 다양한 관점에서 성찰하고 신중하게 검토하는 방식이고, 능동적 실험은 아이디어를 실제 행동으로 옮기며 새로운 상황에 직접 적용하는 방식을 의미한다.

콜브는 학습이 구체적 경험 → 반성적 관찰 → 추상적 개념화 → 능동적 실험의 네 단계를 거치는 순환적 과정으로 이루어진다고 설명하였다. 즉 학습자는 실제 경험을 통해 문제에 직면하고, 이를 반성적으로 되돌아보며, 성찰한 내용을 일반적 개념으로 조직화한 후, 이를 새로운 상황에 적용한다.

예를 들어, 직장생활을 병행하는 성인학습자가 팀 프로젝트에서 의사소통 문제로 갈등이 생기는 경험(구체적 경험)을 한 뒤, 그 원인과 자신이 보인 반응을 되돌아보며(반성적 관찰), '효과적인 협업을 위해서는 경청과 역할 조정이 필요하다'는 원리를 도출하고(추상적 개념화), 다음 프로젝트에서는 미리 역할을 명확히 하고 의견 조율 방식을 바꿔보는 시도(능동적 실험)를 하는 것이다. 이처럼 학습은 선형적이라기보다 반복적 · 순환적으로 일어나며, 각 단계가 서로 연결되어 성인학습자의 실천적 성장을 촉진한다. 이 과정은 선형적이라기보다 반복적 · 순환적으로 일어나며, 각 단계는 서로 연결되어 학습을 심화시킨다.

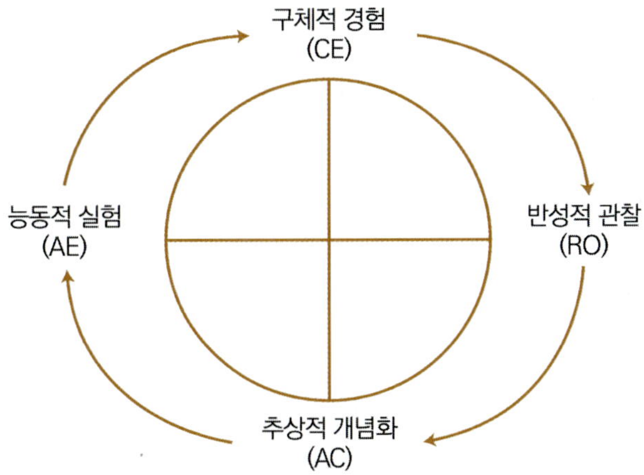

그림 5-2 ◦ 콜브의 경험학습의 순환모형

또한 콜브는 모든 학습자가 이러한 순환 과정을 거치지만, 학습자들이 특정 단계나 방식을 상대적으로 더 선호한다는 점에 주목하였다. 이를 학습유형(learning styles)이라 하며, 이는 고정된 성격 특성이 아니라 학습자가 경험을 인식하고 처리하는 경향성의 차이를 나타낸다. 따라서 학습유형은 학습자가 학습 과정에서 선호하는 접근 방식을 설명해 준다. 콜브는 경험학습의 정보인식과 정보처리의 두 차원을 교차시켜 네 가지 학습유형을 제시하였다(※ 자세한 내용은 [2장. 성인학습자의 이해] 참고).

표 5-5 • 콜브-매카시(Kolb-McCarthy) 학습유형 모델

차원		정보처리	
정보 인식	하위 요소	반성적 관찰(RO)	능동적 실험(AE)
	구체적 경험 (CE)	**발산형(diverger)** • 경험과 성찰 중심 • 다양한 관점 탐구 • 창의적 아이디어 도출	**적응형(accommodator)** • 경험과 실험 중심 • 행동 지향적이고 직관적 • 새로운 경험과 변화를 추구
	추상적 개념화 (AC)	**동화형(assimilator)** • 성찰과 개념화 중심 • 논리적 사고와 이론적모델 구성 • 아이디어를 조직적으로 정리	**융합형(converger)** • 개념화와 실험 중심 • 문제 해결과 기술 적용 • 실제적 응용과 실습에 강점

- **발산형**(diverger) : 구체적 경험과 반성적 관찰을 선호하며, 상상력과 감수성이 풍부하고 다양한 관점에서 상황을 바라보는 능력이 뛰어나다. 또한 사람들과 어울리며 아이디어를 확장하는 데 강점이 있다.
- **동화형**(assimilator) : 반성적 관찰과 추상적 개념화를 선호하며, 논리적 사고와 이론적 모델 구성에 능하다. 또한 새로운 아이디어를 조직적으로 정리하고 개념화하는 데 강점이 있다.
- **융합형**(converger) : 추상적 개념화와 능동적 실험을 선호하며, 문제 해결과 기술 적용에 강하다. 또한 실제적인 응용과 실습, 기술적 과제 수행에서 효과적이다.
- **적응형**(accommodator) : 구체적 경험과 능동적 실험을 선호하며, 행동 중심적이고 직관적으로 학습한다. 또한 새로운 경험을 시도하고 변화를 추구하는 활동에서 강점을 보인다.

결론적으로 콜브의 경험학습이론은 학습이 단순한 지식 전달이 아니라 경험을 성찰하고 재구성하는 순환적 과정임을 보여 주며, 성인학습자는 자신의

경험을 통해 지식을 창출하는 주체임을 강조하였다. 또한 학습유형의 다양성은 교육자가 학습자의 특성을 고려하여 다양한 교수·학습 방법을 활용해야 함을 시사한다. 예를 들어, 이신동(2005)의 연구에 따르면 콜브의 학습 유형별 효과적인 교수방법으로 조절적 학습자는 시뮬레이션 등 체험 활동, 발산적 학습자는 토론이나 독립학습 등 다양한 관점 탐구 수업, 동화적 학습자는 논리적 설명과 이론 제시 중심 수업, 수렴적 학습자는 프로젝트 및 직접교수 등 문제 해결·기술 적용 수업에 효과적이다. 따라서 경험학습이론은 현대 성인교육 현장에서 학습자 중심 교수·학습을 구현하는 중요한 이론적 토대가 된다.

3) 자비스(Jarvis)

자비스는 콜브의 학습 사이클이 사회적 맥락을 무시하고 학습의 복잡한 사회적 과정을 반영하기에는 지나치게 단순하다고 비판하며, 콜브의 경험학습 이론을 발전시켰다. 콜브는 학습을 경험–성찰–개념화–실험의 순환 과정으로 설명하였지만, 자비스는 실제 학습이 항상 완결된 순환을 따르지 않는다고 보았다. 그는 학습이 불완전하거나 왜곡되거나 중단되기도 한다는 점을 강조하면서, 경험학습을 단순한 순환모형이 아닌 비선형적이고 복합적인 과정으로 설명하였다. 즉, 콜브가 이상적인 학습 순환의 모델을 제시했다면, 자비스는 학습의 현실성과 다양성에 주목했다고 할 수 있다.

자비스(Jarvis, 1987 ; 2006)는 학습을 인간이 경험을 통해 지식, 기술, 태도, 정체성을 변화시키는 총체적 과정으로 정의하였다. 그는 학습의 핵심 요소를 경험, 인간과 사회의 상호작용, 전환으로 보았다. 즉, 학습은 개인이 삶 속에서 맞닥뜨리는 경험에서 출발하며, 이러한 경험은 개인의 내적 요인과 사회문화적 맥락이 상호작용하는 가운데 의미를 형성한다. 나아가 경험은 단순히 축적되는 것이 아니라 성찰과 의미부여 과정을 거쳐 전환되며, 그 결과 학습자의 지식 구조와 존재 방식이 변화한다.

예를 들어, 한 성인이 예상치 못한 구조조정으로 갑작스럽게 퇴직을 경험했다고 하자. 이때 퇴직이라는 사건은 학습자의 삶 속에서 직접 맞닥뜨린 중요한 경험으로 작용한다. 그는 기존의 직업 정체성과 가치관 같은 내적 요인과 사회경제적 환경이라는 외적 요인 사이에서 의미를 새롭게 고민하게 되는데, 이는 학습의 상호작용 과정에 해당한다. 나아가 그는 단순히 사건을 수용하는데 그치지 않고, 성찰을 통해 "앞으로 나의 경력을 어떻게 새롭게 설계할 것인가?"라는 질문을 던지며 자기 관점을 재구성한다. 이러한 과정에서 퇴직 경험은 새로운 기술 학습이나 직업 정체성 형성으로 이어지며, 이는 학습의 전환을 보여 준다.

자비스의 경험학습이론은 학습이 항상 이상적 순환을 따르지 않고 불완전하거나 중단될 수 있다는 점을 강조함으로써, 교육자가 학습자의 혼란과 실패 또한 중요한 학습 경험으로 인정해야 함을 시사한다(Jarvis, 2006 ; Merriam, Caffarella & Baumgartner, 2007). 또한 학습을 지식 습득에 한정하지 않고 경험과 정체성, 사회적 맥락이 결합된 총체적 변화 과정으로 이해함으로써, 성인교육이 학습자의 삶과 사회적 조건을 함께 고려해야 함을 보여 준다(Illeris, 2003).

5. 성인학습이론의 적용 및 시사점

성인학습이론은 공통적으로 학습자를 자율적이며 다양한 경험을 지닌 주체로 전제하며, 학습이 단순한 지식 전달이 아니라 경험과 성찰을 통한 의미 구성 과정임을 강조한다. 안드라고지는 성인의 자기주도성과 내적 동기를 존중해야 한다는 점을 지적하였고, 자기주도학습은 학습자가 학습 전 과정에서 주도권을 행사한다는 점을 강조한다. 변혁적 학습은 기존의 신념과 관점을 비판적으로 성찰하여 삶의 의미 체계를 변화시키는 과정을 중시하며, 경험학습은 구체적 경험 → 반성적 관찰 → 추상적 개념화 → 능동적 실험의 순환을 통해 학습이 이루어진다는 점을 설명한다. 이러한 관점은 성인교육을 삶의 맥락과

정체성 변화를 반영하는 총체적 과정으로 이해할 것을 시사한다.

성인학습이론은 다양한 평생교육기관에서 이루어지는 교육에 핵심적인 시사점을 제공한다. 첫째, 학습자의 경험을 교육 자원으로 활용하고 자기주도성을 존중하는 환경을 마련하는 것이 핵심이다. 교육 프로그램을 설계할 때 성인의 문제 중심적 성향과 실천적 욕구를 반영해야 하며, 현장실습이나 프로젝트 기반 학습과 같은 체험적 활동을 통해 직업 역량을 강화할 수 있다. 둘째, 토론, 세미나, 학습공동체 활동을 통해 학습자가 단순한 지식 습득을 넘어 비판적 사고와 정체성의 재구성을 경험하도록 돕는 것이 필요하다. 이를 위해 교육자는 학습자의 자율성을 보장하고 풍부한 경험을 학습 자원으로 연결하며, 학습 과정에서 나타나는 혼란과 실패도 성찰의 기회로 전환하도록 지원해야 한다. 더불어 학습 유형과 맥락을 고려한 교수·학습 전략을 마련할 필요가 있다.

요약하기

1. 안드라고지

- 안드라고지는 성인을 자율적·자기주도적 존재로 보고, 경험과 내적 동기를 중시한다.
- 교사는 지식 전달자보다 학습 촉진자로서 성인의 자율성을 지원해야 한다.

2. 자기주도학습이론

- 자기주도학습은 학습자가 학습의 전 과정을 스스로 계획하고 실행하는 과정이다.
- 교수자는 학습자의 자기점검과 자기관리를 돕는 촉진적 역할을 수행한다.

3. 변혁적 학습이론

- 변혁적 학습은 기존의 신념과 관점을 비판적으로 성찰해 새로운 의미를 형성하는 과정이다.
- 메지로우는 성찰과 담론을, 프레리는 사회적 해방을 강조하였다.

4. 경험학습이론

- 경험학습은 경험을 통해 의미를 구성하고 지식을 창출하는 순환적 과정이다.
- 콜브는 경험-성찰-개념화-실험의 과정을, 자비스는 사회적 맥락 속 학습을 강조하였다.

Part 3

상담이론과 상담의 기초

Chapter 06

성인학습자를 위한 고전 상담이론

학습목표

- 정신분석·인간중심·인지행동 세 이론의 철학적 전제와 핵심 개념(무의식·방어기제/전이, 공감·진실성·무조건적 존중, 자동적 사고·인지적 왜곡)을 비교·설명한다.
- 각 이론의 상담 목표와 대표적 기법(자유연상·꿈 분석·해석, 공감적 반영·감정 명료화, 인지 재구성·행동실험·노출 등)을 사례 없이 원리 수준에서 명료히 기술한다.
- 성인학습자의 학습 불안·자기효능감 저하·학습 회피와 같은 문제를 세 이론의 관점에서 사례개념화할 수 있다.
- 성인학습 맥락에서 각 이론의 강점과 한계를 비판적으로 논의하고, 통합적 적용 가능성을 제시한다.
- 실제 현장에서 사용할 개입 계획의 구성 요소(목표 설정, 기법 선택, 평가·피드백)를 이론과 연계하여 설계한다.

본 장은 성인학습자를 이해하고 지원하는 상담 장면에서 고전 상담이론이 어떤 이론적 토대와 실제적 함의를 제공하는지 체계적으로 다루고자 한다. 상담이론은 시대와 학문적 흐름에 따라 꾸준히 발전해 왔지만, 여전히 고전 상담이론의 유산은 현재 상담 현장에서도 유효하고 중요하다(Corey, 2021). 프로이트의 정신분석으로 대표되는 역동적 관점은 인간 행동의 표면 이면에 놓인 무의식과 내적 갈등을 강조하며, 내담자의 증상과 관계 패턴을 역사적 · 발달적 맥락에서 탐색하는 길을 열었다. 로저스의 인간중심 상담은 인본주의적 인간관에 기초하여 인간을 성장과 자기실현을 향해 나아가는 존재로 보고, 공감 · 진실성 · 무조건적 존중이라는 치료적 조건을 통해 내담자의 경험의 재구성과 자기수용을 촉진한다. 한편 엘리스와 벡으로 대표되는 인지행동 상담은 인간의 정서 · 행동 문제를 사건의 해석 틀에서 파악하고, 비합리적 신념과 인지적 왜곡을 교정함으로써 단기간 내의 가시적 변화를 도모한다.

성인학습자는 직업 · 가정 · 사회적 역할을 병행하며 학습을 수행한다. 이들은 종종 과거의 학업 경험과 현재의 생활 압력이 얽힌 복합적 문제에 직면한다. 따라서 성인학습 상담은 단순한 기술 습득의 문제가 아니라, 자기이해–정서조절–행동변화라는 다층적 과제를 다룬다. 이러한 맥락에서 본 장에서는 (1) 정신분석 상담이론을 통해 무의식 · 방어기제 · 전이/역전이 등의 개념으로 학습 장면의 정서 · 관계 역동을 해석하는 관점을 제시하고, (2) 인간중심 상담이론을 통해 공감적 이해와 수용적 관계가 성인학습자의 자기효능감과 주도성을 어떻게 회복시키는지를 설명하며, (3) 인지행동 상담이론을 통해 자동적 사고 · 인지적 왜곡 교정, 행동 실험과 노출 · 자기강화 등 실천적 기법이 학습 지속성과 성취에 미치는 영향을 구체화한다.

1. 정신분석 상담이론

1) 이론의 개요

정신분석 상담이론은 오스트리아 출신의 신경학자 프로이트(Freud)의 임상 경험과 연구에서 비롯된 이론이자 상담 접근법이다. 프로이트는 인간의 성격과 행동을 이해하는 데 있어 무의식이 핵심적인 역할을 하는 것으로 보았다. 그는 의식의 차원을 넘어, 그 이면에 자리한 무의식적 갈등과 욕구 속에서 인간 이해의 단서를 찾고자 하였다. 즉, 인간 행동 대부분은 의식적인 의도나 사고의 결과라기보다는 무의식 속에서 억압된 욕망과 갈등에 의해 결정되는 것이라고 주장하였다(Freud, 1953). 또한 초기 아동기의 경험이 이후 성격 형성과 성인기의 심리적 문제에 결정적인 영향을 미친다고 보았다. 이와 같은 관점은 인간 심리에 대한 기존의 이해를 획기적이고 혁신적으로 바꾸었다. 프로이트가 가져온 이러한 혁신과 변화는 뉴턴의 운동의 법칙이나 다윈의 진화론이 물리학이나 생물학에 가져온 변화에 비견되어 '무의식의 혁명'이라 일컬어지기도 한다(Watson, 2005).

정신분석 상담이론은 19세기 말에서 20세기 초 유럽 사회의 변화 속에서 등장하였다. 당시 유럽은 과학적 합리주의와 계몽주의적 이성이 지배적인 패러다임을 형성하고 있었지만, 동시에 산업화와 도시화가 심화되면서 개인은 극심한 사회적 긴장과 불안을 경험하고 있었다. 의학과 심리학의 초기 연구자들은 히스테리아, 신경증 등 설명하기 어려운 증상들을 관찰하면서 기존의 의식 중심적 사고만으로는 이러한 현상을 설명할 수 없다는 문제의식을 가지게 되었고 그 중심에는 프로이트가 있었다.

의학박사 학위를 마친 후 프로이트는 프랑스에 머무는 동안 신경학자 샤르코(Charcot)와 교류하고 그의 최면치료와 연구로부터 큰 영향을 받게 된다(Jones, 1953). 프로이트는 신경증 환자를 치료하는 과정에서 최면과 자유연상 기법을 활용하여 억압된 기억이 표면으로 떠오를 때 증상이 완화되는 현상을 관찰하였다. 이에 그는 의식적 사고 이면에 억압된 욕망과 갈등이 존재하며, 이것이 인간의 정서와 행동을 지배한다는 결론에 도달하였다(Freud, 1955).

프로이트의 정신분석은 단순한 치료 기법을 넘어, 인간 이해에 있어 큰 패러다임 전환을 가져왔다. 그는 인간을 합리적이고 이성적인 존재로만 보지 않고, 오히려 무의식 속의 본능적 충동과 갈등에 의해 지배되는 존재로 규정하였다. 또한 그는 성격 발달의 뿌리를 초기 아동기의 경험에서 찾았으며, 유년기의 사건이 성인기의 성격과 정신적 문제에 지대한 영향을 미친다고 보았다. 이러한 주장은 교육학과 상담학뿐 아니라 문학, 예술, 철학 등 다양한 학문 분야에도 큰 영향을 끼쳤다(Ricoeur, 1970).

정신분석 이론이 대두되기 이전의 인간관에 따르면, 사람의 행동은 의식적 사고와 도덕적 규범에 의해 결정되는 것이었다. 이러한 관점으로부터 벗어난 프로이트는 무의식과 본능, 억압과 갈등이라는 개념을 통해 인간 행동의 심층적 동인을 탐색하였다.

2) 기본 개념

(1) 구조적 모형 : 이드, 자아, 초자아

프로이트는 인간의 성격을 세 가지 심리적 구조, 즉 이드(id), 자아(ego), 초자아(superego)를 통해 설명하였다(Freud, 1961). 이드는 인간이 태어날 때부터 가지고 있는 원초적 에너지로, 본능적 충동과 욕구의 근원이다. 배고픔, 성적 충동, 공격성과 같은 기본적인 본능은 모두 이드에서 비롯되며, 이는 오직 쾌락 원칙에 따라 작동한다. 즉, 즉각적 만족을 추구하며 현실적 가능성이나 사회적 규범에 의해 제약받지 않는다.

이에 비해 자아는 발달 과정에서 형성되는 구조로, 현실 원칙에 따라 이드의 충동을 조절하고 외부 현실과 타협하는 역할을 한다. 자아는 단순히 욕구를 억누르는 것이 아니라, 현실 상황 속에서 욕구를 충족할 수 있는 합리적이고 수용 가능한 방법을 찾는다. 따라서 자아는 현실과 본능 사이에서 중재자 역할을 하며, 개인이 사회 속에서 적응적으로 살아가도록 돕는다.

마지막으로 초자아는 부모와 사회로부터 학습한 규범과 가치, 도덕적 기준이 내면화된 구조이다. 초자아는 자아의 행동을 비판하고 평가하며, 옳고 그름에 대한 판단 기준을 제공한다. 이 과정에서 개인은 단순히 본능의 충족을 향해 달려가기보다는 양심, 죄책감, 이상적 자기상에 의해 행동을 조절하게 된다.

이 세 가지 구조는 서로 독립적으로 존재하는 것이 아니라, 지속적인 긴장과 갈등 속에서 역동적으로 상호작용한다. 예컨대 이드가 즉각적 욕구 충족을 요구할 때, 초자아는 그것이 도덕적으로 옳은지 판단하며, 자아는 그 사이에서 현실적 타협안을 모색한다. 이러한 긴장과 조정의 과정은 인간의 사고, 정서, 행동을 형성하는 데 결정적 역할을 하며, 성격 발달의 핵심 동력으로 작용한다.

(2) 심리성적 발달 단계

프로이트는 성격 발달이 일정한 단계를 거쳐 이루어진다고 보았으며 이 단계를 구강기, 항문기, 남근기, 잠복기, 성기기로 구분하였다. 또한 단계별로 특정 신체 부위가 쾌감의 중심이 되고, 그 부위를 통해 경험하는 만족과 갈등의 해결이 중요한 발달 과제로 작용한다고 보았다(Freud, 1955). 이러한 과제는 단순한 신체적 만족을 넘어, 자기통제, 대인관계, 사회적 규범의 내면화와 같은 심리 · 사회적 발달과 밀접히 연결된다. 따라서 각 단계에서의 경험은 이후 성격 형성과 적응 방식에 지속적인 영향을 미친다. 특정 단계에서 갈등이 충분히 해결되지 못하거나 고착될 경우, 성인기에도 특정 성격 특성이나 심리적 문제로 나타날 수 있다고 설명하였다. 예컨대 구강기에 고착된 경우 의존적이고 수동적인 성격이 나타날 수 있으며, 항문기에 고착된 경우 완고하거나 지나치게 정리정돈에 집착하는 성향이 드러날 수 있다.

(3) 방어기제

방어기제(defense mechanism)는 자아가 불안이나 내적 갈등을 다루기 위해 사용하는 무의식적 심리 전략을 의미한다. 사람은 흔히 현실에서 위협적이거나 받아들이기 어려운 사건과 감정을 경험하게 되는데, 방어기제는 이러한 불안과 긴장을 직접 직면하지 않고도 심리적 안정을 유지할 수 있도록 돕는 기능을 한다. 다시 말해, 방어기제는 개인이 감당하기 힘든 충동이나 갈등을 왜곡하거나 우회하는 방식으로 처리하여 불안을 줄이고 자아의 균형을 유지하게 한다.

오늘날 상담 현장에서 방어기제는 내담자의 심리적 특성을 이해하는 중요한 단서로 활용된다. 대표적인 방어기제로는 억압, 투사, 합리화, 퇴행, 부정, 전이 등이 있다. 예컨대 억압(repression)은 불쾌하거나 위협적인 기억과 충동을 무의식 속으로 밀어 넣어 의식하지 못하게 하는 기제이다. 이 경우 개인은 직접적으로 그 기억을 떠올리지는 않지만, 불안이나 긴장과 같은 정서적 반응이 나타날 수 있다. 투사(projection)는 자신의 바람직하지 않은 충동이나 감정을 타인에게 전가하는 것으로, 학습자가 "교수님이 나를 낙제시키려고 시험을 어렵게 냈다"라고 믿는 경우가 이에 해당한다. 합리화(rationalization)는 실패나 불편한 결과를 정당화할 수 있는 논리를 스스로 만들어 내는 기제이다. "나는 바빠서 공부할 시간이 없었기 때문에 점수가 낮게 나온 것뿐"이라는 설명이 그 예다.

성인학습 상황에서 방어기제는 다양한 형태로 나타난다. 반복되는 학업 실패를 무의식적으로 억압한 학습자는 시험 상황에서 설명할 수 없는 불안과 긴장을 경험할 수 있으며, 학습 실패를 타인의 책임으로 돌리는 투사적 반응은 자기성찰을 가로막고 문제 해결을 지연시킨다. 또한 학습 실패를 "시험이 너무 불공정했다"라고 해석하는 합리화는 일시적 안도감을 줄 수 있으나, 실제 학습 전략을 개선하는 데는 도움이 되지 않는다. 이처럼 방어기제는 단기적으로 자아를 보호하는 기능을 하지만, 장기적으로는 현실 적응과 성장에 제약을 줄 수 있기 때문에 상담자는 내담자의 방어적 반응을 민감하게 포착하고 이를 적절히 다루어야 한다.

3) 상담의 목표와 기법

정신분석 상담에서 사용되는 핵심 기법으로는 자유연상, 꿈 분석, 전이와 역전이, 그리고 해석이 있다. 이들은 모두 내담자의 무의식을 탐색하고 억압된 욕구와 갈등을 의식화하여 통찰을 가능하게 하는 과정으로, 정신분석적 접근의 토대를 이룬다.

(1) 자유연상

자유연상(free association)은 마음속에 떠오르는 생각을 어떠한 검열이나 통제도 거치지 않고 자유롭게 말하도록 하는 기법이다. 평소에는 억제, 또는 억압되어 온 생각이나 감정이 이 과정을 통해 드러날 수 있으며, 상담자는 내담자의 진술 속에서 반복되는 주제, 갑작스러운 중단, 특정 단어에 대한 과도한 강조 등을 단서로 삼아 무의식적 갈등을 추적한다. 자유연상은 의식과 무의식을 연결하는 주요 통로로 기능한다.

(2) 꿈의 분석

꿈의 분석(dream analysis)은 꿈이 무작위의 상상이나 미래에 대한 예측을 반영하는 것이 아니라 억압된 욕구와 정서가 상징적으로 표현된 것이라는 전제에 기초한다. 프로이트는 꿈을 "무의식으로 가는 왕도(the royal road to the unconscious)"라 말하였다(Freud, 1900/1953). 상담자는 꿈의 표면적 내용 저변에 숨어 있는 무의식적 의미(잠재적 내용)를 구별해 내고 해석해 줌으로써 내담자가 자각하지 못하는 갈등과 소망을 드러내고 이해할 수 있도록 한다.

(3) 전이

전이(transference)는 내담자가 과거 중요한 인물에 대해 가졌던 감정과 태도를 현재 상담자와의 관계로 옮겨오는 현상을 말한다. 이러한 전이 반응은 무의식적으로 발생하며, 내담자가 반복해 온 대인관계 패턴을 이해하는 데 중요한 단서를 제공한다. 상담자에 대해 내담자가 합당하다고 볼 수 없는 의존이나 적대감을 보이는 경우, 과거 경험이 재현되는 과정일 가능성이 있다.

(4) 역전이

역전이(countertransference)란 상담자가 자신의 무의식적 갈등이나 정서적 반응을 내담자에게 투사하는 현상을 의미한다. 상담자가 특정 내담자와의 관계에서 설명하기 어려운 호감이나 반감을 경험하거나, 특정 상황에서 과도한 감정 반응을 보이는 경우가 이에 해당한다. 역전이는 상담자의 객관성을 위협할 수 있으나, 동시에 자기성찰을 통해 활용한다면 내담자의 심리 역동을 더 깊이 이해하는 자료가 될 수도 있다.

(5) 해석

해석(interpretation)은 상담자가 내담자의 언행, 자유연상, 꿈, 전이 반응 등에서 얻은 자료를 토대로 그 속에 담긴 무의식적 의미를 밝혀주는 과정이다. 해석은 내담자가 자신의 경험을 단순히 반복해서 진술하는 데 그치지 않고, 그 경험을 새로운 의미로 재구성하도록 돕는다. 상담자가 내담자의 무의식적 갈등을 언어화하면, 내담자는 자신의 행동과 정서가 단순한 우연이나 즉흥적 반응이 아니라 심층적인 심리적 요인에 의해 형성되었음을 자각하게 되고, 이를 통해 통찰과 변화를 경험할 수 있다.

이와 같이 자유연상, 꿈 분석, 전이와 역전이, 해석은 독립적으로 작동하는 것이 아니라 상호 연계되어 사용된다. 상담자는 자유연상을 통해 얻은 단서를 꿈 분석으로 심화하고, 전이와 역전이 속에서 드러난 관계 패턴을 해석으로 종합하여 내담자에게 제시한다. 이러한 일련의 과정은 내담자의 무의식을 의식화하도록 하여 자기 이해를 촉진하고, 궁극적으로 성격과 행동의 변화를 이끌어 내는 데 핵심적 역할을 한다.

4) 성인학습 맥락에서의 적용

성인학습자의 경우 학습 불안, 자기효능감 부족, 과거 학업 실패 경험이 현재 학습 태도에 영향을 주는 사례가 많다. 정신분석 상담은 이러한 불안과 저항을 단순히 현재의 문제로 보지 않고, 과거 경험에서 비롯된 무의식적 갈등과 연결지어 설명한다. 예컨대 성인학습자가 새로운 자격시험을 준비하면서 "나는 늘 실패한다"라는 두려움 때문에 회피 행동을 보인다면, 이는 과거 부모의 비난이나 학업 실패 경험이 무의식적으로 현재 학습 상황에 영향을 미치는 것일 수 있다. 상담자는 이러한 무의식적 연결을 탐색하여 학습자가 자신을 이해하고 새로운 학습 태도를 형성하도록 돕는다. 또한 방어기제를 탐색함으로써 학습자가 실패를 합리화하거나 책임을 회피하는 방식을 자각하도록 하고 좀 더 바람직하고 효율적인 학습 태도를 갖도록 안내할 수 있다.

5) 비판 및 현대적 전개

정신분석 이론은 인간 심리를 깊이 탐구한 점에서 큰 공헌을 하였지만, 성적 본능을 과도하게 강조하고 과학적 검증이 어렵다는 비판을 받기도 했다. 치료기간이 지나치게 길고 비용이 많이 든다는 점도 한계로 지적된다. 그러나 현대에 이르러 정신분석은 자아심리학, 대상관계이론, 자기심리학 등으로 발전하여 인간 발달과 대인관계, 자기이해를 강조하는 방향으로 확장되었다. 이러한 현대적 전개는 성인학습자의 상담에도 다양한 함의를 제공한다. 성인학습자가 겪는 학습 불안이나 대인관계 갈등을 단순히 현재 상황으로만 보지 않고, 과거와의 연결 속에서 이해하도록 함으로써 자기성찰과 성장을 촉진할 수 있기 때문이다.

2. 인간중심 상담이론

1) 이론의 개요

인간중심 상담이론은 20세기 중반 미국의 문화적 · 학문적 배경 속에서 탄생하였다. 당시 심리학의 주류는 정신분석과 행동주의였는데, 정신분석은 지나치게 과거 지향적이고 결정론적이라는 비판을 받았으며, 행동주의는 인간을 지나치게 단순화하여 기계적 존재로 축소한다는 한계를 드러냈다. 이러한 맥락에서 로저스(Rogers, 1951)는 인간을 새롭게 이해하려는 인본주의적 관점을 제시하였다.

로저스는 인간을 근본적으로 성장과 자기실현을 향해 나아가는 능동적 존재로 보았다. 그는 "인간에게는 자기실현의 경향(actualizing tendency)이 내재되어 있다고 하였으며, 이러한 잠재력이 발휘될 수 있도록 돕는 환경을 조성하는 것이 상담자의 역할이라고 강조하였다. 그의 대표 저서인 『Client-Centered Therapy』(Rogers, 1951)에서 로저스는 상담자가 갖추어야 할 세 가지 핵심 태도인 진실성(congruence), 공감(empathy), 무조건적 긍정적 존중(unconditional positive regard)을 제시하였다. 이러한 태도는 상담관계에서 내담자가 심리적 안전감을 경험하고, 자기이해와 성장을 촉진할 수 있도록 하는 핵심적 조건으로 기능한다(Rogers, 1957).

인간중심 상담은 인간을 병리적 존재로 보지 않고, 성장과 변화의 가능성을 지닌 긍정적 존재로 바라본다. 이러한 관점은 교육학과 성인학습 분야에서도 매우 중요한 의미가 있다. 성인학습자는 다양한 삶의 경험을 축적한 존재로서, 내적 동기와 자기주도성을 발휘할 때 학습이 가장 효과적으로 이루어진다(Knowles, 1980 ; Merriam & Bierema, 2014). 인간중심 상담은 성인학습자가 자기비난에서 벗어나 자기자신을 수용하고, 내적 자원을 발휘하여 학습에 몰입할 수 있도록 돕는다.

인간중심 상담이론의 핵심은 상담자가 내담자와 관계를 맺는 태도와 자세에 있다. 로저스(Rogers)는 인간이 본질적으로 자기실현(self-actualization)을 향해 나아가려는 성향을 지닌 존재라고 보았지만, 이 성향이 실제로 발휘되기 위해서는 안전하고 수용적인 환경이 반드시 전제되어야 한다고 강조하였다. 따라서 상담자는 내담자가 자기 경험을 자유롭게 탐색하고, 방어적 태도 없이 왜곡 없이 수용할 수 있도록 세 가지 기본 조건을 제공해야 한다고 설명하였다. 세 가지 기본 조건은 다음과 같다.

(1) 공감적 이해(empathic understanding)

이는 단순히 내담자의 말을 주의 깊게 듣는 것에 머무르지 않고, 내담자의 내적 세계를 있는 그대로 체험하려는 적극적이고 참여적인 태도를 의미한다. 상담자는 내담자가 느끼는 감정을 마치 자신이 직접 경험하는 것처럼 이해하고, 그 감정을 적절한 언어와 비언어적 방식으로 되돌려 줌으로써 내담자가 "나는 지금 이해받고 있구나"라는 경험을 하도록 돕는다. 이러한 공감은 내담자로 하여금 자신의 경험을 다시 바라보게 하며, 억눌린 감정을 안전하게 표현할 수 있도록 지원한다. 성인학습자가 학습 과정에서 겪는 불안과 좌절도 공감적 이해를 통해 해소될 수 있으며, 이를 통해 학습자는 자신을 있는 그대로 받아들이는 경험을 하게 된다(Garrison, 1997).

(2) 무조건적 긍정적 존중(unconditional positive Regard)

이는 내담자의 특정한 태도나 행동에 조건을 두고 수용하는 것이 아니라, 인간으로서 존재 그 자체를 존중하고 수용하는 태도를 의미한다. 상담자는 내담자가 실패하거나 불완전한 모습을 보이더라도 이를 비난하거나 평가하지 않고, 그 자체로 존중한다. 이는 내담자가 자기비난에서 벗어나 자기존재의 가치를 인식하는 데 결정적인 역할을 한다. 성인학습자는 종종 학습 실패를 자신에 대한 무가치감으로 연결시키는 경향이 있는데, 이때 상담자의 무조건적 존중은 학습자로 하여금 자신이 여전히 가치 있는 존재임을 깨닫게 하고, 새로운 도전으로 나아갈 힘을 북돋워 준다.

(3) 일치성(congruence)

이는 상담자가 자신의 내적 경험과 외적 표현 사이에 일치를 유지하는 것을 의미한다. 상담자는 내담자 앞에서 형식적이거나 인위적인 태도를 취하기보다는, 진실하고 솔직한 태도로 관계에 임한다. 상담자가 느끼는 감정과 표현하는 태도 사이에 불일치가 있을 때 내담자는 이를 쉽게 감지할 수 있으며, 이는 상담관계의 신뢰를 약화시킬 수 있다. 반면 상담자가 자신의 감정을 억지로 숨기지 않고 진솔하게 표현할 때, 내담자는 상담자를 신뢰하고 더욱 깊이 있는 자기탐색에 나설 수 있다. 따라서 일치성은 상담자가 "전문가"라는 가면을 쓰고 내담자를 지도하는 것이 아니라, 한 인간으로서 내담자와 진실하게 만나는 과정을 강조하는 것이다.

이 세 가지 기본 조건은 인간중심 상담의 기반이자 핵심이다. 상담자가 공감적 이해, 무조건적 존중, 일치성을 갖추고 내담자에게 임할 때, 내담자는 방어적 태도에서 벗어나 자신의 경험을 왜곡 없이 탐색할 수 있다. 또한 자기 자신을 있는 그대로 받아들이고 자기실현을 향해 나아가려는 내적 동기를 회복하게 된다. 특히 성인학습자의 상담 장면에서는 이러한 조건들이 학습자가 자기비난과 불안을 극복하고, 자기효능감을 회복하며, 학습의 주체로 성장하도록 돕는 중요한 심리적 토대가 된다.

상담 현장에서 이 세 가지 기본 조건은 독립적으로 작용하기보다 서로 긴밀히 상호작용하면서 내담자의 변화를 촉진한다. 상담자가 무조건적 존중을 제공할 때, 내담자는 자신의 가치가 조건 없이 인정받는다는 경험을 하게 되고, 이러한 경험은 내담자가 방어를 내려놓고 자기 경험을 솔직하게 드러낼 수 있는 토대를 마련한다. 이어서 상담자의 공감적 이해가 더해지면, 내담자는 자신의 감정과 사고가 제대로 이해되고 반영된다는 확신을 갖게 된다. 마지막으로 상담자가 진솔한 일치성을 보여 줄 때, 내담자는 상담자가 단순히 기술적인 역할을 수행하는 것이 아니라 진정한 인간 대 인간의 만남 속에서 자신을 존중하고 있다는 점을 체감한다. 이 세 가지 조건이 함께 작용할 때, 내담자는 상담관계를 안전한 탐색의 장으로 인식하게 되며, 이는 자기수용과 자기성찰을 심화시키는 강력한 심리적 자원이 된다. 성인학습자의 경우 이러한 상담적 조건은 학습 불안, 자기의심, 실패 경험에서 비롯된 좌절을 극복하는 과정에서 중요한 역할을 하며, 궁극적으로 학습자가 자기실현과 성장의 길로 나아가도록 돕는다.

3) 상담의 목표와 기법

인간중심 상담의 가장 중요한 목표는 내담자가 자기자신을 있는 그대로 수용하고, 왜곡된 자기개념을 현실의 경험과 통합함으로써 보다 진실되고 일관된 자아를 형성하도록 돕는 것이다. 로저스는 사람들이 자신에 대해 가지고 있는 '자기개념'과 실제 경험 사이의 불일치가 심리적 불안을 낳는다고 보았다. 따라서 상담의 과정은 내담자가 자기 경험을 왜곡하지 않고 직면할 수 있도록 돕고, 자기개념을 수정하여 경험과의 일치를 이루도록 안내하는 데 초점을 맞춘다.

이러한 목표를 달성하기 위해 상담자는 기법적 · 기술적 개입보다는 상담자의 태도와 관계적 조건을 중시한다. 상담자가 공감, 무조건적 존중, 일치성을 꾸준히 제공하는 과정에서 내담자는 자기 경험을 자유롭게 탐색하고, 방어적 태도를 완화하며, 자기수용의 과정을 경험한다. 예를 들어, 한 성인학습자가 "나는 늘 늦게 시작해서 결국 실패한다"라고 말했을 때, 인간중심 상담자는 이를 논박하거나 해석하지 않고, "지금 말씀을 들으니 그동안 스스로에게 실망해 온 경험이 큰 부담으로 다가오는 것 같군요"라고 공감적으로 반영한다. 이러한 반영은 학습자로 하여금 자신의 경험을 있는 그대로 바라보게 하며, 자기비난 대신 자기이해를 촉진한다.

또한 인간중심 상담은 비지시적 접근을 강조한다. 이는 상담자가 내담자에게 특정한 방향을 강요하지 않고, 내담자가 스스로 해결책을 찾아가도록 돕는 방식을 의미한다. 성인학습자 상담에서는 이러한 비지시적 태도가 학습자의 자율성과 자기결정권을 존중한다는 점에서 특히 중요하다. 성인학습자는 삶의 경험이 풍부하기 때문에, 문제 해결의 실마리를 자기 내부에서 발견할 가능성이 크다. 상담자가 성급하게 해결책을 제시하기보다는 내담자가 스스로 선택하고 탐색할 수 있도록 지원할 때 학습의 지속성과 자기주도적 태도가 강화된다.

구체적인 기법으로는 경청과 공감적 반영, 감정 명료화, 자기개방 등을 들 수 있다. 상담자는 내담자의 언어뿐 아니라 비언어적 표현까지 세심하게 경청하고, 내담자가 표현한 감정을 그대로 반영하거나 언어로 명료화함으로써 내담자가 자신의 감정을 보다 분명하게 인식하도록 돕는다. 또한 상담자가 자신의 감정을 진솔하게 드러내는 자기개방은 상담자가 완벽한 전문가가 아니라 인간적인 존재임을 보여 줌으로써 상담관계의 진실성을 강화한다.

결국 인간중심 상담의 기법은 단순히 상담자가 사용하는 도구라기보다, 상담자의 존재 방식과 태도를 반영하는 것이다. 성인학습자 상담에서 이러한 태도는 학습자가 자기비난에서 벗어나 학습의 의미를 재발견하고, 자기실현의 길로 나아가도록 하는 핵심적인 요소가 된다.

4) 성인학습 맥락에서의 적용

인간중심 상담은 성인학습자가 자기자신을 수용하고 학습의 주체로서 성장하도록 돕는 데 매우 적합하다. 성인학습자는 새로운 학습을 시작할 때 "나는 이미 늦었다", "나 같은 사람이 공부를 해도 소용없다"라는 자기비난적 사고를 자주 경험한다. 이러한 사고는 학습 동기를 약화시키고 자기효능감을 떨어뜨린다. 인간중심 상담은 이러한 학습자의 내적 경험을 판단하거나 교정하려 하지 않고, 있는 그대로 수용하면서 학습자가 자기자신을 이해하고 존중하도록 돕는다.

특히 공감적 이해는 학습자가 자신의 불안을 안전하게 표현하도록 돕는 핵심적인 요소다. 학습자가 불안을 말했을 때 상담자가 즉각적인 해결책을 제시하는 대신, "새로운 도전 앞에서 두려움이 느껴지는군요"라고 공감할 때, 학습자는 자신이 이해받고 있다고 느낀다. 이는 학습자의 자기수용을 강화하고, 자기비난의 악순환을 중단시키는 계기가 된다.

무조건적 긍정적 존중은 성인학습자가 학습 실패를 경험했을 때 더욱 중요하다. 학습자는 실패를 통해 쉽게 자기존중감을 잃을 수 있으며, 이때 상담자가 성적이나 성취와 상관없이 학습자의 존재를 존중해 주면, 학습자는 자신의 가치를 다시 인식하게 된다. 이것은 학습 지속성에 긍정적인 영향을 준다.

일치성 또한 중요한 요소이다. 성인학습자는 상담자의 말과 태도가 진솔한 것인지 쉽게 파악한다. 따라서 상담자가 자신의 감정을 솔직하게 표현하고 학습자의 경험을 진지하게 존중할 때, 상담관계는 더욱 깊어지고 학습자는 자신을 탐색할 용기를 얻는다.

결과적으로 인간중심 상담은 성인학습자가 자기비난을 극복하고 자기주도적 학습자로 성장하도록 돕는다. 단순히 학습기술을 습득하는 차원을 넘어, 학습자가 자기자신을 존중하고 내적 동기를 강화하는 과정은 학습자 스스로 의미를 발견하고 학습을 지속해 나가는 데 큰 역할을 할 수 있다.

5) 비판 및 현대적 전개

인간중심 상담은 내담자의 잠재력과 자율성을 존중한다는 강점을 지니지만, 구체적 기법의 부재로 인하여 심각한 정신병리 문제나 위기 상황에서는 효과가 제한적이라는 비판을 받는다(Corey, 2021 ; Rogers, 1951). 그러나 최근에는 코칭, 긍정심리학, 교육상담과 결합되며 성인학습자의 상담에서도 폭넓게 활용되고 있다. 특히 자기주도학습과 성찰적 학습을 촉진하는 데 있어 인간중심 상담의 인간관은 여전히 중요한 의미를 지닌다.

3. 인지행동 상담이론

1) 이론의 개요

인지행동 상담(cognitive behavioral therapy, CBT)은 20세기 중반 이후 심리학과 상담학에서 중요한 전환점을 마련한 접근이다. 초기 행동주의는 인간을 자극과 반응의 연쇄 속에서 설명하려 했으나, 이는 인간 사고의 복잡성과 정서적 경험을 충분히 설명하지 못했다. 반면 정신분석은 무의식과 과거 경험을 강조했으나, 과학적 검증이 어렵고 치료기간이 지나치게 길다는 한계를 가졌다. 이러한 배경 속에서 인지행동 상담은 행동주의의 경험적·실증적 전통을 계승하면서도, 인간의 사고와 신념이 정서와 행동을 형성한다는 점을 강조하며 등장하였다.

엘리스(Ellis)는 1950년대 합리적 정서행동치료(rational emotive behavior therapy, REBT)를 창시하였다. 그는 인간의 심리적 문제는 사건 자체가 아니라 사건에 대한 비합리적 신념에서 비롯된다고 보았다. "나는 반드시 성공해야 한다", "모두에게 사랑받아야 한다"와 같은 절대적이고 비현실적인 신념은 불안과 좌절을 낳는다(Ellis, 1962). 엘리스는 이러한 신념을 논박하고 새로운 합리적 신념으로 대체하도록 돕는 상담 과정을 제시하였다. 그의 ABCDE 모델은 오늘날까지 인지행동 상담의 핵심 틀로 활용되고 있다.

벡(Beck)은 인지치료를 발전시키면서 자동적 사고와 인지적 왜곡이라는 개념을 강조하였다. 그는 연구를 통해 우울증 환자들이 반복적으로 부정적이고 왜곡된 사고 패턴을 보인다는 사실을 확인하였다(Beck, 1979).

인지행동 상담은 과학적 근거가 탄탄하고 비교적 단기간에 효과를 얻을 수 있다는 점에서 현대 상담 장면에서 널리 활용되고 있다. 성인학습자의 맥락에서도, 시험 불안, 학습 회피, 자기효능감 부족 등 구체적이고 실질적인 문제를 다루는 데 효과적이다. 인지행동 상담은 내담자가 자신의 사고와 신념을 탐색하고, 보다 현실적이고 합리적인 인지를 형성하도록 돕는 동시에, 실제 행동 변화를 통해 학습 성과를 높일 수 있도록 지원한다.

2) 기본 개념

인지행동 상담(cognitive behavioral therapy, CBT)은 인간의 정서와 행동을 사건 그 자체가 아니라 그 사건을 해석하는 개인의 인지적 과정에 의해 결정된다고 본다. 동일한 사건이라도 개인이 어떤 신념과 해석의 틀을 가지고 접근하느냐에 따라 전혀 다른 정서적 반응과 행동 양상이 나타날 수 있다. 예컨대, 시험에서 낙제를 경험한 두 학습자 중 한 사람은 "다음에는 더 준비해야지"라고 해석하며 동기 부여를 얻는 반면, 다른 사람은 "나는 아무리 해도 안 된다"라고 일반화하여 좌절감을 느낀다. 인지행동 상담은 이와 같이 부정적 정서와 문제 행동의 원인을 사건 자체에서 찾지 않고, 사건을 바라보는 인지적 틀과 해석 과정에서 찾는다는 점에서 독창적인 접근을 제시하였다.

엘리스(Ellis)는 이러한 관점을 합리적 정서행동치료(rational emotive behavior therapy, REBT)를 통해 구체화하였다. 그는 인간의 문제를 A(activating event : 사건)–B(belief : 신념)–C(consequence : 결과)의 도식으로 설명하면서, 심리적 어려움은 사건(A) 자체가 아니라 그것에 대해 개인이 가진 신념(B)에 의해 발생한다고 주장하였다. 비합리적 신념은 부적응적 정서와 행동(C)을 초래하며, 문제의 핵심을 형성한다. 예를 들어 시험에서 한 번 실패한 학습자가 "나는 항상 실패할 것이다"라는 신념을 고착적으로 갖는다면, 이후 학습 상황에서도 불안과 회피가 반복될 수 있다. 엘리스는 상담자가 이러한 신념을 논박(disputation, D)하고, 보다 합리적이고 현실적인 신념으로 대체할 수 있도록 돕는 과정을 강조하였다. 그 결과 내담자는 긍정적이고 적응적인 효과(effect, E)를 경험하게 되며, 이러한 과정을 ABCDE 모델이라고 부른다. 이 모델은 오늘날까지 인지행동 상담의 핵심 구조로 자리 잡고 있다.

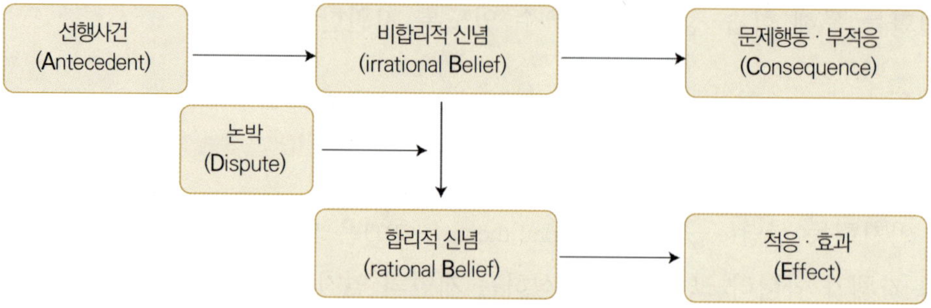

그림 6-1 ◦ Ellis의 ABCDE 모델

벡(Beck)은 인지치료(cognitive therapy)를 발전시키면서 자동적 사고(automatic thoughts)와 인지적 왜곡(cognitive distortions)이라는 중요한 개념을 제시하였다. 자동적 사고란 특정 상황에서 순간적으로 떠오르는 습관적이고 즉각적인 생각으로, 종종 논리적 검토나 비판적 사고 과정을 거치지 않은 채 내담자의 정서와 행동을 강하게 지배한다. 예컨대 발표를 앞둔 학습자가 "나는 반드시 실수할 거야"라고 무심코 떠올리는 생각은 일종의 자동적 사고이다. 이러한 자동적 사고는 반복적으로 나타나면서 불안, 우울, 회피 행동 등을 강화한다. 벡은 또한 사람들이 흔히 범하는 인지적 왜곡을 체계적으로 분류하였다. 대표적인 왜곡에는 다음과 같은 것들이 있다.

(1) **흑백논리**(all-or-nothing thinking, dichotomous thinking) : 사물을 극단적으로만 해석하는 경향으로, '완전한 성공' 아니면 '완전한 실패'로만 사건을 바라보는 사고 방식이다.
(2) **과잉일반화**(overgeneralization) : 한두 번의 제한된 경험을 근거로 전체 상황을 확대 해석하는 경향으로, 부분적 경험을 전반적인 결론으로 연결짓는 오류이다.
(3) **재앙화**(catastrophizing) : 사소한 사건이나 실패를 과도하게 확대하여 최악의 결과로 연결짓는 사고 패턴이다.
(4) **선택적 추론**(selective abstraction) : 전체 맥락을 무시한 채 부정적 단서만 뽑아내어 상황을 평가하는 왜곡된 인지적 경향이다.

이러한 인지적 왜곡은 개인의 정서를 부정적으로 강화하고, 문제 해결을 방해한다. 특히 성인학습자는 학습 실패 경험을 겪을 때 이러한 왜곡에 쉽게 빠지며, 이는 불안과 회피 행동을 심화시키는 요인이 된다. 상담자는 학습자가 자신의 왜곡된 인지를 인식하고, 이를 점진적으로 교정하도록 돕는 과정에서 핵심적 역할을 한다.

행동 수정 원리 또한 인지행동 상담의 중요한 기반을 형성한다. 행동주의적 전통에서 발전한 고전적 조건형성과 조작적 조건형성의 원리에 따라, 부적응 행동을 감소시키고 바람직한 행동을 강화하는 다양한 기법이 활용된다. 대표적인 기법으로는 체계적 둔감화(systematic desensitization), 자기강화(self-reinforcement), 모델링(modeling), 노출 훈련(exposure training) 등이 있다. 예를 들어 시험 불안을 가진 학습자는 불안 유발 상황을 단계적으로 경험하면서 불안을 줄이는 체계적 둔감화 훈련을 받을 수 있고, 학습 목표를 달성했을 때 자신에게 보상을 주는 자기강화 전략을 활용하여 학습 행동을 지속할 수 있다. 또한 상담자는 내담자가 두려운 자극을 직접 경험하도록 돕는 노출 훈련을 통해 회피 행동을 감소시키거나, 다른 사람의 바람직한 학습 행동을 관찰하고 모방하게 하는 모델링 기법을 적용하기도 한다.

종합적으로 볼 때, 인지행동 상담의 기본 개념은 사고 · 정서 · 행동 간의 긴밀한 상호작용을 이해하고, 비합리적 신념과 왜곡된 사고를 교정하며, 동시에 구체적인 행동 변화를 통해 내담자가 보다 적응적인 삶을 살아가도록 돕는 데 있다. 이러한 접근은 성인학습자의 상담 맥락에서도 핵심적인 이론적 기반을 제공한다. 시험 불안, 학습 동기 저하, 자기효능감 부족 등은 성인학습자가 흔히 경험하는 문제인데, 인지행동 상담은 이들을 효과적으로 다루어 학습의 지속성과 성취를 높이는 데 기여할 수 있다.

3) 상담의 목표와 기법

인지행동 상담의 주요 목표는 내담자가 가지고 있는 비합리적 신념과 왜곡된 사고를 수정하고, 이를 보다 합리적이고 현실적인 사고로 대체함으로써 적응적인 정서와 행동을 촉진하는 것이다. 인간의 정서적 고통은 사건 자체보다는 그 사건을 해석하는 방식에서 비롯되는 것이라고 보기에, 상담의 중심은 사고의 틀을 변화시키는 데 있다. 내담자가 사고 패턴을 바꾸면 감정과 행동도 긍정적으로 변화할 수 있으며, 이를 통해 문제 해결 능력과 삶의 만족도가 향상된다.

구체적으로, 엘리스의 합리적 정서행동치료(REBT)는 내담자가 가지고 있는 비합리적 신념을 논박하고 대체하는 것을 목표로 한다. 예를 들어 "나는 반드시 완벽해야 한다"라는 신념은 실패에 대한 극심한 불안을 낳는다. 상담자는 내담자가 이러한 신념을 인식하도록 돕고, "반드시 완벽할 필요는 없다. 적당한 목표를 세우고 그에 최선을 다하는 것이 중요하다"라는 보다 합리적인 신념으로 대체하도록 안내한다. 이 과정은 단순한 긍정적 사고 주입이 아니라, 내담자가 자신의 신념을 논리적 · 경험적으로 검토하고 새로운 신념을 스스로 형성하도록 돕는 것이다.

벡의 인지치료는 내담자의 자동적 사고를 탐색하고 인지적 왜곡을 수정하는 것을 목표로 한다. 상담자는 내담자가 특정 상황에서 떠오르는 자동적 사고를 기록하게 하고, 그 사고가 얼마나 현실적이고 타당한지를 검토하게 한다. 예를 들어 시험 직전 "나는 반드시 떨어질 것이다"라는 사고가 떠오른 학습자는 그 근거와 반대 근거를 정리하면서, "준비가 부족했을 때는 실패할 수 있지만, 지금은 충분히 준비했다"라는 보다 현실적인 사고로 전환할 수 있다.

인지행동 상담의 기법은 크게 인지적 기법과 행동적 기법으로 나눌 수 있다.

인지적 기법에는 사고 기록지 작성, 신념 검토, 인지 재구성 등이 있다. 내담자는 자신의 사고 패턴을 기록하고 검토하면서 비합리적 사고를 수정한다.

행동적 기법에는 불안을 점진적으로 감소시키는 체계적 둔감화(systematic desensitization), 두려운 자극에 직접적으로 노출하여 회피 반응을 줄이는 노출 훈련(exposure training), 그리고 자신의 신념이나 예측을 실제 행동을 통해 검증해 보는 행동실험(behavioral experiment) 등이 있다. 예를 들어 시험 불안을 가진

학습자는 불안도가 낮은 상황부터 시작하여 점진적으로 시험 상황을 시뮬레이션하거나 경험하면서 불안을 줄이는 훈련을 받는다. 또한 학습자가 목표를 달성했을 때 스스로 보상을 주는 자기강화는 학습 지속성을 높이는 데 도움이 된다.

인지행동 상담의 중요한 특징은 구조화되고 단기적인 접근이라는 점이다. 상담자는 내담자와 함께 목표를 설정하고, 단계적으로 문제를 다루며, 과제를 부여하고 그 결과를 검토한다. 이러한 과정은 성인학습자가 학업과 일, 가정을 병행하면서 상담에 참여할 때 효율성을 높인다. 상담은 비교적 짧은 기간에 구체적인 변화를 경험할 수 있도록 설계된다.

결국 인지행동 상담은 내담자가 자신의 사고 · 정서 · 행동 간의 상호작용을 이해하고, 보다 합리적이고 현실적인 인지를 통해 새로운 행동을 실천하도록 돕는 것을 목표로 한다. 성인학습자 상담에서 이러한 기법은 시험 불안, 자기효능감 부족, 학습 동기 저하 문제를 해결하는 데 효과적으로 사용될 수 있다.

4) 성인학습 맥락에서의 적용

인지행동 상담은 성인학습자가 겪는 학습 불안, 자기효능감 부족, 부정적 혼잣말과 같은 문제를 구체적으로 다루는 데 효과적이다. 성인학습자는 새로운 학습 상황에서 "나는 분명히 실패할 거야", "나는 머리가 굳어서 좋은 성적을 받지 못할 거야"와 같은 자동적 사고를 경험할 수 있다. 이러한 사고는 단순한 생각에 그치지 않고, 학습 불안과 회피 행동을 강화하여 실제 성취를 저해한다.

상담자는 성인학습자가 자신의 사고 패턴을 인식하도록 돕는다. 사고기록지를 작성하게 하거나 특정 상황에서 떠오르는 생각을 구체적으로 기록하게 함으로써, 학습자는 자신이 얼마나 부정적이고 비합리적인 신념에 사로잡혀 있는지를 자각할 수 있다. 이후 상담자는 그 신념을 논리적 · 경험적으로 검토하도록 안내하여, 보다 현실적이고 합리적인 사고로 대체하도록 돕는다. 이러한 과정은 학습자가 불안을 줄이고, 학습에 적극적으로 참여할 수 있게 만든다.

행동적 기법 역시 성인학습자의 학습 태도 교정에 중요한 역할을 한다. 예를 들어 시험 불안을 가진 학습자는 점차적으로 시험 상황과 유사한 환경에 노출되면서 불안을 감소시킬 수 있다. 또한 목표를 달성했을 때 자신에게 보상을 주는 자기강화 방법은 학습의 지속성을 높이는 데 도움이 된다. 이러한 행동적 접근은 학습자가 단순히 사고를 바꾸는 데 그치지 않고, 실제 학습 행동으로 이어지도록 하는 효과가 있다.

더 나아가 인지행동 상담은 성인학습자의 자기조절 능력을 강화하는 데 중요한 의미가 있다. 성인학습자는 학습 외에도 직장, 가정, 사회적 역할을 병행해야 하므로, 학습 동기가 쉽게 저하될 수 있다. 인지행동 상담은 내담자가 자신의 학습 목표를 구체적으로 설정하고, 작은 성취를 경험하면서 자기효능감을 높이도록 돕는다. 이는 장기적으로 학습을 지속하게 하는 심리적 기반이 된다.

결과적으로 인지행동 상담은 성인학습자가 부정적인 인지와 비효율적인 행동 패턴을 수정하도록 돕는 실질적인 접근으로, 성인학습자의 학습 성취와 자기성장에 큰 기여를 한다.

요약하기

1. 정신분석 상담이론

- 인간의 현재 증상과 관계 패턴은 무의식적 갈등과 초기 경험의 흔적이 반복되는 결과로 이해된다.
- 인간의 현재 증상과 관계 패턴은 무의식적 갈등과 초기 경험의 흔적이 반복되는 결과로 이해된다.
- 자유연상·꿈 분석·전이/역전이 관찰을 통해 무의식의 내용을 의식화하고, 해석을 통해 자아 수준에서 통합을 도모한다.
- 심층적 자기이해와 성격 변화에 유효하나, 시간·비용 부담과 경험적 검증의 어려움이 한계로 지적된다.

2. 인간중심 상담이론

- 변화의 핵심 매개는 상담자의 진실성, 공감, 무조건적 존중으로 형성되는 수용적 관계이다.
- 내담자는 안전한 관계 안에서 경험을 왜곡 없이 탐색하며 자기수용을 통해 자기개념과 실제 경험의 일치를 높인다.
- 자율성과 내적 동기를 회복하는 데 강점이 있으나, 고위험·고병리 상황에서는 구조적 개입과의 통합이 필요하다.

3. 인지행동 상담이론

- 정서와 행동은 사건 자체보다 사건에 대한 해석(신념·자동적 사고)에 의해 매개되므로, 왜곡된 사고를 수정하면 정서·행동이 개선된다.
- 인지 재구성, 사고 기록·검토, 행동실험·노출·체계적 둔감화·자기강화 등 구조화된 기법을 단기적으로 적용한다.
- 근거 중심성과 효율성이 높지만, 정체성·관계 역동의 심층 주제는 다른 접근과의 보완적 통합이 효과적이다.

Chapter 07

성인학습자를 위한 최신 상담이론

학습목표

- ACT, 구성주의·내러티브, 해결중심 단기상담, 자기주도 학습 상담, 성찰학습 상담, 진로·경력 상담의 철학적 전제와 핵심 개념을 설명한다.
- 각 이론의 상담 목표와 대표 기법을 성인학습 장면에 맞추어 적용 원리 수준에서 기술한다.
- 성인학습자의 학습 불안, 동기 저하, 경력 전환 같은 문제를 여러 접근으로 개념화하고 개입 전략을 설계한다.
- 각 접근의 강점과 한계를 비판적으로 논의하고, 맥락·문화·자원에 따른 통합적 활용 가능성을 제시한다.
- 실제 사례를 가정해 목표–기법–평가로 구성된 개입 계획을 수립하고, 과정·결과 평가 지표를 도출한다.

본 장에서는 성인학습자의 실제 문제를 다루는 현대 상담 접근의 핵심에 대해 다룰 것이다. 제3세대 인지행동치료로 분류되는 수용전념치료(ACT)에서는 불편한 정서와 사고를 제거 대상으로 보지 않고, 그것들과 함께하면서도 자신에게 중요한 가치에 맞게 행동하도록 돕는 '심리적 유연성'을 강조한다(Hayes, Strosahl & Wilson, 1999/2012). 구성주의 · 내러티브 상담은 인간이 자신의 경험을 언어라는 매개체를 통해 '이야기'로 구성한다고 보고, 문제 중심의 이야기를 자신과 분리하여 바라보고, 새로운 자기이해와 행동 방식을 만들어 가도록 한다(White & Epston, 1990 ; Kelly, 1955). 해결중심 단기상담은 작은 변화가 큰 변화를 촉발한다는 임상적 통찰에 근거해, 문제의 원인보다 해결의 언어와 자원에 초점을 맞추는 실천적 모델을 제공한다(de Shazer, 1985 ; de Shazer, 1991).

성인학습 맥락에서 자기주도학습 상담과 성찰학습 상담은 내적 동기 · 자기조절 · 비판적 성찰을 통해 학습을 삶과 연결하는 과정을 촉진하며(Knowles, 1980 ; Garrison, 1997 ; Mezirow, 1991), 진로 · 경력 상담은 변화하는 생애주기와 노동시장 속에서 학습과 경력 발달을 통합하도록 돕는다(Super, 1990 ; Savickas, 2013). 본 장은 각 접근의 철학적 전제, 기본 개념, 목표와 기법, 성인학습 적용, 비판과 현대적 전개를 교차 비교 가능하도록 제시하여, 실제 상담 장면에서 선택하고 통합할 수 있도록 돕는 이론적 지도를 제공한다.

1. 수용전념치료

1) 이론의 개요

수용전념치료(acceptance and commitment therapy, ACT)는 1990년대 스티븐 헤이즈(Steven Hayes)와 동료들에 의해 제안된 새로운 형태의 상담 접근이다. 초기에는 인지행동치료에서 분류되어 나온 한 분파였으나, 단순히 기존 CBT의 확장판이라기보다 '제3세대 인지행동치료'라는 새로운 흐름을 형성하였다. 기존의 인지행동치료가 비합리적 신념을 찾아내어 수정하는 데 초점을 두었다면, ACT는 인간이 경험하는 불편한 사고와 정서를 바꾸려 하지 않고, 그것을 있는 그대로 수용(acceptance)하면서 동시에 개인이 소중히 여기는 가치에 맞추어 전념(commitment)하며 행동하도록 돕는다.

이러한 접근은 인간의 삶에서 고통이 제거 불가능한 요소임을 인정하는 데에서 출발한다. "고통을 없애야 한다"라는 강박적 태도가 오히려 고통을 심화시키고 삶의 가능성을 축소시킨다는 것이 ACT의 핵심 통찰이다. 따라서 상담의 목적은 내담자가 불편한 정서를 없애는 데 있지 않고, 그것을 수용하면서도 가치 있는 삶을 살아가도록 돕는 데 있다.

ACT의 이론적 배경은 관계틀 이론(relational frame theory, RFT)이다. RFT는 인간 언어와 사고의 작동 방식을 설명하는 현대 행동언어학 이론으로, 언어가 사고와 정서를 사실처럼 고착화시키는 작용을 한다고 본다. 예컨대 학습자가 "나는 실패자야"라는 생각을 떠올리면, 이는 단순한 문장이 아니라 실제 자기 정체성을 규정하는 사실처럼 받아들여지게 된다. ACT는 이러한 언어의 속성을 다루어, 생각을 사실과 동일시하지 않고 심리적 유연성(psychological flexibility)을 회복하도록 돕는다.

2) 기본 개념

ACT의 핵심 개념은 심리적 유연성이다. 이는 개인이 순간순간 경험하는 사고와 감정을 억압하거나 회피하지 않고, 그것을 수용하면서도 자신의 가치와 목표에 따라 행동을 선택할 수 있는 능력을 말한다. 심리적 유연성은 여섯 가지 하위 과정으로 구체화된다.

(1) **수용**(acceptance) : 인간은 불편한 감정과 사고를 억누르거나 회피하려는 경향이 있다. 하지만 이러한 회피는 단기적으로는 불안을 줄여주는 것처럼 보이지만, 장기적으로는 불안에 대한 민감성을 높이고 삶의 영역

을 축소시킨다. 수용은 고통스러운 감정을 억누르지 않고 받아들이는 태도를 의미한다.

(2) **인지적 탈융합**(cognitive defusion) : 이는 사고를 절대적 사실로 받아들이기보다는, 단순한 '떠오르는 생각'으로 바라보는 능력을 말한다. 예를 들어 "나는 학습 능력이 부족하다"라는 문장을 "나는 지금 학습 능력이 부족하다고 생각하고 있다"라는 식으로 거리 두는 것이다. 이를 통해 사고에 휘둘리지 않고, 사고와 자신을 분리하는 것이 가능해진다.

(3) **현재에 머물기**(being present) : 인간은 과거의 후회나 미래의 불안에 사로잡혀 현재를 놓치기 쉽다. ACT는 마음챙김(mindfulness) 기법을 통해 내담자가 지금-여기에 주의를 기울이고, 현재의 경험을 온전히 살아가도록 돕는다.

(4) **자기맥락**(self-as-context) : 이는 고정된 자기개념(예 : '나는 실패자다')에 자신을 제약하지 않고, 다양한 경험을 담아낼 수 있는 열린 맥락으로 자신을 이해하는 것이다. 이는 자신을 생각 · 감정과 동일시하지 않고, 그것을 바라볼 수 있는 '관찰하는 자기'(observing self)를 강조한다.

(5) **가치 명료화**(values clarification) : 내담자가 자신의 삶에서 진정으로 중요하게 여기는 가치를 탐색하고 명확히 하는 과정이다. 가치는 단순한 목표와 달리 삶의 방향을 제시하는 나침반과 같은 역할을 한다.

(6) **가치 기반 행동**(committed action) : 명료화된 가치에 기초하여 구체적이고 일관된 행동을 실행하는 과정이다. 이는 내담자가 고통과 불편함 속에서도 자신의 가치와 일치하는 삶을 살아가도록 한다.

3) 상담의 목표와 기법

ACT의 상담 목표는 내담자가 심리적 유연성을 키워 불편한 경험을 수용하면서도 가치에 맞게 살아가도록 돕는 것이다. 전통적 CBT의 목표가 '왜곡된 신념 교정'에 있었다면, ACT는 '경험과 새로운 관계 맺기'에 초점을 둔다.

구체적 기법으로는 마음챙김 훈련, 인지적 거리 두기 연습, 가치 탐색 활동, 행동 실험 등이 있다. 예를 들어 성인학습자가 시험 불안을 호소할 때, ACT 상담자는 불안을 없애려는 노력을 중단하고 불안을 있는 그대로 인식할 수 있도록 돕는다. 동시에 "내가 학습을 통해 이루고 싶은 가치는 무엇인가?"라는 질문을 던져, 학습자가 자기 가치와 연결된 목표를 향해 나아가도록 한다.

상담 과정에서 상담자는 내담자에게 불안을 없애야 학습할 수 있다는 전제를 버리고, "불안이 있어도 학습할 수 있다"라는 새로운 관점을 갖도록 이끈다. 불안의 존재를 수용하면서도 가치에 따라 행동하도록 하는 것이 ACT의 핵심이다.

4) 성인학습 맥락에서의 적용

성인학습자는 학업과 직장, 가정과 자기계발을 동시에 수행해야 하는 경우가 많아 불안과 스트레스를 자주 경험한다. ACT는 이러한 상황에서 유용하다.

예를 들어, 직장과 학업을 병행하는 한 학습자가 "나는 항상 지쳐 있고 학습을 지속할 수 없다"라는 생각에 시달린다고 하자. 전통적 CBT의 경우, 이 생각의 타당성을 검토하고 대체 사고를 제시하는 방식으로 개입할 것이다. 반면 ACT에서는 "그런 생각이 들 수 있다"는 사실을 인정하게 하고, 동시에 "내가 학습을 통해 이루고 싶은 가치(예 : 자기성장, 가족을 위한 미래 준비)"에 주목하게 한다. 이를 통해 학습자는 고통을 완전히 제거하지 않고도 학습을 지속할 수 있게 된다.

ACT는 성인학습자의 학습 지속성과 자기효능감을 높이는 데 기여한다. 학습자는 불편한 정서를 피하려 하지 않고, 그것과 함께 살아가면서도 자신의 가치에 따라 행동하는 힘을 얻게 된다.

5) 비판 및 현대적 전개

ACT는 기존 인지행동치료의 한계를 극복하고, 심리적 유연성이라는 새로운 패러다임을 제시했다는 점에서 높이 평가받는다. 또한 다양한 연구를 통해 임상 및 교육 장면에서 효과가 입증되기도 했다. 그러나 ACT에도 한계가 있다. 첫째, 추상적 개념(예 : 자기맥락, 탈융합 등)을 내담자가 직관적으로 이해하기 어려울 수 있다. 둘째, ACT의 효과가 특정 문화적 맥락(특히 서구 문화)에 치우쳐 검증되었다는 비판도 있다.

그럼에도 불구하고 ACT는 상담뿐 아니라 교육, 조직, 평생학습 분야에 이르기까지 확장되고 있다. 특히 성인학습자의 상담에서는, 불안을 없애야 한다는 전제를 내려놓고, 불안과 함께 학습할 수 있다는 통찰을 제공한다는 점에서 실천적 가치가 크다.

2. 구성주의 상담이론

1) 이론의 개요

구성주의 상담이론(constructivist counseling theory)은 20세기 후반 심리학과 교육학 전반에 나타난 인식론적 전환 과정 속에 등장하였다. 전통적 상담이론들은 개인의 문제를 객관적으로 존재하는 심리적 결함이나 병리로 간주하고, 그 원인을 분석하거나 치료하는 데 집중하였다. 그러나 구성주의적 관점은 현실을 주어진 사실이 아니라, 인간이 언어와 상호작용을 통해 구성해 가는 것으로 이해한다.

이러한 시각은 교육학자 피아제(Piaget)의 인지발달 이론과 비고츠키(Vygotsky)의 사회문화적 학습이론에서 뿌리를 찾을 수 있다. 피아제(1952)는 아동이 능동적으로 환경과 상호작용하면서 자신의 인지 구조를 구성한다고 설명하였고, 비고츠키(1978)는 학습이 사회적 맥락 속에서 타인과의 상호작용을 통해 이루어진다고 강조하였다. 또한 심리학자 켈리(Kelly, 1991)의 개인적 구성개념 이론(personal construct theory)은 개인이 자신의 경험을 해석하고 조직하는 방식을 탐색함으로써, 인간이 현실을 어떻게 구성해 나가는지 보여 주었다.

이러한 철학과 심리학적 배경 속에서, 구성주의 상담은 "내담자의 삶을 하나의 이야기로 이해하고, 그가 어떻게 경험을 의미화해 왔는지를 탐색하는 과정"으로 자리매김하였다. 특히 1980~90년대 화이트와 엡스턴(White & Epston, 1990)이 발전시킨 내러티브 상담(narrative therapy)은 대표적인 구성주의 상담 접근으로, 내담자가 기존의 문제 중심 이야기에 사로잡히지 않고 새로운 대안적 이야기를 만들어 갈 수 있도록 돕는다.

2) 기본 개념

구성주의 상담의 핵심은 인간이 경험을 이야기(story)로 구성한다는 관점이다. 사람은 자신이 살아온 경험을 단편적으로 저장하는 것이 아니라, 그것을 특정한 맥락과 연속성을 가진 이야기로 조직한다. 이 과정에서 어떤 사건은 강조되고 어떤 사건은 배제되며, 반복되는 이야기는 개인의 정체성을 형성하는 핵심 서사가 된다.

문제는 내담자가 부정적인 경험을 반복해서 되새기며, 자신을 그 문제의 일부로 여기고 '나는 문제가 있는 사람'으로 인식할 때 발생한다. 예컨대 성인학습자가 반복된 학업 실패 경험을 "나는 공부에 소질이 없는 사람"이라는 서사로 규정해버리면, 새로운 도전을 시도하기 어려워진다. 구성주의 상담은 이러한 문제 중심 이야기를 외재화(externalization)하고, 내담자가 이미 경험했던 성공적 순간이나 긍정적 경험을 토대로 대안적 이야기(alternative story)를 만들어 나아가도록 한다.

핵심 개념은 다음과 같이 정리할 수 있다.

(1) **외재화**(externalization)는 내담자가 문제를 자신의 정체성과 동일시하지 않

고, 그것을 마치 외부에 존재하는 별개의 대상으로 인식하도록 돕는 과정이다. 이를 통해 내담자는 "내가 문제다"라는 자기규정을 벗어나 "내가 문제를 다루고 있다"는 관점으로 전환하게 되며, 문제로부터 심리적 거리를 확보할 수 있다. 이러한 분리는 내담자가 문제에 휘둘리지 않고 능동적으로 대처할 수 있는 여지를 마련한다.

(2) **대안적 이야기**(alternative story)를 통해 내담자는 기존의 문제 중심 서사 속에서 간과하거나 평가절하했던 긍정적 경험, 성취, 관계적 자원을 새롭게 탐색하고 이를 중심으로 자신의 삶을 재구성해 나간다. 이 과정에서 내담자는 "문제에 지배된 존재"에서 "문제를 극복할 수 있는 존재"로 자기인식을 전환하게 된다.

(3) **재저작**(re-authoring)은 내담자가 자기 삶의 이야기를 새로운 언어와 관점으로 다시 서술하는 과정이다. 이는 과거의 경험을 단순히 반복하거나 해석하는 데 그치지 않고, 그 경험을 새로운 의미 체계 속에 재배치함으로써 자기정체성을 확장하고 변화시키는 창조적 작업이다.

이러한 작업은 상담자가 내담자와 공동 저자(co-author)로서 협력적으로 수행하는 대화적 관계를 기반으로 이뤄진다. 상담자는 내담자가 자신의 경험을 재해석하고 새로운 서사를 형성하도록 촉진하며, 그 과정에서 내담자의 자율성과 의미구성 능력을 존중해 주어야 한다.

3) 상담의 목표와 기법

구성주의 상담의 목표는 내담자가 자신을 억압해 온 문제 중심 이야기에서 벗어나, 가능성과 자원이 강조되는 새로운 이야기를 만들어 갈 수 있도록 돕는 데 있다. 이는 단순한 문제 해결을 넘어, 내담자가 자신의 경험을 새롭게 해석하고 자기정체성을 변화시키는 작업이다.

구체적인 상담 기법은 다음과 같다.

(1) **외재화 대화** : 내담자가 문제를 자기정체성과 동일시하지 않고, 그것을 외부적 존재로 다루게 한다. 예컨대 학습자가 "나는 집중력이 부족하다"라고 말하면, 상담자는 "집중력 부족이 당신을 방해하고 있군요"라고 재진술한다. 이를 통해 학습자는 문제를 자신과 분리해 볼 수 있다.

(2) **대안적 이야기 탐색** : 내담자의 삶 속에서 문제에 가려졌던 긍정적 순간이나 성공 경험을 발견해 낸다. "공부가 잘되었던 때는 언제였나요?"와 같은 질문이 여기에 해당한다.

(3) **재저작 대화** : 내담자가 새로운 이야기를 언어화하여 자기정체성을 재구성하도록 돕는다. 예를 들어 "나는 실패자다"라는 이야기를 "나는 도전을 멈추지 않는 사람이다"로 재서술하는 식이다.

상담자는 이러한 과정에서 권위적 해석자가 아니라, 내담자의 이야기를 경청하고 함께 다시 써 내려가는 협력자로서 역할을 한다.

4) 성인학습 맥락에서의 적용

성인학습자는 학습과 관련해 각자 다양한 '자기서사(자기정체성을 담은 이야기)'를 가지고 있다. 예를 들어, "나는 나이가 많아 새로운 공부를 하기 어렵다", "나는 늘 시험에서 실패했다"와 같은 부정적 자기서사를 가진 사람은 학습 동기가 약화되고 자기효능감도 저하될 것이다.

구성주의 상담은 학습자가 이러한 문제 중심 이야기를 외재화하고, 새로운 대안적 이야기를 만들어 가도록 돕는다. 예컨대, 한 학습자가 과거 특정 과목에서 성취했던 경험을 되살려내면서, "나는 학습에서 성취할 수 있는 사람"이라는 새로운 이야기를 형성할 수 있다. 또 직장에서 쌓아온 실무 경험을 학습능력의 증거로 재해석하게 되면, 학습은 단순한 지식 습득이 아니라 자기 삶을 확장하는 과정으로 이해될 수 있다.

성인학습 맥락에서 구성주의 상담은 특히 학습자 스스로가 학습실패 경험을 대안적 이야기로 재구성하도록 도와, 자기효능감과 학습 지속성을 높이는 데 효과적이다.

5) 비판 및 현대적 전개

구성주의 상담은 내담자의 경험과 이야기를 존중하고, 새로운 가능성을 열어준다는 점에서 긍정적으로 평가된다. 그러나 몇 가지 한계도 존재한다.

첫째, 내담자가 새로운 이야기를 구성할 수 있으려면 일정 수준의 언어 능력과 성찰적 사고가 요구되는데, 모든 학습자가 이를 충족하는 것은 아니다. 둘째, 지나치게 이야기 구성에 집중하다 보면, 구체적인 행동 변화를 도출하는 데 한계가 있을 수 있다. 셋째, 내러티브 접근은 문화적 맥락에 따라 다르게 작용할 수 있어, 특정 문화권에서는 효과가 제한될 수 있다.

현대 구성주의 상담은 이러한 한계를 보완하기 위해 다양한 형태로 확장되고 있다. 진로 구성주의 상담(career construction counseling), 문화적 내러티브 접근 등이 대표적이다. 성인학습 상담에서는 학습자가 과거 실패 경험을 다른 시각에서 해석하고, 새로운 학습 동기를 재구성하는 데 특히 큰 의의를 지닌다.

3. 해결중심 단기상담

1) 이론의 개요

해결중심 단기상담(solution-focused brief therapy, SFBT)은 1980년대 미국 위스콘신주 밀워키에 위치한 브리프 가족치료센터(brief family therapy center)에서 드세이저(Steve de Shazer)와 버그(Insoo Kim Berg)를 중심으로 발전하였다. 이 접근은 당시 심리상담계에서 주류를 이루던 정신분석, 인지행동치료, 가족치료 등이 내담자의 문제 원인 탐색에 지나치게 많은 시간을 할애한다는 비판 속에서 탄생했다.

드 세이저와 버그는 "문제를 깊이 이해하는 것이 반드시 해결로 이어지지는 않는다"는 점에 주목하였다. 상담의 목표가 내담자의 과거 상처를 규명하거나 문제의 뿌리를 찾아내는 데 있지 않고, 내담자가 원하는 변화를 구체적으로 만들어 가는 데 있다는 새로운 철학을 제시한 것이다(Berg & de Shazer, 1993).

해결중심 단기상담은 또한 사회구성주의적 인식론에 기반한다. 즉, 현실은 객관적 실체라기보다 언어와 상호작용 속에서 구성되는 것으로 보는 관점이다. 내담자가 문제중심 언어를 반복할수록 그 문제는 더 단단히 굳어지고, 반대로 해결중심 언어를 사용할 때 내담자는 새로운 해법과 가능성을 만들어 낼 수 있다. 이처럼 언어의 힘을 강조하는 해결중심 단기상담은 내담자가 자신이 원하는 미래를 구체적 언어로 서술하도록 돕는 것을 핵심으로 삼는다.

본래 이 접근은 에릭슨(Erickson)의 단기개입적 치료 방식의 영향을 받았다. 에릭슨은 내담자가 이미 변화의 단서를 지니고 있으며, 치료자는 이를 발견하고 확장하는 역할을 해야 한다고 보았다. 드 세이저와 버그는 이러한 통찰을 토대로 "작은 변화가 큰 변화를 낳는다"는 원리를 강조하며, 실질적이고 실용적인 상담 모델을 구축하였다.

2) 기본 개념

해결중심 단기상담의 기본 개념은 세 가지로 요약할 수 있다. 첫째, 내담자는 이미 해결의 자원을 지니고 있다는 믿음이다. 상담자의 역할은 내담자 안에 잠재된 자원을 발굴하고 활용할 수 있도록 돕는 것이다. 둘째, 작은 변화가 큰 변화를 이끈다는 원리이다. 내담자가 지금 당장 시도할 수 있는 작은 행동 변화를 찾고 실천하는 과정이 장기적 변화를 촉발한다. 셋째, 미래 지향적 접근이다. 문제의 원인을 분석하는 대신, 내담자가 원하는 미래의 모습을 구체적으로 상상하고 언어화하게 함으로써, 문제 상황에서 벗어나 새로운 가능성을 발견하도록 한다.

이러한 기본 개념은 상담 장면에서도 구체적으로 드러난다. 예를 들어 상담자가 "왜 공부가 잘 안 된다고 생각하십니까?"라고 묻는 대신, "앞으로 공부가 잘된다면 당신의 모습은 어떻게 달라질 것 같나요?"라고 질문하는 것이다. 이는 내담자가 과거의 문제에 머물기보다는, 자신이 원하는 상태를 명료하게 그려보고, 나아갈 방향을 잡아갈 수 있도록 이끈다.

3) 상담의 목표와 기법

해결중심 단기상담의 목표는 내담자가 자신의 강점과 자원을 활용하여 원하는 변화를 구체적으로 실현하도록 돕는 것이다. 상담자는 문제 원인 분석보다 내담자의 미래 지향적 상상을 강화하고, 작은 변화를 촉진함으로써 내담자가 스스로 성장할 수 있도록 안내한다.

주요 상담 기법은 다음과 같다.

(1) **기적 질문**(miracle question) : 내담자가 문제 없는 이상적 미래를 구체적으로 상상하도록 돕는다. "오늘밤 기적이 일어나 내일 아침 문제가 모두 사라진다면, 무엇이 달라져 있을까요?"라는 질문은 내담자가 막연한 희망이 아닌 구체적 변화가 무엇인지 이야기하면서 자각할 수 있도록 한다.

(2) **척도 질문**(scaling question) : 내담자가 자신의 현재 상황이나 목표 달성 정도를 0~10의 숫자로 표현하게 하여, 변화를 구체적으로 측정하고 다음 단계를 모색하도록 한다. "지금 학습 동기 수준은 10점 만점에 몇 점인가요? 그렇다면 한 단계 올라가기 위해 무엇을 할 수 있을까요?"라는 질문이 여기에 해당한다.

(3) **예외 질문**(exception question) : 내담자가 문제를 경험하지 않았던 순간이나 부분적으로 해결에 가까웠던 경험을 떠올리게 한다. 이를 통해 내담자는 이미 효과적 전략을 사용했던 경험을 재발견하고 확장할 수 있다.

(4) **칭찬과 강화**(complimenting) : 상담자는 내담자의 작은 성취를 발견하고 적극적으로 인정함으로써 자기효능감을 강화한다. 이는 내담자가 긍정적 변화를 유지하도록 돕는 핵심 요소이다.

4) 성인학습 맥락에서의 적용

성인학습자는 학습과 직업, 가정의 여러 과제를 동시에 감당하며 학습 동기를 상실하거나 자기효능감이 약화되는 경우가 많다. 또한 과거의 학습실패 경험으로 인해 "나는 공부에 소질이 없다"라는 등의 문제에만 매몰되기 쉽다. 해결중심 단기상담은 이러한 상황에서 특히 효과적이다.

예컨대 한 성인학습자가 "나는 시험만 보면 긴장해서 항상 실패한다"라고 말할 때, 상담자는 "만약 다음 시험에서 긴장하지 않고 성공한다면, 무엇이 달라질까요?"라는 기적 질문을 던진다. 이를 통해 학습자는 자신의 성공적 미래를 구체적으로 상상할 수 있다. 이어서 척도 질문을 활용하여 "현재 자신감을 10점 만점 중 몇 점으로 평가하겠습니까?"라고 묻고, "4점에서 5점으로 올리기 위해 오늘 할 수 있는 작은 행동은 무엇일까요?"라고 구체화한다. 이렇게 작은 실천을 반복하는 과정에서 학습자는 점차 자기효능감을 회복하게 된다.

또한 예외 질문을 통해 과거에 학습이 잘 되었던 순간을 떠올리게 하면, 학습자는 "나는 늘 실패하는 사람"이라는 자기 이야기를 "나는 상황에 따라 성취할 수 있는 사람"이라는 대안적 이야기로 바꾸게 된다. 이 과정은 성인학습자가 새로운 학습 도전을 긍정적으로 수용할 수 있는 기반이 된다.

5) 비판 및 현대적 전개

해결중심 단기상담은 상담 기간을 단축시키고, 내담자의 강점을 강조한다는 점에서 효율적인 상담이다. 특히 여러 역할을 동시에 감당하는 성인학습자에게는 효율적이고 실질적인 상담 접근으로 평가된다. 그러나 몇 가지 한계도 존재한다.

첫째, 문제의 근본 원인을 다루지 않기 때문에, 심각하고 복합적인 심리적 어려움에는 효과가 제한적일 수 있다. 둘째, 기법이 지나치게 구조화되어 보일 수 있으며, 문화적 맥락에 따라 내담자가 기적 질문이나 척도 질문을 어색하게 받아들일 수 있다. 셋째, 내담자가 협조적이지 않거나 변화에 대한 동기가 약할 경우, 상담 효과가 제한될 수 있다.

제한점에도 불구하고 다양한 질문을 포함한 기법들은, 최근 교육 현장, 조직 개발, 커뮤니티 활동, 평생학습 프로그램 등 다양한 영역에서 널리 사용되고 있다. 성인학습 상담에서는 변화를 도모하고 목표 지향적인 행동을 시작하는 동기를 증진하는 데 활용할 수 있으며, 온라인 학습 환경에서도 단기적 동기 부여와 성취 경험을 제공하는 방식으로 활용하는 것이 가능하다.

4. 자기주도학습 상담

1) 이론의 개요

자기주도학습(self-directed learning, SDL)은 성인학습과 그와 관련된 요인을 설명하는 가장 유력한 이론 중 하나로, 20세기 후반 평생교육의 필요성이 대두되면서 본격적으로 부상하였다. 과거에는 학교를 마치면 학습은 종료되는 것으로 보는 시각이 일반적이었으나, 산업사회와 정보사회로 진입하면서 사회는 끊임없이 새로운 기술과 지식을 요구하게 되었다. 이에 따라 성인은 생애 전반에 걸쳐 지속적으로 학습해야 하며, 학습의 주도권 역시 개인에게 있는 것이라는 사고가 널리 확산되었다.

특히 노울즈(Knowles, 1975)는 성인학습자의 독특한 특성을 강조하며 '성인교육학(andragogy)'이라는 개념을 제시하였다. 그는 성인은 자기주도성을 지닌 존재로, 학습 과정에서 스스로 목표를 세우고 자원을 탐색하며 학습 방법을 선택하고 평가할 수 있다고 보았다. 노울즈의 주장은 자기주도학습 개념이 학문적으로 정착하는 데 결정적으로 기여하였다.

자기주도학습 개념의 철학적 뿌리는 인간주의 심리학에 있다. 로저스(Rogers, 1952)는 인간에게는 자기실현을 향한 내적 동기가 있으며, 교육은 이 성향을 촉진하는 환경을 제공해야 한다고 보았다. 자기주도학습은 이러한 관점과 맞닿아 있다. 성인학습자는 단순히 외부에서 주입되는 지식을 수동적으로 받아들이는 존재가 아니라, 자신의 삶과 경험을 바탕으로 학습을 재구성하는 능동적 존재로 간주된다.

또한 사회인지 이론도 자기주도학습의 이론적 기반이 된다. 반두라(Bandura, 1997)의 자기효능감 개념은 학습자가 자신을 유능하다고 인식할 때 더 적극적으로 학습 목표를 설정하고 실행할 수 있음을 보여 준다. 상담 장면에서도 자기효능감은 자기주도성을 강화하는 핵심 심리적 자원으로 작용한다.

즉, 자기주도학습 상담은 단순히 '혼자 공부하는 방법'을 가르치는 것이 아니라, 성인학습자가 자기 삶을 학습의 맥락 속에 위치시키고 자기성장과 변화를 추구하는 주체가 되도록 하는 상담 접근이라 할 수 있다.

2) 기본 개념

자기주도학습은 크게 세 가지 요소를 중심으로 이해할 수 있다.

(1) 학습 목표 설정의 주도성

성인학습자는 학습 목표를 외부에서 주어진 과제가 아니라, 자기 삶의 맥락 속에서 발견하고 설정해야 한다. 예컨대 직장인은 직무 역량 강화를 위해, 부모는 자녀 교육을 지원하기 위해, 노년 학습자는 자기성찰과 삶의 의미를 위해 학습 목표를 세운다. 이러한 목표는 단순한 지식 습득이 아니라 자기 삶을 확장하고 의미화하는 과정으로 이해된다.

(2) 학습 실행과 자기조절

자기주도학습자는 학습 실행 과정에서 자율성과 책임감을 발휘한다. 시간 관리, 학습 전략의 선택, 자원 활용 등이 이에 해당한다. 중요한 것은 단순한 실행 능력이 아니라, 변화하는 상황 속에서 학습 계획을 수정하고 조정하는 자기조절 능력이다. 성인은 직장과 가정의 변수를 동시에 고려해야 하기 때문에, 자기조절은 학습 지속을 좌우하는 핵심 요인이다.

(3) 학습 성과 평가와 성찰

자기주도학습자는 외부 평가에만 의존하지 않고, 자신의 목표와 가치에 비추어 성과를 점검한다. 성과 평가 과정에서 학습자는 자기강점과 한계를 발견하고, 새로운 학습 전략을 탐색하게 된다. 이 과정에서 성찰(reflection)은 단순한 회고가 아니라 미래 지향적 개선을 위한 자기점검의 기능을 한다.

이 세 과정은 순환적이며, 학습자가 자기평가를 통해 한계를 인식하면 새로운 목표를 설정하고 실행 전략을 수정하며, 다시 평가하는 과정을 반복한다.

3) 상담의 목표와 기법

자기주도학습 상담의 목표는 학습자가 자신의 삶과 학습을 자연스럽게 연결하고, 주체적으로 목표를 세우며 자기결정성과 자기효능감을 강화하도록 돕는 것이다. 이를 통해 학습자는 단순히 시험을 통과하거나 지식을 습득하는 데 그치지 않고, 학습을 자기성장과 자기실현의 과정으로 경험한다.

구체적 상담 기법은 다음과 같다.

(1) **목표 설정 지원** : 상담자는 학습자가 모호하거나 과도한 목표를 세우지 않도록 돕는다. 예를 들어, "나는 영어를 잘하고 싶다"라는 막연한 목표를 "매일 30분 영어 뉴스를 청취하고 요약하기"와 같은 구체적 목표로 전환

하게 한다.

(2) **학습 전략 훈련**: 상담자는 다양한 학습 전략(메타인지 전략, 시간 관리, 자기 점검 기법 등)을 안내하고, 학습자가 실제로 적용하면서 자기에게 맞는 방법을 찾아가도록 돕는다.

(3) **자기점검과 피드백**: 상담 과정에서 학습자는 학습 일지 작성, 성취도 평가, 학습 포트폴리오 구성 등을 통해 자기점검을 수행한다. 상담자는 이를 검토하며 학습자의 자기성찰을 촉진한다.

(4) **정서적 지지와 동기 강화**: 성인학습자는 직무, 가정, 사회적 역할의 압력 속에서 쉽게 좌절할 수 있다. 상담자는 학습자의 작은 성취를 발견하고 인정하여 동기를 강화하고, 실패 경험을 재해석하여 학습 지속 의지를 북돋운다.

4) 성인학습 맥락에서의 적용

성인학습자는 학업뿐 아니라 다양한 역할을 동시에 수행하기 때문에 학습 과정에서 어려움을 겪기 쉽다. 자기주도학습 상담은 이들의 삶의 맥락을 존중하고, 학습을 그 맥락 속에 통합하도록 돕는다.

예컨대, 대학원 진학 후 직무와 학업을 모두 잘 해내려 애쓰면서 좌절하고 있는 중년의 내담자라면, 상담자는 그의 목표가 지나치게 이상적이라는 점을 지적하고, 작은 단위의 현실적 목표를 설정하도록 돕는다. "모든 과제를 완벽히 수행해야 한다"는 목표 대신 "이번 주에는 한 과목 과제를 완성한다"와 같은 목표를 세움으로써 학습자는 성취감을 회복할 수 있다.

또한 과거 학습 실패 경험으로 자기주도성을 상실한 성인학습자에게, 상담자는 그 실패가 단순히 개인 능력 부족 때문이 아니라 환경적 제약이나 부적절한 전략 때문이었다는 점을 인식시킨다. 이를 통해 학습자는 자신을 실패자로 규정하지 않고, 새로운 전략을 시도할 수 있는 용기를 얻게 된다.

5) 비판 및 현대적 전개

자기주도학습 상담은 성인학습자의 주체성을 강화한다는 점에서 중요한 의의를 가진다. 그러나 몇 가지 비판도 제기된다. 첫째, 모든 학습자가 충분한 자기주도성을 갖추고 있다고 전제하는 것은 비현실적이다. 자기주도성은 학습자의 개인적 성향과 능력뿐 아니라, 사회적 · 환경적 요인에 크게 영향을 받는다. 둘째, 자기주도성을 지나치게 개인의 책임으로 환원하면, 학습 실패의 원인이 사회적 · 구조적 제약으로 인한 것일 때도 학습자 개인을 탓하게 될 가능성이 있다. 셋째, 자기주도학습은 학습자의 정서적 준비도와 동기 수준에 따라 크게 좌우된다. 학습자가 스스로 목표를 세우고 실행하려면 일정 수준의 자기통제력과 학습동기가 필요하지만, 현실적으로 많은 성인학습자는 피로, 불안, 낮은 자신감 등으로 인해 자기주도성을 충분히 발휘하기 어렵다. 따라서 자기주도학습은 단순히 전략 훈련이 아니라 정서적 지원과 동기 강화를 병행해야 한다.

현대의 자기주도학습 상담은 이러한 비판을 보완하며 발전하고 있다. 최근에는 사회적 지원 속의 자기주도성이 강조된다. 학습자가 가족, 동료, 지역사회, 온라인 학습 공동체와 연결될 때 자기주도성이 더 강화된다는 것이다. 또한 디지털 학습 환경에서는 자기주도성이 학습 성패를 좌우하는 핵심 역량으로, 학습 관리 시스템(LMS)이나 온라인 피드백 도구를 활용한 자기점검이 적극적으로 활용된다.

5. 성찰학습 상담

1) 이론의 개요

성찰(reflection)은 성인학습에서 핵심적이고도 독특한 개념이다. 단순히 지식을 습득하거나 기술을 반복하는 것으로는 성인학습의 본질을 설명할 수 없다. 성인학습자는 자신이 살아온 경험을 바탕으로 새로운 학습을 이해하고 재구성하는데, 이 과정에서 경험을 되돌아보고 의미를 부여하는 활동이 바로 성찰이다. 성찰에 대한 논의는 교육철학자 듀이(Dewey)의 사상에서 중요한 출발점을 찾을 수 있다. 듀이는 단순한 경험이 곧 학습으로 이어지는 것이 아니라고 보았다. 그는 "우리는 경험에서 배우는 것이 아니라, 경험을 성찰하는 과정에서 배운다"라고 주장했다(Dewey, 1933). 경험은 그 자체로는 흘러가는 사건일 뿐이며, 성찰을 통해 경험 속에서 의미와 교훈을 추출할 때 비로소 학습이 된다.

20세기 후반, 성인학습 이론가 메지로우(Mezirow)는 성찰을 한 단계 더 발전시켰다. 그는 성인의 학습을 단순한 정보 습득이 아니라, 기존의 가치관과 세계관을 근본적으로 재구성하는 변혁적 학습(transformative learning)으로 설명하였다(Mezirow, 1991). 메지로우에 따르면 성인은 삶에서 위기, 불일치, 전환적 경험을 마주할 때, 기존의 사고 틀에 균열이 생기며, 이때 비판적 성찰을 통해 자신과 세계를 새롭게 이해한다. 이 과정에서 성인은 단순히 지식이 늘어나는 것이 아니라, 자기정체성과 삶의 방향성 자체가 변혁된다.

이러한 맥락에서 성찰학습 상담은 성인학습자가 자신의 경험을 단순히 되돌아보는 수준을 넘어, 그 속에 숨어 있는 전제와 신념, 가치관을 비판적으로 검토하도록 돕는 상담적 접근이다. 또한 성찰은 개인적 차원에만 머물지 않고 사회적 차원까지 확장될 수 있다. 프레리(Freire, 1970)가 비판적 교육학을 통해 강조했듯이, 성찰은 억압적 사회 구조와 권력관계를 인식하고, 이를 변화시키려는 실천으로 이어질 수 있다. 따라서 성찰학습 상담은 개인적 성장뿐 아니라 사회적 해방에도 기여하는 잠재력을 지니고 있다.

2) 기본 개념

성찰학습의 기본 개념은 비판적 성찰(critical reflection)이다. 이는 경험을 단순히 회고하는 것을 넘어, 경험을 규정하고 있는 신념, 가치, 전제를 재검토하는 과정이다.

메지로우는 성찰을 세 가지 수준으로 구분했다.

(1) **내용 성찰**(content reflection) : 경험한 사실을 되돌아보는 것이다. 예컨대 학습자가 "이번 과목 시험에서 60점을 받았다"라고 인식하는 수준의 성찰이다.

(2) **과정 성찰**(process reflection) : 자신이 학습을 수행한 방식과 절차를 검토하는 것이다. 예컨대 "나는 시간을 비효율적으로 사용했기 때문에 성적이 낮았다"라는 성찰이다.

(3) **전제 성찰**(premise reflection) : 자신의 근본적 가정과 신념을 검토하는 것이다. 예컨대 "나는 나이가 많아 공부가 어렵다고 믿어왔지만, 사실 그 생각이 나를 제한해 왔음을 깨닫는다"라는 성찰은 전제 성찰에 해당한다.

이 세 수준 가운데 전제 성찰은 가장 깊은 차원의 성찰로, 학습자의 사고틀과 정체성을 변화시키며 변혁적 학습으로 이어진다. 또한 성찰은 개인적 성찰과 집단적 성찰로 구분할 수 있다. 개인적 성찰은 혼자 글을 쓰거나 묵상하면서 경험을 돌아보는 것이고, 집단적 성찰은 다른 사람과의 대화를 통해 경험을 다각도로 이해하는 과정이다. 성인학습에서는 두 방식이 서로 보완적으로 작용한다.

3) 상담의 목표와 기법

성찰학습 상담의 목표는 성인학습자가 경험을 단순히 재현하는 데 그치지 않고, 그 경험을 새로운 의미로 재구성하여 자기이해와 정체성의 변화를 이루도록 돕는 것이다. 이는 지식 전달이나 문제 해결을 넘어, 학습자가 자기 삶과 세계를 보는 눈을 넓히는 데 있다.

상담에서 활용되는 주요 기법은 다음과 같다.

(1) **성찰저널 작성** : 학습자가 학습 과정에서 느낀 생각, 감정, 깨달음을 글로 기록하도록 한다. 상담자는 이를 함께 검토하면서 학습자가 경험을 다른 관점에서 바라보도록 질문을 던진다.

(2) **성찰적 질문** : 상담자는 단순한 정보 확인이 아니라, 사고와 감정을 확장하는 질문을 제시한다. 예 : "이 경험이 당신의 삶의 가치와 어떻게 연결됩니까?"

(3) **집단성찰 활동** : 동료 학습자들과의 대화와 토론은 새로운 시각을 제공한다. 타인의 이야기를 들으며 자신이 당연하게 여겼던 전제를 돌아보게 된다.

(4) **변혁적 사건 탐구** : 학습자의 삶에서 전환점이 된 사건을 탐색하며, 그것이 자기이해와 가치관을 어떻게 변화시켰는지를 분석한다.

상담자는 권위적 전문가가 아니라, 학습자의 성찰 과정을 촉진하는 동반자적 촉진자로서 역할을 수행한다.

4) 성인학습 맥락에서의 적용

성인학습자는 청소년과 달리 풍부한 경험을 학습 자원으로 가지고 있으며, 다양한 사회적 역할을 수행하고 있다. 이로 인해 학습에서의 성취와 실패는 단순히 성적 문제를 넘어 자기정체성과 삶의 방향에 깊은 영향을 미친다. 예를 들어, 중년의 직장인이 대학원에 진학했으나 초기 학업 부진을 경험했다고 하자. 단순한 전략 조정만으로는 그의 학습 동기를 회복하기 어렵다. 이때 성찰학습 상담은 "나는 왜 실패를 두려워하는가?", "이 경험이 내 삶과 경력에서 어떤 의미를 지니는가?"와 같은 질문을 통해 학습자가 자신의 내적 신념과 태도를 돌아보도록 한다. 이 과정에서 그는 학업 성취를 단순한 점수 문제가 아니라 자기성장의 과정으로 재구성하게 되고, 결과적으로 학습 동기가 회복된다.

또한 성찰학습 상담은 사회적 변화에 대응해야 하는 성인학습자에게 더욱 유용하다. 디지털 전환, 직무 재편, 은퇴 후 제2의 삶 등은 성인의 기존 자기이해와 정체성을 흔드는 사건이 되기도 한다. 상담자는 학습자가 이러한 사건을 단순한 위기가 아니라 자기성찰과 재정립의 기회로 보도록 돕는다. 이를 통해 학습자는 변화에 유연하게 적응하며 자기효능감을 회복할 수 있다.

5) 비판 및 현대적 전개

성찰학습 상담은 성인의 경험을 존중하고, 경험을 새로운 의미로 전환하도록 돕는다는 점에서 큰 의의가 있다. 그러나 몇 가지 한계도 지적된다. 첫째, 모든 학습자가 성찰적 사고에 익숙한 것은 아니다. 성찰은 종종 불편한 자기인식이나 과도한 자기비판을 유발할 수 있으며, 이는 무력감으로 이어질 수 있다. 둘째, 성찰 과정이 개인의 내적 성찰에만 집중될 경우, 사회적 · 구조적 요인을 간과할 위험이 있다. 학습자의 어려움이 사회경제적 제약에서 비롯되었음에도 불구하고, 개인의 문제로 환원될 수 있기 때문이다. 셋째, 문화적 차이도 성찰의 방식에 영향을 준다. 서구 문화권에서는 자기성찰이 당연한 과정으로 여겨지지만, 일부 문화권에서는 집단적 성찰이나 타인의 피드백을 통해 배우는 것이 더 자연스러울 수 있다.

최근 이러한 한계를 보완하기 위해 긍정심리학적 접근과의 융합이 시도되고 있다. 성찰이 단순히 문제 인식에 그치지 않고, 개인의 강점, 희망, 회복탄력성을 발견하도록 하는 방향으로 발전하고 있는 것이다. 또한 디지털 학습 환경에서는 전자 포트폴리오, 온라인 토론 게시판, 학습자 블로그 등을 활용한 성찰 촉진이 시도되고 있다. 이는 성찰이 단순히 개인적 경험을 넘어 공유되고 상호작용하는 학습 자원으로 확장될 수 있다는 가능성을 보여 준다.

6. 진로 · 경력상담

1) 이론의 개요

진로 · 경력상담(career and vocational counseling)은 성인학습자의 삶과 학습을 연결하는 가장 실천적인 상담 영역 중 하나이다. 성인의 경우 단순히 지식을 탐구하거나 교양을 넓히려는 목적으로 학습하는 사례는 흔하지 않다. 상당수 성인학습자는 자신의 직업적 정체성과 경력 개발을 위해 학습에 참여한다. 따라서 성인학습 상담에서 진로와 경력 문제를 다루는 것은 선택이 아니라 필수적인 부분이라 할 수 있다.

역사적으로 진로상담은 20세기 초 산업화의 전개와 더불어 등장하였다. 당시 사회는 대규모 인력이 산업 현장에 투입되기를 요구했고, 개인은 자신의 적성과 능력에 맞는 직업을 선택해야 했다. 이러한 필요 속에서 파슨스(Parsons)는 1909년 『Choosing a Vocation』을 출간하며 체계적인 진로지도이론을 제시하였다. 그는 개인의 특성과 직업 세계의 요구가 잘 맞아떨어질 때 성공적인 직업 선택이 이루어진다고 보았으며, 이를 특성-요인이론(trait-factor theory)이라 불렀다(Parsons, 1909). 파슨스의 접근은 과학적이고 합리적인 직업 선택을 강조했지만, 직업 선택을 일회적 결정으로만 간주한다는 한계를 가졌다.

이후 진로상담은 발달적 관점으로 확장되었다. 수퍼(Super, 1957, 1980)는 "진로는 곧 자기개념의 실현"이라고 주장하며, 직업은 개인의 발달 단계에 따라 변화하는 자기개념의 반영이라고 보았다. 그는 성장기, 탐색기, 확립기, 유지기, 쇠퇴기라는 생애 진로 발달 단계를 제시하면서, 진로를 단순한 선택이 아니라 평생에 걸쳐 지속되는 발달 과정으로 설명하였다.

21세기 들어서는 사비카스(Savickas)의 구성주의적 접근이 주목받고 있다. 그는 진로를 고정된 경로나 직업적 목표가 아니라, 개인이 자신의 경험을 해석하고 이야기(narrative)로 구성해 가는 과정으로 이해하였다(Savickas, 2013). 즉, 진로는 객관적 사실이라기보다 개인이 자신의 삶을 어떻게 의미화하는지에 따라 끊임없이 재구성된다는 것이다. 이러한 접근은 특히 경력 전환기 성인학습자가 자신의 경험을 재해석하고 새로운 정체성을 형성하는 데 큰 도움을 준다.

2) 기본 개념

진로 · 경력상담의 핵심 개념은 크게 세 가지로 정리할 수 있다.

첫째, 자기개념(self-concept)이다. 수퍼의 진로 발달 이론에 따르면, 직업은 단순히 생계를 유지하기 위한 수단이 아니라 자기개념을 실현하는 장이다. 개인은 자신이 누구인지, 무엇을 중요하게 여기는지에 대한 자기이해를 직업 세계 속에서 구체화한다. 따라서 상담에서 중요한 것은 학습자가 자기개념을 탐색하고, 그것을 현실의 직업 선택이나 경력 개발과 연결하는 것이다. 둘째, 경력 발달(career development)이다. 진로는 고정된 목표가 아니라 생애 전반에 걸쳐 변화하는 발달 과정이다. 성인학습자는 직장 내 승진, 직무 전환, 재취업, 은퇴 후 재도전 등 다양한 경력 과제를 경험한다. 따라서 진로상담은 특정 시점의 직업 선택을 넘어, 학습자가 변화하는 생애 단계 속에서 경력을 어떻게 관리하고 발전시킬 것인가를 다룬다. 셋째는 진로 이야기(career narrative)이다. 사비카스의 구성주의적 관점에 따르면, 개인은 자신의 삶을 이야기로 조직하며, 진로는 이 이야기 속에서 의미화된다. 학습자는 자신의 경험을 연결해 "나는 누구인가?", "나는 어디로 가고 있는가?"라는 질문에 답하는 내러티브를 형성한다. 상담은 학습자가 기존의 제한적 이야기에서 벗어나 새로운 가능성을 열어주는 대안적 이야기를 구성하도록 돕는다.

3) 상담의 목표와 기법

진로 · 경력상담의 목표는 학습자가 자신의 경험과 학습을 토대로 경력 발달을 주체적으로 설계하고, 자기정체성을 직업 세계와 통합할 수 있도록 돕는 것이다. 이는 단순한 취업상담이 아니라, 학습자 스스로가 자신의 삶을 재구성하고 의미를 찾아가는 과정이다.

주요 상담 기법은 다음과 같다.

(1) **경력 타임라인 작성** : 학습자가 자신의 삶과 직업 경로를 시간 순으로 정리하도록 한다. 이를 통해 학습자는 중요한 전환점, 성취, 실패 경험을 되돌아보며 그것이 현재 자신에게 어떤 의미를 주었는지 성찰할 수 있다.

(2) **생애사면담**(life history interview) : 상담자는 학습자의 삶의 전반을 탐색하며, 진로 선택에 영향을 미친 가치관, 사건, 관계를 확인한다. 이를 통해 학습자는 직업적 선택이 단순한 외적 조건의 결과가 아니라 자기 삶의 맥락 속에서 이루어졌음을 이해하게 된다.

(3) **가치탐색**(value clarification) : 학습자가 직업적 선택에서 중요하게 여기는 가치를 명확히 하도록 돕는다. 예컨대 안정성, 창의성, 사회적 기여, 경제적 보상 등 다양한 가치 중 무엇을 우선시하는지 탐색하게 하며, 이는 향후 경력 설계의 나침반 역할을 한다.

(4) **내러티브 재구성**(re–authoring) : 학습자가 자신을 제한적으로 규정하는 이야기(예 : "나는 늘 실패했다")를 새로운 이야기(예 : "나는 어려움 속에서도 계속 도전해 온 사람이다")로 재진술하게 한다. 이는 학습자의 자기정체성과 경력 비전을 긍정적으로 전환시킨다.

4) 성인학습 맥락에서의 적용

성인학습자는 다양한 경력 전환을 경험한다. 중년의 직장인은 승진이나 직무 전환을 준비해야 하고, 은퇴 후에는 제2의 경력이나 자기실현의 기회를 모색한다. 또한 여성 학습자는 경력 단절 후 재취업을 준비하기 위해 학습에 참여하기도 한다. 예를 들어, 은퇴 후 대학에 진학한 한 학습자가 "나는 이제 사회에서 필요 없는 사람"이라고 말할 때, 상담자는 그의 과거 경험을 되돌아보게 하고 그가 여전히 사회적으로 기여할 수 있는 자원임을 알아차리도록 한다. 이러한 과정을 통해 그는 "나는 여전히 의미 있는 역할을 할 수 있다"는 새로운 자기 이야기를 형성할 수 있다. 또한 직장에서 새로운 자격증이 요구되어 학습을 시작한 학습자라면, 단순히 시험 합격이라는 목표를 넘어, 학습을 자기성장과 경력 확장의 과정으로 재구성하도록 돕는다. 학습자는 학습을 통해 "나는 변화에 대응할 수 있는 사람"이라는 자기정체성을 강화하게 된다.

5) 비판 및 현대적 전개

진로 · 경력상담은 성인학습자의 현실적 요구를 반영하며 실천적 가치가 크지만, 몇 가지 비판도 존재한다. 첫째, 진로상담이 개인의 선택과 자기개념에 지나치게 초점을 맞추면, 노동시장 구조나 사회경제적 제약을 간과할 수 있다. 이는 학습자에게 과도한 책임을 지우는 결과를 낳을 수 있다. 둘째, 내러티브 상담은 언어화 능력에 의존하기 때문에, 자기표현이 익숙하지 않은 학습자에게는 효과가 제한적일 수 있다. 셋째, 문화적 맥락의 차이가 고려되지 않으면, 특정 문화권에서 형성된 진로 이야기가 다른 문화권에서는 적절히 적용되지 않을 수 있다.

현대 진로 · 경력상담은 이러한 한계를 보완하기 위해 생태학적 접근(ecological approach)을 강조한다. 이는 개인의 진로 발달을 개인적 요인뿐 아니라 사회적, 경제적, 문화적 맥락 속에서 이해하는 것이다. 또한 디지털 기술의 발전으로 온라인 기반 진로 탐색 도구, 경력 관리 플랫폼, 인공지능 기반 직업 매칭 시스템 등이 상담에 활용되고 있다.

성인학습 상담에서는 특히 내러티브 진로상담이 주목받는다. 이는 학습자가 자신의 경험을 이야기로 재구성하며, 변화하는 사회 속에서 새로운 정체성을 만들어 갈 수 있도록 돕는다. 평생학습 시대에 진로 · 경력상담은 성인이 자기 삶을 재설계하는 데 핵심적인 상담 영역으로 기능하고 있다.

요약하기

1. 수용전념치료(ACT)

- 불편한 정서·사고를 제거하지 않고 수용하며, 가치에 전념하는 행동을 통해 심리적 유연성을 높인다.
- 마음챙김·인지적 탈융합·가치 명료화·전념 행동이 핵심 과정이다.
- 성인학습의 회피를 줄이고 지속적 실천을 가능하게 한다.

2. 구성주의·내러티브 상담

- 문제 중심 이야기를 외재화하고, 가려진 성공의 단서를 모아 대안적 이야기를 재저작한다.
- 상담자는 공동 저자로서 새로운 정체성과 실천의 언어를 촉진한다.
- 학습실패 서사를 역량 서사로 전환해 자기효능감과 지속성을 높인다.

3. 해결중심 단기상담

- 내담자의 자원과 작은 변화를 증폭시켜 원하는 미래를 구체화한다.
- 기적·척도·예외 질문과 칭찬·강화로 실행을 촉진한다.
- 단기·실용적 개입으로 학습 동기와 효능감을 빠르게 회복한다.

4. 자기주도학습 상담

- 목표설정-자기조절-성과성찰의 순환을 설계해 학습을 삶과 통합한다.
- 전략 훈련과 자기점검·피드백을 통해 지속가능한 학습 습관을 구축한다.

5. 성찰학습 상담

- 내용·과정·전제 성찰을 통해 경험의 의미를 재구성하고 변혁적 학습을 촉진한다.
- 성찰저널·집단성찰·전환사건 탐구 등을 통해 정체성과 방향성을 재정립한다.

6. 진로·경력상담

- 자기개념·생애발달·진로 내러티브를 축으로 학습과 경력을 통합한다.
- 타임라인·생애사면담·가치탐색·재저작으로 변화 대응 정체성을 강화한다.

Chapter

08 상담의 기초

학습목표

- 상담의 정의와 성격을 설명하고, 교육·훈련·멘토링·코칭과의 차이를 비교할 수 있다.
- 성인학습 상담의 필요성과 의의를 개인·가정·직장·지역사회 맥락에서 근거를 들어 제시할 수 있다.
- 상담자의 전문성(지식·기술·태도)과 핵심 자질(공감, 진정성, 수용, 윤리성)을 실제 상담 장면에 적용할 수 있다.
- 성인학습자의 발달적 특성과 삶의 맥락을 반영해 개별화된 상담 목표와 실행 가능한 계획을 수립할 수 있다.
- 상담의 보편적 원리(인간 존중, 비밀 보장, 상호성, 개별화, 성장 지향, 현실성)와 윤리 원칙(비밀유지, 무해성, 선행, 자율성, 정의)을 사례에 적합하게 적용·평가할 수 있다.

상담은 개인이 삶의 변화나 심리·정서적 어려움을 탐색하고 해결하도록 돕는 체계적이고 전문적인 과정이다. 진로지도에서 출발한 근대적 상담은 전쟁·학교·지역사회로 장을 넓히며 전 생애 발달 지원 체계로 자리 잡아 왔다(Parsons, 1909 ; Corey, 2021 ; Gladding, 2018). 오늘날 성인학습은 단순한 학업 활동을 넘어, 직장 생활·가족 관계·건강 관리·사회 참여 등 삶의 여러 영역과 밀접하게 연결되어 있다. 따라서 성인학습 상담은 단순한 기술 코칭을 넘어서, 학습자가 자기경험을 재구성하고 의미를 발견하며 현실적 제약 속에서도 지속가능한 변화를 설계하도록 돕는 실천과정이라 할 수 있다(Merriam & Bierema, 2014 ; Knowles, 1980).

본 장은 먼저 상담의 정의와 성격을 분명히 하고, 교육·훈련·멘토링·코칭과의 접점과 차이를 정리한다. 이어 상담자의 전문성(지식·기술·태도)과 성인학습 맥락에서 필요한 특별 역량을 점검한다. 성인학습자의 발달·경험·맥락적 특성을 토대로 상담 과제와 도전 및 성장의 가능성을 살피고, 효과적 상담을 위한 여섯 가지 보편 원리를 실제 장면에 적용해 본다. 마지막으로 윤리와 전문성, 특히 국내 윤리강령과 개인정보 보호 기준을 포함한 원격상담의 요구조건을 포괄하여 다룰 것이다(ACA, 2014 ; 한국상담학회, 2023 ; 개인정보보호위원회, 2023). 이러한 틀을 통해 학습자는 성인학습자의 현실에 닿는 개별화된 상담 설계를 구체화할 수 있을 것이다.

1. 상담의 의미

1) 상담의 정의와 성격

상담(counseling)은 인간이 살아가면서 경험하는 심리적·정서적·행동적 어려움과 발달 과제를 탐색하고, 이를 이해하며, 보다 바람직한 방향으로 변화하도록 돕는 체계적이고 전문적인 상호작용 과정이다. 흔히 상담을 “누군가의 고민을 들어주는 것"으로 단순하게 이해하기 쉽지만, 실제 상담은 훨씬 더 구조화되고, 이론과 경험적 연구에 근거한 전문 활동이다. 상담은 내담자가 스스로의 삶을 재구성하고 의미를 찾도록 돕는 과정이며, 단순한 문제 해결을 넘어서 자기이해(self-understanding)와 자기실현(self-actualization)을 촉진한다(Gladding, 2018 ; Corey, 2021).

상담은 심리치료(psychotherapy)와 많은 점에서 유사하다. 두 영역 모두 인간의 내면을 탐색하고 정서적 고통을 완화한다는 목적을 공유한다. 그러나 학문적 · 실천적 맥락에서는 약간의 차이가 있다. 심리치료는 주로 임상적 장애, 즉 정신질환이나 중증의 정서적 문제를 다루는 데 초점을 두는 반면, 상담은 발달적 · 교육적 맥락에서 개인의 성장을 지원하고 삶의 적응을 촉진하는 데 더 가깝다. 물론 오늘날에는 두 영역이 상당히 통합되어 사용되고 있으며, 학문적 · 실천적 구분보다는 상담자의 훈련, 기관의 성격, 내담자의 요구에 따라 차별화되는 경우가 많다.

역사적으로 상담의 정의는 시대에 따라 확장되어 왔다. 1908년 파슨스(Parsons)가 미국 보스턴에서 직업상담소를 설립하고, 청년들에게 진로와 직업 선택을 돕는 활동을 한 것이 현대적 의미에서 상담의 시작으로 알려져 있다(Parsons, 1909). 이후 상담은 진로지도에서 출발하여, 2차 세계대전 이후에는 군인들의 심리적 적응, 1950~60년대에는 학교상담 · 교육상담으로 확장되었고, 1970년대 이후에는 지역사회와 평생교육 영역으로까지 확대되었다. 이 흐름 속에서 상담은 단순히 문제 상황에서 벗어나게 하는 활동이 아니라, 인간 발달 전 생애에 걸친 지원체계로 자리 잡게 되었다.

2) 상담과 유사 개념과의 구분

상담은 교육, 훈련, 멘토링, 코칭 등의 다른 유사한 지원 활동과 구분된다.

우선 교육(education)은 교사가 학습자에게 지식과 기술을 가르치는 과정이다. 교육의 초점은 지식 습득이며, 관계는 주로 교사-학습자의 위계적 구조로 이루어진다. 반면 상담은 지식 전달보다 내담자의 자기이해와 문제 해결을 중심에 두며, 상담자와 내담자는 교사와 학습자에 비교하여 상대적으로 수평적·협력적 관계를 맺는다는 차이점이 있다.

훈련(training)은 특정 기술이나 직무 수행 능력을 향상시키기 위한 반복적 학습 활동이다. 훈련은 매우 실용적이고 결과 중심적이며, 사전에 규정된 목표와 평가 기준이 있다. 반면 상담은 내담자의 삶의 맥락을 존중하며, 정해진 답을 제시하기보다는 새로운 의미를 발견하고 자기만의 해법을 찾아가는 과정에 가깝다(Corey, 2021 ; Gladding, 2018).

멘토링(mentoring)은 앞서 경험한 멘토(선배)가 멘티(후배)를 지도하고 조언하는 관계이다. 멘토는 자신의 경험과 지혜를 전수하며, 모범을 보이고 방향을 제시한다. 그러나 상담자는 자신의 경험을 일방적으로 전달하기보다는 내담자의 경험을 존중하며, 내담자가 스스로 답을 찾도록 촉진한다.

코칭(coaching)은 최근 기업·교육 영역에서 주로 활용되는 지원 활동의 일종으로, 주로 성과 향상이나 목표 달성을 돕는 활동이다. 코칭은 현재 상태와 목표 상태의 간극을 줄이는 데 초점을 두며, 행동 계획과 실행을 강조한다. 상담은 코칭보다 더 포괄적이다. 성과 향상만이 아니라, 내담자의 정서적·가치적·관계적 문제까지 다루며, 때로는 무의식적 갈등이나 정체성 위기와 같은 심층적 이슈를 탐색하기도 한다.

결국 상담은 위 개념들과 접점 및 유사성이 있지만, 내담자의 전인적 성장과 자기이해를 중시한다는 점에서 독자적인 정체성을 가진다. 이는 특히 성인학습 상담에서 두드러진다. 성인학습자는 단순히 시험 점수를 올리거나 성과를 내는 것 이상의 과제를 갖는다. 학습을 통해 자기정체성을 재구성하고, 인생의 의미를 재발견하며, 가족과 사회 속에서 자신의 위치를 다시 세워야 하는 과제에 직면한다. 상담은 이러한 깊이 있는 과제를 다루는 역할을 한다.

표 8.1 • 상담과 유사 개념의 비교

구분	개념 및 초점	관계의 특징	상담과의 주요 차이점
교육	교사가 학습자에게 지식과 기술을 전달하는 과정	교사-학습자의 위계적 관계	상담은 지식 전달보다 자기이해와 문제 해결을 중시하며, 수평적·협력적 관계를 형성
훈련	특정 기술 또는 직무 수행 능력 향상을 위한 반복적 학습 활동	지도자-훈련생 관계, 결과 중심	상담은 삶의 맥락과 의미 탐색을 중시하며, 정해진 해답보다는 자기발견 과정에 초점
멘토링	경험 많은 멘토가 후배를 지도·조언하는 관계	경험 전수, 모범 제시 중심	상담자는 자신의 경험을 일방적으로 전달하지 않고, 내담자의 경험을 존중하며 자기탐색을 촉진
코칭	성과 향상과 목표 달성을 위한 구조화된 지원 활동	성과 중심적·계획적 관계	상담은 정서·가치·관계 문제까지 포괄하며, 때로 무의식·정체성 수준의 탐색을 포함
상담	내담자의 자기이해, 문제 해결, 전인적 성장을 돕는 전문적 상호작용	수평적·협력적 관계, 신뢰 기반	단순한 조언이나 기술 전달을 넘어, 심리적·정체성적 변화와 성장을 추구

3) 상담의 목적

상담의 목적은 다층적이며 이들 다층적인 목표 간의 유기성 있는 상호작용으로 이루어진다.

첫째, 문제 해결을 목적으로 한다. 상담은 불안, 우울, 관계 갈등, 학습 곤란 등 구체적 문제를 완화하고 해결할 수 있도록 돕는다. 그러나 상담의 목적은 단순히 증상 감소에만 있는 것은 아니다.

둘째, 자기이해와 자기수용이다. 내담자가 자신의 감정, 생각, 행동 패턴을 이해하고, 이를 부정하거나 억압하기보다 있는 그대로 수용하는 과정이 중요하다. 자기이해는 문제 해결의 전제이자 더 큰 성장을 위한 기반이다.

셋째, 자기실현이다. 상담은 내담자가 자신의 가능성을 발견하고, 삶에서 중요한 가치를 실현하며, 의미 있는 삶을 살아가도록 돕는다. 이는 상담이 단순히 과거의 문제를 해결하는 데서 그치지 않고, 미래 지향적으로 새로운 자기 삶을 설계할 수 있도록 돕는다는 의미이다.

성인학습 맥락에서 상담의 목적은 학습을 삶의 여러 부분과 자연스럽게 연결하는 데 있다. 예를 들어, 직장인 학습자가 대학원에 진학하면서 느끼는 불안은 단순한 학습 기술 부족의 문제가 아니다. 이는 자기정체성과 직업적 정체성, 가족과의 관계, 미래 계획이 얽혀 있는 복합적 문제다. 상담은 이런 복잡한 맥락을 이해하고, 학습자가 삶 전체를 조망하며 새로운 의미와 목표를 발견할 수 있도록 지원한다.

4) 상담의 필요성

현대사회에서 상담의 필요성은 점점 더 커지고 있다. 산업화와 정보화, 세계화와 디지털 전환은 인간의 삶을 풍요롭게 했지만 동시에 불안정성과 복잡성을 심화시켰다. 사람들은 직업 세계에서 끊임없는 경쟁과 변화를 경험하며, 가정과 사회적 관계에서도 다양한 갈등과 스트레스를 겪는다. 이러한 상황은 개인이 혼자 감당하기 어려운 심리적 부담을 초래한다.

성인학습자는 특히 다중 역할로 인한 갈등을 경험한다. 예컨대 중년 학습자는 직장에서 성과를 내야 하고, 동시에 부모로서 자녀를 돌보며, 노부모를 부양하는 책임도 지고 있다. 여기에 학업을 병행한다면 시간과 에너지의 한계는 장애물이 되고, 불안과 압박은 더욱 고조되게 마련이다. 이때 상담은 내담자가 자신의 자원과 환경을 재구성하고, 현실적 대처 전략을 마련하며, 학습을 지속할 수 있도록 하는 중요한 자원이 된다(국가평생교육진흥원, 2022 ; Merriam & Bierema, 2014).

또한 성인학습자는 학습 과정에서 종종 정체성 위기를 경험한다. 학습을 단순한 지식 습득이 아니라 자기존재를 확인하는 과정으로 경험하기 때문이다. 따라서 상담은 단순한 학업 지원이 아니라, 내담자가 자기정체성을 긍정적으로 재구성하고, 학습을 자기성장과 연결짓도록 돕는 중요한 기능을 한다.

2. 상담자의 자질과 역할

1) 상담자의 전문성

상담자는 단순히 내담자의 이야기를 경청하는 사람이 아니라, 전문적 지식과 기술, 성숙한 태도를 바탕으로 내담자의 삶을 지원하는 전문인이다. 이 세 가지는 상담자의 전문성을 구성하는 핵심 축이며, 서로 긴밀히 연결되어 있다(Corey, 2021).

(1) 지식(knowledge)

상담자는 인간과 삶에 대한 깊은 이해와 더불어 학문적인 소양을 갖추어야 한다. 이러한 학문적 소양에는 인간 발달, 성격이론, 학습이론, 심리병리, 상담 · 심리치료 이론, 평가 방법, 윤리와 법규 등이 포함된다. 이러한 지식은 상담자가 내담자의 문제를 이해하고, 적절한 개입 전략을 세우는 기반이 된다. 특히 성인학습 상담에서는 발달심리학과 평생교육학, 진로발달 이론, 성인 발달과업 이론(예 : 레빈슨, 에릭슨 등)에 대한 이해가 필수적이다.

(2) 기법(techniques)

상담 기술에는 기본 기법과 심화 기법이 있다. 기본 기법은 경청, 공감적 반영, 명료화, 개방형 질문, 요약 등이다. 이는 내담자가 자신의 경험을 탐색할 수 있는 안전한 장을 마련한다. 심화 기법은 해석, 직면, 재구조화, 행동 실험, 인지적 재구성 등으로, 내담자의 인지 · 정서 · 행동 변화를 구체적으로 촉진한다. 성인학습 상담에서는 시간 관리 지도, 학습 전략 코칭, 스트레스 대처 훈련 같은 구체적 기법도 이용된다.

(3) 태도(attitudes)

상담자의 태도는 상담의 성패를 좌우한다. 내담자를 존중하는 태도, 열린 마음, 비판과 평가의 배제, 자기성찰, 윤리의식이 중요하다. 상담자는 자신의 한계를 인식하고, 내담자를 판단하거나 비난하기보다 있는 그대로 수용하며, 내담자가 스스로 답을 찾도록 돕는 겸손한 자세를 가져야 한다.

2) 상담자의 자질

상담자의 자질은 단순히 기술적 능력만이 아니라, 인격적 성숙과 전문적 헌신에서 비롯된다. 여러 학자들은 상담자의 자질을 다양하게 정리해 왔는데, 공통적으로 강조되는 요소는 다음과 같다.

(1) **공감**(empathy) : 공감은 상담자의 핵심 자질이다. 내담자의 감정을 단순히 이해하는 것이 아니라, 내담자의 내적 세계를 그들의 시각에서 체험하고 이를 적절히 전달하는 능력이다. 공감은 내담자가 "이 사람이 내 이야기를 정말로 이해하고 있구나"라고 느끼게 하는 힘을 갖는다.

(2) **일치성**(congruence) : 일치성 또는 진실성(genuineness)은 상담자가 자신이 느끼는 그대로를 진솔하게 표현하며, 진정성 있는 태도로 내담자를 대하는 것을 말한다. 상담자는 내담자 앞에서 자신을 숨기지 않고, 있는 그대로의 인간으로서 만나야 한다. 일치성은 상담자가 내담자와 인간 대 인간으로 만나는 관계를 형성하는 핵심이다(Rogers, 1957).

(3) **수용**(acceptance) : 상담자는 내담자를 조건 없이 존중해야 한다. 내담자가 어떤 경험이나 감정을 표현하든 평가하거나 비난하지 않고, 그 자체로 받아들인다. 수용은 내담자가 안전감을 느끼고 자기 경험을 솔직하게 드러낼 수 있도록 하는 기반이 된다.

(4) **윤리적 책임**(ethical responsibility) : 상담자는 비밀 유지, 내담자 권리 존중 및 안전 보장 등 윤리적 책임을 철저히 지켜야 한다. 이는 단순한 규범이 아니라 내담자의 존엄과 상담자의 신뢰성을 보장하는 기본 조건이다.

(5) **자기성찰**(self-reflection) : 상담자는 자신의 가치관, 편견, 감정을 지속적으로 성찰해야 한다. 자기성찰은 상담자가 내담자와의 관계에서 왜곡이나

투사를 최소화하고, 전문적 태도를 유지하도록 한다.

3) 상담자의 역할

상담자의 역할은 단순한 문제 해결자나 경청자를 넘어 성장 촉진자, 의미 탐색자, 자원 발굴자, 학습 동반자로 확장된다.

(1) **성장 촉진자** : 내담자가 자신의 잠재력을 발견하고, 보다 성숙한 인간으로 성장하도록 돕는다.
(2) **의미 탐색자** : 내담자가 자신의 경험 속에서 새로운 의미를 구성하도록 촉진한다.
(3) **자원 발굴자** : 내담자가 지닌 강점과 외부 자원을 발견하고 활용할 수 있도록 안내한다.
(4) **학습 동반자** : 성인학습 상담에서는 상담자가 학습자의 자기주도성을 존중하며, 학습 과정에서의 좌절과 도전을 함께 탐색하는 동반자 역할을 한다.

4) 성인학습 상담자에게 요구되는 특별한 역량

성인학습자의 상담은 아동 · 청소년 상담과 달리, 직업 · 가정 · 사회적 관계가 학습과 밀접하게 얽혀 있다는 특수성이 있다. 이에 따라 성인학습 상담자에게는 일반 상담자와 다른 역량이 요구된다.

(1) **경험 존중 역량** : 성인의 풍부한 경험은 상담의 중요한 자원이다. 상담자는 이를 평가하거나 무시하지 않고, 새로운 학습과 성장의 자원으로 활용할 수 있어야 한다.
(2) **자기주도성 촉진 역량** : 성인학습자는 스스로 학습 목표를 설정하고 실행하는 경향이 강하다. 상담자는 내담자가 자기주도적으로 문제를 정의하

고 해결하도록 지원해야 한다.

(3) **통합적 관점의 역량** : 성인의 문제는 학습, 직업, 가족, 건강 등 다양한 요인이 얽혀 있다. 상담자는 한 영역에만 집중하지 않고, 내담자의 삶 전체 맥락을 고려해 상담해야 한다.

(4) **실용적 지원 역량** : 성인학습자는 실제로 적용 가능한 도움을 기대한다. 따라서 상담자는 학습 전략, 시간 관리, 스트레스 대처 등 구체적이고 실천 가능한 지원을 제공할 수 있어야 한다.

(5) **디지털 리터러시와 원격 상담 역량** : 성인학습은 점점 온라인 · 원격 환경에서 이루어진다. 따라서 상담자는 디지털 도구와 원격 상담 기술을 활용해 학습자를 지원할 수 있어야 한다(한국상담학회, 2023 ; 개인정보보호위원회, 2023).

3. 성인학습 상담의 특징

1) 성인학습자의 발달적 특성

성인학습자는 아동이나 청소년과 달리 독자적인 발달적 과제를 지니며, 학습 과정에서도 고유한 특성을 보인다. 말콤 노울즈(M. Knowles)가 제시한 성인학습 이론(andragogy)은 성인이 학습하는 방식을 아동학습(pedagogy)과 구분하면서, 성인은 학습 과정에서 자기주도성, 풍부한 경험, 실용적 지향성, 내적 동기를 가진다고 설명하였다(Knowles, 1980 ; Merriam & Bierema, 2014).

성인은 삶의 주체로서 자신이 무엇을 배우고자 하는지, 왜 배워야 하는지에 대한 명확한 인식을 가지고 학습에 참여한다. 성인학습에서 가장 중요한 덕목은 자기주도성(self-directedness)이라 할 수 있다. 성인학습자는 학습을 단순한 외적 요구가 아니라, 자기 삶과 관련된 실제적 필요와 연결시키며, 학습 과정에서 주체적으로 계획을 세우고 실행하려는 경향을 보인다.

또한 성인은 풍부한 경험을 학습의 자원으로 활용한다. 과거의 직업 경험, 가족과의 관계, 사회적 활동은 새로운 지식을 이해하고 의미화하는 토대가 된다. 그러나 동시에 이러한 경험은 고정관념과 편견을 강화하여 학습을 방해할 수도 있다. 상담자는 성인학습자가 경험을 긍정적으로 활용할 수 있도록 촉진하면서, 필요할 경우 경험에 근거한 제한적 신념을 재구성할 수 있도록 도와야 한다.

성인은 학습을 주로 현재의 문제 해결이나 즉각적인 적용 가능성과 연결한다. 아동이 미래의 준비를 위해 학습하는 것과 달리, 성인학습자는 직장에서 직면한 문제를 해결하거나, 가족관계를 개선하거나, 자아 성장을 이루기 위해 학습에 참여한다. 이러한 특성은 성인학습 상담이 추상적 이론이나 장기적 목표보다는, 구체적 상황과 연결된 실천적 지원을 필요로 함을 시사한다.

마지막으로, 성인은 내적 동기에 의해 학습을 지속한다. 성취감, 자기성장, 삶의 의미 탐색은 성인에게 중요한 동기가 된다. 외적 보상, 예컨대 학위나 자격증의 취득 등도 중요하지만, 내적 동기가 부족하다면 학습을 끝까지 이어가기 어렵다. 상담자는 내담자가 학습을 통해 추구하는 개인적 가치와 의미를 탐색하도록 돕는 것이 필요하다.

2) 성인학습자의 삶의 맥락과 상담 과제

성인은 학습과 동시에 다양한 삶의 역할을 수행한다. 직장인으로서의 책임, 배우자와 부모로서의 역할, 사회적 활동 참여 등이 학습과 병행된다. 따라서 성인학습 상담은 단순히 학습 기술이나 성취의 문제를 다루는 것이 아니라, 학습을 둘러싼 삶 전체의 맥락을 함께 고려해야 한다(국가평생교육진흥원, 2022).

첫째, 직업과 학습의 관계이다. 많은 성인학습자가 경력 개발, 재교육, 직무역량 향상을 위해 학습에 참여한다. 그러나 직장 업무와 학습을 병행하면서 시간 관리, 스트레스 조절, 성취 압박 등 다양한 어려움이 발생한다. 상담자는 내담자가 현실적으로 달성 가능한 학습 계획을 세우고, 직업적 요구와 학습

목표 사이에서 균형을 찾도록 도와야 한다.

둘째, 가정과 학습의 관계이다. 성인은 배우자, 부모, 자녀 등 가족관계 속에서 중요한 역할을 맡고 있다. 가족의 지지와 협력은 학습 성공에 큰 영향을 주며, 반대로 가족의 갈등이나 무관심은 학습 지속을 어렵게 한다. 상담자는 내담자가 한 가족의 성원으로서 학습을 조화롭게 병행할 수 있도록 돕고, 필요한 경우 가족 구성원의 이해와 지지를 얻을 수 있는 의사소통 전략을 지원해야 한다.

셋째, 사회적 관계와 학습이다. 성인은 직장 동료, 학습 공동체, 지역사회와의 관계 속에서 학습을 지속한다. 긍정적 사회적 지지는 학습 동기를 강화하지만, 사회적 기대와 비교는 불안을 증폭시킬 수 있다. 상담자는 내담자가 사회적 관계를 긍정적으로 활용하도록 돕고, 필요할 경우 과도한 기대와 압박을 조율할 수 있는 방법을 제시해야 한다.

3) 성인학습 상담의 난점과 기회

성인학습 상담에는 여러 장애물이나 문제가 나타날 수 있다.

첫째, 시간과 자원의 부족이다. 성인학습자는 직장과 가정의 책임을 동시에 감당하기 때문에 학습에 투자할 시간이 부족하다. 상담자는 내담자가 현실적으로 학습을 설계할 수 있도록 돕고, 작은 성취 경험을 통해 동기를 유지하도록 지원해야 한다.

둘째, 과거 학습 경험의 부정적 영향이다. 일부 성인학습자는 학창 시절의 실패 경험이나 부정적 기억 때문에 자신을 "학습에 적합하지 않은 사람"으로 규정하기도 한다. 상담은 이러한 부정적 자기개념을 탐색하고, 새로운 성공 경험을 통해 자기효능감을 회복하도록 도와야 한다.

셋째, 다양한 연령과 배경의 학습자들이 상담 대상이 된다는 점이다. 청년기 성인은 진로 탐색과 사회적 자립, 중년 성인은 직무 전환과 가족 책임, 노년 성인은 은퇴와 자기정체성 재구성이 중요한 과제이다. 상담자는 연령과 발달 단계에 맞는 접근 방식을 적용해야 한다.

그러나 이러한 난점은 동시에 상담의 기회가 되기도 한다. 성인은 풍부한 삶의 경험을 가지고 있어 상담 과정에서 자기자원을 발견하고 활용할 가능성이 크다. 또한 성인은 자기성장과 삶의 의미를 적극적으로 추구하기 때문에, 상담은 내담자의 강점을 기반으로 긍정적 변화를 촉진할 수 있다.

4) 성인학습 상담의 의의

성인학습 상담은 단순히 학업 성취를 돕는 것이 아니라, 학습자의 삶 전체에 영향을 미친다. 상담을 통해 성인은 자신의 경험을 성찰하고, 학습을 자기성장과 연결하며, 직업과 가정, 사회적 책임을 조율할 수 있다. 이는 성인이 평생학습 사회에서 보다 높은 삶의 질을 누리고, 사회에 기여할 수 있는 기반을 마련한다는 점에서 중요한 의미를 지닌다.

특히 성인학습 상담은 성인의 정체성과 자기이해를 강화하는 데 기여한다. 학습 과정에서 경험하는 어려움과 성취는 단순한 지식 습득을 넘어, "나는 여전히 배우고 성장할 수 있는 사람"이라는 긍정적 자기개념을 형성한다. 이는 삶 전반의 만족도와 자신감을 높이는 중요한 요소가 된다.

4. 상담의 원리

상담은 단순한 대화가 아니라, 이론적 근거와 윤리적 규범에 기반한 전문적 과정이다. 따라서 상담의 효과성을 보장하기 위해서는 몇 가지 보편적 원리를 충실히 지켜야 한다. 이러한 원리는 상담자의 태도와 행동을 규율하고, 내담자가 안전한 환경에서 자기이해와 성장을 경험할 수 있도록 보장한다. 특히 성인학습 상담에서 이 원리들은 더욱 중요한 의미를 지닌다. 성인의 학습은 학업 자체를 넘어 삶의 정체성과 직결되기 때문에, 상담 원리는 학습자의 현실과 발달 과제를 고려하는 방식으로 적용되어야 한다.

1) 인간 존중의 원리

상담은 무엇보다 인간 존엄성에 대한 존중을 바탕으로 한다. 내담자는 문제나 결핍의 집합체가 아니라, 고유한 가치를 지닌 독립적 인격체이다. 상담자는 내담자의 배경, 가치관, 삶의 선택을 존중하며, 내담자가 자기 삶의 주체로서 결정할 권리를 인정해야 한다.

특히 성인학습 상담에서는 내담자의 경험을 존중하는 태도가 핵심이다. 성인은 오랜 삶 속에서 축적된 경험을 가지고 상담에 임한다. 이 경험은 때로는 학습의 자원이 되고, 때로는 학습을 제한하는 요인이 되기도 한다. 상담자는 내담자의 경험을 평가하거나 무시하지 않고, 새로운 의미로 재구성할 수 있도록 돕는다. 예컨대 직장에서 반복된 실패 경험을 "나는 학습에 적합하지 않다"라는 신념으로 일반화한 성인에게, 상담자는 그 경험 속에서 얻은 인내심과 회복력을 찾아내고 이를 학습 자원으로 연결하도록 촉진할 수 있다.

2) 비밀 보장의 원리

상담관계에서 내담자가 자신의 생각과 감정을 솔직히 표현하기 위해서는 심리적 안전감이 확보되어야 한다. 상담자는 내담자가 제공한 정보를 외부에 누설하지 않겠다는 원칙을 지켜야 하며, 이는 상담의 신뢰를 구축하는 기본 전제이다.

다만, 비밀 보장에는 예외적인 조건이 존재한다. 내담자나 타인의 생명과 안전이 위협받는 상황(예 : 자살 위험, 아동학대, 범죄 계획)에서는 상담자가 개입해야 한다. 이 경우에도 상담자는 내담자에게 가능한 한 상황을 설명하고, 법적 · 윤리적 규정을 따라야 한다.

성인학습 상담에서는 성적, 경력, 건강, 가족 문제 등 민감한 정보가 다뤄지므로 비밀 보장의 중요성이 더욱 크다. 상담자는 초기 면담에서 비밀 보장의 범위와 한계를 명확히 설명해야 하며, 내담자가 상담관계의 안전성을 확신할 수 있도록 지속적으로 신뢰를 유지해야 한다.

3) 상담관계의 상호성

상담은 상담자가 일방적으로 지식을 전달하거나 지시하는 과정이 아니다. 상담은 상호작용적 관계이며, 내담자와 상담자가 협력하여 새로운 의미와 해결책을 발견하는 과정이다. 상담자는 전문적 지식과 기술을 제공하지만, 내담자는 자신의 경험과 문제, 목표를 상담 과정에 적극적으로 반영한다.

성인학습 상담에서 상호성은 더욱 강조된다. 성인은 자기결정권을 중시하기 때문에, 상담자가 권위적인 태도를 취하는 경우 오히려 저항을 불러일으킬 수 있다. 상담자는 내담자를 동등한 협력자로 존중하며, 내담자와 함께 상담의 방향과 목표를 설정해야 한다. 내담자를 협력자로 존중할 때 내담자는 적극적이고 주도적으로 상담에 참여하며 자기성장의 기회를 갖게 된다.

4) 개별화의 원리

상담은 내담자의 고유성을 존중해야 한다. 모든 내담자가 동일한 방식으로 문제를 경험하거나 해결하지 않는다. 개인마다 발달 단계, 성격, 경험, 환경이 다르므로, 상담은 내담자의 특성과 맥락을 반영하여 맞춤형으로 이루어져야 한다.

성인학습자는 특히 다양한 배경과 상황을 가진 집단이다. 청년기는 진로 탐색과 사회적 자립이, 중년기는 직무 전환과 가족 책임이, 노년기는 은퇴와 정체성 재구성이 중요한 과제이다. 상담자는 연령과 발달 과제를 고려하여 개별화된 접근을 제공해야 한다. 예를 들어, 중년 성인은 “가족을 부양해야 한다”는 책임감과 “자기성장을 이루고 싶다”는 욕구 사이에서 갈등할 수 있다. 상담자는 이러한 이중 과제를 고려하여 현실적이면서도 의미 있는 학습 목표를 세울 수 있도록 도와야 한다.

5) 성장 지향의 원리

상담의 목적은 단순히 문제를 제거하는 데 있지 않다. 상담은 내담자가 자신의 잠재력을 발견하고, 새로운 가능성을 실현하며, 삶의 질을 향상하도록 돕는다. 즉, 상담은 발달적 · 교육적 기능을 갖는다.

성인학습 상담에서 성장 지향은 특히 강조된다. 성인은 학습을 통해 단순한 지식 습득이 아니라 자기정체성의 강화, 삶의 의미 재발견, 사회적 기여를 추구한다. 상담자는 내담자가 이러한 목표를 향해 나아가도록 격려하며, 작은 성취를 통해 자기효능감을 키우도록 지원한다.

6) 현실성의 원리

상담 목표는 내담자의 실제 생활 조건 속에서 실현 가능해야 한다. 지나치게 이상적이거나 비현실적인 목표는 오히려 좌절을 불러일으킬 수 있다. 상담자는 내담자의 자원과 환경을 고려하여 구체적이고 실행 가능한 목표를 설정하도록 도와야 한다.

성인학습자의 경우, 직장과 가정, 학업을 병행하는 현실적 조건을 고려해야 한다. 예를 들어 “매일 5시간 학습”은 비현실적일 수 있으므로, “매일 30분씩 학습”이라는 실행 가능한 목표로 조정하는 것이 필요하다. 현실적인 목표는 내담자의 성취 경험을 강화하고, 상담관계에 대한 신뢰를 높인다.

7) 성인학습 맥락에서의 상담 원리 적용

성인학습 상담에서 상담 원리는 다음과 같이 구체화된다.

인간 존중은 성인의 경험과 자율성을 인정하는 태도로 나타난다. 상담자는 내담자의 선택과 목표를 존중하며, 내담자가 자기 삶을 주도할 수 있도록 지지한다. 비밀 보장은 성인의 경력, 학업 성적, 가족 문제 등 민감한 정보를 보호하는 방식으로 실천된다. 상호성은 성인학습자가 상담의 주체임을 확인하는 과정에서 핵심이 된다. 상담자는 내담자를 단순히 지도하는 것이 아니라, 협력자로서 함께 탐색한다. 개별화는 성인학습자의 발달 단계와 삶의 맥락에 따른 맞춤형 접근으로 구현된다. 성장 지향은 학습자의 학업 성공을 넘어서, 자기 정체성 강화와 삶의 의미 발견으로 이어진다. 현실성은 성인의 실제 생활 조건을 고려하여 실행 가능한 학습 계획을 수립하도록 돕는 것으로 구체화된다.

5. 상담의 윤리와 전문성

1) 상담자의 윤리 원칙

상담은 인간의 내면과 삶을 다루는 민감한 활동이므로, 윤리 원칙은 상담의 모든 과정에 관통한다. 윤리 원칙은 단순한 규범이나 규칙이 아니라, 내담자의 안전과 존엄을 보장하고 상담자의 전문성을 입증하는 기준이 되기도 한다. 전 세계 상담학회와 전문 단체들은 윤리강령을 제정하여 상담자의 실천을 안내하고 있다. 한국상담심리학회, 한국상담학회, 미국상담협회(American Counseling Association, ACA), 영국상담및심리치료협회(British Association for Counselling and Psychotherapy, BACP) 등은 모두 공통적으로 다음의 기본 원칙을 강조한다.

(1) 비밀 유지(confidentiality)

내담자가 상담에서 나눈 모든 내용은 보호된다. 이는 상담관계의 신뢰와 개방성을 보장하는 핵심 원리다. 예외적으로 내담자 본인이나 타인의 생명이 위협받을 경우, 아동학대 등 법적 보고 의무가 있는 경우에는 제한적으로 비밀 유지가 해제된다.

(2) 무해성(non-maleficence)

상담자는 내담자에게 해가 되는 어떤 행위도 해서는 안 된다. 개입 과정에서 상담자의 무지, 편견, 무책임이 내담자에게 심리적 손상을 줄 수 있으므로, 지속적인 자기성찰과 전문성 유지가 필요하다.

(3) 선행(beneficence)

단순히 해를 피하는 것을 넘어서, 내담자의 성장과 행복을 적극적으로 증진하는 것이 상담자의 책임이다. 상담자는 내담자가 더 나은 삶을 살도록 개입과 자원을 제공해야 한다.

(4) 자율성 존중(respect for autonomy)

내담자는 자기 삶의 주체이다. 상담자는 내담자가 스스로 선택하고 결정할 권리를 존중해야 한다. 이는 특히 성인학습 상담에서 핵심적이다. 내담자가 자기주도적으로 학습과 삶을 조율할 수 있도록 돕는 것이 자율성 존중의 실천이다.

(5) 정의(justice)

상담자는 차별 없이 모든 내담자에게 공정하게 접근해야 한다. 성별, 연령, 인종, 학력, 경제적 배경, 종교, 성적 지향 등에 따라 차별하지 않으며, 평등한 기회를 제공한다.

2) 성인학습 상담에서의 윤리적 민감성

성인학습자는 학업과 직업, 가정과 사회적 역할이 얽혀 있어 상담에서 다루는 주제나 내용이 매우 민감한 것일 수 있다. 학습 성취도, 경력 전환 계획, 가족 갈등, 건강 문제 등은 외부로 알려질 경우 내담자의 평판과 관계에 직접적 영향을 줄 수 있다. 따라서 성인학습 상담에서 비밀 유지와 윤리적 민감성은 더욱 강조된다.

예를 들어, 한 직장인이 경력 전환을 위해 대학원에 진학하며 상담을 받는다고 하자. 이 과정에서 직장 내 어려움, 가족의 지지 부족, 경제적 부담 등이 드러날 수 있다. 이러한 정보가 외부로 유출된다면 내담자는 직장에서 불이익을 당하거나 가정 내 갈등이 심화될 수 있다. 상담자는 상담 초기부터 비밀 보장의 범위와 예외를 명확히 설명해야 하며, 내담자가 상담관계의 안전성을 확신할 수 있도록 신뢰를 유지해야 한다.

또한 성인학습자는 자신의 학업 성과가 직업적 미래와 연결된다는 점에서 성적이나 평가 결과를 민감하게 받아들인다. 상담자는 평가 불안, 실패 공포 등 학습 관련 정서를 다룰 때, 내담자의 존엄과 자율성을 존중하며 신중하게 접근해야 한다.

3) 상담자의 전문성 확보

윤리적 상담을 위해서는 상담자의 전문성이 필수적이다. 전문성은 단순히 자격증이나 학위 취득으로 끝나지 않고, 지속적이고 체계적인 자기계발을 포함한다.

(1) 지속적 교육과 훈련

사회적 변화와 학문적 발전에 따라 새로운 상담이론과 기법이 끊임없이 등장한다. 상담자는 워크숍, 학술대회, 연수 과정을 통해 최신 지식을 학습해야 한다. 특히 디지털 기술과 원격 상담 도구의 확산에 대응하기 위해 상담자는 IT 활용 능력과 디지털 윤리에 관한 훈련을 받아야 한다.

(2) 슈퍼비전(supervision)

상담자는 경험 많은 전문가의 지도와 피드백을 통해 자신의 개입을 점검해야 한다. 슈퍼비전은 상담자가 자기 한계를 인식하고, 개입을 개선하며, 윤리적 오류를 예방할 수 있도록 돕는다(한국상담심리학회, 2022 ; 한국상담학회, 2023).

(3) 자기성찰(self-reflection)

상담자는 자신의 가치관, 편견, 감정을 지속적으로 성찰해야 한다. 성찰은 내담자와의 관계에서 무의식적 투사나 권력 남용을 방지하며, 상담자의 성숙한 인격을 유지하게 한다. 성인학습 상담에서는 상담자가 내담자의 학업 성취나 직업적 성공에 지나치게 동일시하지 않도록 성찰이 필요하다.

(4) 자기돌봄(self-care)

상담자는 정서적 소진과 공감 피로에 노출되기 쉽다. 자기돌봄은 상담자의 건강과 장기적 전문성을 지키는 필수 조건이다. 운동, 휴식, 취미 활동, 동료 지지망 등은 상담자의 자기돌봄에 중요한 자원이다.

4) 평생교육 현장에서의 상담 전문성

성인학습 상담은 원격대학, 평생교육원, 직업훈련기관, 온라인 학습 플랫폼 등에서 자주 이루어진다. 이러한 환경에서 상담자는 학습자의 학업 지속과 성취를 지원하는 중요한 역할을 한다. 평생교육 현장에서 상담자의 전문성을 확보하기 위해서는 다음과 같은 노력이 필요하다.

(1) **학습 맥락 이해** : 성인학습자의 상담은 학업 성취와 직결되므로 상담자는 교육 과정과 평가 방식에 대한 이해를 가져야 한다.

(2) **다학문적 협력** : 상담자는 교수자, 행정가, 경력 지도자 등과 협력하여 학습자의 성장을 지원해야 한다(Merriam & Bierema, 2014).

(3) **디지털 상담 역량** : 온라인 학습의 확대에 따라 상담자는 원격 상담 도구를 활용하고, 디지털 환경에서 발생할 수 있는 윤리적 문제에 대처할 수 있어야 한다.

5) 윤리와 전문성의 통합적 이해

윤리와 전문성은 별개가 아니라 서로 긴밀히 연결되어 있다. 윤리가 없는 전문성은 내담자에게 해를 끼칠 수 있으며, 전문성이 없는 윤리는 실천적 효과를 담보하지 못한다. 상담자는 윤리와 전문성을 동시에 실천할 때 비로소 신뢰받는 전문가로 인정받는다.

성인학습 상담자는 내담자의 자기주도성과 경험을 존중하면서도, 학습과 삶을 아우르는 통합적 시각을 통해 접근해야 한다. 이는 단순히 규정을 준수하는 수준을 넘어, 상담자의 인격적 성숙과 전문적 헌신을 요구한다. 결국 상담의 질은 상담자의 윤리적 태도와 전문적 역량이 얼마나 통합적으로 구현되느냐에 달려 있다.

요약하기

1. 상담의 의미

- 상담은 문제 해결을 넘어 자기이해·자기실현을 촉진하는 전문적 관계이며, 성인학습에서는 학습·경력·가족·사회 역할이 교차하는 복합 과제를 다룬다.
- 교육·훈련·멘토링·코칭과 상담은 목표·관계·방법에서 구분되며, 상담은 수평적 동맹과 전인적 변화를 중시한다.

2. 상담자의 자질과 역할

- 상담자의 전문성은 지식·기술·태도의 통합이며, 성인학습 맥락에서는 경험 존중, 자기주도성 촉진, 디지털/원격 상담 역량이 특히 요구된다.

3. 성인학습 상담의 특징

- 성인학습자는 풍부한 경험과 실용 지향·내적 동기를 지니나 시간·자원 제약, 과거 실패 경험, 다중역할 갈등을 겪는다. 이는 동시에 강점 기반 변화의 기회가 된다.

4. 상담의 원리

- 인간 존중·비밀 보장·상호성·개별화·성장 지향·현실성의 원리는 성인학습 장면에서 실행 가능 목표, 가족·직장 맥락 고려, 강점기반 개입으로 구체화된다.

5. 상담의 윤리 및 전문성

- 윤리는 비밀유지·무해성·선행·자율성·정의를 포함하며, 원격상담에서는 개인정보 최소수집, 사전고지·동의, 보관·폐기 기준, 위기연계 절차가 필수다.

Chapter

09 상담 과정과 기법

학습목표

- 상담 과정의 핵심 단계(준비-초기-중기-종결-추수)를 구분하고 각 단계의 과업을 설명할 수 있다.
- 성인학습자의 특성을 고려해 단계별 개입을 현실적으로 설계할 수 있다.
- 초기 단계에서 라포 형성, 사정, 목표 설정의 실행 요령을 제시할 수 있다.
- 중기 단계에서 탐색-통찰-개입의 흐름과 인지·행동·정서적 개입을 연결할 수 있다.
- 종결·추수 단계에서 성과평가, 전이/일반화 계획, 재개입 기준을 마련할 수 있다.
- 상담 기법(언어/비언어, 인지/행동)의 분류 틀을 설명하고 상황에 맞게 선택·조합할 수 있다.
- 주요 언어적 기법(경청, 질문, 반영, 명료화, 요약, 해석)의 사용 포인트와 주의점을 설명할 수 있다.
- 행동적·인지적·정서적 기법의 핵심 절차를 실제 사례(성인학습 맥락)에 적용할 수 있다.

상담은 '즉흥적 조언'이 아닌 구조화된 전문적 과정에 따라 진행된다. 상담 과정은 준비–초기–중기–종결–추수라는 단계에 따라 진행되며, 각 단계에는 분명한 과업과 판단 기준이 있다(Egan, 2014). 특히 성인학습자의 현실을 고려하면, 단계별 개입은 현실성 · 연속성 · 전이 가능성을 갖추어야 한다. 다시 말해 상담실의 대화가 내담자의 생활에 녹아들어서 실제 행동과 습관의 변화로 연결되어야 한다.

초기 단계의 핵심은 관계와 틀 만들기다. 라포와 심리적 안전감이 뒷받침되어야 사정이 정확해지고, 상담목표가 내담자의 가치와 일상 제약을 동시에 반영할 수 있다. 중기 단계는 탐색–통찰–개입이 맞물리는 시기다. 종결과 추수는 마침표가 아닌 시작점이다. 성과를 정량 · 정성으로 평가하고, 일 · 가정 · 학업의 실제 장면에 맞춘 전이 · 일반화 계획을 세운다. 이후 추수 상담에서 유지 여부를 점검하고 필요한 경우 재개입한다. 이 장은 이러한 흐름을 전체적으로 정리하고, 각 지점에서 무엇을 측정하고 무엇을 조정해야 하는지 제시한다.

1. 상담 과정

1) 상담 과정의 개념과 단계

상담 과정이란 상담자가 내담자와 만나서 문제를 탐색하고, 해결 방안을 모색하며, 성장을 촉진하는 일련의 과정을 말한다. 상담은 즉흥적인 대화나 단순한 조언과는 차별화된다. 상담 과정은 구조화된 전문적 상호작용으로, 이론과 경험적 연구를 기반으로 이루어진다. 상담자는 내담자의 이야기를 듣고, 그것을 내담자와 함께 해석하며, 변화의 방향을 설정하고, 구체적 행동을 계획하는 과정을 단계적으로 이끌어 간다(Egan, 2014 ; Corey, 2021).

(1) 상담 과정의 구조화

상담 과정은 준비 단계, 초기 단계, 중기 단계, 종결 단계, 추수 상담으로 구분된다. 과정의 구분에 있어 이론가나 입장에 따라 준비 단계를 생략하거나, 종결 이후의 추수 상담을 별도의 단계로 설정하지 않기도 한다. 그러나 실제 현장에서는 이러한 세분화가 유용하다.

① **준비 단계** : 상담 전 접수와 사전 정보 수집이 이루어진다. 이 단계에서는 내담자의 기본 정보, 상담 동기, 상담에 대한 기대 등을 확인하고, 상담자가 개입할 수 있는 적합성 여부를 판단한다. 성인학습자의 경우, 학습과 관련된 조건(예 : 직장 병행 여부, 학습 동기, 가정 지원체계)까지 초기 접수 과정에서 함께 파악하는 것이 중요하다.

② **초기 단계** : 상담자와 내담자 간의 관계를 형성하고, 문제를 사정하며, 상담 목표를 협력적으로 설정한다. 상담의 기초가 되는 라포(rapport)를 형성하는 시기이기도 하다.

③ **중기 단계** : 상담의 핵심 작업이 이루어지는 시기이다. 내담자의 문제를 심층적으로 탐색하고, 통찰을 얻으며, 행동 변화를 시도한다. 다양한 상담 기법이 이 단계에서 집중적으로 활용된다.

④ **종결 단계** : 상담을 마무리하며, 상담의 성과를 점검하고, 내담자가 변화된 행동을 실제 생활에 적용하도록 돕는다. 상담에서 배운 점이 상담실을 넘어 내담자의 삶 속에 정착되도록 하는 것이 핵심이다.

⑤ **추수 상담** : 상담이 끝난 후 일정한 시점에서 내담자가 변화를 유지하고 있는지를 점검하거나, 필요할 경우 추가 지원을 제공하는 단계이다.

(2) 단계 구분의 역사적 배경

상담 과정의 단계 구분은 상담이론의 발전과 밀접하게 관련되어 있다. 1950년대 이후 상담학자들은 상담이 단순히 "문제 해결 대화"가 아니라, 일정한 과정을 따라 진행되는 전문적 활동이라는 점을 강조했다(Carkhuff, 1969 ; Ivey,

Ivey & Zalaquett, 2018).

칼 로저스(C. Rogers)의 인간중심 상담에서는 초기 단계에서의 무조건적 존중과 공감적 이해가 강조되었고, 정신분석 전통에서는 중기 단계에서의 통찰과 전이 분석이 핵심으로 다루어졌다. 인지행동 상담에서는 중기 단계의 구체적 기술 적용과 종결 단계에서의 과제 일반화가 특히 강조되었다. 이처럼 각 상담이론은 상담 과정의 특정 단계를 강조했지만, 오늘날의 통합적 접근에서는 모든 단계가 유기적으로 연결되어 있다는 점을 강조한다(Corey, 2021).

(3) 성인학습 상담 과정의 특징

성인학습 상담에서 상담 과정은 일반 상담 과정의 기본 구조를 따르되, 성인의 발달 과제와 삶의 맥락을 반영해야 한다는 점에서 특수성을 가진다.

① **다중 역할의 고려** : 성인은 직장인, 배우자, 부모, 자녀 등 다양한 역할을 동시에 수행한다. 따라서 상담 과정에서 한 가지 문제를 다루더라도, 그것이 직업적 요구, 가족의 기대, 학업 목표와 복합적으로 얽혀 있다는 점을 고려해야 한다.

② **목표의 현실성** : 성인학습자는 단기적이고 실질적인 성과를 선호하는 경우가 많다. 예컨대 "시험에 합격하고 싶다", "논문을 완성하고 싶다"와 같은 목표는 상담 과정에서 구체적이고 현실적인 전략으로 전환되어야 한다.

③ **경험의 자원화** : 성인은 풍부한 경험을 가지고 상담에 참여한다. 따라서 상담 과정에서 내담자의 경험을 문제의 원인으로만 보지 않고, 학습과 성장의 자원으로 활용하는 것이 중요하다.

④ **자율성 존중** : 성인은 스스로 결정을 내리고 싶어 하는 경향이 강하다. 상담자는 목표 설정과 개입 과정에서 내담자의 자율성을 존중하며, 협력적 동반자로서의 태도를 견지해야 한다.

(4) 상담 과정의 순환성과 유연성

상담 과정은 교과서적으로는 '단계'로 설명되지만, 실제 현장에서는 순환적이고 유연하게 진행된다. 예를 들어, 중기 단계에서 내담자가 강한 저항을 보일 경우, 다시 초기 단계로 돌아가 관계 형성에 집중해야 할 수도 있다. 또한 종결 단계에서 목표 달성이 충분히 이루어지지 않았다면, 다시 탐색 단계로 돌아가 새로운 목표를 설정하거나 전략을 바꾸어야 할 수도 있다.

성인학습 상담에서는 특히 이러한 유연성이 필수적이다. 직장과 가정의 변수로 인해 내담자의 상황이 갑자기 변할 수 있기 때문이다. 따라서 상담자는 엄격한 단계 구분보다는 과정 전체를 하나의 순환적 흐름으로 이해하고, 내담자의 상황 변화에 따라 융통성 있게 조정해야 한다.

2) 초기 단계 : 관계 형성과 목표 설정

상담의 전 단계라 할 수 있는 준비 단계를 거친 후, 본격적인 상담이 시작되는 상담의 초기 단계는 흔히 상담의 성패를 좌우하는 가장 결정적인 시기로 평가된다. 이 시기에는 상담자와 내담자 간에 신뢰와 안전감이 형성되어야 하고, 상담의 방향을 잡는 기초가 마련되어야 한다. 초기 단계에서의 관계 형성과 목표 설정이 적절히 이루어지지 않으면 내담자는 상담을 지속하지 않거나, 형식적으로 참여하게 되어 상담의 효과도 저하될 수밖에 없다.

(1) 상담관계 형성 : 신뢰와 라포 구축

상담이 시작되는 순간 내담자는 기대와 동시에 불안, 긴장, 두려움을 함께 느낀다. “내 이야기를 털어놔도 괜찮을까?”, “상담자가 나를 판단하지 않을까?”와 같은 생각은 내담자가 상담자와의 관계를 시험하는 방식으로 드러난다. 이때 상담자의 첫인상과 태도가 중요하다. 상담자는 언어적 태도(따뜻한 인사, 명료한 안내, 수용적 언어 사용)와 비언어적 태도(편안한 표정, 열린 자세, 적절한 눈맞춤)를 통해 내담자가 안전감을 경험하도록 해야 한다. 이는 단순히 내담자가 상담과 상담자에 대해 호감을 느끼게 하기 위함이 아닌, 상담자가 내담자를 존중하고 있다는 메시지를 전달하는 중요한 과정이다.

이 단계에서 형성되는 신뢰에 기반한 촉진적인(상담의 효과를 높이는) 관계를 '라포'라 한다. 라포란 상담자와 내담자 간의 심리적 친밀감, 상호 신뢰, 협력적 분위기를 의미한다. 라포가 잘 형성되면 내담자는 자신의 생각과 감정을 더 자유롭게 표현하게 되고, 상담자는 이를 토대로 심층적 탐색을 할 수 있게 된다(Ivey et al., 2018 ; Rogers, 1951).

성인학습 상담에서는 라포 형성이 더욱 중요하다. 성인은 아동이나 청소년과 달리 자신의 삶을 스스로 책임지고 있다는 의식이 강하기 때문에, 권위적·지시적 태도에는 쉽게 저항한다. 상담자는 내담자의 경험과 시각을 존중하며 대화해야 한다. 일방적으로 조언하거나 판단하기보다는, 성인으로서의 자신의 삶에 대한 책임감과 주도성을 존중하고 그의 경험을 인정하면서, 새롭고 대안적인 가능성을 함께 모색해 나갈 수 있는 관계가 보장되어야 한다.

(2) 문제 사정 : 표면과 이면 파악

관계가 형성된 후에는 내담자의 문제를 종합적으로 파악하는 사정(assessment)을 해야 한다. 사정은 단순히 내담자의 진술을 기록하는 수준을 넘어서, 문제의 본질을 파악하고 그 배경과 맥락을 탐색하는 과정이다.

사정에는 면담, 질문, 관찰, 심리검사, 체크리스트 등 다양한 방법이 활용된다. 특히 성인학습자의 경우, 학습 동기, 자기효능감, 시간 관리, 생활 환경, 가족 지지, 직업적 상황 등 학습과 직결된 요소들을 종합적으로 고려해야 한다. 예를 들어, 내담자가 "시간이 부족해서 공부를 못 한다"고 말할 때, 이는 단순한 시간의 문제가 아닐 수 있다. 직장 내 업무 과중, 가족의 협력 부족, 심리적 자신감 저하 등이 복합적으로 얽혀 있을 수 있다.

상담자는 문제 사정을 통해 내담자가 스스로 인식하지 못한 심층적 요인을 드러내도록 도와야 한다. 또한 내담자의 과거 경험이 자원으로 활용될 수 있는지도 탐색해야 한다. 예컨대 "선생님께서 과거 어려운 프로젝트를 완수했던 경험이 있으시죠. 그 경험이 지금 학습의 도전을 극복하는 데 어떤 도움이 될 수 있을까요?"와 같은 질문은 내담자가 자신의 강점을 재발견하도록 돕는다.

(3) 상담 목표 설정 : 방향 제시

초기 단계의 마지막 과제는 상담 목표 설정이다. 상담 목표는 상담 과정 전체를 이끄는 나침반이자, 상담자와 내담자 모두가 공유하는 계약(contract)의 성격을 갖는다.

목표 설정은 협력적인 관계에서 이루어져야 하며, 구체적이고 측정 가능하며, 현실적인 목표로 설정해야 한다. 이를 흔히 SMART 원칙(Specific, Measurable, Achievable, Relevant, Time-bound)이라 한다(Doran, 1981 ; Bahrami & Cranney, 2022). 예를 들어, 내담자가 "불안을 줄이고 싶다"고 말한다면, 상담자는 이를 "앞으로 두 달간 시험 준비 과정에서 불안 척도 점수를 30% 감소시키고, 시험 전날에도 최소 2시간 이상 집중 학습을 지속한다"와 같은 실질적 목표로 구체화할 수 있다.

성인학습자 상담에서는 학업 목표와 생활 목표가 밀접하게 연결되어 있으므로, 상담자는 내담자가 학습과 삶의 균형을 고려한 목표를 설정하도록 지원해야 한다. "논문을 완성하고 싶다"는 목표 뒤에는 "직장에서 인정받고 싶다", "가족에게 모범을 보이고 싶다"는 동기가 숨어 있을 수 있다. 상담자는 이러한 내적 가치를 탐색하여 목표에 반영함으로써 내담자가 더 강력한 동기를 가질 수 있도록 돕는다.

목표는 단기 목표와 장기 목표로 구분하는 것이 일반적이다. 단기 목표는 즉각적인 변화를 다루며, 예컨대 학습 계획 수립, 자기관리 개선 등이 될 수 있다. 장기 목표는 경력 전환, 학위 취득, 삶의 의미 재발견과 같이 포괄적인 과제이다. 성인학습자에게 단기 목표는 작은 성취 경험을 제공하여 장기 목표를 향한 동기를 강화하는 역할을 한다.

3) 중기 단계 : 탐색, 통찰, 개입

상담의 중기 단계는 흔히 작업 단계(working stage)라 불린다. 초기 단계에서 형성된 신뢰와 목표를 토대로, 내담자는 자신의 문제를 심층적으로 탐색하고 새로운 통찰을 얻으며, 이를 실제 행동 변화로 연결한다. 따라서 중기 단계는 상담에서 가장 역동적인 단계이며, 동시에 내담자가 자기이해와 변화를 위해 가장 많은 내적 노력을 기울이는 단계이다.

(1) 탐색 : 경험을 드러내기

탐색(exploration)은 내담자가 자신의 내적 경험 즉, 감정, 생각, 신념, 행동 패턴 등을 충분히 드러내도록 돕는 과정이다. 많은 내담자가 표면적으로는 "시간이 부족하다", "불안하다"라는 문제를 호소하지만, 그 이면에는 더 깊은 욕구와 갈등이 숨어 있을 수 있다. 상담자는 경청, 반영, 명료화, 직면 등의 기법을 활용하여 내담자가 자신의 경험을 더 구체적이고 풍부하게 표현하도록 돕는다.

탐색 과정에서는 내담자의 방어기제가 드러나기도 한다. 어떤 성인학습자는 "내가 실패하는 건 회사가 너무 힘들어서 그렇다"라고 말하면서 책임을 외부로 전가할 수 있다. 상담자는 이를 비난하지 않고, "회사 환경이 힘든 건 사실이지만, 선생님께서 공부에 대해 느끼시는 부분도 함께 살펴보면 어떨까요?"라고 안내함으로써 방어를 완화하고 자기탐색으로 나아가도록 돕는다.

(2) 통찰 : 새로운 이해와 의미 부여

탐색을 통해 드러난 경험은 상담자의 해석과 내담자의 성찰을 통해 통찰(insight)로 이어진다. 통찰이란 내담자가 자신의 문제의 근본 원인과 패턴을 새롭게 이해하는 것을 말한다. 단순히 "나는 불안하다"라는 진술에서 벗어나 "내 불안은 완벽하려는 욕구와 실패에 대한 두려움이 결합된 결과"라는 식으로 원인을 파악하는 것이 통찰이다.

통찰은 내담자에게 때로 불편함을 준다. 자신이 회피하거나 부정하던 내적 갈등이 드러나기 때문이다. 그러나 이러한 불편함을 견디고 수용할 때, 내담자는 자신의 삶을 새로운 시각으로 볼 수 있다.

통찰은 상담자의 적절한 해석과 피드백을 통해 촉진된다. 해석은 내담자의 경험을 상담자가 새로운 의미로 조명하여 제시하는 것이다. 다만 상담자의 해석은 내담자의 준비 정도에 맞아야 하며, 지나치게 이른 해석은 저항을 불러올 수 있다. 성인학습자에게 해석은 내담자가 과거 경험을 현재의 학습 상황과 연결지어 이해하도록 돕는 방식으로 활용된다.

(3) 개입 : 행동 변화를 촉진하기

통찰은 중요하지만, 단지 통찰만으로 변화가 일어나지는 않는다. 내담자가 실제 삶에서 변화를 경험하려면 구체적 개입(intervention)이 필요하다. 개입은 상담자가 내담자의 목표 달성을 위해 사용하는 다양한 전략과 기술을 의미한다.

① **인지적 개입** : 사고 재구성, 인지적 거리 두기, 합리적 자기대화 등은 내담자가 부정적 신념을 재검토하고 보다 적응적인 사고방식을 채택하도록 돕는다. 예컨대 "나는 항상 실패한다"라는 신념을 "실패할 때도 있지만, 동시에 성공한 경험도 있다"로 바꾸는 것이다.

② **행동적 개입** : 과제 부여, 행동 실험, 역할 연습 등은 내담자가 새로운 행동을 시도해 보는 기회를 제공한다. 성인학습자 상담에서는 '학습 시간표 작성', '작은 학습 목표 설정', '시험 상황 시뮬레이션' 등이 활용될 수 있다.

③ **정서적 개입** : 감정 표현 훈련, 감정 일기 쓰기, 심상 기법 등은 내담자가 억압된 감정을 표현하고 수용하도록 돕는다. 학습 불안이나 실패 공포를 다룰 때 유용하다.

4) 종결 단계 : 평가, 전이, 추후 상담

상담의 종결 단계는 상담 과정을 단순히 "끝낸다"는 의미가 아니다. 이는 상담에서 이루어진 성과를 점검하고, 내담자가 상담을 통해 얻은 변화와 배움을 자신의 실제 삶 속에서 안정적으로 정착시키도록 돕는 중요한 시기이다. 종결은 상담의 마지막이 아니라, 오히려 상담 효과가 일상으로 확산되는 출발점이라 할 수 있다.

(1) 상담 성과 평가

종결 단계의 첫 과제는 상담 목표가 얼마나 달성되었는지를 평가하는 것이다. 평가는 상담자가 일방적으로 판단하는 것이 아니라, 상담자와 내담자가 협력적으로 확인하는 과정이어야 한다.

① **양적 평가** : 심리검사, 척도, 자기보고식 질문지를 활용하여 증상 변화나 정서적 안정 정도를 수치화할 수 있다. 예컨대 시험불안 척도의 점수가 초기보다 40% 감소했다면, 내담자는 학습 상황에서 불안 조절 능력을 향상시킨 것이다.

② **질적 평가** : 내담자의 자기성찰 보고, 생활 속 행동 변화 관찰, 상담자의 임상적 판단을 통해 성과를 확인한다. 예를 들어, 내담자가 "예전에는 공부를 미루기만 했는데, 이제는 조금씩이라도 매일 실천할 수 있다"고 진술한다면, 이는 상담의 의미 있는 성과이다.

(2) 전이와 일반화

상담의 성과가 일회적 경험에 그치지 않고 실제 생활에 적용되도록 돕는 것이 두 번째 과제이다. 이를 전이(transfer) 또는 일반화(generalization)라 한다. 상담자는 내담자가 상담에서 배운 통찰과 기술을 구체적인 상황에 적용할 수 있도록 안내한다.

예를 들어, 성인학습자가 상담을 통해 "불안이 있어도 학습을 지속할 수 있다"는 통찰을 얻었다면, 이를 실제 시험 준비 기간에 어떻게 적용할 수 있을지 연습하도록 돕는다. 내담자가 실제 생활에서 부딪히는 장벽(예: 직장 회식, 가족의 요구, 건강 문제)을 예상하고, 이에 대처할 구체적 행동 계획을 세우는 것도 전이의 중요한 부분이다. 전이는 또한 내담자가 상담실을 떠나 스스로 문제를 다룰 수 있는 자기효능감을 강화한다. 성인학습자는 상담 과정에서 배운 자기성찰, 학습 전략, 정서 조절 방법을 직장, 가정, 학업 상황에 확대 적용하면서 상담 효과를 내면화하게 된다.

(3) 추수 상담(follow-up)

상담의 종결 이후에도 일정 기간 내담자가 상담의 성과를 유지하고 있는지를 점검하는 과정이 필요하다. 이를 추수 상담이라 한다. 이를 통해 내담자가 다시 문제에 빠지지 않도록 예방하며, 필요할 경우 추가적 지원을 제공한다. 추수 상담은 단순히 상담 효과를 확인하는 것에 그치지 않고, 내담자가 상담에서 배운 기술과 통찰을 생활 속에서 점검·조정할 기회를 제공한다. 이를 통해 상담 효과는 단발적 성취가 아니라 장기적 성장으로 이어진다.

이상의 전반적인 상담 과정을 정리한 내용은 〈표 9-1〉을 통해 볼 수 있다.

표 9-1 • 상담 과정 단계 요약

단계	핵심 과업	성인학습 맥락 포인트	대표 도구/지표
준비	접수·적합성 판단·사전정보	직장 병행, 가족 지지, 시간 제약 파악	접수면접, 간단 설문
초기	라포·사정·목표 설정 (SMART)	현실성·단기성과 선호	라포 기술, 기초척도, 목표 계약
중기	탐색 → 통찰 → 개입	실용적 과제+내적 신념 병행	인지·행동·정서 개입
종결	성과평가·전이/일반화 계획	일·가정·학업 적용 시나리오	척도 비교, 유지계획
추수	유지 점검·필요시 재개입	학기/직무 변동 시 재평가	팔로업 면담/간단척도

2. 상담 기법

1) 상담 기법의 의미

(1) 상담 기법의 개념

상담 기법(counseling techniques)이란 상담자가 내담자와의 상호작용에서 내담자의 자기이해, 문제 해결, 성장을 촉진하기 위해 활용하는 구체적 방법을 의미한다. 상담은 인간 대 인간의 만남이자 대화라는 점에서 본질적으로 관계 중심적이지만, 단순한 대화만으로는 충분하지 않다. 상담자는 이론적 이해를 토대로 훈련된 기법을 활용하여 내담자가 자신의 경험을 탐색하고, 통찰을 얻으며, 행동 변화를 시도할 수 있도록 안내해야 한다.

상담 기법은 그 자체가 독립적으로 작동하는 것이 아니라, 상담관계라는 토양 위에서 효과를 발휘한다. 상담자가 아무리 정교한 기법을 사용하더라도 관계적 신뢰가 없다면 내담자는 방어적인 태도를 취할 수 있다. 반대로 상담자가 따뜻한 태도를 지니더라도 기법을 전혀 사용하지 않는다면, 내담자가 구체적 변화를 이루기는 어렵다. 따라서 상담 기법은 관계와 기술의 통합 속에서 이해되어야 한다.

(2) 상담 기법의 필요성

상담 기법은 내담자가 자신의 경험을 명료하게 인식하고 새로운 시도를 할 수 있도록 돕는다. 예를 들어 내담자가 막연히 "저는 자신감이 없어요"라고 말할 때, 상담자가 단순히 공감만 하는 것보다 "자신감이 없다고 느끼는 구체적 상황을 한 번 떠올려 보실까요?"라고 질문하는 것이 더 깊은 탐색으로 이어진다. 이처럼 기법은 내담자의 경험을 구조화하고, 문제 해결을 위한 실질적 도구를 제공한다.

2) 상담 기법의 구분

상담 기법은 다양한 기준으로 분류될 수 있다. 크게는 언어적 기법과 비언어적 기법, 인지적 기법과 행동적 기법 등으로 나눌 수 있다. 이러한 분류는 상담자가 기법을 선택하고 활용할 때 유용한 틀을 제공한다.

(1) 언어적 기법과 비언어적 기법

① **언어적 기법** : 질문, 반영, 명료화, 요약, 해석과 같이 언어를 통해 내담자의 사고와 감정을 탐색하는 방법이다.

② **비언어적 기법** : 상담자의 표정, 자세, 시선, 침묵, 거리감 등 비언어적 행동을 통해 내담자에게 메시지를 전달하고 분위기를 조성하는 방법이다.

(2) 인지적 기법과 행동적 기법

① **인지적 기법** : 내담자의 왜곡된 신념과 사고를 재구성하고, 새로운 관점을 제시하는 방법이다. 대표적으로 인지적 재구성, 합리적 자기대화, 사고 기록 등이 있다.

② **행동적 기법** : 내담자가 실제 행동을 변화하도록 돕는 방법으로, 과제 부여, 행동 실험, 강화와 같은 절차가 포함된다.

(3) 상담 기법과 상담이론의 관계

상담 기법은 독립적으로 존재하지 않고, 특정 상담이론의 철학과 가정 위에서 발전하였다. 예를 들어, 인간중심 상담은 공감, 진정성, 무조건적 긍정적 존중이라는 태도를 핵심 기법으로 삼았고, 인지행동 상담은 인지 재구성, 과제 부여, 자기기록과 같은 구조적 기법을 발전시켰다. 정신분석 상담에서는 자유연상, 꿈 분석, 전이 분석이 주요 기법으로 자리 잡았다.

따라서 상담자는 기법을 단순한 "기술의 목록"으로 보지 않고, 그것이 어떤 이론적 맥락에서 비롯되었는지 이해해야 한다. 이는 상담자가 기법을 기계적으로 적용하는 오류를 피하고, 내담자의 상황과 이론적 적합성을 고려하여 기법을 선택하는 데 도움이 된다.

3) 언어적 기법

언어적 기법(verbal techniques)은 상담자가 사용하는 가장 기본적이고도 핵심적인 도구이다. 상담은 본질적으로 대화를 매개로 이루어지기 때문에, 상담자가 어떤 언어적 반응을 선택하느냐에 따라 상담의 흐름과 깊이가 달라진다. 언어적 기법은 단순한 말의 기술이 아니라, 상담자의 태도와 이론적 이해가 반영된 전문적 개입 방식이다. 우선 〈표 9-2〉를 통해 전체적인 언어적 기법을 개괄해 볼 수 있다.

표 9-2 • 언어적 기법

기법	핵심 목적
경청 (active listening)	내담자의 말·감정·비언어적 신호를 주의 깊게 듣고 공감
질문 (questioning)	탐색·명료화·사실 확인
반영 (reflection)	내담자의 진술과 감정을 재진술하여 자기이해 증진
명료화 (clarification)	모호한 표현을 구체화
요약 (summarizing)	대화 내용의 핵심을 정리·점검
해석 (interpretation)	내담자의 말·행동에 담긴 의미를 설명

(1) 경청

경청(적극적 경청)은 상담자가 내담자의 말과 정서, 비언어적 표현까지 온전히 주의를 기울이는 것을 의미한다. 흔히 '듣기(listening)'와 '적극적 경청(active listening)'을 구분하는데, 듣기가 단순히 소리를 받아들이는 행위라면, 경청은 내담자의 메시지를 이해하고 존중하는 적극적 태도를 포함한다. 경청의 목적은 내담자가 안전감을 느끼고 자기탐색을 심화할 수 있도록 지지적 분위기를 조성하는 데 있다. 경청에는 언어적 요소와 비언어적 요소가 함께 포함된다.

언어적으로는 "네", "그렇군요"와 같은 최소한의 반응, 내담자의 말에 대한 간단한 요약이나 반영이 경청을 보여 준다. 비언어적으로는 상담자의 눈맞춤, 고개 끄덕임, 열린 자세, 적절한 침묵이 내담자에게 집중되어 있음을 전달한다.

경청은 단순히 침묵하거나 고개만 끄덕이는 소극적 태도가 되어서는 안 된다. 상담자의 피상적인 반응은 오히려 내담자가 "상담자가 내 이야기에 관심이 없다"는 인상을 갖게 할 수 있다. 따라서 경청은 내담자의 표현에 진심으로 반응하면서도, 필요할 경우 적절한 질문과 피드백을 곁들여야 한다.

(2) 질문

질문은 상담자가 내담자의 경험을 더 깊이 탐색하거나, 모호한 부분을 명확히 하거나, 새로운 시각을 제시하기 위해 사용하는 언어적 기법이다. 질문은 단순히 정보를 얻는 수단을 넘어, 내담자가 스스로 성찰하고 사고를 확장하도록 촉진하는 기능을 가진다.

질문은 크게 개방형과 폐쇄형으로 나뉜다. 개방형 질문은 "최근 학습 과정에서 가장 어려웠던 점은 무엇인가요?"와 같이 내담자가 자유롭게 표현하도록 유도하는 것이다. 폐쇄형 질문은 "지난주에 학습 계획을 지키셨나요?"처럼 구체적이고 제한된 답을 요구하는 것을 말한다. 상담자는 내담자의 상황에 따라 두 질문을 적절히 조합하여 사용한다. 개방형은 탐색을 심화하는 데 유리하고, 폐쇄형은 구체적 사실을 확인하는 데 효과적이다. 두 질문 모두 상담 과정에서 활용할 수 있는 기법이나, 내담자 편에서의 자유로운 자기탐색이나 통찰을 이끄는 데는 개방형 질문이 더욱 유용하다.

질문이 지나치면 상담이 심문처럼 느껴질 수 있다. 성인 내담자는 특히 권위적이고 일방적인 접근에 민감하기 때문에, 질문은 반드시 공감적 분위기 속에서 이루어져야 한다. 또한 '왜(why)' 질문은 내담자에게 방어적 반응을 불러일으킬 수 있으므로, "무엇(what)", "어떻게(how)"라는 식의 표현을 사용하는 것이 바람직하다.

(3) 반영

반영(reflection)은 상담자가 내담자의 말과 정서를 재진술하여 내담자가 자신의 경험을 더 명확히 인식하도록 돕는 기법이다. 반영은 내담자가 느끼는 감정을 상담자가 이해하고 있음을 보여 주는 동시에, 내담자가 자신의 정서를 객관화하는 데 기여한다.

반영에는 내용 반영과 감정 반영이 있다. 내용 반영은 "즉, 과제가 너무 많아 시간 관리가 어렵다는 말씀이시군요"라는 식으로 내담자가 한 말을 상담자의 언어로 다시 되돌려 주는 것으로 말 그대로 재진술(paraphrasing)이라고도 한다. 감정 반영은 "그 상황에서 많이 답답하고 좌절감을 느끼셨겠군요"라는 식으로 내담자가 한 말에 포함되거나 이면에 담겨 있는 감정을 상담자가 말해주는 것이다.

반영이 기계적으로 반복되면 내담자에게 피상적이고 형식적인 인상을 줄 수 있다. 상담자는 내담자의 말에 내포된 의미와 정서를 파악하고, 맥락에 맞게 반영해야 한다.

(4) 명료화

명료화(clarification)는 내담자의 모호한 진술을 구체화하거나, 불분명한 표현을 정리하여 더 정확한 이해를 돕는 기법이다. 내담자는 종종 막연하게 "요즘은 그냥 힘들어요"라고 말하곤 한다. 상담자가 이를 명료화하면 내담자가 자신의 경험을 더 구체적으로 탐색할 수 있게 된다.

명료화는 내담자의 진술을 상담자가 다시 확인하거나 질문하는 방식으로 이루어진다. 예컨대 "힘들다고 하셨는데, 구체적으로 어떤 상황에서 그렇게 느끼셨나요?"라는 질문이 명료화이다. 상담자는 내담자의 말을 요약하면서 핵심을 짚어 주어야 한다.

명료화는 내담자의 말을 재확인하는 것이므로, 평가적이거나 비판적인 태도로 비치지 않도록 주의해야 한다. 또한 성인 내담자는 지나친 명료화가 "사소한 부분까지 꼬치꼬치 묻는다"라고 느낄 수 있으므로, 진정성 있는 관심과 공감을 바탕으로 사용해야 한다.

(5) 요약

요약은 상담자가 내담자가 지금까지 한 이야기를 핵심적으로 정리하여 되돌려 주는 기법이다. 이는 상담의 흐름을 정리하고, 내담자가 자기 경험의 전체 맥락을 이해하도록 돕는 기능을 한다.

요약은 주로 다음과 같은 경우에 사용된다. 첫째, 주제를 전환하는 시점에 새로운 주제로 넘어가기 전에 이전 대화를 정리하는 방식으로 사용할 수 있다. 둘째, 중간 점검하는 의미로 내담자의 핵심 문제를 재확인하거나 명료화하기 위해 사용할 수 있다. 셋째, 상담을 마무리하며 한 회기의 대화를 종합하여 내담자에게 전달할 수 있다. 많은 경우 상담자가 직접 요약하기보다는 내담자로 하여금 회기 종료 시 요약을 해보도록 한다.

요약이 지나치게 자주 사용되면 상담이 기계적으로 느껴질 수 있다. 또한 상담자가 내담자의 말을 단순히 압축만 하면, 내담자는 "내 이야기를 축소한다"라는 인상을 받을 수 있다. 요약은 핵심을 정리하되, 내담자의 정서를 충분히 반영해야 한다.

(6) 해석

해석(interpretation)은 상담자가 내담자의 말과 행동에 담긴 숨은 의미나 패턴을 설명하여, 내담자가 새로운 통찰을 얻도록 돕는 기법이다. 해석은 내담자가 자각하지 못한 무의식적 동기나 반복되는 행동 패턴을 드러내어 자기이해를 확장하게 한다.

해석은 내담자의 진술과 경험을 토대로 이루어진다. 상담자는 내담자가 제공한 단서들을 연결해 새로운 의미를 제시한다. 예컨대 "선생님께서 학습을 시작할 때마다 금세 포기하신다고 하셨는데, 어쩌면 과거 실패 경험이 다시 반복될까 두려워 미리 회피하는 것일 수 있습니다"라는 말은 해석의 예이다.

해석은 내담자의 준비 수준에 맞추어야 한다. 너무 이른 해석은 내담자의 저항을 불러일으킬 수 있고, 지나치게 직접적인 해석은 상담자의 권위적 태도로 비칠 수 있다. 따라서 해석은 점진적이고 협력적인 방식으로 이루어져야 하며, 내담자가 스스로 의미를 발견하도록 촉진하는 도구로 사용되어야 한다.

4) 비언어적 기법

상담에서 비언어적 요소는 언어만큼, 혹은 그 이상으로 중요한 의미를 가진다. 연구에 따르면 인간 의사소통에서 언어가 차지하는 비율은 약 30~40%에 불과하며, 나머지는 표정, 시선, 몸짓, 억양, 침묵과 같은 비언어적 요소를 통해 전달된다고 한다(Mehrabian & Wiener, 1967). 따라서 상담자가 내담자의 언어적 진술에만 의존한다면, 상담의 맥락을 충분히 이해하지 못할 위험이 있다. 상담자는 자신의 비언어적 태도를 통해 신뢰와 안전감을 제공하고, 내담자의 비언어적 단서를 민감하게 읽어내어 상담에 반영해야 한다. 〈표 9-3〉을 통해 비언어적 기법의 내용을 정리해 볼 수 있다.

표 9-3 • 비언어적 기법

주요 요소	핵심 기능
표정 (facial expression)	상담자의 감정과 태도를 직접 전달
눈맞춤 (eye contact)	주의·존중·경청의 신호
자세·몸짓 (posture/gesture)	개방성과 공감 표현
침묵 (silence)	사고·감정 정리를 위한 여백 제공
목소리·억양 (tone/intonation)	따뜻함·전문성 전달

(1) 표정

표정은 상담자가 내담자에게 가장 직접적으로 전달하는 메시지이다. 미소, 눈썹의 움직임, 긴장된 얼굴은 모두 내담자가 상담자를 어떻게 인식할지에 영향을 미친다. 표정은 상담자의 내적 태도를 반영하기 때문에, 상담자가 무의식적으로 내담자를 평가하거나 지루해하는 표정을 짓는다면 내담자는 즉각적으로 이를 감지한다.

표정은 자연스러워야 한다. 억지 미소나 과도한 감정 표현은 내담자에게 불신을 줄 수 있다. 상담자는 자신의 정서 상태를 점검하고, 내담자를 존중하는 태도가 표정에 자연스럽게 반영되도록 노력해야 한다.

(2) 눈맞춤

눈맞춤은 상담자의 주의와 관심을 나타내는 중요한 비언어적 기법이다. 적절한 눈맞춤은 내담자에게 "당신의 이야기를 진지하게 듣고 있다"는 메시지를 전달한다.

눈맞춤에서는 문화적 차이를 고려해야 한다. 일부 문화권에서는 직설적인 시선 접촉이 무례하거나 공격적 의미로 해석될 수 있다. 상담자는 내담자의 문화적 배경을 고려하여 시선의 강도와 빈도를 조정해야 한다.

(3) 자세와 몸짓

상담자의 자세와 몸짓은 내담자가 상담자의 태도를 직관적으로 느끼게 하는 요소이다. 몸을 약간 앞으로 기울인 자세는 관심과 몰입을 전달하고, 팔짱을 끼거나 다리를 꼬는 자세는 방어적 태도로 해석될 수 있다.

자세와 몸짓은 상황에 맞게 조정되어야 한다. 내담자가 슬픔을 표현할 때 과도하게 활기찬 제스처를 보이면 부조화를 느낄 수 있다. 상담자는 내담자의 정서 상태와 동기 수준에 맞추어 적절한 몸짓을 선택해야 한다.

(4) 침묵

침묵은 상담에서 강력한 비언어적 기법 중 하나이다. 침묵은 단순한 말의 부재가 아니라, 내담자가 자신의 생각과 감정을 정리하고, 상담자가 내담자의 경험을 존중한다는 메시지를 전달하는 수단이다.

침묵이 지나치면 내담자를 불안하게 만들 수 있다. 또한 상담자의 소극적 태도로 오해될 수 있다. 따라서 상담자는 의도적 침묵을 사용하되, 필요할 경우 "생각할 시간을 드리고 있습니다"와 같이 언어적 단서를 제공하는 것이 바람직하다.

(5) 목소리와 억양

목소리의 높낮이, 속도, 강세, 억양은 상담자의 태도와 정서를 드러내는 중요한 비언어적 요소이다. 같은 말이라도 어떻게 말하느냐에 따라 내담자가 받는 메시지는 크게 달라진다.

상담자가 지나치게 빠른 속도로 말하면 내담자가 압박을 느끼고, 지나치게 느리면 상담이 늘어진다는 인상을 줄 수 있다. 또한 권위적인 어투는 자율성을 침해하는 느낌을 줄 수 있으므로 피해야 한다.

5) 행동적 기법

행동적 기법(behavioral techniques)은 상담자가 내담자의 구체적인 행동 변화를 촉진하기 위해 사용하는 방법이다. 행동주의 심리학에 뿌리를 둔 이 기법들은 "사고와 감정이 바뀌어야 행동이 달라진다"는 전통적 접근과 달리, 행동 자체의 변화를 통해 정서와 사고의 변화를 유도할 수 있다는 관점에서 출발한다. 따라서 행동적 기법은 상담 현장에서 실질적 변화를 이끌어 내는 데 매우 효과적이며, 성인학습 상담에서도 학습 습관 형성, 시간 관리, 자기조절 훈련 등에 널리 활용된다.

〈표 9-4〉를 통해 전반적인 행동적 기법을 확인할 수 있다.

표 9-4 • 행동적 기법

기법	핵심 목적
과제 부여 (homework assignment)	상담 내용을 실제 행동으로 전이
역할 연습 (role play)	실제 상황을 모의 경험
행동 수정 (behavior modification)	강화·소거 원리를 통한 습관 변화
행동 실험 (behavioral experiment)	신념 검증을 통한 사고 수정

(1) 과제 부여

과제 부여란 상담자가 내담자에게 상담시간 외에 구체적인 활동이나 실습을 하도록 제시하는 기법이다. 이를 통해 상담에서 얻은 통찰이나 전략을 실제 생활에서 적용하고 일반화할 수 있도록 돕는다.

과제는 내담자의 수준과 상황에 맞게 구체적이고 실현 가능해야 한다. 예컨대 "매일 10분씩 학습 일지를 작성하기", "학습 중 방해 요인을 기록하기", "한 주 동안 30분 이상 학습한 날을 달력에 표시하기" 등이 될 수 있다. 상담자는 과제를 단순히 지시하는 것이 아니라, 내담자와 협력하여 현실적인 계획을 세워야 한다.

과제가 지나치게 어렵거나 많으면 내담자가 실패 경험을 반복하게 된다. 따라서 상담자는 과제를 "성공 가능성이 큰 작은 단계"로 나눠 설정해야 하며, 성취를 강화하는 긍정적 피드백을 제공해야 한다.

(2) 역할 연습

역할 연습(role play)은 내담자가 실제로 경험하는 상황을 상담 장면에서 시뮬레이션하는 기법이다. 내담자가 불안하거나 자신 없어 하는 행동을 안전한 상담실에서 미리 연습함으로써 실제 상황에서의 자신감을 높인다.

상담자는 내담자가 어려워하는 상황(예 : 교수에게 질문하기, 동료에게 학습 도움 요청하기)을 구체적으로 설정하고, 상담자나 다른 참여자가 상대 역할을 맡아 장면을 연출한다. 내담자는 상황을 직접 연습해 보고, 상담자는 피드백을 제공한다.

역할 연습은 내담자에게 다소 어색할 수 있다. 상담자는 내담자가 충분히 안전감을 느끼도록 분위기를 조성해야 하며, 피드백은 비판보다는 학습 기회로 제시해야 한다.

(3) 행동 수정

행동 수정(behavior modification)은 바람직하지 않은 행동을 줄이고, 바람직한 행동을 강화하기 위해 사용하는 체계적 방법이다. 행동주의 원리, 특히 강화와 소거에 기반한다.

행동 수정은 크게 다음과 같은 네 단계로 진행된다.

① **문제 행동 파악** : 내담자의 바람직하지 않은 행동을 구체적으로 정의한다. (예 : "학습 중 10분마다 휴대폰을 확인한다").

② **목표 행동 설정** : 원하는 행동을 명확히 규정한다(예 : "학습시간에는 30분 동안 휴대폰을 보지 않는다").

③ **강화 계획 수립** : 목표 행동을 했을 때 보상을 제공한다(예 : "30분 학습 후 5분 휴대폰 사용 허용").

④ **실행 및 점검** : 내담자가 행동 변화를 실천하고, 상담자가 지속적으로 피드백한다.

행동 수정은 학습 습관 형성에 매우 효과적이다. 예컨대 "매일 학습 후 달력에 스티커 붙이기"는 자기강화의 한 방식이다. 성인학습자는 스스로를 강화할 수 있는 방법(예 : 좋아하는 커피 한 잔, 휴식 시간 확보)을 활용하여 행동 변화를 유지할 수 있다.

행동 수정은 단기적으로 효과가 크지만, 내담자가 내적 동기를 갖지 못하면 장기적으로 유지되기 어렵다. 따라서 상담자는 행동 수정과 함께 가치 탐색, 자기효능감 강화 등 인지적 개입을 병행해야 한다.

(4) 행동 실험

행동 실험(behavioral experiment)은 내담자가 가지고 있는 신념이나 두려움이 현실에서 실제로 어떻게 작동하는지를 검증하기 위해 특정 행동을 시도해 보는 기법이다. 우선 상담자는 내담자의 신념을 확인하고, 이를 검증할 수 있는 작은 행동을 설계한다. 예컨대 내담자가 "나는 발표하면 반드시 실수한다"라고 믿는다면, 짧은 발표를 시도하여 실제로 어떤 결과가 나타나는지 경험하게 한다.

행동 실험은 내담자에게 불안을 유발할 수 있다. 따라서 상담자는 작은 단계에서 시작해 점진적으로 난이도를 높여야 한다. 또한 실험 결과가 부정적일 경우 이를 실패로 보지 않고 학습 기회로 해석하도록 안내해야 한다.

5) 인지적 기법

인지적 기법(cognitive techniques)은 내담자가 가지고 있는 비합리적 신념, 왜곡된 사고, 자기제한적 믿음을 수정하여 보다 현실적이고 적응적인 사고 방식을 형성하도록 돕는 상담 방법이다. 인간의 정서와 행동은 단순히 외부 사건에 의해 결정되는 것이 아니라, 그 사건을 해석하는 사고의 틀에 따라 달라진다는 인지이론의 관점에서 출발한다. 즉, 같은 사건을 경험하더라도 어떤 해석을 하느냐에 따라 전혀 다른 정서와 행동 반응이 나타난다.

예컨대 시험에서 떨어진 경험을 "나는 무능하다"라고 해석하면 좌절과 회피 행동이 나타나지만, "이번에는 준비가 부족했을 뿐이다. 다음에는 보완할 수 있다"라고 해석하면 도전 의지가 강화된다. 인지적 기법을 전체적으로 개관하는 내용을 〈표 9-5〉에서 확인할 수 있다.

표 9-5 • 인지적 기법

주요 기법	핵심 목적
인지적 재구성 (cognitive restructuring)	비합리적 신념 수정
자기대화 훈련 (self-talk training)	부정적 자기대화 교체
사고 기록 (thought record)	사고-감정-행동 관계 인식
인지 재구조화 (reframing)	문제의 틀을 바꾸어 해석

(1) 인지적 재구성

인지적 재구성(cognitive restructuring)은 내담자의 비합리적 사고나 왜곡된 신념을 찾아내고, 이를 보다 현실적이고 합리적인 사고로 대체하는 과정이다. 대표적으로 엘리스(Ellis)의 합리정서행동치료(REBT)와 벡(Beck)의 인지치료에서

이 원리를 강조했다(Beck, 2011 ; Ellis, 1962).

우선 상담자는 내담자의 진술 속에서 자동적 사고를 포착해 내야 한다. 예컨대 "나는 공부를 못하니까 결국 실패할 거야"라는 생각은 자동적 사고이다. 이를 인식시킨 후, 상담자는 "정말 항상 실패했나요? 성공한 경험은 없었나요?"와 같은 질문을 통해 대안적 사고를 제시한다. 내담자는 자신의 사고가 전적으로 사실이 아님을 깨닫고, 보다 균형 잡힌 해석을 하게 된다.

인지적 재구성은 단순히 긍정적 사고로 바꾸는 것이 아니라, 현실에 근거한 대안적 사고를 찾는 것이다. 지나친 낙관주의는 오히려 내담자를 실망시키고 상담자에 대한 불신을 초래할 수 있다.

(2) 자기대화 훈련

자기대화(self-talk)란 내담자가 자신과 마음속으로 나누는 대화를 의미한다. 부정적 자기대화는 불안, 우울, 회피 행동을 강화한다. 자기대화 훈련은 내담자가 자신의 부정적 자기대화를 인식하고, 이를 건설적 자기대화로 대체하는 기법이다.

자기대화 훈련 시, 상담자는 내담자에게 자신의 생각을 기록하게 하여, 반복적으로 떠오르는 부정적 자기대화를 확인하도록 한다. 이후 부정적 자기대화에 대안을 제시한다. 예컨대 "나는 절대 성공할 수 없어"라는 자기대화를 "나는 노력하면 조금씩 나아질 수 있다"로 바꾸도록 훈련한다. 자기대화 훈련은 단기간에 효과가 나타나기 어렵다. 상담자는 내담자가 꾸준히 훈련할 수 있도록 과제를 부여하고, 작은 변화를 지속적으로 강화해야 한다.

(3) 사고 기록

사고 기록(thought record)은 내담자가 특정 상황에서 경험한 사건, 자동적 사고, 정서 반응, 대안적 사고를 체계적으로 기록하게 하는 기법이다. 이를 통해 내담자는 자신의 사고와 정서, 행동 간의 관계를 명확히 인식하게 된다(Beck, 2011).

다음은 시험을 준비하며 불안해하는 내담자가 작성한 사고기록지의 예이다.

표 9-6 • 사고기록지 (cognitive behavioral thought record)

구분	내용
상황 (situation)	시험 공부를 하려 했지만 집중이 되지 않았다.
자동적 사고 (automatic thought)	"나는 원래 집중력이 없어."
관련 정서 (emotion / feeling)	좌절(80%), 불안(70%)
사고의 근거 (evidence for the thought)	예전에 공부에 집중하지 못한 적이 여러 번 있었다.
사고에 대한 반증 (evidence against the thought)	집중이 잘 되었던 날도 있었고, 환경이 조용하면 잘 집중했다.
대안적 사고 (alternative thought)	"지금은 피곤해서 집중이 어려운 것뿐이야. 잠시 휴식한 뒤 다시 시작할 수 있다."
결과 / 정서 변화 (outcome / emotion after reframing)	좌절감 감소(40%), 불안 완화(30%)

사고 기록은 내담자에게 다소 번거롭게 느껴질 수 있다. 따라서 상담자는 기록의 목적과 효과를 충분히 설명하고, 내담자가 실제로 작성할 수 있는 현실적 양식을 제시해야 한다.

(4) 인지 재구조화

인지 재구조화(cognitive reframing)는 내담자가 문제 상황을 다른 관점에서 바라보도록 돕는 기법이다. 동일한 사건이라도 '틀(frame)'을 바꾸면 전혀 다른 의미를 가질 수 있다. 상담자는 내담자가 부정적으로 해석하는 사건을 새로운 의미로 재구성한다. 예컨대 "시험에서 떨어졌다"라는 사건을 "부족한 부분을 알게 된 학습 기회"로 해석하도록 돕는 것이다.

인지 재구조화는 현실을 무시하거나 미화하는 것이 아니다. 내담자가 실제로 겪는 어려움을 존중하면서, 다른 의미 가능성을 열어 주는 방식으로 사용해야 한다.

6) 정서적 기법

정서적 기법(emotional techniques)은 내담자가 억압하거나 회피해 온 감정을 안전하게 표현하고, 그것을 수용하며, 새로운 방식으로 경험하도록 돕는 상담 방법이다. 인간의 문제는 단순히 사고나 행동의 왜곡에서 비롯되는 것이 아니라, 표현되지 못한 감정과 깊은 관련이 있다.

정서적 기법은 내담자가 감정을 직접적으로 다루도록 하여 자기이해를 심화시키고, 감정과 사고, 행동의 통합을 촉진한다. 이는 단순히 울거나 화를 내는 감정의 표출을 넘어, 감정을 인식–표현–수용–재구성하는 과정을 포함한다. 전반적인 정서적 기법의 내용은 〈표 9-7〉을 통해 요약하였다.

표 9-7 • 정서적 기법

주요 기법	핵심 목적
감정 명료화 (affect clarification)	복합 감정의 명확화
감정 표현 훈련 (emotional expression training)	억눌린 감정의 적절한 표현
심상 기법 (imagery technique)	감정·경험을 시각화·재경험
감정일기 (emotional journal)	감정 기록을 통한 통찰

(1) 감정 명료화

감정 명료화란 내담자가 모호하게 느끼는 정서를 상담자가 언어화하거나 반영하여, 보다 명확하게 인식하도록 돕는 기법이다. 내담자는 종종 "그냥 답답해요"라고 말하지만, 실제로는 불안, 분노, 좌절이 복합적으로 얽혀 있을 수 있다.

상담자는 내담자의 진술과 비언어적 단서를 근거로 "답답하다고 하셨는데, 혹시 불안과 화가 동시에 느껴지셨나요?"라고 질문하거나 반영한다. 이를 통해 내담자는 자신의 감정을 더 구체적으로 인식할 수 있다.

상담자의 해석이 내담자의 실제 경험과 다를 경우, 내담자는 오히려 소외감을 느낄 수 있다. 따라서 감정 명료화는 추측이 아니라 내담자의 반응을 존중하는 방식으로 진행해야 한다.

(2) 감정 표현 훈련

감정 표현 훈련은 내담자가 억눌러 온 감정을 안전한 환경에서 적절히 표현하도록 돕는 기법이다. 성인 내담자는 사회적 역할 속에서 자신의 감정을 억제하는 경우가 많으며, 이는 학습과 자기성장에도 부정적 영향을 미친다.

상담자는 내담자가 감정을 직접 언어로 표현하거나, 글쓰기 · 역할 연습 · 심상 기법을 활용하여 감정을 드러내도록 유도한다. 예컨대 "지금 느끼는 좌절을 글로 적어 보세요"라는 활동은 감정 표현의 한 방법이다.

감정 표현이 과도하면 내담자가 불안정해지거나 스스로도 불안감을 경험할 수 있다. 상담자는 감정을 무조건 배출하게 하기보다는, 감정을 적절한 수준과 방식으로 표현하고 조절하도록 안내해야 한다.

(3) 심상 기법

심상 기법(imagery technique)은 내담자가 특정 장면이나 경험을 마음속에 떠올리게 하여 감정을 탐색하고 재구성하는 방법이다. 이는 정서를 직접적으로 다루기 어려운 내담자에게 유용하다.

상담자는 내담자에게 눈을 감고 특정 상황을 떠올리도록 안내한다. 예컨대 "시험장에서 긴장했던 순간을 떠올려 보세요. 그때 어떤 감정이 드셨나요?"라고 질문한다. 이후 상담자는 내담자가 새로운 관점에서 그 장면을 다시 경험하도록 돕는다. 심상 기법은 일부 내담자에게 과도한 불안을 유발할 수 있다. 상담자는 내담자의 정서적 안정 수준을 고려하여 점진적으로 진행해야 한다.

(4) 감정일기

감정일기(emotional journal) 쓰기는 내담자가 자신의 감정을 글로 기록하도록 하여 감정을 명확히 인식하고 조절하도록 돕는 기법이다.

상담자는 내담자에게 하루 중 경험한 사건과 그에 따른 감정을 기록하도록 안내한다. 이후 상담 과정에서 이 기록을 함께 검토하면서 내담자의 감정 패턴을 분석한다.

일기 쓰기는 내담자에게 시간과 노력을 요구한다. 따라서 상담자는 기록의 목적을 충분히 설명하고, 내담자가 무리하지 않는 범위에서 작성하도록 조정해야 한다.

요약하기

1. 상담 과정

- 상담 과정은 내담자가 문제를 탐색하고 해결하며 성장을 이루도록 돕는 체계적·전문적 상호작용이다. 일반적으로 준비-초기-중기-종결-추수 상담의 단계로 진행되며, 각 단계는 유기적으로 연결되어 순환적이고 유연하게 적용된다.
- 초기 단계는 상담의 성패를 좌우하는 시기로, 신뢰와 안전감 형성을 통해 라포를 구축하고 상담의 방향을 설정한다. 문제를 사정하고 내담자와 협력적으로 구체적·현실적인 목표를 설정하는 것이 핵심이다.
- 중기 단계는 내담자가 자신의 내면을 탐색하고 문제의 본질을 이해하며, 이를 행동 변화로 연결하는 단계이다. 인지적, 정서적, 행동적 개입이 주로 이루어지는 단계이기도 하다.
- 종결 단계는 상담의 성과를 점검하고, 내담자가 상담에서 배운 통찰과 기술을 실제 삶에 적용하도록 돕는다. 상담 효과가 일시적 경험에 그치지 않고 일상 속에서 유지되도록 전이와 일반화를 촉진한다.
- 추수 상담은 상담 후 일정 시점에서 내담자의 변화를 점검하고 추가적 지원을 제공한다. 이는 상담 효과를 강화하고, 내담자의 장기적 성장을 지원하는 과정이다.

2. 상담 기법

- 상담 기법은 내담자의 자기이해와 행동 변화를 촉진하기 위한 구체적 방법으로, 관계적 신뢰를 바탕으로 할 때 효과를 발휘한다.
- 질문, 반영, 명료화, 요약, 해석 등 언어적 반응을 통해 내담자의 사고와 정서를 탐색하고 통찰을 이끌어 낸다. 성인 내담자에게는 공감적·협력적 대화 태도가 필수적이다.
- 표정, 시선, 자세, 침묵, 목소리와 같은 비언어적 행동은 신뢰와 안정감을 조성한다. 상담자는 자신의 비언어적 표현을 점검하고, 내담자의 비언어 신호를 민감하게 읽어야 한다.
- 행동적 기법은 과제 부여, 역할 연습, 행동 수정 등 실제 행동 변화를 촉진하는 방법이며, 인지적 기법은 왜곡된 사고를 재구성하여 현실적 사고를 형성하도록 돕는다.
- 감정적 기법은 내담자가 감정을 인식하고 수용하며, 정서 조절 능력을 회복하도록 돕는다. 성인학습자에게는 감정적 부담 완화와 자기효능감 회복에 특히 유용하다.

Part 4

성인학습자 상담의 실제

Chapter

10 학습상담의 실제

학습목표

- 인지 및 메타인지 전략을 이해하고, 효과적인 학습을 위한 개입전략을 설명할 수 있다
- 학습정서를 이해하고, 정서조절 개입 전략을 설명할 수 있다.
- 학습동기의 주요 요인을 이해하고, 동기 향상을 위한 개입 전략을 설명할 수 있다.
- 시간관리 과정을 이해하고, 효율적 시간 활용을 위한 개입 전략을 설명할 수 있다.

일반적으로 학습상담은 새로운 지식을 습득하고 활용하며 생산하는 과정에서 발생하는 여러 가지 어려움을 조력하는 상담 서비스이다(황매향, 2016). 개인은 배우고 익히는 과정에서 다양한 문제를 경험하며, 발달과업과 주어진 상황에 따라 학습 문제의 유형이나 상담의 우선순위가 달라질 수 있다. 아동 · 청소년의 경우에는 학업 성취에 필요한 학습 내용과 기술을 개선하는 데 초점을 둔다. 반면 성인학습자는 직업, 가정, 사회적 역할을 수행하면서 학습에 참여하는 경우가 많고, 오랫동안 학업을 중단한 후 다시 학습을 시작하여 학습 맥락이나 방법에 익숙하지 않은 경우도 많다(Knowles, 1980 ; Merriam & Bierema, 2014). 이러한 요인들은 성인학습자의 학업 지속을 어렵게 만드는 중요한 배경이 된다. 따라서 성인 대상 학습상담은 단순히 학업성취 기술을 지도하는 데 그치지 않고, 평생학습자로서 삶의 전반을 고려하는 통합적 접근을 필요로 한다(은혜경 · 조영미 · 전선미, 2014). 따라서 성인학습자 학습상담의 궁극적 목표는 학습 지속과 자기주도적 성장, 그리고 학습과 삶의 통합을 통해 성인의 학습 역량과 삶의 질을 향상시키는 것에 있다.

이를 위해 본 장에서는 성인학습자 대상 학습상담을 네 가지로 영역으로 구분하여, 각 영역별 핵심 개념을 이해하고 개입 전략을 소개하고자 한다. 첫째, 수업 이해 및 기억을 위한 학습전략 조절 영역, 둘째, 불안과 긴장을 완화하는 학습정서 조절 영역, 셋째, 자기효능감과 목표 설정 등을 통한 학습동기 조절 영역, 넷째, 시간관리 전략의 습득을 통한 학습행동 조절 영역이다.

본격적으로 학습상담의 각 주제별로 접근하기 전에 학습상담의 목표를 설정할 때 전반적으로 고려해야 할 원리를 먼저 소개하고자 한다. 학습상담 및 코칭에서 목표설정 과정은 학습자가 실제로 실행 가능한 변화를 이루도록 안내하는 핵심 절차이다. 효과적인 목표설정을 위해 첫째, 상담 이슈를 중심으로 학습자의 성찰과 맥락화 작업을 거칠 필요가 있다. 즉 학습자의 호소 문제를 단순 확인하는 데 그치지 않고, 문제 해결이 지니는 의미와 성취를 탐색하여 성장 욕구를 파악하고, 호소 문제가 주로 발생하는 구체적인 상황을 검토할 필요가 있다. 둘째, 시급성과 실질적 필요성을 기준으로 원하는 바의 우선순위를 정해야 한다. 학습자가 가장 큰 어려움을 겪는 영역이나 증상을 완화하는 것을 1차 목표로 삼고, 이후 점진적으로 목표 범위를 확대해 나가는 것이 효과적이다. 셋째, 해결 중심 접근이 바람직하다. 예를 들어 “왜 자꾸 미루는 걸까요?”와 같은 문제 중심 질문보다 “제 시간에 공부하기 위해 이번 주에 실천 가능한 작은 변화는 무엇일까요?”라는 해결 중심 질문이 학습자의 시선을 행동과 변화로 이끈다. 넷째, 목표는 구체적이고 측정 가능하며 실현 가능한 행동 중심으로 설정할 필요가 있다. SMART(specific, measurable, agreed, realistic, time-bound) 원칙을 참고하여 단기, 중기, 장기 목표를 구분해 단계적으로 성취하도록 하는 것이 효과적이다. 예컨대 “시간 계획을 세워서 지킨다”보다 “주간 계획을 세우고 그중 70%를 이행한다”는 식의 구체적 목표가 효과적이다. 다섯째, 회피 목표 대신 접근 목표를 세우는 것이 바람직하다. 예를 들어 “불안 없애기”보다는 “불안을 조절해 원하는 성적을 달성한다”, “미루지 않기”보다는 “70%를 제때 실천하기”처럼 긍정적 행동을 강조할 때 참여 동기를 높일 수 있다. 이러한 원칙에 따라 설정된 목표는 학습자에게 명확한 실천 방향을 제시하며, 상담 과정에서 변화의 진전을 확인할 수 있는 기준이 된다. 동시에 학습자의 자기조절 능력을 강화하고 장기적 학업 성취로 이어지는 기반이 된다.

1. 학습전략 조절

1) 학습전략에 대한 이해

학습과 관련된 어려움은 단순히 능력이 부족해서라기보다는 효과적인 학습 기술이나 전략을 제대로 알지 못하기 때문에 생기는 경우가 많다. 특히 학습자가 많은 시간과 에너지를 들였음에도 기대한 성과를 얻지 못한다면, 그 이유는 학습량이 아니라 부적절한 학습 전략에 있을 가능성이 크다. 실제로 미국과 한국 대학생들을 대상으로 한 연구들에 따르면, 상당수의 학생들이 비효율적인 방법으로 공부하며 효과적인 학습전략에 대해서도 충분히 알지 못하는 것으로 보고되었다(안다휘 · 이희승, 2018 ; Kornell & Bjork, 2007). 이러한 결과는 학습상담이나 학습코칭에서 학습전략 점검과 지도 과정이 왜 중요한지를 잘 보여 준다. 본 장에서는 주의집중 전략, 인지 및 초인지 전략을 중심으로 학습전략을 소개하고자 한다.

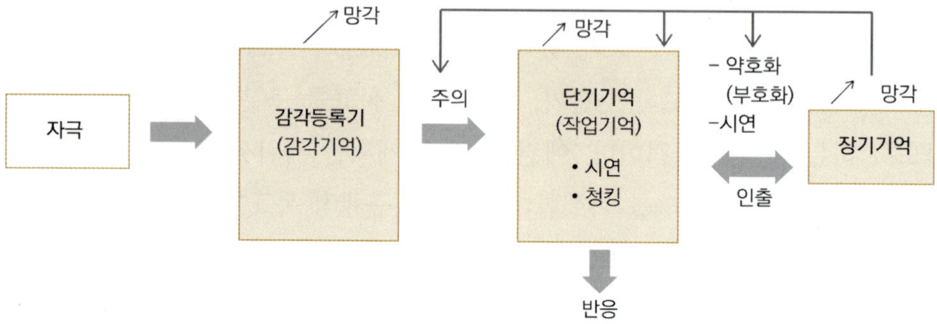

그림 10-1 ○ 앳킨슨과 쉬프린의 이중저장모델

(1) 주의집중력

학습에서 주의집중(attention / concentration)은 가장 기본적이고 핵심적인 능력이다. 주의집중은 외부 자극이나 내적 사고 중에서 학습 목표와 관련된 정보를 선택하여 의식을 고정하고, 이를 일정 시간 유지하는 과정(Chun, Golomb & Turk-Browne, 2011)으로 정의할 수 있다. 즉, 주의집중은 주의력(attention)과 집중력(concentration)의 두 요소로 이루어지며, 학습자의 정보처리 과정과 직결된다. 정보처리이론의 관점에서 볼 때, 주의력은 감각기억에서 단기기억으로 정보를 선택적으로 전달하는 역할을 하고, 집중력은 단기기억에서 장기기억으로 정보를 전환되는 과정을 유지하는 데 중요한 기능을 한다(Anderson, 2010 ; Atkinson & Shiffrin, 1968). 따라서 주의집중은 학습 내용의 이해, 기억, 및 성취에 직접적인 영향을 미치는 필수적 기제라 할 수 있으며, 주의집중을 위해서는 학습자의 의지와 노력 및 전략이 요구된다.

주의집중력은 다양한 요인에 의해 영향을 받는다. 먼저 개인적 요인으로는 생물학적 요인(질병, 체력, 알레르기 등), 인지적 요인(지능, 언어 발달, 학습 경험),

정서적 요인(불안, 자기개념, 자기통제력), 행동적 요인(학습 습관, 생활 습관) 등이 있다. 예를 들어 어휘력이 부족하면 텍스트 이해가 어려워 집중력이 저하될 수 있다. 또한 부정적인 자기개념을 가진 경우도 학습 상황에서 몰입하기 어렵다. 예를 들어, 스스로 '나는 원래 공부를 잘 못한다'라고 인식하는 학생은 조금만 어려운 부분이 나오면 자신감이 부족하여 과제에 깊이 몰입하지 못하고, 쉽게 포기하는 경향을 보인다.

개인적 요인 외에도 물리적 · 환경적 요인도 중요한데, 소음, 산만한 물리적 환경, 적절치 않은 학습 공간은 집중을 방해한다. 반대로 깔끔하고 단순한 학습 환경은 집중을 높인다. 심리적 환경 또한 무시할 수 없는데, 가족이나 동료 간의 관계 갈등이나 과도한 가족의 기대는 집중력을 저하시키기도 한다.

(2) 인지 및 메타인지 전략

학습자는 단순히 많은 시간을 투자한다고 해서 효과적으로 학습할 수 있는 것은 아니다. 학습의 질을 좌우하는 중요한 요인 중 하나가 바로 인지전략(cognitive strategies)과 메타인지전략(metacognitive strategies)의 활용이다. 먼저 인지전략(cognitive strategies)은 학습자가 정보를 습득, 조작, 저장, 및 활용을 촉진하는 정신적 조작이다(Weinstein & Mayer, 1986). 다시 말해 인지전략은 정보를 보다 효율적으로 처리하도록 돕는 구체적인 기법을 의미한다(Atkinson & Shiffrin, 1968). 대표적인 전략으로는 시연(rehearsal), 부호화(encoding), 조직화(organization), 정교화(elaboration), 시각적 심상(visual imagery), 기억술(mnemonics) 등이 있다(Ormrod, 2008). 시연은 정보를 단순 반복하여 장기기억으로 전이하는 과정이며, 부호화는 작업기억으로 들어온 외부 정보를 장기기억에 저장 가능한 형태로 변환하는 것이다. 대표적인 부호화 전략으로 조직화는 자료를 의미 있는 범주로 묶어 회상 단서를 제공하고, 정교화는 새로운 정보를 기존 지식과 연결해 의미를 확장하는 전략이다. 또한 시각적 심상은 단어나 개념을 이미지와 결합해 기억을 강화하며, 기억술은 '두문자법'이나 '장소법'처럼 인위적 연합을 통해 정보를 효과적으로 저장하도록 돕는다. 이러한 전략들은 학습자의 이해와 기억을 심화시키는 데 핵심적 역할을 한다.

메타인지전략(metacognitive strategies)은 학습자가 자신의 인지 과정을 인식하고 그 과정을 통제하는 상위 인지 능력이다(Flavell, 1976). 메타인지는 "내가 무엇을 알고 무엇을 모르는지"를 파악하고, 학습 상황에 따라 인지전략을 선택 및 조절하는 상위 수준의 사고이다. 대표적인 요소로는 계획(planning), 점검(monitoring), 조절(regulation)이 있다. 계획은 학습 목표를 설정하고 전략을 선택하는 과정이며, 점검은 이해 여부와 학습 진전도를 확인하여 목표와 전략의 효과성을 검토하는 과정이다. 조절은 점검 결과에 따라 학습 전략을 수정하거나 보완하는 과정으로, 학습자의 자기조절학습을 가능하게 한다(Pintrich & De Groot, 1990 ; Zimmerman, 2000).

메타인지능력이 높은 학습자는 주의집중을 잘 관리하고, 과제를 현실적으로 파악하며, 자신의 오류 가능성을 점검한다. 또한 새로운 지식을 기존의 배경 지식과 적극적으로 연결함으로써 깊은 이해를 도모한다. 안다휘와 이희승(2018)의 연구 결과, 대학생들은 인지 및 메타인지 전략을 적극적으로 활용할수록 학습 이해도와 성취도가 높아진다고 응답하였으며, 이러한 전략적 학습은 자기조절능력 향상에도 긍정적인 영향을 미치는 것으로 나타났다. 이는 단순 암기 위주의 학습보다 인지와 메타인지 전략을 통합적으로 사용하는 것이 장기적으로 학습 성과를 높이는 데 효과적임을 보여 준다. 이 밖에도 여러 연구들에서 인지 및 메타인지 전략의 사용과 학업 성취와 깊은 관계가 있는 것으로 보고된 바 있다(리사손, 2019 ; Bereiter & Scardamali, 1989 ; Bruning, Schraw, Norby & Ronning, 2004).

2) 개입 전략

(1) 주의집중

진단 단계에서는 학습자의 생활 패턴과 집중 상태를 구체적으로 파악하는 것이 필요하다. 예를 들어 하루 일과 분석표를 자세하게 작성하게 하여 하루의 활동, 학습 시간, 집중 정도와 그에 대한 느낌을 기록하도록 하고, 이를 기반으로 집중이 잘 되는 시간과 그렇지 않은 시간, 그리고 관련된 환경적 요인을 상담자와 함께 확인할 수 있다. 필요한 경우 지능검사(특히, 처리 속도와 작업기억 지표), 주의집중력 검사(예: FAIR), 학습전략 검사 등을 활용하여 주의집중력의 특성과 문제 수준을 객관적으로 확인할 수 있다.

개입 전략으로 환경 및 생활습관 개선, 학습 과제 조정, 학습 전략 조절, 자기통제력 강화 등 다양한 측면에서 접근할 필요가 있으며, 이들 중 보다 쉽게 조정이 가능한 것부터 시도할 수 있다. 첫째, 학습 환경을 점검하여 소음, 스마트폰, 학습 공간 구조와 같은 물리적 방해 요인이나 관계 갈등 등 심리적 요인을 먼저 제거하거나 조정해야 한다. 생활습관 관리 또한 중요한데, 충분한 수면과 규칙적 운동, 균형 잡힌 식사는 집중력 유지에 직접적으로 기여한다. 둘째, 학습 과제 조정에서는 칙첸트미하일리(Cziksentmihalyi, 1990)의 플로우(flow, 몰입) 모델의 관점을 적용할 필요가 있다. [그림 10-2]와 같이 학습자의 능력과 과제 난이도의 균형이 맞을 때 집중할 수 있다는 점을 고려하여, 난이도가 높은 과제는 학습자와 함께 과제를 세분화하여 단계적으로 수행하도록 하면 집중력과 성취감을 동시에 높일 수 있다.

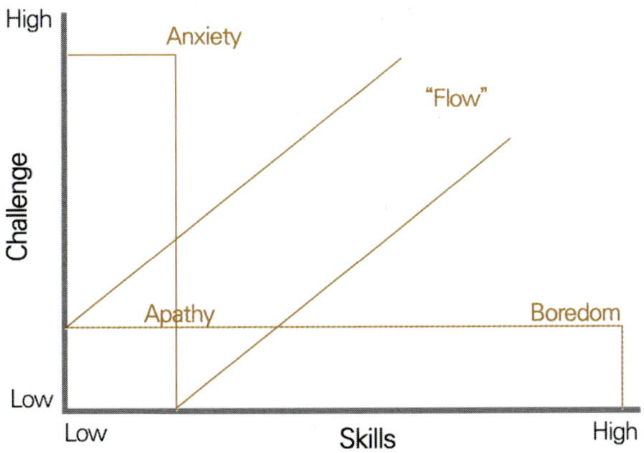

그림 10-2 ◦ 칙첸트미하일리의 플로우(flow)

셋째, 요약하기, 노트 필기, 정교화, 인출 연습 등과 같은 효과적인 학습전략을 훈련하고 적용하면 집중 지속 시간을 확장하는 데 도움이 된다. 학습자가 현재 활용하고 있는 주된 학습 전략을 점검하고, 개선이 필요한 부분을 찾아 적용할 수 있다. 넷째, 자기통제력을 강화하기 위해 과제의 각 단계마다 내적 언어(혼잣말)를 학습자와 함께 개발하여 적용할 수 있다(주은지 · 최은선, 2021). 즉 공부를 진행하는 주요 단계에 지속적으로 자신과의 긍정적인 대화를 촉진하는 전략이다. 대표적인 내적 언어 프로그램으로 자기교시훈련(self-instructional training, Meichenbaum & Goodman, 1971), 소리내어 말하기 훈련(think aloud training) 등이 있다.

표 10-1 • 켄달 등(Kendall et al., 1985)의 자기교시훈련 예시

단계	질문
1단계 : 문제 정의	무엇을 해야 하는가? 문제는 무엇인가?
2단계 : 문제에 대한 접근 단계	모든 가능한 답을 살펴보자, 내가 지금 하는 것만 생각하자, 집중하자.
3단계 : 답의 선택 단계	답을 하나 고르자.
4단계 : 답의 검토 단계	답을 검토하자.
5단계 : 자기강화 단계	아, 잘했군. / 아, 실수했군. 다음에는 더 천천히 하고 좀 더 집중하여 바른 답을 고르자.

출처 : 김동일 외, 2011, 재인용.

(2) 인지 및 메타인지 전략

학습상담에서 중요한 목표 중 하나는 학습자의 인지 및 메타인지 능력을 강화하여 자기주도적 학습을 가능하게 하는 것이다. 상담자는 학습자의 현재 전략 사용 실태를 진단한 후, 효과적인 학습전략을 훈련시키고 습관화하도록 돕는 개입이 필요하다.

첫째, 인지 전략 훈련을 통해 학습의 기초를 다질 수 있다. 학습자가 단순히 교재를 반복적으로 읽는 수준에 머물지 않도록, 시연, 조직화, 정교화, 심상 형성 등 다양한 전략을 소개하고 실제 학습 과정에 적용하도록 훈련한다. 예를

들어, 개념도를 활용하여 교과 내용을 조직화하거나, 새로운 개념을 기존 지식과 연결해 정교화하는 훈련을 통해 깊은 이해를 촉진할 수 있다.

다양한 인지 전략과 더불어 이해와 기억력을 증진하기 위해 반복학습(repeated learning)과 분산학습(distributed learning) 전략을 소개하고 실제 학습 계획에 적용하는 것도 도움이 된다. 반복학습 전략은 학습한 내용을 여러 차례 되풀이하여 기억을 강화하는 방법이다. 에빙하우스(Ebbinghaus, 1913)의 연구에서도 한 번 학습한 정보는 빠르게 잊히지만, 반복할수록 망각 속도가 완만해지고 기억의 지속성이 높아지는 것이 확인되었다. 이를 위해 단순 암송보다 요약하기, 문제 풀이, 오답 점검과 같은 다양한 방식의 반복이 효과적이며, 분산학습과 병행할 때 학습 효과가 극대화된다.

분산학습 전략은 학습 내용을 한번에 몰아서 공부하기보다 일정 기간에 나누어 학습하는 방법이다. 분산된 학습은 기억의 유지율을 높이고 장기기억으로의 전이를 촉진한다. 시험을 앞두고 매일 일정량씩 나누어 계획적으로 공부하는 것이 대표적 예이다. 이 전략은 학습 부담을 줄이고 불안을 완화하며, 집중력을 높여 장기적 성취를 높이는 데 효과적이다(Cepeda et al., 2008).

둘째, 메타인지 전략 훈련을 통해 학습자가 자신의 학습 과정을 성찰하고 조절하도록 돕는다. 이를 위해 계획(planning)-점검(monitoring)-조절(regulation)의 순환적 과정을 강조한다(Zimmerman, 2000). 예를 들어, 학습자가 "이번 주에 어떤 범위를 어떤 방식으로 공부할 것인지"를 계획하고, 학습 중에는 자신의 이해 정도를 점검하며, 시험 결과나 문제 풀이를 통해 효과가 부족할 경우 학습 전략을 조절하도록 지도한다. 이러한 과정은 학습자의 자기조절학습 능력을 체계적으로 확립하도록 도와주며 추후 이 과정을 내면화할 수 있게 된다.

셋째, 자기점검 도구와 피드백 활용을 통해 전략 사용을 습관화한다. 학습자가 오답노트나 체크리스트를 사용하여 "무엇을 알고, 무엇을 모르는지"를 구체적으로 점검하게 하고, 그 결과에 따라 학습전략을 수정하도록 지도한다. 상담자는 긍정적인 피드백과 함께 대안적 전략을 제시하여 학습자가 스스로 개선 방안을 찾도록 도와야 한다.

2. 학습정서 조절

1) 학습정서의 이해

정서(emotion)는 특정 사건이나 자극에 대한 개인적 의미 해석을 바탕으로 일어나는 주관적 경험, 생리적 변화, 표현적 행동을 포함하는 복합적 심리 상태로 정의된다(APA dictionary of psychology). 여기서 특정 사건이나 자극에 대한 개인의 해석에 기반한다는 말은 동일한 상황도 개인의 해석 방식에 따라 긍정적 혹은 부정적 정서로 이어질 수 있음을 의미한다. 따라서 학습 과정에서 발생하는 사건 자체보다 이를 어떻게 해석하느냐가 중요하다고 할 수 있다. 또한 각 정서는 그에 따르는 신체, 생리적 및 행동적 반응이 동반된다. 예를 들어 시험에 실패할 때 발생하는 좌절감이나 우울감은 자기혐오적 주관적 느낌, 낮은 심장박동수의 신체 · 생리적 반응, 슬픈 표정과 어조, 축 처진 어깨의 행동적 표현을 보이게 된다(Reeve, 2018).

학습정서(academic emotion)는 학습 활동(수업, 과제, 시험 등)과 그 결과(성취, 평가)와 직접적으로 연관되어 학습자가 경험하는 다양한 정서를 의미한다(Pekrun, 2006). 페크룬(Pekrun, 2024)에 따르면, 학습정서는 학습 전 · 중 · 후 단계에서 개인이 상황을 어떻게 해석하느냐에 따라 다양한 정서를 느끼게 되며, 이는 학습의 동기, 집중 등 수업 행동, 성취에 중요한 영향을 미친다. 특히 대표적인 학습정서로 불안은 주요 학습 활동이나 시험을 위협으로 인식하고 자신의 통제력을 낮게 평가할 때 나타나며, 그 정서가 과도하면 회피 행동을 유발하게 된다. 지루함은 학습 내용에서 가치와 의미를 느끼지 못할 때 발생하며 집중력과 동기를 약화시킨다. 슬픔은 시험이나 과제의 결과가 만족스럽지 못하다고 인식할 때 나타나며, 심하면 반추적 사고로 이어져 무기력감을 낳는다. 분노는 학습에서 방해 요인을 경험할 때 발생하며, 적정 수준에서는 문제 개선 행동을 촉진하지만 과도할 경우 공격적 행동으로 이어질 수 있다. 반면 기쁨은 성취 경험과 함께 낙관적 사고, 자기통제감 증가, 그리고 학습 참여의 확대로 이끈다(Reeve, 2018).

결론적으로 정서는 학습 과정에서 단순한 심리적 현상이 아니라 인지 과정, 신체 반응, 행동 전반에 중요한 영향을 미치는 요인이다. 학습자가 경험하는 정서는 학습의 결과로 나타나기도 하지만 동시에 학습의 과정에 직접적으로 작용하며, 이는 학습자의 상황 해석, 사고 패턴, 행동 반응이 연쇄적으로 작동하는 가운데 형성된다. 따라서 효과적인 학습상담이나 지도를 위해서는 학업 정서의 작동 메커니즘을 깊이 이해하고, 부정 정서를 적절히 조절하며, 긍정 정서를 촉진하는 전략을 마련하는 것이 필수적이다.

정서의 기본 기능을 살펴보면, 첫째, 정서는 긍정적이든 부정적이든 본질적으로 기능적 성격을 지닌다(Darwin, 1965 ; Ekman, 1992). 정서는 개인의 생존과 적응에 필수적인 요소로 이는 학습 맥락에서도 마찬가지로 적용될 수 있다. 기본적으로 긍정 정서는 학습에 여러 가지 이점을 제공한다. 즐거움, 자부심, 희망과 같은 정서는 학습자의 집중력과 동기를 강화하고, 자기효능감과 통제감을 높여 과제 몰입을 촉진한다. 이러한 경험은 성취의 선순환을 형성하여 더 높은 학업 성과로 이어진다. 또한 긍정 정서는 사고의 폭을 확장시켜 창의적이고 유연한 사고를 가능하게 하며, 정보의 부호화와 장기기억 저장을 촉진하여 학습의 질적 향상을 돕는다. 나아가 협력적 태도를 강화하여 학습 공동체 내에서 개방적 상호작용을 이끌어 낸다(Fredrickson, 2001 ; Reeve, 2018).

부정적인 정서 또한 그 자체로 기능적 역할을 지닌다. 불안, 분노, 죄책감과 같은 정서는 위협을 빠르게 감지하고 대비하게 하며, 자기성찰을 통해 개선의 기회를 제공한다. 예컨대 시험 불안은 학습자가 더 철저히 준비하도록 자극할 수 있고, 과제 지연 시 경험하는 죄책감은 계획적 학습 행동을 촉진할 수 있다. 그러나 이러한 정서가 과도할 경우 주의의 폭을 축소시키고, 작업기억의 효율성을 저하시켜 학업 수행을 방해한다. 또한 회피 행동으로 이어져 학습 지속을 저해할 가능성이 크다(Shields, Moons, Tewell & Yonelinas, 2016).

따라서 학습정서를 효과적으로 다루는 핵심은 부정적 정서를 제거하는 것이 아니라, 그것이 학습을 촉진하는 수준에서 조절될 수 있도록 돕는 것이다.

학습자는 정서를 통해 자기통제력과 인내심을 훈련하게 되며, 이는 지적 성취뿐 아니라 자기조절 역량을 발달시키는 중요한 기회가 된다. 결국 학업 정서에 대한 이해와 조절은 학습자의 전인적 성장과 학업 성취를 동시에 뒷받침하는 중요한 기반이라 할 수 있다.

둘째, 정서는 신체 반응과도 밀접한 관련성을 가진다. 대표적으로 제임스-랑게 이론(James-Lange theory)은 정서가 단순히 마음에서 먼저 발생하는 것이 아니라, 신체적 반응을 경험한 후 이를 해석하면서 정서가 형성된다고 본다(황매향, 2016 ; Reeve, 2018). 예컨대 "우리가 울기 때문에 슬프다"라는 설명은 신체와 정서의 긴밀한 상호작용을 강조한다. 신체 반응과 정서의 관련성을 밝혀주는 흥미로운 연구로 더튼과 에런(Dutton & Aron, 1974)의 다리 실험(the suspension bridge experiment)이 있다. 이 연구에서는 남성 참가자들이 협곡 위의 높고 불안정한 흔들다리를 건너거나, 낮고 안정적인 다리를 건넌 후 여성 실험자를 만나도록 하였다. 이때 두 집단은 모두 이야기를 만드는 과제를 받고, 이후 실험자에게 연락할 수 있는 번호를 전달받았다. 그 결과, 높은 흔들다리를 건넌 집단이 안전한 다리를 건넌 집단보다 여성 실험자에게 더 성적인 해석을 포함한 이야기 과제와 높은 연락 빈도를 보였다. 이는 동일한 신체 각성(심장박동 증가, 떨림)이라도 개인의 해석에 따라 두려움이 될 수도, 타인에 대한 호감으로 오인될 수도 있음을 보여 준다.

이러한 연구들은 학습 상황에서도 시사점을 가진다. 시험을 앞두고 심장이 두근거리고 손에 땀이 나는 반응을 단순히 "나는 불안하다"로 해석하면 수행이 위축되지만, 이를 "내가 이 시험을 중요하게 생각하고 잘하고 싶어 긴장하는구나"로 재해석하면 긍정적 동기로 전환될 수 있다. 더 나아가 심호흡이나 근육 이완과 같은 신체적 개입을 통해 불안 반응을 완화하면 정서의 해석도 달라질 수 있다.

결국 학습정서는 학습자의 사건 해석, 신체 반응, 정서 경험, 행동 반응이 상호작용하는 과정에서 형성되며, 학습 성취와 자기조절 역량에 큰 영향을 미친다. 따라서 상담과 교육 장면에서는 학습정서를 억압하기보다는 기능적으로 수용하고, 신체 · 인지 · 정서를 통합적으로 조절하도록 돕는 접근이 필요하다.

2) 시험 불안의 이해

정서 조절과 관련하여 대표적인 학습상담의 이슈로 시험 불안(test anxiety)을 들 수 있다. 시험 불안은 학습자들이 학업 상황에서 경험하는 대표적인 불안으로, 넓은 의미의 평가 불안(evaluation anxiety)에 속한다. 평가 불안은 타인으로부터 능력이 평가된다고 인식되는 상황에서 느끼는 불안(이재규 외, 2013)으로, 시험뿐만 아니라 발표나 면접과 같은 상황에서도 나타난다. 이 중에서도 시험 불안은 학습자의 성취와 직결된다는 점에서 학습상담에서 핵심적으로 다루어야 할 중요한 주제이다.

시험 불안은 크게 인지적 요인과 정서 및 신체적 요인으로 나눌 수 있다. 인지적 요인에는 자신감 부족, 과도한 걱정, 부정적 예측, 타인과의 끊임없는 비교가 포함된다. 즉, 시험 불안이 높은 학습자는 시험 준비 과정에서도 불충분감을 강하게 느끼며, 작은 실수에도 자신을 과도하게 비난한다. 정서 및 신체적 요인으로는 긴장, 초조, 심장박동 증가, 땀, 두통, 소화 장애 등 다양한 반응이 나타난다. 이는 시험 불안이 단순히 정서적 불안에 그치지 않고 신체 반응과 인지적 기능(예 : 기억력 감소, 집중 저하)까지 포괄하는 복합적 현상임을 나타낸다.

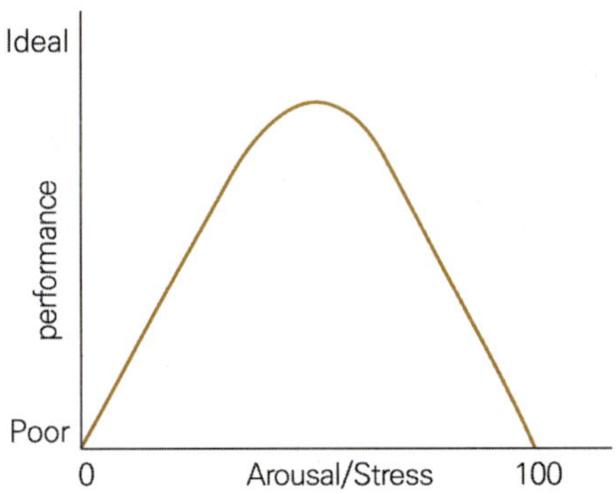

시험 불안은 학업 수행과 밀접한 관련이 있다. 이를 설명하는 대표적인 이론이 여키스-도슨 법칙(Yerkes-Dodson law)이다(Broadhurst, 1957). 이 법칙에 따르면 불안 수준이 지나치게 낮으면 각성이 부족하여 오히려 학습 효율이 떨어지고, 반대로 불안이 지나치게 높으면 과도한 긴장으로 공황 상태에 빠져 수행이 저하된다. 최적의 학업 수행은 적정 수준의 불안에서 이루어진다. 즉, 일정 수준의 불안은 집중과 준비를 촉진하여 학습 성과를 높이는 긍정적 기능을 한다.

그림 10-3 ◦ 여키스-도슨 법칙

따라서 시험 불안을 단순히 제거해야 할 부정적 정서로 이해하는 것은 적절하지 않다. 상담과 코칭에서는 학습자가 적절한 수준의 불안을 유지하고 스스로 조절할 수 있는 통제력을 높이는 것이 중요하다. 이를 통해 불안이 학습을 방해하는 요인이 아니라 오히려 학습을 촉진하는 에너지로 전환되도록 지원해야 한다.

3) 개입 전략

시험 불안으로 상담실을 찾는 내담자나 코칭 현장에 오는 학습자는 관련된 다양한 어려움을 호소한다. 이때 접근 방식은 상담과 코칭의 성격에 따라 차이가 있다. 상담은 주로 불안의 원인, 과거 경험, 정서 및 사고 패턴을 탐색하여 심층적으로 이해하고, 이를 변화시키는 데 중점을 둔다. 반면 코칭은 학습자가 원하는 상태를 명확히 하고, 불안을 극복하기 위해 어떤 목표를 설정하며, 이를 실천 가능한 대안과 행동 전략으로 구체화하는 데 초점을 둔다. 따라서 불안의 정도가 다소 심한 경우에는 상담적 접근이 적합하고, 학업 성과 향상에 실질적 도움을 주는 차원에서는 코칭적 접근이 효과적이다.

진단 단계에서는 초기 면접을 통해 불안이 발생한 시기와 계기, 주요 증상, 불안이 주로 나타나는 과목이나 상황, 지속 기간과 강도 등을 파악해야 한다. 또한 내담자가 사용해 온 기존의 대처 전략의 효과를 검토하고, 가족이나 동료 등 주변인의 기대나 환경적 요인도 함께 고려할 필요가 있다. 이를 통해 불안이 특정 과목에 국한된 것인지, 전반적인 시험 상황에서 나타나는 것인지, 혹은 환경적 압력과 관련된 것인지 종합적으로 이해할 수 있다. 필요한 경우 시험 불안 요인이 포함된 학습전략 검사나 불안 관련 심리검사를 활용해 현재 상태를 점검할 수 있다.

시험 불안에 대한 개입 전략은 크게 인지적 측면, 행동적 측면과 정서 · 신체적 측면으로 나눌 수 있다. 인지적 측면에서는 주로 비합리적 신념을 수정하고 적응적 사고를 강화하는 데 초점을 둔다. 시험 불안을 겪는 학습자들은 흔히 "준비가 여전히 부족하다", "실패하면 무가치하다"와 같은 비합리적 신념을 갖는데, 이는 불안을 악화시키는 주요 원인이 된다. 따라서 상담자는 사고 기록지 작성, 대안적 해석 훈련, 긍정적 자기대화(self-talk)와 같은 인지행동적 기법을 활용하여 학습자가 합리적이고 긍정적인 자기인식을 가질 수 있도록 돕는다. 또한 목표 성적을 지나치게 높게 설정하는 경향을 조정하고, 현실적이고 달성 가능한 수준의 학업 성취 목표를 세우도록 유도함으로써 불안을 완화할 수 있다. 이와 더불어 '걱정 노트 작성'이나 '걱정 시간 정하기'와 같은 기법은 불안을 구조화하여 통제할 수 있도록 한다.

표 10-2 • 사고 기록지 예시

상황 예시	자동적 사고	기분 (0~100점)	대안적 사고	기분 재평가
모르는 문제를 보는 순간 눈앞이 캄캄하고 심장이 두근거렸다.	이 문제 때문에 시험 전체를 망치겠어.	불안 90점	모르는 문제가 한두 개 있다고 해서 시험 전체가 망하는 건 아니야.	불안 50점
✓ *작성해 보세요!*				

행동적 측면에서는 학습전략과 시험준비 방법의 개선이 중요하다. 학습자가 효과적인 전략을 알지 못하면 불안이 증폭되기 때문에, 모의시험을 통한 인출 연습, 시험 상황 재현 훈련, 시간 관리 훈련 등을 지도함으로써 자신감과 시험에 대한 친숙감을 높일 수 있다. 또한 현실적인 학습 계획을 수립하고 이를 실천하도록 하는 과정은 불안을 줄이고 학습 효율을 높이는 데 기여한다.

정서 및 신체적 측면의 개입으로 먼저 불안을 완전히 없애려 하기보다는 이를 수용하고 조절하는 데 초점을 둔다. 시험을 앞두고 나타나는 심장 두근거림, 땀, 떨림 등의 반응은 자연스러운 현상임을 인식하게 하여 불필요한 집착을 줄인다. 동시에 이러한 신체 반응을 긍정적으로 재해석하는 훈련을 통해 불안을 도전 의식이나 준비 태도로 전환할 수 있다. 더 나아가 평소에 심호흡,

근육 이완, 명상과 같은 이완 기법을 반복적으로 연습하게 함으로써 신체적 긴장을 완화하고 심리적 안정감을 회복하도록 한다.

마지막으로, 시험 불안이 매우 심각한 수준일 경우에는 전문적인 심리치료나 약물치료가 병행되어야 하며, 이때 상담은 보조적 역할을 수행할 수 있다. 결론적으로 시험 불안 개입은 학습자의 인지 · 행동 · 정서 · 신체적 요인을 통합적으로 고려하여 설계되어야 하며, 이를 통해 불안을 단순히 제거하기보다 학습을 촉진하는 수준으로 조절하도록 돕는 것이 핵심이다.

3. 학습동기 조절

1) 학습동기에 대한 이해

학습동기는 학습자의 행동을 시작하게 하고, 방향을 결정하며 지속하게 하는 내적 에너지이다(Pintrich & Schunk, 2002). 학습동기는 단순한 심리적 요인에 그치지 않고 실제 학습 성과와 밀접하게 연결되며, 학습상담 현장에서 학습자의 문제를 이해하고 개입 방안을 설계하는 중요한 요인이다.

학습동기가 높은 학습자는 과제를 자발적으로 시작하고 좌절 상황에서도 꾸준히 학습을 이어나가며, 인지 및 메타인지 전략을 적극적으로 활용하는 경향을 보인다(Wollfolk, 2015). 반면 동기가 낮거나 부재한 학습자는 학습 중단이나 포기로 이어지기 쉽다. 특히, 성인학습자는 자발적으로 학업을 시작하기 때문에 초기에는 학습동기가 높은 편이다. 그러나, 장기간 학업을 쉬었다가 다시 적응하는 과정에서 겪게 되는 학습 방식의 낯설음과 일과 가정 병행의 부담이 겹치면서 동기가 빠르게 저하되는 경향이 있다(전주성 · 최은혜, 2010).

따라서 학습상담자는 동기의 기본 개념과 유형, 그리고 실제 개입과 연결되는 주요 이론들을 이해할 필요가 있다. 특히 무동기(amotivation) 상태는 가장 바람직하지 않으며, 최소한 외재적 동기라도 지니는 것이 필요하다. 그러나 궁극적으로는 학습자가 내재적 동기를 느낄 수 있도록 교육 및 상담적 지원을 하는 것이 중요하다. 교사는 학습자의 동기 수준과 유형을 파악하고, 학습활동을 성인에게 의미 있고 흥미롭게 설계하여 내재적 동기를 촉진해야 한다. 이러한 접근은 성인학습자의 지속적 성취와 자기주도 학습 역량을 높이는 핵심적 기반이 된다.

학습동기는 크게 내재적 동기(intrinsic motivation)와 외재적 동기(extrinsic motivation)로 구분된다. 내재적 동기는 학습활동 자체에서 흥미와 즐거움을 느끼며 학습하는 것이고, 외재적 동기는 보상이나 처벌 회피, 인정 욕구 등 외부적 요인에 의해 학습이 이루어지는 경우를 말한다(Deci & Ryan, 1985). 두 동기 모두 행동을 촉진할 수 있지만, 내재적 동기가 학습을 더 오래 지속시키고 자기주도적 학습을 가능하게 한다는 점에서 상담 장면에서 특히 강조된다.

학습동기를 설명하는 여러 이론 중 상담 개입과 직접 연결되는 핵심 이론들은 다음과 같다. 첫째, 기대-가치이론(expectancy-value theory)은 학습행동이 성공에 대한 기대(expectancy)와 과제의 가치(value)에 의해 결정된다고 본다(Wigfield & Eccles, 1992). 즉 학습자가 "할 수 있다"는 기대와 "할 가치가 있다"는 가치 인식이 동시에 높을 때 학습동기는 극대화된다. 상담 현장에서는 학습자의 자기효능감을 높여 기대를 강화하고, 학습 내용이 개인의 흥미나 진로, 실생활과 연결될 수 있도록 지도하여 가치 인식을 높이는 전략이 효과적이다.

둘째, 자기효능감은 개인이 자신이 가진 기술로 당면한 과제 상황에 얼마나 잘 대처할 것인가에 대한 판단이다(Bandura, 1986). 즉 "나는 이 과제를 잘할 수 있다"는 신념에 해당한다. 한편 학업적 자기효능감(academic self-efficacy)은 학업이라는 맥락에서 자신의 학업 목표를 달성하는 데 필요한 행동의 조직 및 실행력에 대한 학습자의 신념(Bandura, 1986)으로 다양한 학업 상황에 적용할 수 있는 맥락 특수적인 자기효능감이라고 볼 수 있다.

학업적 자기효능감이 높은 학습자는 도전적인 상황을 피하기보다 오히려 도전적인 과제를 선택하고, 그것을 해결하기 위해 끈질기게 노력하는 경향이 있다(Bandura & Schunk, 1981). 좌절과 어려움에 직면했을 때도 자신의 해결 능력을 믿고 적극적인 태도로 문제를 해결하는 모습을 보일 가능성이 높다. 또한 문제의 해결 과정에서도 자신의 정서를 조절하며 효과적인 인지 및 행동 전략을 활용하기 때문에 높은 수행과 성취를 보이게 된다. 실제 연구들에서도 학업적 자기효능감이 높은 학습자는 보다 도전적인 과제를 선호하고, 학습에 적극적으로 참여하는 경향이 있는 것으로 나타났다(김동심 · 김실희, 2017 ; Klassen, Krawchuk & Rajani, 2008 ; Komarraju & Nadler, 2013).

셋째, 자기결정성이론(self-determination theory)은 인간이 본래적으로 추구하는 세 가지 기본 심리 욕구, 즉 자율성(autonomy), 유능성(competence), 관계성(relatedness)의 충족이 내재적 동기를 높인다고 설명한다(Ryan & Deci, 2008). 학습자가 자신의 학습을 스스로 선택한다고 느끼고, 과제를 수행하면서 성취감과 유능감을 경험하며, 주변으로부터 지지와 소속감을 느낄 때 학습은 더욱 지속된다. 상담자는 통제적이지 않고 선택권을 부여하는 학습 환경을 제공하며, 성취 가능한 목표를 제시하고, 지지적 관계를 형성함으로써 내재적 동기를 촉진할 수 있다.

넷째, 귀인이론(attribution theory)은 학습자가 성공과 실패의 원인을 어떻게 해석하는지에 따라 이후의 동기가 달라진다고 본다(Wenier, 1979). 실패의 원인을 "능력 부족"과 같은 통제 불가능한 요인으로 돌리면 학습자는 무력감을 경험하고 학습을 포기하기 쉽다. 반대로 "노력 부족"이나 "전략의 부적절함"과 같이 통제 가능한 요인으로 귀인하면, 새로운 전략을 시도하거나 더 노력하려는 동기가 강화된다. 상담자는 학습자가 실패의 원인을 노력이나 전략에 귀인하도록 돕는 피드백을 제공할 필요가 있다.

다섯째, 목표지향성이론(goal orientation theory)은 학습자가 학습을 수행하는 이유가 다르다는 점에 주목한다(Elliot & McGregor, 2001). 학습 과정을 통해 성장과 이해를 추구하는 숙달목표(mastery goal) 지향은 긍정적 학습 경험과 자기주도적 태도로 이어진다. 반면, 다른 사람보다 더 잘하려는 수행접근목표(performance approach goal) 지향이나 실패를 피하려는 수행회피목표(performance avoidance goal) 지향은 실패 시 무력감과 동기 저하로 연결될 수 있다. 따라서 상담에서는 학습자가 성취를 비교하기보다는 자신의 성장과 발전에 초점을 맞출 수 있도록 목표를 재설정하도록 안내하는 것이 중요하다.

2) 개입 전략

학습동기 문제의 진단 단계에서는 학습자의 동기 수준과 그 기저 요인을 다각도로 살피는 것이 중요하다. 상담자는 학습자의 자기효능감, 기대와 가치 인식, 자율성과 유능감, 귀인 양식, 목표 지향성 등을 종합적으로 평가하여, 학습동기를 저해하는 심리적 요인을 파악해야 한다. 이러한 진단은 면담과 관찰뿐만 아니라, 필요에 따라 학습동기 관련 검사를 활용해 객관적인 근거를 확보할 수도 있다.

학습동기 문제에 대한 개입 전략은 기대(expectancy) 요인과 가치(value) 요인을 균형 있게 고려하며 접근하는 것이 효과적이다. 먼저 기대 요인과 관련하여, 상담자는 학습자의 학업적 자기효능감 증진 전략을 적용할 수 있다. 먼저 학습자가 현재 학습하는 과목의 성적을 한 단계 올리거나, 과제 제출 기한을 지키는 등 단기적으로 도달 가능한 목표와 구체적 행동 계획을 세우도록 돕고, 이를 실천하여 작은 성취를 경험함으로써 성공감과 자신감을 축적하도록 지원한다. 이 과정에서 실패나 좌절을 극복한 모범 사례나 또래의 학습 전략을 관찰학습이 이루어지도록 하며, 작은 시도에도 격려와 긍정적 피드백을 제공해 자기조절적 노력을 강화한다.

다양한 시도에도 학업 실패로 이어졌을 때는 학습자의 귀인양식(attribution style)을 면밀히 확인할 필요가 있다. 학습자가 실패의 원인을 자신의 능력 부족이나 운과 같은 통제 불가능한 요인으로 돌릴 경우, 학습 회피나 무기력감으로 이어질 위험이 크다. 따라서 상담자는 실패의 원인을 노력, 학습전략, 시간관리 등 통제 가능한 요인으로 재구성하도록 돕는 것이 중요하다. 이를 위해 "이번에는 방법이 적절했는가?", "다른 전략을 사용하면 결과가 달라질 수 있을까?"와 같은 질문을 통해 학습자가 자신의 행동과 전략을 성찰하게 한다.

이러한 과정은 학습자가 실패를 일시적이고 조정 가능한 경험으로 인식하도록 하여, 향후 학습에서 자기효능감과 회복탄력성(resilience)을 강화하는 데 기여한다.

다음으로 가치 요인에 대한 개입은 학습이 학습자 개인의 진로, 흥미, 장기적 목표와 연결되도록 돕는 것을 목표로 한다. 상담자는 학습자와 함께 장기 목표-중기 목표-단기 목표를 구체적으로 그려보고, 현재의 학습이 미래의 삶과 어떤 의미를 갖는지를 탐색하도록 이끈다. 이를 통해 학습자는 자신의 학업 활동이 단순한 과제가 아니라 자기실현과 성장의 과정임을 인식하게 된다. 또한 교과 내용과 학습활동을 개인의 현재 관심사나 가치와 연계하여 학업의 내재적 가치를 재구성하도록 돕는 것도 중요하다.

4. 학습행동 조절 : 시간관리

1) 시간관리 문제의 이해

시간관리는 학습자의 성취와 자기조절 능력에 직접적인 영향을 미치는 중요한 영역이다. 특히 성인학습자의 경우 직장에서의 업무, 가정 내 역할, 사회적 책임을 동시에 수행하면서 학업을 병행하기 때문에 시간관리가 더욱 필수적이다. 성인학습자에게 시간은 한정된 자원으로, 이를 어떻게 계획하고 실행하느냐에 따라 학업 성취뿐 아니라 삶의 균형 전반이 좌우된다. 따라서 성인학습자를 지원하는 코칭과 상담에서는 시간관리의 문제를 정확히 이해하는 것이 중요한 과제이다.

시간관리의 어려움은 크게 계획상의 문제와 실천상의 문제로 구분할 수 있다. 계획상의 어려움은 명확한 목표 설정의 부재에서 비롯된다. 장기 · 중기 · 단기 목표가 구체적으로 수립되지 않으면 우선순위를 판단하기 어렵고, 무엇부터 시작해야 할지 몰라 방향을 잃게 된다. 목표가 추상적이거나 모호할 경우 실행으로 이어지지 못하며, 학습자는 스스로 무엇을 먼저 해야 하는지 혼란을 경험한다. 또한 모든 활동을 중요하게 생각하여 선택과 집중을 하지 못하거나, 긴급성과 중요성을 구분하지 못해 비효율적으로 시간을 사용하는 것도 계획상의 주요 문제이다. 더 나아가 지나치게 과도한 학습량을 짧은 시간에 배치하거나 개인의 생활 리듬을 고려하지 않은 비현실적 계획을 세우는 경우가 많다. 이러한 계획은 실행 가능성이 낮아 학습자에게 좌절감을 주게 된다.

실천상의 어려움은 계획을 세웠음에도 행동으로 이어지지 않는 경우이다. 가장 대표적인 것이 학업지연(academic procrastination)이다. 학업지연은 해야 할 과제를 불필요하게 미루며 심리적 불편감과 불안을 경험하는 상태(Soloman & Rothblum, 1984)를 말한다. 이는 불안, 완벽주의, 낮은 자기효능감 등과 밀접하게 연결된다. 또한 시작은 하지만 몰입을 유지하지 못하거나, 자기점검과 피드백을 소홀히 하여 지속성을 확보하지 못하는 문제도 나타난다. 효율성과 균형이 부족하여 학습 시간 대비 성과가 낮거나, 돌발 상황이 발생했을 때 유연하게 계획을 조정하지 못해 어려움을 겪는 것도 실천상의 문제라 할 수 있다. 특히 성인학습자의 경우 퇴근 후 피로 누적, 가사 노동, 돌봄 책임 등으로 인해 학습에 집중하지 못하는 상황이 빈번하게 나타난다. 따라서 이들의 시간관리 문제는 단순한 학습 기술 부족이 아니라 삶 전반의 구조와 연결된 복합적 과제라 할 수 있다.

이러한 시간관리 문제를 극복하기 위해서는 몇 가지 주요 개념을 이해할 필요가 있다. 첫째는 계획 오류이다. 계획 오류(planning fallacy)란 과제 수행에 필요한 시간, 노력, 자원을 지속적으로 과소평가하는 인간의 경향을 의미(Buehler, Griffin & Peetz, 2010)한다. 뷰러 등(Buehler et al., 1994)은 대학생들이 과제 수행 시간을 예측할 때 대부분 낙관적으로 판단하여 실제보다 훨씬 빠르게 끝낼 수 있다고 생각하지만, 현실에서는 예상보다 늦게 완료하는 경향이 있음을 밝혔다. 이러한 오류는 과거 경험을 충분히 반영하지 못하거나 돌발 상황을 고려하지 않은 결과이며, 누구나 갖고 있는 보편적인 경향이다. 따라서 계획을 세울 때는 반드시 여유를 두어야 하고, 상담자나 코치와 함께 계획의 실현 가능성을 지속적으로 검토할 필요가 있다. 성인학습자의 경우 일과 가정에서 발생하는 돌발 변수가 많기 때문에 계획 오류에 더욱 취약하므로, 보다 유연하고 현실적인 시간 배분이 요구된다.

둘째는 우선순위 설정이다. 코비(Covey, 1989)의 '시간관리 매트릭스'는 과제를 중요성과 긴급성에 따라 네 가지로 구분하였다. 중요하고 긴급한 일은 가장 먼저 처리해야 하며, 긴급하지만 중요하지 않은 일은 신속히 처리하여 부담을 줄이는 것이 바람직하다. 중요하지만 긴급하지 않은 일은 장기적인 성장을 위해 매일 일정 시간을 투자해야 하며, 중요하지도 긴급하지도 않은 일은 최소화하는 것이 효과적이다. 특히 성인학습자에게는 장기적 자기계발 활동이 '중요하지만 긴급하지 않은 일'에 해당한다. 그러나 현실에서는 이러한 활동이 쉽게 뒤로 밀리기 때문에, 꾸준히 시간을 확보하는 노력이 필요하다.

A : 긴급하고 중요한 일(바로 할 일) : 즉각적인 처리가 요구되는 중요한 일로 단시간 큰 노력이 필요한 일
- 예 : 마감이 임박한 과제나 시험준비, 급성 질병이나 응급상황

B : 긴급하지만 중요하지 않는 일(끼어드는 일) : 즉각적인 처리가 요구되지만 많은 정신 노력이 필요하지 않은 일
- 예 : 임박한 학교축제 준비, 동아리 활동, 급한 집안일

C : 중요하지만 급하지는 않은 일 : 장기간 규칙적으로 적은 시간을 요하는 일
-예 : 장기목표, 자기계발, 진로준비), 입시(고시) 준비, 건강을 위한 운동이나 취미, 부족한 교과의 보충, 몇 개월 후의 중간, 기말고사 준비 등

X : 중요하지도 급하지도 않은 일(하찮은 일) : 잡담, SNS, 게임, TV, 쇼핑

그림 10-4 ○ 코비(1989)의 '시간관리 매트릭스'

셋째는 학업지연이다. 학업지연은 학습자가 과제를 불필요하게 미루는 현상으로, 대학생뿐 아니라 성인학습자에게서도 빈번히 나타난다. 학업지연의 원인은 실패에 대한 두려움, 완벽주의, 낮은 자기효능감, 그리고 자기과신 등으로 구분된다(이현정 · 손수경 · 장유나 · 홍세희, 2019 ; 허용회, 2017). 성인학습자의 경우에는 직업적 피로와 가정 내 책임이 더해져 학업을 후순위로 미루는

경향이 강화될 수 있다. 따라서 학업지연 문제를 해결하기 위해서는 실패 경험의 수용, 과제 분할을 통한 점진적 완성, 자기효능감 향상, 현실적 시간 추정 훈련 등이 필요하다.

2) 개입 전략

시간관리 문제의 진단 단계에서는 첫째, 학습자가 시간을 어떻게 사용하고 있는지를 파악하는 것이 핵심이다. 일반적으로 면담이나 관찰을 통해 학습자의 생활 패턴을 탐색하고, 주간 계획표를 작성하여 실제 시간 사용 내역을 분석한다. 학습자가 하루와 일주일 동안 언제, 어떤 활동에 시간을 사용했는지를 구체적으로 기록하게 하면, 계획과 실행 사이의 간극을 명확히 확인할 수 있다. 둘째, 시간관리에서 어떤 어려움이 가장 크다고 느끼는지, 그러한 상황에서 어떤 정서적 반응을 경험하는지 탐색하는 질문을 던진다. 예를 들어 "최근에 시간관리에 실패한 경험은 무엇이었는가?"와 같은 질문을 통해 학습자는 구체적 사례를 떠올리며 자기 문제를 인식하게 된다. 셋째, 필요하다면 학습전략검사와 같은 심리검사를 활용하여 시간관리 능력을 객관적으로 파악할 수도 있다. 이러한 과정을 통해 학습자는 자신의 문제를 보다 분명하게 인식하고, 상담자는 그에 적합한 개입 방향을 모색할 수 있다.

학습자의 시간관리 능력을 개선하기 위해서는 먼저 계획 수립에서 실행과 점검, 그리고 습관화에 이르는 전 과정을 경험하여 습관화하도록 해야 한다. 황매향(2016)은 이를 위해 시간 분석에서 습관 형성에 이르는 시간 계획 및 관리 전략을 소개하였다. 먼저 시간 분석을 실시하여 학습자가 일주일 동안 실제 시간을 어떻게 사용하는지 꼼꼼히 기록하게 한다. 그다음 주요 과제를 분석하여 이번 학기나 이번 주에 반드시 달성해야 할 구체적인 목표를 확인하고, 이를 우선순위에 따라 배치한다. 계획 수립 시에는 루틴으로 고정된 일정(수업, 출근, 식사, 수면 등)을 먼저 표시한 뒤, 남은 시간에 학습 목표와 관련된 활동을 배치하는 것이 효과적이다. 이때 계획 오류와 우선순위를 고려하여 여유

시간을 확보하고, 보강 시간을 미리 설정하여 돌발 상황에 대비하는 것이 중요하다. 또한 자아 고갈(ego depletion)을 예방하기 위해 충분한 휴식 시간을 포함하고, 계획을 지킨 학습자에게는 보상체계를 제공함으로써 동기를 강화할 수 있다.

시간 분석 ➡ 과제 분석 ➡ 계획 수립 ➡ 실천하기 ➡ 점검 · 평가 ➡ 습관 형성

그림 10-5 ○ 시간관리 절차
출처 : 황매향, 2016

계획수립 단계에서 학업지연 행동을 감소하기 위한 구체적 전략으로 자기부과 마감시한(self-imposed deadline) 설정, If-then 실행계획 수립, 시간 블록법 활용 등을 적용할 수 있다. 이러한 과정이 반복되면서 시간관리는 습관화되고, 학습자는 자기만의 시간관리 전략을 구축하게 된다.

표 10-3 • 학업지연 행동 감소 전략

전략	정의	예시
자기부과 마감시한	실제 마감일보다 앞선 시점을 스스로 정해 과제를 미리 끝내도록 하는 전략	과제 제출일이 금요일이면, 스스로 일요일까지 초안을 완성하기로 정하는 것
If-then 계획	특정 상황(IF)이 생기면, 곧바로 정해둔 행동(THEN)을 실행하는 자동화 전략	만약(IF) 10시가 되면, 그때(THEN) 핸드폰을 책상 서랍에 넣는다.
시간 블록법	하루 시간을 큰 단위(블록)로 나누어, 각 블록에 특정 활동을 배정하는 방법	오전 9-11시 = 과제 작성 / 11-12시 = 운동 / 오후 1-3시 = 시험공부

요약하기

1. 학습전략 조절

- 학습의 효율성은 학습량보다 인지·메타인지 전략의 활용에 달려 있다.
- 주의집중의 개선은 환경 및 생활습관 개선, 학습 과제 조정, 학습 전략 조절, 자기통제력 강화 등 다양한 측면에서 접근할 수 있다.
- 시연, 정교화, 조직화 등의 인지 전략과 계획·점검·조절의 메타인지 전략을 활용해 학습 과정을 개선할 수 있다.

2. 학습정서 조절

- 학습정서는 성취에 영향을 미치며, 시험 불안은 인지 자원을 소모해 수행을 저하시킨다.
- 부정적 사고를 재구성하고 통제 가능한 요소에 집중하는 인지적 개입이 효과적이다.
- 심호흡, 이완훈련, 긍정적 자기대화는 정서적 긴장을 완화하는 데 도움이 된다.

3. 학습동기 조절

- 자기효능감, 기대, 가치, 목표 지향성 등 다양한 학습동기의 이해가 필요하다.
- 학습동기는 기대감과 과제 가치 인식에 의해 결정된다.
- 학습자는 목표를 구체화하고 작은 성공 경험을 통해 자기효능감을 높일 수 있으며, 학습을 개인의 삶의 목표와 연결할 때 내적 동기가 강화된다.

4. 학습행동 조절 : 시간관리

- 시간관리는 자기조절학습의 핵심 행동으로, 계획·실행·점검의 순환 과정이 중요하다.
- 중요도와 긴급성에 따라 과제를 구분하고 우선순위를 설정해야 한다.
- 자기부과 마감시한과 구체적 실행계획은 학업지연을 예방하는 효과적인 방법이다.

Chapter

11 진로상담의 실제

학습목표

- 진로상담의 기본 개념과 목적을 이해하고, 대표적인 진로상담 이론들의 핵심 내용을 설명할 수 있다.
- 성인의 진로발달 특성과 과업을 이해하며, 성인 진로상담의 특징과 필요성을 설명할 수 있다.
- 자기이해를 통한 진로탐색의 과정을 설명하고, 생애설계(life design)의 개념과 실제 적용 방법을 제시할 수 있다.
- 성인기의 경력전환 과정에서 나타나는 심리적 특성을 이해하고, 실제 프로그램 사례를 통해 상담 적용 방안을 설명할 수 있다.

오늘날 성인은 단 한 번의 진로 선택으로 평생을 살아가는 존재가 아니라, 생애 전 주기에 걸쳐 진로를 재정의하고 새롭게 설계하는 존재로 변화하고 있다. 급변하는 노동시장과 기술 환경, 기대수명의 연장, 일과 삶의 경계가 흐려지는 사회적 흐름 속에서, 성인에게 진로란 더 이상 '직업의 선택'이 아니라 '삶의 방향'을 의미한다. 이러한 맥락에서 성인학습자는 학습을 통해 새로운 지식과 기술을 습득할 뿐 아니라, 자신이 살아온 경로를 되돌아보고 삶의 의미를 재구성하는 존재로서의 성인기 진로상담이 필요하다.

진로상담은 개인이 자신의 가치와 흥미, 강점을 이해하고, 이를 바탕으로 현실적인 진로 결정과 경력개발을 지원하는 전문적 상담활동이다. 특히 성인 대상 진로상담은 청소년이나 대학생과 달리 이미 다양한 사회적 경험을 가진 사람들을 대상으로 하며, 직업적 정체성의 재구성, 역할전환에의 적응, 일-삶 통합과 같은 과제를 다룬다. 따라서 성인 진로상담은 단순히 정보를 제공하거나 의사결정을 돕는 과정이 아니라, 경력의 전환기에서 삶을 다시 설계하도록 돕는 의미중심적 상담 과정이라 할 수 있다.

이 장에서는 먼저 진로상담의 개념과 주요 이론을 살펴보고, 성인기의 진로발달과 상담의 특징을 이해한 후, 진로탐색과 생애설계 활동, 그리고 성인학습자의 경력전환을 지원하는 상담 실제와 프로그램 사례를 소개하고자 한다. 이를 통해 평생학습의 맥락에서 성인학습자가 자신의 진로를 스스로 탐색하고 재구성할 수 있도록 돕는 상담의 방향을 모색한다.

1. 진로상담의 개념과 주요 이론

1) 진로상담 정의 및 특징

진로상담(career counseling)은 개인이 자신의 흥미, 가치, 성격, 능력 등 내적 요인을 성찰하고, 이를 바탕으로 사회·경제적 환경을 고려한 현실적 대안을 탐색하며, 최적의 진로결정 및 경력발달 과정을 설계하도록 돕는 전문적 상담 활동이다(김봉환 외, 2018). 특히 최근에는 노동시장의 불안정성, 기술의 급속한 발전, 산업구조와 인력 구성의 변화 등으로 인해 직업세계가 끊임없이 재편되고 있다. 이와 함께 개인의 직업관과 선택기준 또한 다양화되면서, 진로상담은 단순한 직업 매칭을 넘어 삶의 방향성과 의미를 탐색하는 통합적 상담 영역으로 그 중요성이 더욱 커지고 있다(안진아 · 정애경, 2019).

'진로(career)'의 개념은 단순한 직업의 선택이나 경력의 축적을 의미하지 않는다. 이는 개인이 일생 동안 수행해 온 일(work)과 관련된 경험과 역할의 총체를 의미한다(김병숙, 2010). 이러한 맥락에서 김병숙(2010)은 진로상담의 영역을 일곱 가지로 구분하였다. 즉, 직업선택을 위한 준비와 의사결정을 돕는 직업일반상담, 구직활동과 취업을 지원하는 취업상담, 직무와 직장생활 적응을 돕는 직업적응상담, 직업전환을 지원하는 직업전환상담, 건강한 직업생활 유지를 위한 직업건강상담, 직업 관련 문제를 해결하는 직업문제치료, 퇴직 이후를 준비하는 은퇴상담이 그것이다. 이는 진로상담이 단순한 직업선택의 조력에서 벗어나 생애 전반의 발달과 적응을 지원하는 과정임을 보여 준다.

실제 상담 현장에서 다루어지는 진로문제는 훨씬 복합적이다. 성인 내담자들은 진로전환, 경력정체, 가족 및 역할갈등, 학습과 성취 문제 등 진로와 정서, 관계, 자아개념이 얽힌 다양한 호소문제를 제시한다(김성임 · 이제경, 2025). 예를 들어, 반복적인 이직을 고민하는 내담자는 표면적으로는 진로문제를 호소하지만, 그 이면에는 불안, 낮은 자기효능감, 실패에 대한 두려움 등 심리적 요인이 작용할 수 있다. 따라서 진로상담자는 진로 이슈를 단순한 직업적 선택으로 보지 않고, 내담자의 자기이해를 심화시키고 심리적 변화를 촉진하는 통합적 접근으로 다루어야 한다(Bingham, 2002 ; Cardoso, 2016). 진로상담은 직업적 적응뿐 아니라 개인의 정체성 발달과 삶의 의미 구성을 지원하는 성장 중심적 상담 영역이라 할 수 있다.

한편, 많은 상담자들은 진로상담을 일반 심리상담과는 구별되는, 상대적으로 지시적이며 단기적이고 정보 제공 중심의 상담으로 인식한다. 실제로 2년 이상 상담경력을 가진 심리상담자 14명을 대상으로 한 질적 연구에서, 상담자들은 진로상담이 심리상담에 비해 더 현실적이고 단기적인 목표를 지향하며, 정보 제공과 의사결정 지원의 비중이 높고, 상담자의 주도적 역할이 크다고 인식하였다(고수현 외, 2024). 그러나 진로상담은 내담자의 자발성, 상담관계의 중요성, 상담의 구조화, 이론적 기초의 활용, 검사도구의 활용, 내담자 탐색, 내담자의 심리적 지원 측면에서는 일반 심리상담과 동일하며, 내담자의 성격 특성, 진로발달 수준, 환경적 맥락을 종합적으로 고려하여 상담을 구조화하고 개입해야 한다는 점에서 심리상담과 맥을 같이한다(Cardoso, 2016 ; 황부순 · 이제경, 2021). 따라서 진로상담자는 직업정보와 경력개발뿐 아니라 내담자의 정서적 · 심리적 성장까지 포괄할 수 있는 통합적 역량을 갖추어야 하며, 내담자의 자아정체감 형성과 진로 적응을 지원하여 개인이 삶 전반에서 의미 있는 진로를 형성하도록 조력해야 한다.

2) 진로상담의 주요 이론

진로상담의 주요 이론은 개인의 성격, 흥미, 가치, 환경, 그리고 생애발달 등 다양한 요인을 통합적으로 이해하기 위한 틀을 제공한다. 진로상담 이론은 개인의 특성과 환경의 상호작용, 생애발달, 학습과 적응, 그리고 삶의 의미 구성 등 다양한 관점을 통해 발전해 왔다. 성인학습자 대상 진로상담에서는 직업선택보다 경력의 재구성, 삶의 의미 재정립, 역할 전환 적응이 주요 과제이기 때문에, 이론을 단순 적용하기보다 각 이론의 관점을 상담 맥락에 맞게 해석하고 활용할 필요가 있다. 본 교재에서는 대표적인 진로상담 이론을 소개하고 각 이론이 성인학습 상담에서 갖는 시사점을 살펴본다.

(1) 특성-요인 이론

진로상담은 파슨스(Parsons, 1909)의 특성-요인 이론(trait-factor theory)에서 출발한다. 그는 자신의 특성을 아는 것(know yourself)과 직업세계의 특성을 아는 것(know the world of work)을 연결해 개인과 직업 간의 합리적 매칭이 이루어질 때 만족스럽고 효율적인 진로선택이 가능하다고 보았다. 이 이론은 개인의 흥미, 능력, 가치 등의 특성(traits)과 직업의 요구 조건(factors)을 과학적으로 분석해 일치시키는 것을 목표로 한다. 이후 홀랜드(Holland, 1985, 1992)는 파슨스의 관점을 확장하여 사람과 환경의 상호적합성을 체계화한 성격-환경 일치(person-environment fit) 모형을 제시하였다. 이 이론을 성격이론으로 분류하기도 하고, RIASEC 이론 또는 홀랜드 이론이라고 칭하기도 한다(김봉환, 2019). 그는 개인의 성격을 여섯 가지 유형(RIASEC : 현실형, 탐구형, 예술형, 사회형, 진취형, 관습형)으로 분류하고, 직업환경 역시 이 유형에 따라 분류하여 성격유형과 환경유형의 일치 정도가 직업만족과 성취를 예측한다고 주장하였다.

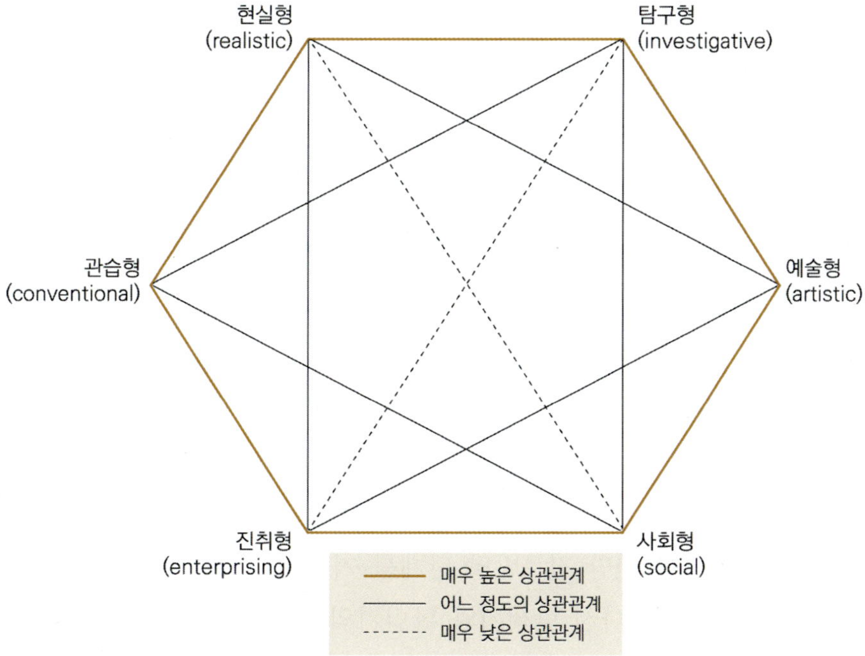

그림 11-1 ○ 홀랜드의 RIASEC 모형
출처 : Holland, 1992

특성-요인 이론은 진로상담의 과학적 · 합리적 기초를 제공했으며, 흥미 · 적성검사와 같은 심리검사의 활용 근거를 마련했다는 점에서 매우 중요하다.

그러나 개인을 고정된 특성의 집합으로 보고 환경을 변화 불가능한 구조로 전제한다는 점에서 생애 변화나 맥락적 요인을 반영하는 데 한계가 있다.

성인학습 상담에서 특성-요인 이론은 다음과 같이 활용할 수 있다. 성인들은 이미 다양한 직업·학습 경험을 가지고 있으므로, 재탐색(re-exploration)과 재매칭(re-matching)에 초점을 두고 상담을 진행할 수 있다. 예를 들어, 직무적합도 및 흥미유형 분석을 통해 경력정체의 원인 진단, 직무 및 환경의 재조정(realignment)에 활용할 수 있다. 또한, 과거에 충분한 자기이해나 직업정보 없이 직업을 선택한 경우라면, 자신의 흥미, 성격, 가치 등을 탐색하고 직업세계에 대한 정보를 새롭게 수집하는 과정이 필요하다. 이러한 탐색과 재구조화는 성인 내담자가 자신의 경력과 삶의 방향을 명확히 인식하고, 향후 진로결정을 보다 현실적이고 의미 있게 내리도록 돕는다.

(2) 전 생애 진로발달 이론

수퍼(Super, 1980)는 진로를 한 시점에서의 직업선택이 아니라 생애 전반에 걸쳐 지속적으로 변화하고 발달하는 과정으로 보았다. 그는 개인의 진로발달을 이해하기 위해서는 연령에 따른 발달 단계뿐 아니라, 개인이 삶 속에서 수행하는 다양한 역할과 환경적 맥락을 함께 고려해야 한다고 강조하였다.

수퍼의 진로발달 이론은 크게 전 생애(life-span)와 생활공간(life-space)이라는 두 가지 핵심 개념으로 구성된다. 먼저 전 생애 관점에서 수퍼는 전 생애에 걸친 진로발달을 성장기-탐색기-확립기-유지기-쇠퇴기의 다섯 단계로 구분하고, 각 단계마다 수행해야 할 발달과제와 역할 전환의 과정을 제시하였다. 성인은 생애 동안 한 번만 진로발달 단계를 거치는 것이 아니라, 경력전환이나 인생의 전환기마다 다시 탐색기와 확립기의 과정을 반복할 수 있다. 예를 들어, 육아나 가족 돌봄으로 인해 경력이 단절된 중년 여성이 다시 사회로 복귀하려 할 때, 그녀는 새로운 직업세계에 대한 탐색기 과업(예 : 자신의 흥미, 능력, 가치 탐색과 직업정보 수집)을 다시 수행하게 된다. 이후 재취업을 결정하고 직무에 적응하는 과정은 과거의 확립기를 다시 경험하는 재순환적 진로발달

과정이라 할 수 있다.

다음으로 생활공간 관점은 개인이 동시에 수행하는 여러 사회적 역할(예 : 학생, 근로자, 부모, 배우자, 시민 등)이 진로발달에 영향을 미친다고 보며, 이들 역할 간의 상호작용과 균형이 개인의 진로 적응과 만족에 중요한 영향을 미친다고 강조하였다. 수퍼는 이 두 관점을 통합하여 개인의 생애 전반에 걸친 발달 단계와 다양한 역할을 시각적으로 표현한 생애진로무지개(life-career rainbow) 모형을 제시하였다. 이 무지개는 한 개인이 생애 동안 수행하는 여러 사회적 역할이 연령대별로 어떻게 변화·중첩되는지를 나타내며, 진로를 단일한 직업 선택이 아닌 다차원적이고 역동적인 생애과정으로 이해하도록 돕는다.

표 11-1 • 수퍼의 진로발달 단계

진로발달 단계	연령대(대략)	주요 특징	주요 발달과업
성장기 (growth stage)	출생 ~ 14세	자아개념의 형성, 흥미와 능력의 인식이 시작됨. 일과 역할에 대한 기초적 이해 발달.	자아정체감의 기초 형성, 근면성과 책임감 발달, 일에 대한 긍정적 태도 습득.
탐색기 (exploration stage)	15 ~ 24세	자신의 흥미·가치·능력 탐색, 다양한 직업세계 탐색 및 진로결정 시도.	진로탐색, 직업선택, 진로결정, 교육 및 훈련의 방향 설정.
확립기 (establishment stage)	25 ~ 44세	선택한 직업에 진입하고 안정된 직업인으로 자리 잡음. 경력 정착과 기술 숙련.	직업적 안정 확보, 경력 성취, 직무능력 향상, 조직 내 역할 확립.
유지기 (maintenance stage)	45 ~ 64세	기존의 직업적 지위 유지, 변화하는 환경에 적응하며 직무 만족과 안정 추구.	직무 재조정, 경력 재평가, 후배 양성, 일-가정 균형 유지.
쇠퇴기 (decline stage)	65세 이후	은퇴 준비, 직업적 역할 감소, 새로운 삶의 역할(취미, 봉사 등)으로 전환.	은퇴 수용, 역할 상실 대처, 새로운 삶의 의미 재구성.

수퍼는 또한 진로발달의 핵심 요인으로 자아개념(self-concept)을 제시하였다. 그는 진로선택을 자아개념의 실행 과정이라고 보았는데, 사람은 "나는 누구인가"라는 질문에 대한 답을 "나는 무엇을 하는 사람인가"라는 진로 행동을

통해 구체화하며, 이러한 과정을 통해 자신의 정체성을 확립, 진로를 발달시켜 나간다. 한편, 수퍼는 개인이 연령과 발달 단계에 따라 얼마나 진로발달 과업을 잘 수행하고 있는지를 평가하기 위해 진로성숙도(career maturity) 개념을 제시하였다. 진로성숙도는 개인이 해당 생애 단계에서 요구되는 진로발달 과제를 자기이해, 직업세계 이해, 의사결정, 계획성, 태도 등의 측면에서 얼마나 잘 수행하고 있는지를 나타내며, 이는 진로상담 및 교육에서 중요한 진단지표로 활용된다. 이러한 관점을 실제 진로상담에 적용하기 위해 C-DAC 모형(Career Development Assessment and Counseling model)이 제안되었다(Super, Savickas & Super, 1996). 이 모형은 개인의 진로발달을 평가하고 상담을 구조화하기 위한 틀로, 자아개념, 진로성숙도, 역할 구조 등을 통합적으로 탐색하여 내담자의 진로발달 수준을 진단하고, 향후 진로 계획을 설계하도록 돕는 실용적 모델이다.

수퍼의 이론은 진로상담을 단순한 직업선택이 아닌, 삶의 전반을 포괄하는 발달적 과정으로 확장했다는 점에서 의의가 크다. 특히 성인기 이후의 진로문제(예 : 경력전환, 직무만족 저하, 역할갈등, 은퇴 후 적응 등)을 다루는 데 있어 중요한 이론적 틀을 제공한다. 수퍼의 이론은 현재 생애 단계에 따른 재조정과 역할 간 균형 찾기를 지원하는 데 유용하다. 예를 들어, 중년기 학습자는 경력정체나 일-가정 갈등 등으로 인해 확립기에서 유지기로의 전환에 어려움을 겪을 수 있으며, 이때 상담자는 내담자의 자아개념을 재점검하고 새로운 역할균형을 설계하도록 돕는다.

(3) 사회인지 진로이론

사회인지 진로이론(social cognitive career theory, SCCT)은 반두라(Bandura, 1986)의 사회인지이론(social cognitive theory)을 진로발달 영역에 확장한 것으로, 렌트, 브라운 그리고 해켓(Lent, Brown & Hackett, 1994)에 의해 이론적 모델로 체계화되었다. 이 이론은 개인의 진로선택과 발달이 단순히 흥미나 능력의 결과가 아니라, 자기효능감(self-efficacy), 결과기대(outcome expectations), 개인 목표(personal goals) 간의 상호작용을 통해 형성된다고 본다. 즉, “내가 할 수 있다”는 믿음(자기효능감)과 "그 일을 하면 어떤 좋은 결과가 따를 것이다"라는 기대(결과기대)가 결합될 때 개인은 특정 진로에 대한 흥미를 갖고 목표를 세우며, 실제 행동으로 나아간다는 것이다. SCCT는 진로발달을 개인 내적 요인뿐 아니라 사회적·환경적 요인까지 포괄적으로 설명하는 통합적 이론으로, 인지적 요인과 맥락적 요인의 상호작용을 강조한다. 즉, 진로선택은 개인의 능력과 성격, 흥미만으로 설명되지 않으며, 가정환경, 교육 기회, 사회적 지지, 성역할 기대, 경제적 제약과 같은 외적 조건에 의해 지속적으로 영향을 받는다.

사회인지 진로이론에서 강조하는 개념은 다음과 같다. 첫째, 자기효능감(self-efficacy)은 개인이 특정 과업을 성공적으로 수행할 수 있다는 신념을 말한다. 예를 들어, 어떤 사람이 "나는 사람들과 좋은 관계를 만들고 깊이 소통할 수 있다"고 믿는다면, 그 사람은 상담사, 교사, 서비스업 등 대인관계 중심의 직업에 흥미를 느끼고 도전할 가능성이 높아진다. 자기효능감은 과거의 성공 경험, 타인의 모델링(대리학습), 주변의 언어적 격려, 정서적 안정 상태 등으로부터 형성된다. 둘째, 결과기대(outcome expectations)는 특정 행동이 가져올 결과에 대한 개인의 기대를 의미한다. 예를 들어, "심리상담사가 되면 타인을 돕고 사회적으로 인정받을 수 있을 것이다"라는 긍정적 기대는 그 직업에 대한 흥미와 지속적 노력으로 이어질 수 있다. 반면 "이 분야는 수입이 불안정할 것이다"라는 부정적 결과기대는 흥미를 약화시킨다. 셋째, 개인적 목표(personal goals)는 개인이 도달하고자 하는 구체적 진로 관련 목표를 의미한다. 목표는 행동의 방향을 제시하고, 어려움 속에서도 노력을 지속하게 하는 내적 동기로 작용한다. 예를 들어, "1년 안에 상담심리사 2급 자격을 취득하겠다"는 목표를 세운 학생은 그 목표를 위해 구체적 학습 계획과 실행 행동을 수립하게 된다. 이 세 가지 요인은 상호작용하며, 개인의 흥미, 선택, 성취, 만족에 영향을 미친다. SCCT에 따르면 개인의 흥미는 자기효능감과 결과기대의 결합으로 형성되고, 이러한 흥미가 진로목표 설정으로 이어지며, 목표는 진로 행동과 성취를 촉진한다.

SCCT는 진로발달을 설명하기 위해 세 가지 하위 모형을 제시하였다. 첫째,

흥미발달 모형은 자기효능감과 결과기대가 개인의 흥미를 형성한다고 본다. 예를 들어, 수학에 자신감이 높고 수학을 통해 좋은 성취를 거둘 수 있다고 기대하는 학생은 공학이나 데이터 분석 분야에 흥미를 보일 가능성이 높다. 둘째, 진로선택 모형은 개인의 흥미가 진로 목표 설정으로 이어지고, 목표가 실제 선택과 행동을 유도한다고 본다. 예컨대, 상담에 흥미를 느끼고 "나는 사람을 돕는 일을 하고 싶다"는 목표를 세운 사람은 상담 관련 대학원 진학이나 자격 취득을 준비할 수 있다. 셋째, 진로성과 모형은 진로행동의 지속, 성취, 만족을 설명한다. 즉, 높은 자기효능감과 긍정적 결과기대를 지닌 사람일수록 진로목표 달성 가능성이 높고, 성취 이후에도 높은 만족도를 유지한다. 주목할 만한 점은 그림과 같이 학습 경험이 흥미를 유발한다는 점이다. 진로에 대해 고민하는 성인들은 종종 "나는 특별히 좋아하는 것이 없다", "흥미를 찾는 방법을 모르겠다"고 호소하곤 한다. 이 이론에 따르면, 흥미는 타고나는 것이 아니라 학습 경험을 통해 형성되는 심리적 결과이다. 즉, 어떤 활동을 시도해 보고 "생각보다 잘할 수 있겠다"는 자기효능감이 생기면, "앞으로 더 잘할 수 있을 것 같다"는 긍정적 결과기대가 뒤따르고, 이러한 경험이 흥미의 씨앗이 된다. 따라서 상담 장면에서는 내담자가 막연히 좋아하는 일을 찾기보다, 작은 도전과 실제 경험을 통해 흥미를 발견하도록 격려하는 것이 중요하다. 해

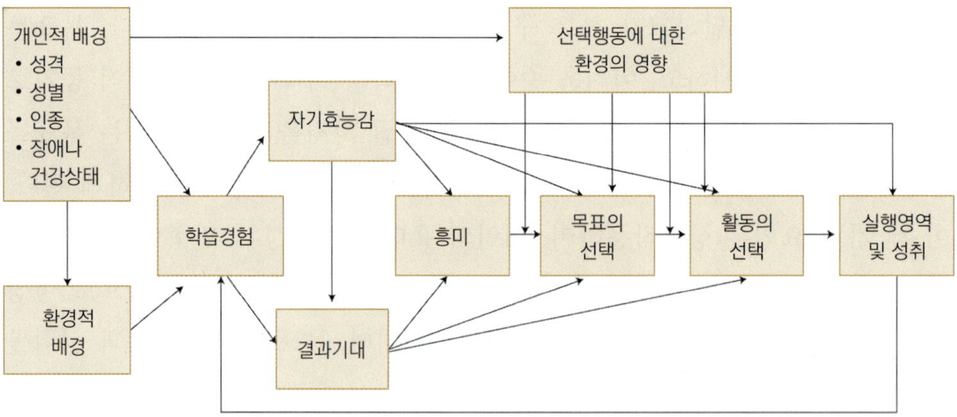

그림 11-2 ◦ 사회인지 진로이론의 선택모형
출처 : Lent et al., 2002

보기 전에는 모른다는 경험 기반 접근이 바로 SCCT가 제시하는 진로탐색의 핵심이라 할 수 있다.

이 이론은 경력전환기나 재취업을 준비하는 성인학습자의 진로상담에 유용하다. 성인 대상 진로상담에서는 자기효능감 회복, 현실적 결과기대 형성, 단계적 목표 설정, 환경적 제약 대처가 핵심이 된다. 먼저, 자기효능감 강화를 통해 "나는 다시 배울 수 있다"는 신념을 회복하도록 돕는다. 이전의 성공 경험을 되돌아보거나, 유사한 사례를 제시하여 자신감과 학습동기를 높일 수 있다. 또한, 결과기대 재구성을 통해 "나이와 관계 없이 배움이 의미 있다"는 인식을 확산시키는 것도 중요하다. 변화된 노동시장과 평생교육 기회를 안내하며, 학습의 긍정적 결과를 구체화할 수 있다. 다음으로, 현실적 목표 설정을 시도할 수 있다. 성인은 생계 · 가정 등 제약이 많으므로 단기적이고 실행 가능한 계획(예 : 자격 취득, 시간제 근무)부터 설정하도록 도울 필요가 있다. 마지막으로, 환경적 요인 탐색과 지지망 확충이 필요하다. 경제적 · 가족적 제약을 함께 검토하고, 사회적 지지를 활용해 지속적인 동기와 심리적 회복력을 유지하도록 지원할 수 있다.

(4) 계획된 우연이론

전통적인 진로이론들이 개인의 흥미, 능력, 성격, 환경 등을 비교적 안정된 요인으로 보고 진로를 예측, 설명하려 했다면, 계획된 우연이론(planned happenstance theory)은 진로를 예측 불가능한 우연한 사건과 그로부터 비롯되는 기회의 결과로 이해한다. 이 이론은 크럼볼츠(Krumboltz, 2009 ; Mitchell, Levin & Krumboltz, 1999)가 제안한 것으로, 급변하는 사회 · 경제적 환경 속에서 '진로를 미리 결정하는 것'보다 '예기치 못한 기회를 활용하는 능력'이 더 중요하다는 점을 강조한다(오현주, 2012). 크럼볼츠는 연구를 통해 많은 사람이 현재의 직업을 선택하게 된 과정이 의도된 계획이 아닌 우연한 사건에 기인함을 발견하였다. 개인이 우연한 사건을 단순한 '운'으로 받아들이는 것이 아니라, 그것을 학습과 성장의 기회로 전환할 수 있도록 의도적으로 준비하고(planned), 적극적으로 대응하는(happenstance) 태도를 가져야 한다고 주장하였다. 다시 말해, 진로는 사전에 완벽히 계획되는 것이 아니라, 예측 불가능한 경험을 통해 확장되고 형성되는 과정이라는 것이다.

크럼볼츠는 개인이 우연한 기회를 진로발달로 연결하기 위해 갖추어야 할 다섯 가지 핵심 기술을 제시하였다. 첫째, 호기심(curiosity)은 새로운 학습 기회나 경험을 탐색하려는 태도이다. 다양한 직무나 교육 과정에 관심을 가지고 시도해 보는 사람은 더 많은 우연한 기회를 만나게 된다. 둘째, 끈기(persistence, 인내심)는 장애나 실패에도 불구하고 목표를 향해 지속적으로 노력하는 능력이다. 우연히 얻은 기회라도 지속적인 노력이 뒷받침되지 않으면 진로로 발전하기 어렵다. 셋째, 유연성(flexibility)은 목표나 계획을 상황에 맞게 조정할 수 있는 유연한 사고를 의미한다. 계획대로 되지 않는 상황에서도 방향을 바꾸거나 새로운 가능성을 수용할 수 있는 태도가 필요하다. 넷째, 낙관성(Optimism)은 예상치 못한 사건 속에서도 긍정적 가능성을 발견하고 그것을 성장의 기회로 보는 태도이다. 불확실한 상황을 위협이 아니라 기회의 신호로 해석하는 관점이 진로의 확장을 가능하게 한다. 마지막으로, 위험감수(risk-taking)는 완벽히 준비되지 않았더라도, 불확실한 결과 앞에서도 새로운 경험에 도전하려는 용기이다. 안정된 틀을 벗어나 도전할 때 비로소 예기치 못한 기회가 현실의 변화로 이어질 수 있다. 이 다섯 가지 태도는 계획된 우연을 활용할 준비가 된 마음가짐을 의미한다. 즉, 중요한 것은 우연한 사건 자체가 아니라, 그 사건을 어떻게 해석하고 행동으로 옮기는가 하는 개인의 태도와 인지적 유연성이다. 이러한 관점을 지닌 사람은 불확실한 상황에서도 의미 있는 기회를 포착하고, 그것을 자신의 진로발달로 전환할 수 있다.

계획된 우연이론은 진로를 예측 가능한 계획이 아니라 열린 가능성의 연속선상에서 이해한다는 점에서 성인학습자에게 특히 유용하다. 성인들은 자신이 참여하고 있는 학습 경험이 언제든지 새로운 진로의 전환점이 될 수 있다는 점을 인식할 필요가 있다. 예를 들어, 직장생활 중 우연히 참여한 사내 프로젝트를 통해 자신이 문제 해결과 협업에 강점을 지니고 있음을 발견하고,

이를 계기로 조직개발 분야로 경력을 전환하는 경우가 있다. 또 다른 사례로, 자녀의 학교 활동을 돕기 위해 참여한 봉사활동에서 교육의 즐거움을 깨닫고 평생교육 전공으로 학업을 이어가 교사나 상담사로 새로운 길을 걷는 경우도 있다. 이처럼 우연히 시작된 경험이 진로의 전환점으로 이어지는 과정은 계획된 우연이론의 핵심을 잘 보여 준다.

이 이론은 불확실한 시대에 진로를 탐색하는 성인학습자나 경력전환기 내담자에게 의미가 크다. 성인은 과거의 직업 경험과 생활 경험을 통해 풍부한 자원을 갖고 있지만, 동시에 변화에 대한 두려움이나 실패를 회피하려는 경향이 강하다. 따라서 상담자는 내담자가 우연한 사건을 위협으로 인식하기보다 새로운 가능성으로 재해석하도록 돕는 것이 중요하다. 진로는 철저한 계획의 결과라기보다, 삶의 다양한 경험 속에서 우연히 마주친 기회를 어떻게 해석하고 활용하느냐에 따라 확장되는 학습의 과정이라는 점을 이해시키는 것이 핵심이라 할 수 있다.

2. 경력개발과 생애설계

현대사회에서 경력은 단순히 직업의 지속이나 승진을 의미하지 않는다. 평균수명의 연장, 노동시장의 유연화, 기술혁신과 같은 사회 변화는 개인의 일(work)과 삶(life)을 분리하기 어렵게 만들었다. 이에 따라 경력개발(career development)은 한 조직이나 직무 내에서의 발전이 아니라, 개인이 생애 전반에 걸쳐 학습하고, 적응하며, 자신의 일과 삶을 통합적으로 설계해 가는 과정으로 이해되고 있다(Hall, 2004; Savickas, 2013).

성인은 삶의 다양한 역할과 책임 속에서 학습과 일을 병행하며, 자신의 가치와 의미에 따라 새로운 방향을 설정한다. 따라서 성인학습자의 진로상담은 단순한 직업선택을 넘어 삶 전체의 재구성 과정, 즉 생애설계(Life Design)를 돕는 과정이라 할 수 있다. 본 절에서는 이러한 관점에서, 먼저 경력개발의 개념과 주요 이론을 살펴보고, 현대사회의 경력 개념이 어떻게 '조직 중심'에서 '개인 중심'으로 변화하였는지, 그리고 프로티언 경력, 경계 없는 경력, 경력적응성 등 성인학습자에게 적용 가능한 이론적 틀을 소개하고자 한다.

1) 경력개발의 개념과 주요 이론

(1) 현대적 의미의 경력개발

'경력(career)'이라는 개념은 시대와 사회 변화에 따라 그 의미가 달라져 왔다. 과거 산업사회에서 경력은 주로 조직 내에서의 승진과 안정적인 직업 유지를 의미하였다. 개인의 성취는 직무 성과나 직급 상승으로 평가되었으며, 경력개발은 기업이나 국가가 주도하는 체계적 인력개발의 일환으로 여겨졌다. 그러나 지식정보사회와 4차 산업혁명 시대에 들어서면서 고용 형태가 다양화되고, 기술 변화 속도가 빨라짐에 따라 한 사람이 평생 하나의 직업을 유지하는 경로는 점점 줄어들고 있다.

이제 경력은 한 조직이나 직무에 머무는 것이 아니라, 다양한 경험을 통해 자신의 역량과 정체성을 확장해 나가는 과정으로 이해된다(Baruch, 2006). 즉, 경력개발의 초점은 '조직 중심의 안정'에서 '개인 중심의 성장'으로 이동하였다. 이러한 변화 속에서 중요한 것은 얼마나 오래 일했는가가 아니라 얼마나 의미 있게 성장했는가이며, 경력의 성공 또한 외적 성취보다 개인의 가치, 만족, 학습 경험에 의해 정의된다. 특히, 성인에게 경력은 단순한 직업의 문제가 아니라 삶 전반의 주제와 맞닿아 있다. 일(work)은 개인의 경제적 기반이자 자아실현의 수단이며, 가정과 사회적 관계, 학습과 성장 등과 긴밀하게 연결된다. 따라서 현대의 경력개발은 '직업적 발전'이 아니라, '일과 삶의 통합적 조화(life-career integration)'를 추구하는 과정으로 이해해야 한다.

실제로, 최근에는 일과 개인적 삶 사이에서 시간과 에너지를 균형 있게 분배하는 상태를 의미하는 일과 삶의 균형(work-life balance)에서 더 나아가 일과 삶을 상호 보완적이고 유기적으로 연결된 하나의 체계로 바라보는 일과 삶의 통합(work-life integration)이 강조되고 있다. 산업사회에서 노동시간이 과도하게 증가하고, 개인의 여가 · 가정생활이 침해되는 문제가 대두되던 시대에는 한 영역(예 : 직장)의 역할 요구가 다른 영역(예 : 가정)의 수행을 방해하지 않는 상태를 이루는 것이 중요한 과제였다(Greenhaus & Beutell, 1985). 워라밸을 중시하는 입장에서는 일과 삶을 서로 분리된 영역으로 보고, 두 영역이 충돌하지 않도록 '조절'하는 데 초점을 두었다. 그러나 코로나19 팬데믹을 거치면서 재택근무, 디지털 노마드, 유연근로제 등으로 인해 일터와 생활공간의 경계가 급격히 흐려지게 되었다. 이에 따라 일과 삶은 더 이상 분리된 영역이 아니라 서로 밀접하게 상호작용하는 관계로 인식되고 있다. 따라서 개인은 두 영역 간의 자원을 교환하고 조율하여 시너지를 창출하는 능력이 요구되며, 자신의 가치 · 역할 · 환경에 맞게 일과 삶을 조화롭게 융합하는 역량이 핵심이 되었다(Clark, 2000). 예를 들어, 한 직장인이 오후 시간대에 아이를 돌본 후 저녁에 온라인으로 회의를 진행하는 형태는 균형(balance)이라기보다 통합(integration)의 형태라 할 수 있다.

뿐만 아니라, 현대 직장인들은 자신의 경력개발을 위해 이직을 두려워하지 않고, 이를 오히려 경력전환과 성장의 기회로 인식하는 경향이 증가하고 있다. 연구에 따르면 중년기 또는 성인학습자를 포함한 직업전환 경험이 있는 사람들 가운데, 능동적 이직이 정서적 웰빙(emotional well-being)을 향상시키는 것으로 나타났다(Vogelsang, Shultz & Olson, 2018). 이러한 사실은 경력개발을 하나의 직장에서 승진하는 것으로 간주하는 과거의 관념이 더 이상 유효하지 않음을 보여 준다. 즉, 이직이나 직무 변경은 경력개발의 한 과정이며, 오히려 적극적인 학습과 적응을 통해 더 큰 의미와 만족을 얻을 수 있는 선택이 될 수 있다. 따라서 성인학습자 진로상담에서는 이러한 변화된 의미를 반영해, 내담자가 자신의 경험을 맥락화하고 미래를 설계하는 데 있어 일과 삶의 조화, 전환의 긍정적 수용, 자기주도 학습과 성장을 핵심으로 다루어야 한다.

(2) 프로티언 경력과 무경계 경력

현대사회의 경력개발은 더 이상 조직이 설계해 주는 안정된 경로가 아니라, 개인이 스스로 방향을 설정하고 성장의 의미를 찾아가는 자기주도적 과정으로 이해된다. 이러한 경력 패러다임의 변화를 대표적으로 설명하는 개념이 바로 프로티언(protean) 경력과 무경계(boundaryless) 경력이다.

'프로티언 경력(protean career)'은 홀(Hall, 1976, 2004)이 제시한 개념으로, 그리스 신화에 등장하는 변신의 신 '프로테우스(Proteus)'에서 유래하였다. 프론티언 경력은 급변하는 환경 속에서 개인이 스스로의 가치와 목표에 따라 유연하게 진로를 전환하고, 자기주도적으로 경력을 개발해 나가는 방식을 의미한다. 홀(Hall, 2004)은 프로티언 경력의 핵심을 자기주도성(self-direction)과 가치 지향성(values orientation)으로 설명하였다. 즉, 개인을 더 이상 조직의 요구나 외적 보상에 따라 움직이는 존재가 아니라, 자신의 내적 가치와 삶의 의미를 중심으로 경력을 설계하는 주체로 보는 관점이라 할 수 있다.

이러한 관점에서 경력의 성공은 승진이나 연봉과 같은 외적 성취가 아니라, 자신의 일에서 느끼는 의미와 성취감 같은 심리적 성공(psychological success)으로 평가된다(Hall & Chandler, 2005). 예를 들어, 한 성인학습자가 안정적인 공공기관을 떠나 자신이 가치 있다고 느끼는 사회적 기업으로 이직하는 것은 외적 안정보다 내적 가치 실현을 중시하는 프로티언적 선택이라 할 수 있다. 성인학습자 진로상담에서는 이러한 자기주도성과 가치 기반의 경력관을 강조해야 하며, 내담자가 자신의 경력을 '조직의 틀 안에서'가 아니라 '삶 전체의 맥락 속에서' 재정의할 수 있도록 돕는 것이 핵심이라 할 수 있다.

한편, 아서와 루소(Arthur & Rousseau, 1996)는 급변하는 노동시장의 특성을 반영하여 '무경계 경력(boundaryless career)' 개념을 제시하였다. 이는 개인의 경력이 더 이상 하나의 조직이나 직업 영역에 머물지 않고, 조직 간·직무 간 이동과 네트워크 확장을 통해 지속적으로 형성되는 과정임을 강조한다. 무경계 경력은 조직의 경계를 넘어 다양한 기회와 관계를 탐색하며, 개인이 학습과 경험을 통해 유연하게 성장해 가는 방식을 의미한다. 이러한 관점에서 경력의 핵심 자산은 '소속'이 아니라 '이동성(mobility)'과 '관계적 자본(relational capital)'이라 할 수 있다. 예를 들어, 한 성인이 IT기업을 퇴사한 후 프리랜서 개발자로 활동하며 여러 프로젝트에 참여하거나, 자신의 경력을 살려 전혀 다른 산업 분야로 전환하는 것은 무경계 경력의 대표적인 사례이다.

이러한 맥락에서 성인학습자 진로상담에서는 내담자가 '안정'에만 가치를 두지 않고 '적응'과 '확장'을 중심으로 경력을 설계하도록 돕는 것이 중요하다. 즉, 경력 이동이나 전환을 실패가 아닌 학습과 성장의 과정으로 재해석할 수 있도록 지원해야 한다. 전통적인 고용관계나 직장 개념에서 벗어나 조직 내 승진보다 자기성장과 의미 중심의 경력설계, 즉 "내가 누구로 성장하고 싶은가"에 초점을 맞춘 탐색을 실시할 때, 평생학습을 통한 진정한 경력개발이 동력을 얻게 될 것이다.

(3) 경력적응성

현대사회의 급속한 변화 속에서 개인은 더 이상 단일한 직업 경로를 따르기 어렵다. 새로운 기술, 산업구조의 변화, 조직의 유연화 등으로 인해 직업세계의 불확실성이 커지고 있으며, 이에 따라 개인에게는 환경의 변화에 능동적으로 대응하고 자신의 진로를 재설계할 수 있는 역량이 요구된다. 이러한 맥락에서 경력적응성(career adaptability)은 현대적 경력개발을 설명하는 핵심 개념으로 부상하고 있다.

경력적응성은 사비카스(Savickas, 1997, 2005)가 제시한 진로구성 이론(career construction theory)에서 출발한 개념으로, 개인이 변화하는 직업적 과제와 전환 상황에 대처하기 위해 활용하는 심리적 자원(psychological resources)을 의미한다. 사비카스는 이 이론을 통해 기존의 전통적 진로이론이 가진 한계를 보완하고자 하였다(장순현, 2020). 그는 진로결정이 단순히 개인의 특성과 환경의 요구를 매칭(matching)시키는 과정이 아니라, 복잡한 사회 환경 속에서 개인이 능동적으로 의미를 구성하고 자신의 이야기를 만들어가는 과정임을 강조하였다. 이 이론에 따르면, 개인은 자신의 경험 속에서 일과 관련된 의미를 찾아내고 이를 바탕으로 진로를 '구성(construct)'해 나간다. 이러한 관점은 진로를 생애적 관점에서 바라본다는 점에서 수퍼(Super, 1957)의 직업발달 이론과 유사하지만, 사비카스는 진로발달이 고정된 단계에 따라 진행되는 것이 아니라 개인의 주도적 경험과 서사적 의미 구성(narrative meaning-making)을 통해 형성된다는 점을 강조했다는 점에서 구분된다(탁진국 · 임그린 · 이은주, 2015).

사비카스는 경력적응성을 관심(concern), 통제(control), 호기심(curiosity), 자신감(confidence)의 네 가지 하위 요인으로 설명하였다(Savickas & Porfeli, 2012). 관심은 자신의 미래를 준비하고 진로에 대해 계획하려는 태도를, 통제는 자신의 선택과 행동에 주체적으로 책임지는 능력을, 호기심은 다양한 가능성을 탐색하며 새로운 경험을 시도하는 개방성을, 자신감(확신)은 진로 목표를 달성할 수 있다는 자기효능감과 회복탄력성을 의미한다. 이러한 경력적응성은 개인이 예측 불가능한 변화에 대응하며, 새로운 경력의 전환점을 학습과 성장의 기회로 재해석할 수 있도록 돕는다. 예를 들어, 중년 이후 경력전환을 시도하는 성인학습자가 새로운 분야에 도전할 때 느끼는 불안이나 두려움은 자신의 경험을 재구성하고 의미를 재정의함으로써 심리적 안정과 진로 자신감을 회복할 수 있다.

따라서 성인학습자 진로상담에서는 단순한 진로결정이나 취업 지원을 넘어, 내담자가 자신의 생애를 이야기로 구성하며 변화 속에서 의미를 발견하고 재적응하도록 돕는 접근이 중요하다. 상담자는 내담자가 자신의 경험을 돌아보며 "나는 왜 이 일을 해왔는가?", "앞으로 어떤 방식으로 성장하고 싶은가?"를 탐색하도록 유도해야 한다. 이러한 서사적 접근은 개인의 삶 전체를 하나의 통합된 이야기로 바라보게 함으로써, 경력적응성과 심리적 복원력을 동시에 강화할 수 있다.

2) 생애설계상담

(1) 생애설계상담의 개념과 철학

생애설계상담(life design counseling)은 사비카스(Savickas, 2011)가 제안한 구성주의 진로상담의 확장된 형태로, 개인이 급변하는 직업환경 속에서 자신의 삶과 일을 통합적으로 재구성하도록 돕는 내러티브 중심 접근이다. 기존의 진로상담이 직업 선택과 적성의 매칭에 초점을 두었다면, 생애설계상담은 개인이 자신의 경험과 가치, 사회적 맥락 속에서 "나는 누구이며, 어떻게 살 것인가"를 탐색하는 데 초점을 둔다. 즉, 진로를 하나의 '결정'이 아닌 '이야기의 재구성 과정'으로 보는 것이다(Savickas, 2005).

생애설계상담은 진로구성 이론(career construction theory, CCT)을 토대로 한다. 이 이론은 앞서 언급한 바와 같이, 수퍼의 이론을 계승하되, 고정된 발달 단계보다는 개인이 변화하는 환경 속에서 적응성(adaptability)을 발휘하며 자신의 진로를 능동적으로 설계해 나가는 능력에 주목한다. 사비카스는 개인이 과거의 기억, 현재의 경험, 미래의 목표를 의미화(meaning-making)함으로써 자신의 진로를 구성한다고 보았다. 따라서 생애설계상담의 목적은 단순한 직업선택의 지원이 아니라, 자기이해 · 적응 · 의미 구성을 통해 내담자가 삶 전체를 하나의 통합된 이야기로 재조직하도록 돕는 것이다

이 접근은 사회구성주의(social constructionism)에 기반을 두는데, 개인의 정체성과 진로는 사회적 상호작용 속에서 형성된다고 본다. 상담자는 내담자의 '삶의 이야기(life story)'를 경청하고, 그 안에서 반복되는 주제와 상징을 찾아 함께 새로운 내러티브를 공동 구성(co-construction)한다. 사비카스는 이를 위해 5개의 질문으로 구성된 커리어 스토리 인터뷰(Career Story Interview, CSI)를 개발하였으며, 내담자가 말한 이야기들을 해체(deconstruction)하고 재구성(reconstruction)하여 '인생 초상화(life portrait)'로 통합하는 과정을 제시하였다.

(2) 생애설계상담의 과정과 주요 단계

생애설계상담은 진로를 '결정해야 할 문제'가 아니라, 자신의 삶을 이야기로 재구성해 나가는 과정으로 본다. 상담의 핵심은 내담자가 자신의 생애이야기를 탐색하면서 일과 삶의 의미를 재발견하고, 그 이야기 속에서 새로운 방향성을 스스로 설계하도록 돕는 데 있다. 이 접근은 자기서사(self-narrative), 의미구성(meaning-making), 적응성(adaptability)을 기본 원리로 하며, 내담자가 자신의 과거 · 현재 · 미래를 통합된 이야기로 엮어갈 수 있도록 지원한다(Savickas, 2011).

사비카스(Savickas, 2011)는 생애설계상담의 과정을 다음 네 단계로 제시하였다.

① 생애이야기 탐색(life story exploration)

상담자는 내담자의 삶의 이야기를 경청하며, 그 안에서 반복적으로 등장하는 사람, 사건, 상징, 감정에 주목한다. 사비카스는 이때 사용할 수 있는 대표적 도구로 커리어 구성 인터뷰(CSI)를 제시하고 다음 다섯 가지 핵심 질문을 통해 내담자의 내면적 주제와 의미를 탐색하도록 제안하였다. 이 다섯 가지 질문은 단순한 정보 수집이 아니라, 내담자가 자신의 삶을 이야기로 풀어내고 스스로 의미를 재발견하도록 돕는 '내러티브 대화의 장'이 된다.

표 11-2 • 커리어 구성 인터뷰 질문과 활용

질문 항목	질문 예시	질문 목적	활용 사례
어린 시절의 롤모델 (role model)	어릴 적에 존경하거나 닮고 싶었던 사람은 누구였나요?	내담자가 중요하게 여기는 가치와 정체성의 원형을 파악하기 위함	'항상 도전하는 인물'을 롤모델로 꼽은 내담자가 변화에 대한 두려움 대신 성장욕구를 자각하게 됨
즐겨본 잡지 · TV 프로 그램 · 이야기	자주 보거나 좋아했던 잡지, 프로그램, 이야기에는 어떤 주제가 있었나요?	개인이 반복적으로 끌리는 삶의 주제와 흥미 패턴을 탐색하기 위함	어릴 적부터 '탐험 다큐멘터리'를 좋아한 내담자가 자신의 진로에서 탐구와 발견의 의미를 재발견함

질문 항목	질문 예시	질문 목적	활용 사례
명언·좌우명·격언	당신의 인생을 잘 표현하는 문장이나 말이 있다면 무엇인가요?	내담자의 삶의 철학과 자기 개념을 드러내기 위함	'중요한 건 꺾이지 않는 마음'이라는 문장을 통해 내담자의 회복탄력성과 자기개발 욕구를 파악함
가장 좋아하는 이야기나 영화의 장면	기억에 남는 영화나 이야기 속 장면은 무엇이며, 왜 인상적이었나요?	내담자가 이상화하는 자기상(Ideal self) 혹은 해결되지 않은 내적 갈등을 탐색하기 위함	영화 속 '주인공이 실패 후 다시 일어서는 장면'을 통해 내담자가 자신의 실패 경험을 재해석함
현재의 문제 상황	요즘 가장 해결하고 싶은 일이나 고민은 무엇인가요?	내담자의 현재 발달과제와 경력 적응의 필요 영역을 확인하기 위함	현재 '일과 가정의 균형'에 대한 고민을 통해 새로운 진로·삶의 조화 전략을 모색함

② **핵심주제 도출**(identifying central themes)

상담자는 내담자의 이야기에서 반복적으로 등장하는 주제와 상징, 감정을 분석한다. 예를 들어, "타인을 돕는 역할"이나 "새로운 도전을 두려워하지 않음"과 같은 주제는 내담자의 가치관과 정체성의 중심을 보여 준다. 김신희와 양은주(2019)의 연구에서도, 진로 전환기 직장인 내담자의 생애설계상담 사례를 분석한 결과, 개인의 이야기를 해석하는 과정에서 '삶의 주제 재발견'이 일과 자아의 통합적 성장을 촉진하는 주요 요인으로 나타났다.

③ **새로운 이야기 재구성**(reconstruction of career narrative)

내담자는 자신이 가진 다양한 경험의 조각을 하나의 새로운 이야기로 엮어 나간다. 상담자는 내담자가 과거의 사건을 새로운 관점에서 재해석하도록 돕고, '내가 누구인지' '앞으로 어떤 방식으로 살고 싶은지'에 대한 통합적 내러티브를 함께 구성한다. 이 단계는 상담자와 내담자가 공동으로 새로운 이야기를 만들어 가는 공동구성(co-construction)의 과정으로, 내담자가 자기이해와 자기수용을 경험하게 되는 중요한 전환점이다.

④ 실행과 변화 내면화(action and integration)

마지막 단계에서는 내담자가 새롭게 구성한 이야기를 현실의 행동으로 옮기고, 그 변화를 자신의 정체성 속에 내면화한다. 사비카스는 이 단계를 '행동의 서사화(narrativizing action)'라고 표현하며, 이야기가 실제 삶 속에서 실현될 때 비로소 진로의 의미가 완성된다고 보았다.

생애설계상담을 적용하여 진로 전환기 직장인 사례를 분석한 김신희와 양은주(2019)의 연구에서 생애설계상담의 효과가 확인되었는데, 상담에 참여한 6명의 내담자 중 5명은 상담 초기에는 대부분 "앞으로 무엇을 해야 할지 모르겠다", "더 이상 이 일을 계속할 자신이 없다"와 같은 막연한 불안과 혼란을 호소했던 것과 달리, 종결 시에는 "나의 일에 의미를 되찾았다", "이직이 끝이 아니라 성장의 한 과정임을 깨달았다"고 보고하였다. 또한 내러티브 분석 결과, 초기에는 '막연한 불안 중심의 이야기'가 많았으나, 상담 후에는 '구체적인 목표와 미래 가능성을 중심으로 한 이야기'로 전환된 것을 확인할 수 있었다.

3. 진로상담의 실제

실제 진로상담에서는 하나의 이론만을 독립적으로 적용하기보다, 내담자를 다차원적으로 이해하고 진로와 관련된 다양한 문제를 효과적으로 다루기 위해 여러 이론과 기법을 통합적 관점에서 활용하는 경우가 많다. 따라서 상담자는 특정 이론의 원리를 기계적으로 적용하기보다, 내담자의 생애 맥락과 발달 단계, 그리고 진로 과업의 성격에 따라 적절한 이론과 기법을 상황 맞게 조합하고 융합할 필요가 있다.

이에 본 절에서는 앞서 다룬 주요 진로상담 이론들을 토대로, 성인학습자의 경력개발과 적응을 실제 상담 장면에서 어떻게 구현할 수 있는지를 살펴보고자 한다. 특히, 성인기의 전환기 경험에 초점을 둔 전환이론(transition theory)과,

내담자의 강점과 자원을 중심으로 변화를 촉진하는 해결중심 상담이론(solution-focused brief therapy)의 적용 사례를 중심으로 논의한다.

1) 전환이론의 적용

성인학습자는 생애주기상 다양한 전환(transition)을 경험한다. 예를 들어, 경력 단절, 퇴직, 이직, 학업 복귀, 가족구조 변화 등은 모두 전환 경험에 해당한다. 슐로스버그(Schlossberg, 1981)의 전환이론(transition theory)은 이러한 변화 상황에서 개인이 어떻게 적응하고 의미를 재구성하는지를 설명하는 이론으로, 전환을 한 개인의 역할, 관계, 일상, 자아 개념에 변화를 일으키는 사건이나 비사건으로 정의한다.

슐로스버그는 성공적인 전환을 위해 개인이 지닌 자원과 대처능력을 4S 체계(Situation, Self, Support, Strategies)로 설명하였다. 먼저 첫 번째 S에 해당하는 상황(Situation)은 전환의 원인과 시기, 통제 가능성, 지속기간 등 외적 조건과 관련된다. 해고를 당하는 사건은 같더라도 해고를 당하는 상황은 개인마다 다를 수 있다. 아직 어린 자녀가 있는 가정의 가장인 경우와 자녀들이 모두 독립한 성인인 경우는 해고를 받아들이고 대처하는 태도가 완전히 달라질 수 있다. 두 번째 S는 자기(Self) 영역인데, 개인이 가진 낙관성, 자아존중감, 회복력 등 심리적 자원을 의미한다. 세 번째는 지지체계(Support)를 의미하며, 가족, 친구, 직장, 지역사회 등 사회적 지지 기반이 얼마나, 어떻게 형성되어 있는지와 관련된다. 마지막 S는 전략(Strategies)으로 개인이 사용하는 대처방식과 관련된다. 전환에 대응하기 위한 행동적, 인지적, 정서적 전략을 평가하고 개발하는 것이 핵심이다.

진로전환 상담은 다음의 세 단계로 구성될 수 있다. 첫째, 전환 인식과 맥락 탐색을 시도한다. 면담을 통해 전환이 일어난 상황과 그에 따른 정서적 반응을 파악한다. 둘째, 4S 자원을 진단한다. 내담자가 가진 강점과 부족한 영역을 워크시트, 진로전환검사나 면담을 통해 구체화한다. 셋째, 전환을 재해석하고 실행 계획을 수립한다. 전환을 위기로 보지 않고 '성장과 적응의 기회'로 의미화하며 새로운 정체성을 설계한다. 다음 사례를 통해 성인학습자 대상 진로상담에서 전환이론, 특히 4S를 어떻게 활용하는지 확인할 수 있다.

사례 적용

■ **사례 : 경력전환기 성인학습자 A씨**

A씨는 40대 중반의 직장인으로, 15년간 근무하던 회사를 비자발적으로 퇴직한 후 대학원에 진학하였다. 처음에는 새로운 학문적 도전이 설레었지만, 시간이 지날수록 "내가 제대로 가고 있는 걸까?", "다시 사회에 적응할 수 있을까?"라는 불안감이 커지며 상담을 의뢰하였다.

■ **4S 적용**

상담자는 A씨의 상황을 4S 체계에 따라 분석하였다.

- Situation(상황) : 예기치 못한 퇴직과 학업 복귀라는 환경 변화 속에서 시간관리와 역할 전환의 어려움을 경험하고 있었다.
- Self(자기) : 성실성과 책임감이 높았으나, 자신감이 낮고 스스로의 능력을 과소평가하는 경향이 있었다.
- Support(지지체계) : 가족의 정서적 지지는 충분했지만, 대학원 내 동료관계나 교수와의 교류가 부족하여 사회적 연결망이 제한되어 있었다.
- Strategies(전략) : 학습계획을 세워 성실히 수행했으나, 스트레스 관리나 정서적 조절을 위한 구체적인 대처 전략이 부족하였다.

■ **개입과 변화의 과정**

상담자는 먼저 A씨가 경험하는 전환을 "실패나 중단"이 아닌 "성장과 확장의 기회"로 재해석할 수 있도록 도왔다. 이를 위해 A씨가 지금까지 일과 학업에서 '의미를 부여하며 배우는 힘'을 발휘해 왔던 사례를 탐색하게 하였고, 이를 "내가 어려운 상황에서도 의미를 찾아 배우는 사람"이라는 자기개념으로 재구성하였다(Self 영역 개입). 또한 매주 '전환 저널(transition journal)'을 작성하도록 하여, 학업 과정에서의 작은 성취와 깨달음을 기록하도록 했다. 상담자는 저널을 바탕으로 매 회기 A씨의 성장 포인트를 피드백하며, 스스로 인식하지 못했던 적응력과 회복탄력성(resilience)을 언어화하도록 격려하였다. 또한 지지체계 측면에서 대학원 내 동료들과 교류할 수 있도록 과제 및 연구에서 구체적으로 어떤 의사소통을 하며 도움을 주고받을 수 있을지 연습하는 회기를 가지기도 하였다.

6회기 이후 A씨는 "퇴직이 끝이 아니라 내 인생의 새로운 장면이 되었다"고 표현하였으며, 불안감이 점차 줄고 대학원 학습에 적극적으로 참여하게 되었다. 여전히 먼 미래를 생각하면 답답하고 진로에 대한 불안감을 느끼기도 했지만 지금 당장 할 수 있는 것에 집중하는 정서관리 전략을 꾸준히 연습하면서 학위취득에 집중해 보기로 하였다.

2) 해결중심상담 이론의 적용

해결중심상담 이론은 드 세이저(de Shazer)와 인수 킴 버그(Berg)가 제안한 단기상담 접근으로, 문제 중심의 탐색 대신 해결 중심의 탐색을 강조한다. 이 접근에서는 "무엇이 문제인가?"보다 "무엇이 작동하고 있는가?", "이미 일어난 작은 변화는 무엇인가?"를 중심으로 대화를 이끈다. 상담자는 내담자가 과거에 경험했던 성공적 상황(예외적 순간)을 탐색하여, 내담자가 지닌 강점과 자원을 스스로 인식하도록 돕는다(de Shazer & Dolan, 2007)는 점에서 내담자의 과거, 문제의 원인, 심리적 역동에 중심을 두는 전통적인 상담이론과는 구별된다.

해결중심상담은 비교적 단기간(평균 5~10회기) 내에 실질적인 행동 변화를 이끌어 내며, 내담자의 주체적 선택과 자기효능감을 강화하는 데 초점을 둔다. 특히 성인학습자 진로상담에서는 이미 축적된 직업 경험, 대인관계 기술, 학습 능력 등이 중요한 자원으로 작용하므로, 해결중심 접근은 실질적이고 동기유발적인 상담 방식이 될 수 있다.

해결중심상담의 일반적인 절차는 내담자가 원하는 변화를 구체적으로 묘사하도록 하는 목표 명료화에서 시작된다. 상담자는 "어떤 변화가 일어나면 좋겠는가?", "그 변화가 현실이 된다면 무엇이 달라질까?"와 같은 질문을 통해 내담자가 바라는 미래의 모습을 생생하게 그려보도록 돕는다. 이어서 예외 탐색을 통해 문제가 덜 심각했던 시기나 이미 부분적으로 해결이 이루어졌던 경험을 찾아낸다. 이 과정은 내담자가 자신의 강점과 잠재된 자원을 인식하도록 하며, 변화의 가능성을 실감하게 하는 중요한 단계이다. 다음으로 척도 질문을 활용해 현재 상태를 0에서 10까지의 수치로 표현하게 함으로써 목표까지의 거리를 구체적으로 파악하고, 한 단계 더 나아가기 위해 무엇을 할 수 있을지를 탐색한다. 이후에는 현실적이고 실행 가능한 작은 변화 계획을 세우도록 하여, 즉각적인 행동으로 이어질 수 있도록 구체적인 목표를 설정한다. 마지막으로 상담자는 내담자의 노력과 시도를 인정하고 칭찬과 강화를 통해 자기효능감과 동기를 높인다. 이러한 일련의 과정은 내담자가 자신의 문제를 해결해야 할 부담스러운 과제가 아니라, 이미 변화가 시작된 상황으로 인식하게 하여 긍정적 순환을 촉진한다.

해결중심상담에서는 다음과 같은 기법을 주로 사용한다. 아래 사례를 통해 실제 기법의 사용 방법과 효과를 살펴볼 수 있다.

표 11-3 • 해결중심상담의 주요 기법

주요 기법	질문 예시	목표
기적질문 (miracle question)	"기적이 일어나 모든 문제가 해결된다면, 어떤 하루를 보내고 있나요?"	바람직한 미래상 탐색
척도질문 (scaling question)	"현재 당신의 경력에 대한 만족도는 0~10 중 몇 점인가요? 한 단계 높이기 위해 할 수 있는 것은?"	변화의 가시화 및 동기 자극
예외질문 (exception question)	"문제가 덜 심각했던 때는 언제였나요? 그때 무엇이 달랐나요?"	내담자의 자원과 강점 발견
칭찬과 요약 (compliment & summary)	"그런 시도를 하셨군요. 이미 변화가 시작되었네요."	자기효능감 강화 및 행동 유지

사례 적용

- **사례 : 퇴직 후 진로전환을 준비하는 성인학습자 B씨**

B씨는 50대 초반의 여성으로, 오랜 기간 근무하던 직장에서 퇴직한 후 "앞으로 무엇을 해야 할지 모르겠다"고 호소했다. 퇴직 후 여유 시간은 생겼지만, '쓸모없는 사람'이 된 것 같은 상실감과 불안을 느끼며 상담을 의뢰하였다.

- **개입과 변화의 과정**

상담자는 먼저 기적질문을 사용하여 B씨가 원하는 미래상을 상상하도록 유도했다. "만약 오늘 밤 잠자는 사이에 기적이 일어나 모든 걱정이 사라진다면, 내일 아침 당신의 하루는 어떻게 달라져 있을까요?" 이에 B씨는 "아침에 여유롭게 책을 읽고, 오후엔 도서관에서 강의하는 나 자신을 보고 싶어요."라고 대답했다. 상담자는 그 장면을 구체적으로 묘사하도록 하며, "그런 하루에 한 걸음 더 가까워지려면 이번 주에 어떤 일을 해볼 수 있을까요?"라고 질문했다. B씨는 "평소 관심 있던 인문학 강좌를 들어보고, 하루에 30분 독서를 실천하겠다"고 계획을 세웠다.

3회기 이후 B씨는 '변화 척도 질문'을 통해 자신의 현재 위치를 10점 만점 중 3점에서 6점으로 평가하며, "예전보다 마음이 훨씬 안정되고 활력이 생겼다"고 말했다. 이후 진행된 회기에서 계속 6점에 머물러 있다면 달라지지 않는 자신에 대한 회의감을 표현하곤 했으나, 상담자는 "더 떨어질 수도 있는데 6점을 유지할 수 있는 B의 자원과 힘은 무엇일까요?"와 같은 질문을 통해 자신의 강점을 명확히 인식할 수 있도록 도왔다. 이후, B씨는 독서모임을 조직해 친구들과 함께 공부하기 시작했고, 한 달 후에는 지역 평생학습관의 강사 지원서를 제출했다.

요약하기

1. 진로상담의 개념과 주요 이론

- 진로상담은 흥미·가치·성격·능력 등 자기이해를 바탕으로 직업세계 정보를 통합해 현실적 진로결정과 경력발달을 돕는 전문적 상담활동이다. 성인에게 진로는 단순한 직업선택이 아니라 삶의 방향과 의미를 재구성하는 전생애적 과제로, 일-삶 통합과 역할 전환의 적응을 포함한다.
- 특성-요인이론, 전생애 진로발달, 사회인지 진로이론, 계획된 우연이론 등은 주요 진로상담 이론으로 성인학습자 이해 및 진로상담에 적용할 수 있다.

2. 경력개발과 생애설계

- 경력의 초점이 '조직 중심의 안정'에서 '개인 중심의 성장'으로 이동했고, 경력 성공은 외적 지표보다 심리적 성공·가치 실현으로 정의된다. 이러한 맥락에서 자기주도성과 가치 지향을 기반으로 경력을 설계하는 프론티언 경력, 조직 경계를 넘어 이동성·관계자본을 확장하는 무경계 경력, 불확실한 환경에서 의미 재구성과 전환 적응을 가능하게 하는 핵심 심리자원인 경력적응성의 중요성이 대두되고 있다.
- 생애설계상담은 구성주의·내러티브 기반 접근으로, "나는 누구이며 어떻게 살 것인가"를 삶의 이야기로 재구성하게 돕는다.

3. 진로상담의 실제

- 전환이론(슐로스버그)을 적용하여 4S(상황·자기·지지·전략)로 전환 맥락을 구조화하여 위기를 성장 기회로 재의미화하고 실행계획을 수립할 수 있다.
- 해결중심 상담을 적용하여 기적질문-예외탐색-척도질문-작은 변화 계획-칭찬/강화로 단기간에 자기효능감과 행동 변화를 촉진할 수 있다.

Chapter 12

스트레스 및 정서상담의 실제

학습목표

- 직무 스트레스의 개념과 원인을 이해하고 설명할 수 있다.
- 가정과 생활 속에서 겪는 어려움과 역할 갈등의 특성을 이해하고 설명할 수 있다.
- 직장과 학습공동체 등에서 경험하는 대인관계 갈등의 원인을 이해하고 설명할 수 있다.
- 다양한 스트레스 상황에 적용할 수 있는 상담 개입 전략을 이해하고 설명할 수 있다.

성인학습자는 직장, 가정, 여가 및 종교 활동 등 다양한 삶의 영역을 동시에 감당하면서 학업을 수행한다는 점에서 청소년기 학습자들과는 다른 특수한 상황에 놓여 있다. 대부분의 성인학습자는 직업을 가진 상태에서 학업을 병행하며, 가정과 사회에서 부여된 여러 역할을 수행한다(이은경 · 김명진 · 정연희 · 김화민, 2020). 이러한 다중 역할은 학습자에게 의미 있는 성장의 기회를 제공하기도 하지만, 동시에 과도한 부담과 갈등을 유발하는 주요 원인이 되기도 한다.

스트레스(stress)란 개인이 외부 환경의 요구나 압박을 자신의 능력이나 자원을 초과한다고 지각할 때 경험하는 신체적, 정신적 긴장을 의미한다(Lazarus & Folkman, 1984). 성인학습자는 직무 수행에 따른 압박감, 가족 내 역할 분담에서 비롯되는 갈등, 학습 동료나 직장 동료와의 관계에서 발생하는 긴장 등 다양한 형태의 스트레스를 경험한다. 즉, 직장에서의 업무 과중과 평가 압박은 직무 스트레스로, 가정과 학업의 병행에서 생기는 역할 충돌은 가정 · 생활 스트레스로, 그리고 일, 가정, 학업을 둘러싼 관계 속에서의 소통 문제와 갈등은 대인관계 스트레스로 나타난다. 임연욱(2007)은 사이버대학 성인학습자들의 학업 중도탈락의 가장 큰 원인으로 '학습시간 부족'을 꼽았는데, 이는 직장과 가정, 학업을 병행하는 과정에서 비롯되는 복합적 스트레스와 밀접하게 관련되어 있다. 이러한 스트레스는 단순히 개인의 정서적 불편감에 머무르지 않고, 학습 지속 의지와 성취 수준, 나아가 학업중단 여부에도 직접적인 영향을 미친다(정혜령, 2019 ; Kasworm, 2008).

심리적 안정은 성인학습자가 학습과 생활을 균형 있게 유지하고, 장기간의 교육 과정을 완수할 수 있도록 하는 중요한 기반이다. 연구에 따르면(Lazarus & Folkman, 1984), 개인이 경험하는 스트레스 상황에서 적절한 심리적 지원이나 상담적 도움을 받지 못할 경우 학습 몰입도와 성과가 급격히 저하되는 것으로 나타난다. 반대로 정서적 안정과 사회적 지지를 제공받은 학습자는 직무와 가정, 인간관계의 요구가 충돌하더라도 이를 효과적으로 조율하며 학습 목표를 지속적으로 추구할 수 있다.

따라서 성인학습자의 상담에서는 학업 성취나 진로 설계뿐 아니라, 직무 스트레스, 가정 · 생활 스트레스, 대인관계 스트레스와 같은 심리 · 정서적 문제를 통합적으로 이해하고 지원할 필요가 있다. 본 장에서는 이러한 세 가지 스트레스 유형의 개념과 특징을 이론 및 선행연구를 통해 살펴보고, 상담 현장에서 활용할 수 있는 개입 전략과 접근 방법을 제시함으로써 성인학습자의 학업 지속과 정서적 안정을 지원하는 실제적인 방향을 모색하고자 한다.

1. 직무 스트레스

시대의 변화에 따라 다양한 스트레스 요인에 대한 연구가 활발히 이루어지면서, 사회와 조직 차원에서도 직무 스트레스(job stress)에 대한 관심이 높아지고 있다(French, Rogers & Cobb, 1974). 직무 스트레스는 개인이 직무 수행 과정에서 경험하는 과도한 요구나 환경적 압력으로 인해 자신의 능력이나 자원으로 이를 감당하기 어렵다고 지각할 때 발생하는 심리적 긴장 상태를 의미한다(Lazarus & Folkman, 1984). 근로자가 직무 환경을 위협이나 부담으로 인식하고 이를 통제할 수 없다고 평가할 때 나타나는 심리적 적응의 어려움을 의미한다. 즉, 직무 스트레스는 단순한 업무량의 문제가 아니라, 개인이 업무 상황을 어떻게 평가하고 대처하느냐에 따라 달라진다.

직무 스트레스를 설명하는 대표적 이론으로는 직무 요구-통제 모형과 직무 요구-자원 모형이 있다. 카라섹(Karasek, 1979)의 직무 요구-통제 모형(job demand-control Model)은 직무에서 요구되는 과업의 양과 복잡성인 직무요구(demand)와, 근로자가 자신의 일을 조정하고 결정할 수 있는 통제감(control)의 수준이 상호작용하여 스트레스가 발생한다고 본다. 즉, 요구는 높고 통제감이 낮은 경우 심리적 긴장이 가장 높게 나타나며, 반대로 높은 통제감은 스트레스의 부정적 영향을 완화한다.

데메루티 등(Demerouti et al., 2001)의 직무 요구-자원 모형(job demands-resources model)은 모든 직무가 요구(demands)와 자원(resources)으로 구성된다고 보고, 이 두 요인의 균형이 개인의 스트레스 수준과 직무 몰입을 결정한다고 설명한다. 직무 요구가 높을수록 피로와 소진이 증가하지만, 상사의 지원, 피드백, 자율성 등의 직무자원이 충분하면 이러한 부정적 영향을 완화하고 동기를 높일 수 있다.

결국 두 모형 모두 높은 직무 요구가 스트레스를 유발할 수 있음을 전제로 하지만, 근로자의 통제감과 자율성을 높이는 직무설계 및 근무환경을 통해 그 부정적 영향을 완화할 수 있음을 시사한다. 또한 직무 스트레스는 단순히 업무량의 문제가 아니라 자원의 부족에서 비롯되는 현상이다. 따라서 상사의 지원, 유의미한 피드백, 동료 간 협력, 정서적 지원 등 사회심리적 자원을 강화하는 프로그램을 운영하고 지원함으로써 구성원의 직무 스트레스를 예방하고 직무 몰입을 증진시킬 필요가 있다.

기본적으로 직무 스트레스의 특성은 다음과 같이 요약할 수 있다. 첫째, 다차원성이다. 직무 스트레스는 과도한 업무량과 시간 압박, 역할 갈등, 낮은 직무 재량권, 조직문화와 보상체계의 불합리성 등 다양한 차원에서 발생한다(Karasek, 1979). 둘째, 누적성과 만성성이다. 해소되지 못한 직무 스트레스는 시간이 지남에 따라 누적되어 신체적 · 정신적 건강에 장기적 손상을 초래한다(Lazarus & Folkman, 1984). 셋째, 개인차이다. 동일한 환경에서도 개인의 성격, 대처 방식, 사회적 지지 수준에 따라 스트레스 경험은 달라질 수 있다(Siegrist, 1996). 넷째, 생활 전반으로의 확산성이다. 직무 스트레스는 직장에만 국한되지 않고 가정과 학업, 대인관계로 확산되어 성인학습자의 삶 전반을 압박한다. 고종식과 황진수(2010)는 현대 직장인들이 과도한 업무량과 성과 중심주의, 수직적 조직문화 속에서 치열한 경쟁을 겪고 있으며, 그 결과 개인과 조직 모두가 과도한 직무 스트레스 상황에 노출된다고 지적하였다.

직무 스트레스는 신체적, 정신적, 업무적, 행동적 차원 등 다양한 영역에 광범위한 영향을 미친다. 신체적 측면에서는 장시간 노동, 연장근무, 교대근무 등으로 인한 피로 누적과 함께 심혈관계 질환, 두통, 수면장애 등의 문제가 보고된다(서은경 · 주은선, 2017 ; Quick, Quick, Nelson & Hurrell, 1997). 정신적 측면에서는 불안, 우울, 분노, 공황장애 등 부정적 정서와 정신건강 문제로 이어질 수 있으며(Lazarus & Folkman, 1984), 업무적 측면에서는 직무 만족도 저하, 직무 수행의 어려움, 결근과 이직 증가로 연결된다(Karasek & Theorell, 1990). 마지막으로 행동적 측면에서는 음주나 흡연과 같은 부적응적 대처가 빈번하게 나타나며, 이는 스트레스 상황에서의 일시적 해소를 추구하는 회피적 행동으로 이해된다(서은경 · 주은선, 2017 ; Cooper & Marshall, 1976).

성인학습자에게 직무 스트레스는 단순한 직장 내 문제가 아니라 학업 지속과 성취를 위협하는 핵심 요인이다. 임연욱(2007)의 연구에 따르면 사이버대학 학습자의 중도탈락 사유 중 가장 높은 비율을 차지한 것은 '학습시간 부족'(41.4%)이었으며, 이는 직무 수행과 학업 병행의 어려움에서 비롯된 것으로 나타났다. 정혜령(2019) 역시 성인학습자의 '시간 없음' 경험을 분석하며, 직장에서 학습자로서 인정받지 못하고 시간 활용의 자율성이 제한된 현실을 지적하였다. 이는 직무 요구-통제 모형이 제시하듯이, 높은 직무 요구와 낮은 통제감이 학습자의 여유와 에너지를 고갈시켜 학업 참여를 저해하는 구조적 요인으로 작용함을 보여 준다.

또한 직무 요구-자원 모형의 관점에서 볼 때, 직무 스트레스는 단순한 피로의 문제가 아니라 학습에 투자할 수 있는 심리적 자원과 시간적 자원의 결핍과 관련된다. 업무 부담이 높고 직무자원이 부족한 성인학습자는 학업에 필요한 주의집중력과 자기조절능력이 떨어지며, 이는 과제 수행의 곤란, 시험 준비 부족, 학업 지속 의지의 약화로 이어진다(임연욱, 2007 ; 정혜령 외, 2015).

따라서 성인학습자의 상담에서는 직무 스트레스를 학업 및 진로와 긴밀히 연결된 핵심 변인으로 다루어야 하며, 학습자가 직무 요구를 관리하고 학습 자원을 회복할 수 있도록 시간관리, 스트레스 인식, 자원 활용 능력 향상 등의 상담적 개입이 필요하다.

2. 가정 및 생활 스트레스

성인학습자는 직장과 학업을 병행하는 동시에 가정 안에서 배우자, 부모, 자녀로서의 역할을 수행한다. 이처럼 여러 역할을 동시에 감당하는 과정에서 가사, 육아, 부모 부양, 경제적 책임과 같은 생활상의 부담이 학업과 충돌하면서 긴장과 갈등이 생긴다. 따라서 성인학습자에게 가정 및 생활 스트레스는 매우 흔한 경험이며, 학업을 계속할 수 있는지 여부를 결정짓는 중요한 요인 가운데 하나라고 할 수 있다. 실제로 크로스(Cross, 1981)는 성인학습자의 학습 참여를 가로막는 가장 큰 장벽으로 시간 부족과 역할 갈등을 지적하며, 가정적 책임이 학업 지속에 직접적인 제약을 준다고 강조하였다. 국내의 임효진과 하혜숙(2017)도 원격대학 여성 성인학습자가 직장인, 부모, 배우자, 학습자라는 다중 역할을 수행하면서 시간 부족과 역할 과부하로 인해 높은 수준의 갈등을 경험하며, 이러한 갈등이 학업 지속을 어렵게 만드는 주요 요인임을 보고하였다.

이러한 현상을 설명하는 이론적 틀로 역할 갈등 이론과 일-가정 갈등 이론을 들 수 있다. 칸 등(Kahn et al., 1964)의 역할 갈등 이론(role conflict theory)은 개인이 동시에 여러 사회적 역할을 수행할 때, 각 역할의 기대가 상충하거나 양립하기 어려울 경우 갈등과 스트레스가 발생한다고 본다. 즉 직장인, 배우자, 부모, 학습자라는 다양한 역할이 공존하는 성인학습자의 삶에서 역할 간 요구의 불일치가 커질수록 심리적 부담과 피로가 누적되고, 결과적으로 학습 참여와 몰입이 저하될 수 있다.

한편 그린하우스와 뷰텔(Greenhaus & Beutell, 1985)의 일-가정 갈등 이론(work-family conflict theory)은 이러한 갈등을 시간, 긴장, 행동의 세 차원으로 구분하여 설명한다. 한 역할에 쓰는 시간이 다른 역할을 방해할 때(시간 기반), 한 역할에서 받은 피로와 스트레스가 다른 역할로 전이될 때(긴장 기반), 그리고 역할마다 요구되는 행동이 달라 충돌할 때(행동 기반) 갈등이 발생한다. 성인학습자는 여기에 학습자라는 또 다른 역할이 더해지면서, 갈등이 일-가정-학업 갈등

(work-family-school conflict)으로 확장된다.

연구에 따르면 성인학습자는 학업에 필요한 시간과 에너지가 직무와 가정의 책임으로 인해 소진되는 경험을 자주 한다. 특히 기혼 여성 학습자는 가사와 육아 부담이, 중년 학습자는 경제적 책임과 부모 부양이, 그리고 직장인 학습자는 직무 스트레스와 시간 압박이 주요한 스트레스 요인으로 작용한다. 이강은과 홍아정(2015)은 직장인 성인학습자의 학습가치와 학습효능감, 학습애착이 높을수록 학습성과가 향상되며, 이 관계에서 일-삶의 균형(work-life balance)이 중요한 매개 요인으로 작용한다고 밝혔다. 즉, 일과 삶의 균형이 유지될 때 학습자는 직무, 가정, 여가, 자기성장 간의 조화를 경험하며, 학습 만족도와 삶의 질이 높아진다. 이는 일-삶의 균형이 단순한 개인의 시간관리 차원이 아니라, 학습성과를 높이고 학업 지속을 가능하게 하는 핵심 심리적 자원임을 보여 준다.

이러한 연구결과들은 성인학습자의 가정 및 생활 스트레스를 역할 갈등의 누적 과정과 일-삶 균형의 회복 과정으로 함께 이해해야 함을 시사한다. 학습자가 자신의 역할들 간 경계를 명확히 하고, 가족과 직장에서 학습자의 정체성을 인정받을 때 스트레스 수준은 완화되고 학습 몰입과 자기효능감이 강화된다. 따라서 상담 현장에서는 성인학습자의 가정 및 생활 스트레스를 개인의 사적인 문제로만 보지 않고, 학업 지속성과 삶의 균형을 결정하는 중요한 구조적 요인으로 이해해야 한다. 상담자는 학습자의 생활 주기를 고려하여 학습-직무-가정 간 균형 회복을 지원하고, 역할 재조정과 시간관리, 사회적 지지망 형성을 돕는 상담 개입을 설계할 필요가 있다.

3. 대인관계 스트레스

성인학습자는 직장, 가정, 학습공동체 등 다양한 사회적 관계 속에서 생활하고 있다. 이러한 관계들은 정서적 지지와 안정감을 주는 동시에 때로는 갈등의 원인이 되기도 한다. 직장에서는 상사나 동료와의 업무 조율, 성과 평가, 의사소통 문제로 갈등이 생길 수 있고, 가정에서는 배우자나 자녀와의 역할 분담이나 기대의 불일치가 긴장을 일으킨다. 학습 현장에서도 협력 과제가 고르게 분담되지 않거나 서로의 성취를 비교하면서 관계가 불편해지는 경우가 있다.

이형득(1992)은 대인관계를 두 사람 혹은 그 이상의 사람들이 상호 간에 일어나는 역동적이고 상호 복합적인 과정으로 정의하였다. 즉 대인관계는 단순한 접촉이 아니라 상호작용 속에서 자아와 타자가 지속적으로 영향을 주고받는 과정이라고 할 수 있다. 그러나 성인학습자 가운데는 상호 존중과 만족을 추구하는 건강한 관계를 형성하거나 유지하는 데 여전히 어려움을 겪는 경우가 있다. 관계 속에서 필요한 의사소통 기술이 부족하거나, 부정적 관계에서 자신을 보호하고 대처하지 못하는 것이 문제로 이어질 수 있다. 이러한 관계의 어려움은 결국 심리적 불안, 자존감 저하, 정서적 소진으로 나타난다.

이때 중요한 관점이 바로 바운더리(boundary) 개념이다. 바운더리는 개인이나 집단의 심리적 영역을 보호하고, 관계 속 참여의 한계를 설정하는 심리적 경계로 정의된다. 문요한(2018)은 이를 자아와 대상 간의 경계이자 통로로 보며, 건강한 관계는 자신을 보호할 만큼 단단하면서도 타인과의 교류를 위해 개방적이어야 한다고 하였다. 바운더리가 약하면 타인에게 과도하게 휘둘리거나 의존적인 관계가 형성되고, 반대로 지나치게 단단하면 정서적 단절이 일어나 고립감을 느낄 수 있다. 성인학습자가 다양한 대인관계 상황에서 스트레스와 어려움을 느끼는 것은 이러한 바운더리의 불균형과도 관련된다.

성인학습자의 대인관계 스트레스는 이러한 심리적 요인에 더해, 일, 가정, 학업이라는 다중 역할 갈등으로 인해 더욱 복합적으로 나타난다. 예를 들어, 직장에서의 업무 일정이 과제 제출과 충돌하거나, 배우자가 학업 참여를 부담스럽게 느껴 갈등이 생기기도 한다. 또 가족의 요구가 학업 계획과 겹치면서 죄책감이나 압박감을 느끼는 경우도 있다. 이러한 갈등은 시간과 에너지, 정서 자원을 동시에 소모시키며 피로와 긴장을 가중시킨다.

도이치(Deutsch, 1973)는 대인관계 갈등을 상호의존적인 사람들이 불일치하는 목표를 지닌 상태로 정의하며, 갈등을 인간관계의 필연적 과정으로 보았다. 그는 갈등이 다루어지는 방식에 따라 관계를 강화하는 '건설적 갈등'과 불신과 단절을 초래하는 '파괴적 갈등'으로 나뉜다고 하였다. 따라서 상담자는 학습자가 관계 속에서 경험하는 감정과 인식을 탐색하도록 돕고, 효과적인 의사소통과 경계 설정, 공감적 경청, 자기표현 훈련을 통해 관계의 건강성을 회복하도록 지원해야 한다.

라자루스와 폴크만(Lazarus & Folkman, 1984)은 스트레스를 개인이 환경의 요구를 자신의 자원으로 감당하기 어렵다고 판단할 때 발생하는 관계적 상태로 설명하였다. 관계 속의 비난, 오해, 기대의 불일치는 개인의 심리적 자원을 소모시키고 정서적 안녕을 위협하지만, 반대로 사회적 지지(social support)와 공동체 의식(sense of community)은 강력한 완충 요인으로 작용한다. 틴토(Tinto, 1993)는 학업 지속성 모형에서 학습자가 사회적 관계 속에서 소속감과 지지를 경험할 때 학문적 · 사회적 통합이 이루어진다고 하였으며, 로바이(Rovai, 2002)는 온라인 학습 환경에서의 공동체 의식이 학습 몰입과 성취를 높인다고 보고하였다.

결국 성인학습자의 대인관계 스트레스는 단순한 인간관계의 문제가 아니라, 다중 관계 속에서 발생하는 심리적 스트레스 사건으로 이해할 수 있다. 상담자는 학습자가 관계 속에서 자신의 경계를 인식하고 조절하도록 돕는 동시에, 타인과의 정서적 교류를 회복할 수 있는 자원(사회적 지지, 공동체 연결)을 강화해야 한다. 이러한 접근은 성인학습자가 갈등 상황을 자기이해와 관계 성숙의 계기로 전환하도록 돕는 중요한 상담 전략이 된다.

4. 스트레스에 대한 상담 개입

성인학습자는 직장, 가정, 학습공동체 등 다양한 영역에서 여러 역할을 동시에 수행하기 때문에, 직무상의 압박감, 가족 내 역할 갈등, 대인관계의 긴장 등 복합적인 스트레스에 노출되기 쉽다. 이러한 스트레스는 단순한 일시적 불편감이 아니라, 학습자의 인지적 부담, 정서적 긴장, 행동의 혼란, 관계의 불균형, 환경적 제약이 서로 맞물려 나타나는 관계적 과정으로 이해할 수 있다(Lazarus & Folkman, 1984). 따라서 상담자는 특정 스트레스의 원인보다 학습자가 그것을 인식하고 대처하는 전반적 과정을 통합적으로 조망할 필요가 있다. 본 절의 목적은 성인학습자가 경험하는 다양한 스트레스를 효과적으로 관리하고, 심리적 안정과 학업 지속을 돕는 상담 개입 전략을 모색하는 데 있다. 이를 위해 인지적, 정서적, 행동적, 관계적, 환경적 요인을 통합적으로 고려한 다차원적 접근을 통해 스트레스 완화와 자기조절력 회복을 촉진하고자 한다.

1) 인지적 개입 전략

스트레스의 강도는 사건 자체보다 개인이 그것을 어떻게 인식하고 해석하느냐에 따라 달라진다. 라자루스와 폴크만(1984)은 스트레스를 개인이 환경의 요구를 자신의 자원으로 감당하기 어렵다고 판단할 때 발생하는 관계적 상태로 보았다. 즉, 스트레스는 단순한 외부 자극이 아니라 개인의 인지적 평가와 의미 부여 과정 속에서 형성되는 심리적 경험이다. 벡(Beck, 1976)은 부정적 자동사고나 비합리적 신념이 불필요한 불안과 긴장을 증폭시킨다고 하였으며, 타일러와 스텐톤(Taylor & Stanton, 2022) 또한 스트레스 대처에서 인지행동적 접근이 핵심적 역할을 한다고 강조하였다. 따라서 인지적 개입은 학습자가 자신의 사고방식과 신념을 자각하고, 현실을 왜곡하거나 부정적으로 해석하는 인지적 패턴을 보다 합리적이고 유연한 사고로 전환하도록 돕는 과정이라 할 수 있다.

직무 스트레스의 경우, 성인학습자는 "나는 모든 일을 완벽히 해내야 한다", "조금이라도 실수하면 평가를 잃게 된다"와 같은 사고를 자주 보일 수 있다. 이러한 완벽주의적 신념은 자신에게 과도한 부담을 주어 스트레스를 심화시킨다. 상담자는 학습자가 스스로 설정한 기준이 비현실적으로 높다는 점을 인식하도록 돕고, "완벽함보다 효율적 균형이 중요하다", "작은 실수도 성장 과정의 일부다"와 같은 대안적 사고를 탐색하도록 지원할 수 있다. 이러한 인지 재구성은 학습자가 직무 수행과 학업을 조화롭게 병행하도록 돕고, 자신의 능력과 한계를 현실적으로 수용하는 태도를 형성하게 한다.

가정 및 생활 스트레스의 경우, 특히 여성 성인학습자들은 "공부하느라 가족에게 소홀하다", "내가 학업을 계속하면 가족이 힘들어진다"는 식의 죄책감이 섞인 사고를 보이는 경우가 많다. 김영빈 외(2021)의 연구에 따르면, 여성 학습자들은 명상, 자기대화, 일기쓰기, 긍정적 사고 등의 인지적 재평가(cognitive reappraisal) 방식을 활용하여 스트레스를 완화하고, 학업을 가족과 함께 성장하는 기회로 재해석하는 경향을 보였다. 상담자는 학습자가 "나의 학업은 가족에게 부담이 아니라 긍정적 본보기가 될 수 있다"는 관점을 갖도록 돕고, 가족 내에서 학습에 대한 이해와 지지를 얻기 위한 구체적인 의사소통 방법을 탐색하도록 지원할 수 있다. 이러한 사고 전환은 학습자가 학업과 가족의 관계를 갈등의 원인이 아니라 상호 성장적 관계로 인식하도록 하는 데 중요한 의미를 지닌다.

대인관계 스트레스에서도 인지적 접근은 매우 효과적이다. 성인학습자는 직장이나 학습공동체에서 "동료는 나를 무시한다", "내 의견은 언제나 배제된다"와 같은 부정적 자기해석을 할 수 있다. 이러한 사고는 상대의 의도를 단정적으로 해석하고 관계적 긴장을 확대시키는 인지적 오류를 포함한다. 상담자는 학습자가 타인의 행동을 곧바로 위협으로 해석하지 않도록 돕고, "상대의 의도는 다를 수 있다", "내 감정은 사실이지만 그것이 실제 진실의 전부는 아니다"와 같은 인지적 거리두기(cognitive distancing)를 적용할 수 있다. 이러한 사고의 조정은 불필요한 감정적 반응을 완화하고, 관계 상황을 보다 객관적으로 바라보게 함으로써 문제 해결의 가능성을 높인다.

결국 인지적 개입은 스트레스 자체를 제거하는 것이 아니라, 학습자가 자신의 사고를 인식하고 그 의미를 새롭게 구성하도록 돕는 상담적 과정이다. 이를 통해 성인학습자는 부정적 사고의 틀에서 벗어나 스트레스를 성찰과 성장의 기회로 전환할 수 있으며, 이는 학업 지속성과 자기효능감 향상으로 이어진다.

2) 정서적 개입 전략

정서적 개입은 스트레스 상황에서 나타나는 불안, 분노, 무력감, 죄책감 등 부정적 정서를 인식하고 조절하도록 돕는 상담적 접근이다. 그린버그(Greenberg, 2011)는 억압된 정서가 오히려 심리적 긴장을 증폭시킨다고 지적하였다. 라자루스와 폴크만(1984)은 스트레스가 개인의 정서적 균형을 위협할 때 대처(coping)가 필수적이라고 하였다. 따라서 상담자는 학습자가 자신의 감정을 억누르거나 회피하기보다, 이를 있는 그대로 인식하고 표현하도록 돕는 것이 중요하다. 감정 인식과 수용은 스트레스 완화의 출발점이며, 이를 위해 마음챙김, 심호흡, 이완 훈련, 정서일기 쓰기 등 다양한 방법이 활용될 수 있다.

직무 스트레스 상황에서 성인학습자는 과중한 업무와 시간 압박 속에서 피로, 짜증, 불안 등의 감정을 자주 경험한다. 업무 성과에 대한 압박감과 자기비판적 태도는 정서적 긴장을 더욱 높이며, 이로 인해 학습 몰입도가 저하되거나 회피 행동이 나타나기도 한다. 상담자는 학습자가 자신의 감정 상태를 명확히 인식하고, "나는 지금 불안하다", "나는 피로하다"와 같이 감정에 이름을 붙이도록 돕는다. 이러한 감정 명명은 단순한 표현이 아니라 정서조절의 핵심 과정으로, 막연한 감정 상태를 구체적으로 인식하게 하여 스스로를 객관적으로 바라보게 한다. 감정을 언어로 표현하는 순간 편도체의 과도한 정서 반응이 줄고 사고를 관장하는 전전두엽의 활동이 높아져, 감정의 강도가 완화되고 통제감이 회복된다(Lieberman et al., 2007). 또한 감정을 명확히 인식하고 언어화하는 것은 자기이해와 수용을 높이며, 타인과의 관계에서도 감정을 적절히 표현하고 공감적 의사소통을 가능하게 한다. 따라서 상담자는 학습자가 감정에 압도되지 않고, 스스로의 감정과 행동을 조절할 수 있도록 감정 인식과 명명 과정을 체계적으로 지원해야 한다.

이후 심호흡, 근육 이완법, 짧은 명상 등 구체적인 이완 기술을 활용해 신체적 긴장을 완화시키는 것이 중요하다. 예를 들어 업무에서 학습으로 전환하는 시점(예 : 퇴근 직후)에 약 5분간의 짧은 명상이나 간단한 스트레칭을 습관화하면 정서적 안정이 유지되고 학습에 필요한 집중력을 회복할 수 있다.

가정 및 생활 스트레스의 경우, 성인학습자는 가족의 기대와 학업 간의 갈등 속에서 죄책감, 무력감, 서운함과 같은 복합적인 정서를 경험한다. 특히 여성 학습자들은 돌봄과 학업을 병행하면서 "내가 이기적인 것 같다"는 내면의 자책을 자주 보고한다(김영빈 외, 2021). 이때 상담자는 학습자가 느끼는 감정을 평가하거나 억누르지 않도록 하고, 그 감정이 자신의 가치관이나 역할 의식에서 비롯된 자연스러운 반응임을 이해하고 수용하도록 돕는다.

감정일기 쓰기나 '하루 5분 감정 점검' 같은 활동은 학습자가 자신의 감정을 객관적으로 인식하게 하며, 지속적인 죄책감 대신 자기연민(self-compassion)의 감정을 회복하도록 돕는 효과적인 방법이다. 또한 가족과의 대화에서는 '나 전달법(I-message)'를 활용해 "나는 ○○해서 힘들다"처럼 자신의 감정을 솔직하게 표현하도록 연습시키는 것이 바람직하다. 이러한 정서 표현은 가족 간에 오해를 줄이고, 가족의 이해와 지지를 얻는 데 도움이 된다.

대인관계 스트레스에서는 분노, 실망, 상처 등의 감정이 관계 단절로 이어지는 경우가 많다. 학습공동체나 직장에서의 의견 충돌 후 "다시는 이야기하고 싶지 않다", "나를 무시했다"는 감정이 쌓이면 상대방과의 관계는 점점 멀어지게 된다. 상담자는 학습자가 감정을 억누르지 않되, 즉각적인 반응보다는 감정과 행동 사이의 간격을 두는 연습을 하도록 돕는다. 즉 감정이 폭발하기 전에 잠시 호흡을 가다듬고 스스로에게 "지금 내가 느끼는 감정은 무엇인가?"를 묻는 훈련이다. 이러한 일시적 멈춤은 충동적 반응을 예방하고, 후회 없는 선택을 가능하게 한다. 또한 공감 훈련이나 입장 바꿔 보기 활동을 통해 타인의 감정 상태를 이해하는 경험을 제공하면, 관계적 갈등이 완화되고 정서적 안정이 회복된다.

결과적으로 정서적 개입은 스트레스를 단순히 없애기 위한 기술이 아니라, 감정을 회피하지 않고 마주함으로써 스스로의 내적 균형을 회복하게 하는 과정이다. 감정의 정확한 인식과 표현은 성인학습자의 학업 지속에 직접적으로 작용하는 핵심 요인으로, 정서적 안정이 확보될 때 학습자는 집중력과 자기조절 능력을 되찾고 학습 상황을 보다 긍정적이고 유연하게 해석할 수 있다.

3) 행동적 개입 전략

행동적 개입은 학습자가 자신의 행동을 구체적으로 조정하고 실천함으로써 스트레스를 줄이는 상담적 접근이다. 이는 단순히 의지를 강화하는 것이 아니라, 시간관리, 문제 해결, 자기조절 행동을 통해 환경적 요구에 능동적으로 대처하도록 돕는 과정이다. 라자루스와 폴크만(1984)은 스트레스 대처를 '문제중심(problem–focused)'과 '정서중심(emotion–focused)'으로 구분하였는데, 행동적 개입은 그중에서도 문제중심 대처 전략에 해당한다. 즉, 스트레스의 원인을 인식하고 구체적인 실행 계획을 세워 실천함으로써 상황을 통제 가능한 수준으로 조정하는 것이다.

이와 더불어 상담자는 해결중심적 접근(solution–focused approach ; de Shazer & Berg, 1997)을 적용하여 학습자가 문제의 원인보다 가능한 변화와 바람직한 미래에 초점을 두도록 도울 수도 있다. 이 과정에서 상담자는 "지금 상황에서 진정으로 원하는 바가 무엇인가?", "이미 도움이 된 것은 무엇인가?", "조금이라도 나아진 점은 무엇인가?"와 같은 질문을 통해 학습자가 자신의 강점과 자원을 인식하도록 이끈다. 이러한 접근은 학습자가 통제 가능한 행동부터 작게 실천하도록 격려함으로써 자기효능감과 주도성을 높이고, 스트레스 상황에서도 현실적인 대처 능력을 강화하는 데 효과적이다.

성인학습자는 직장, 가정, 학업을 병행해야 하기 때문에 현실적인 시간관리와 역할 분담이 이루어지지 않으면 스트레스가 쉽게 누적된다. 따라서 상담자는 학습자가 실천 가능한 작은 행동부터 시작하여 점진적인 변화를 경험하도록 돕는 것이 중요하다.

직무 스트레스의 경우, 과중한 업무와 학업 병행으로 인한 시간 압박이 핵심 요인으로 작용한다. 상담자는 학습자에게 하루 또는 일주일 단위의 일정표를 함께 작성하게 하여 업무, 학습, 휴식의 균형을 시각적으로 점검하도록 돕는다. 또한 우선순위를 정하는 훈련을 통해 '지금 반드시 해야 할 일'과 '나중에 해도 되는 일'을 구분하게 하고, '완벽하게'보다 '일관성 있게' 실천하는 것이 더 중요하다는 점을 인식시킨다. 예를 들어 매일 30분이라도 학습 루틴을 유지하는 습관을 만드는 것이 하루 종일 미루는 것보다 훨씬 효과적이다. 이러한 현실적이고 지속 가능한 행동 계획은 직무 스트레스를 완화하고, 자기통제감과 효능감을 높이는 결과로 이어진다.

또한 업무 중간마다 짧은 회복 루틴을 계획적으로 포함시키는 것도 효과적이다. 예컨대 60분 집중 후 5분간 자리에서 일어나 스트레칭을 하거나, 짧게 호흡을 조절하는 시간을 갖는 것이다. 이러한 짧은 휴식은 신체적 긴장을 완화하고, 인지적 피로를 줄여 업무와 학습 모두의 효율성을 높인다.

가정 및 생활 스트레스 상황에서는 역할의 재조정과 협력적 분담이 중요하다. 성인학습자는 종종 가족 내 모든 역할을 전부 감당하려는 경향을 보이는데, 이는 피로 누적과 정서적 소진으로 이어진다. 상담자는 학습자가 가족과 구체적인 협의 계획을 세우도록 돕고, 특정 요일에 가사나 돌봄 업무를 분담하거나 학습 시간에는 가족이 방해하지 않도록 '학습 존중 시간'을 설정하도록 한다. 또한 또한 학습자 스스로에게도 자기관리 행동을 권장한다. 예를 들어, 규칙적인 수면, 가벼운 운동, 식사 습관의 안정화와 같은 기본 생활 리듬의 회복은 단순한 생활습관의 문제가 아니라 정서적 회복과 자기효능감의 기반이 된다. 가족의 협조를 얻어 일상의 작은 변화를 실천하는 것이 행동적 개입의 핵심이다.

대인관계 스트레스에 대한 행동적 개입은 의사소통 기술과 갈등 대처 행동 훈련을 중심으로 이루어진다. 학습공동체나 직장에서의 갈등 상황에서 많은 학습자들은 회피하거나 감정적으로 반응하는 패턴을 보이므로, 상담자는 구체적인 행동 기술 훈련을 통해 단호하면서도 공감적인 방식으로 의사소통하도록 돕는다. 예를 들어 '나 전달법'을 활용하여 "당신이 틀렸다" 대신 "나는 그런 말을 들었을 때 서운했다"고 표현하도록 지도한다. 또한 문제 해결의 절차를 적용하여 문제를 명확히 정의하고, 가능한 한 많은 해결책을 탐색한 뒤 현실 가능한 해결책을 중심으로 실행 계획을 세우고 결과를 점검하도록 훈련한다. 이러한 구체적 절차는 관계 회피를 줄이고 협력적 상호작용을 촉진하여 대인 스트레스를 완화하는 데 효과적이다.

요약하면, 행동적 개입은 사고나 감정의 변화만으로는 해결되지 않는 스트레스를 '실행 가능한 구체적 행동의 변화'를 통해 조정하려는 접근이다. 작은 행동의 변화를 통해 성인학습자는 자신이 상황을 통제할 수 있다는 감각을 회복하고, 그 결과 스트레스 반응이 완화되며 학업 지속의 자신감을 얻게 된다. 상담자는 매일 작은 변화를 통해 학습자가 스스로의 리듬을 만들어 가도록 격려하는 것이 중요하다.

4) 관계 및 환경적 개입 전략

관계 및 환경적 개입은 성인학습자가 속한 다양한 인간관계와 생활환경 속에서 경험하는 스트레스를 완화하고, 학습 지속을 돕기 위한 상담적 접근이다. 스트레스는 개인의 내적 요인뿐 아니라 사회적 관계와 환경적 조건의 상호작용 속에서 발생하므로, 상담자는 학습자가 주변의 사람, 제도, 조직, 공동체 자원과 건강한 연결을 맺을 수 있도록 지원해야 한다. 브론펜브레너(Bronfenbrenner, 1979)의 생태체계이론에 따르면, 개인의 발달과 적응은 가족, 직장, 학교, 지역사회 등 여러 체계의 상호작용에 의해 영향을 받는다. 이러한 관점에서 관계 및 환경적 개입은 개인을 둘러싼 환경의 지지 구조를 강화하고, 사회적 통합

(social integration)을 촉진하는 과정을 포함한다.

직무 스트레스의 경우, 조직 내 의사소통과 상호 신뢰가 부족할 때 갈등이 증폭되며 정서적 피로감이 높아진다. 상담자는 학습자가 상사나 동료와의 관계에서 공감적 대화를 실천하고, 자신의 의견과 주장을 단호하되 비공격적인 방식으로 표현하도록 돕는다. 예를 들어 '나 전달법'을 활용하여 "나는 이런 상황에서 부담을 느낀다"고 표현하면, 방어적 태도를 줄이고 협력적 소통이 가능해진다. 또한 직장 내 상담제도나 복지 지원, 근로자 교육 프로그램 등 조직 차원의 자원을 탐색하여 학습자가 심리적 지지와 제도적 배려를 동시에 받을 수 있도록 연결한다. 이러한 지원은 직무 스트레스의 완충 요인으로 작용하며, 직무 환경과 학습활동 간의 균형을 회복하는 데 도움이 된다.

가정 및 생활 스트레스에서는 배우자, 자녀, 부모 등 가까운 관계망이 학습자의 정서 안정에 결정적인 영향을 미친다. 상담자는 가족 구성원 간의 상호 기대와 부담을 명확히 조정하고, 협력적 대화가 이루어질 수 있도록 돕는다. 가족이 학습자의 학업 목표와 필요를 이해하도록 안내하는 동시에, 가족 내 협력적 역할 분담을 구체화하는 것이 중요하다. 또한 학교나 지역사회에서 제공하는 학습상담, 가족상담, 부모교육, 평생학습 지원 프로그램 등을 연계하여 학습자가 가정 내외의 자원을 함께 활용하도록 한다. 가족의 이해와 사회적 지원이 결합될 때 학습자는 가정생활의 부담을 줄이고 학업 지속 의지를 높일 수 있으며, 이는 학습 몰입과 정서적 안정의 기반이 된다.

대인관계 스트레스의 경우, 학습공동체나 직장 내에서의 소속감과 지지가 핵심적인 완충 요인으로 작용한다. 틴토(Tinto, 1993)는 사회적 통합이 학습 지속에 긍정적인 영향을 미친다고 하였으며, 로바이(Rovai, 2002)는 온라인 학습자의 공동체 의식이 몰입과 성취를 높인다고 밝혔다. 상담자는 성인학습자가 또래 학습자, 멘토, 교수자와의 관계를 통해 정서적, 정보적 지지를 얻을 수 있도록 돕고, 집단상담, 스터디그룹, 튜터링, 온라인 커뮤니티 등 협력적 학습 네트워크에 참여하도록 격려한다. 이러한 사회적 연결망은 학습자가 '혼자가 아니다'라는 경험을 통해 심리적 안정을 회복하게 하며, 관계적 지지는 학업 지속성과 자기효능감 향상으로 이어진다.

결과적으로 관계 및 환경적 개입은 개인의 한계를 보완하기 위해 사람과 제도를 연결하는 다층적 접근이라 할 수 있다. 상담자는 학습자가 자신을 둘러싼 관계와 환경을 재구성하도록 돕고, 그 속에서 새로운 자원을 발견할 수 있게 하는 안내자와 조정자의 역할을 수행해야 한다. 이렇게 사회적 지지와 환경적 지원이 강화될 때 성인학습자는 심리적 안정뿐 아니라 실질적인 학업 지속 기반을 마련할 수 있으며, 이는 학습자의 성장과 자아실현을 촉진하는 중요한 발판이 된다.

요약하기

1. 직무 스트레스

- 직무 스트레스는 과중한 업무, 성과 압박, 낮은 자율성 등으로 발생하는 심리적 긴장 상태이다.
- 직무 요구가 높고 자원이 부족하면 피로와 소진이 증가하지만, 상사와 동료의 지원은 이를 완화한다.
- 직무 스트레스 관리 능력은 학습자의 자기효능감과 학업 지속 의지를 높이는 핵심 요인이다.

2. 가정 및 생활 스트레스

- 가정 및 생활 스트레스는 가족 내 역할 충돌과 시간·에너지 불균형에서 비롯된다.
- 배우자나 자녀와의 기대 불일치, 돌봄과 학업의 병행이 주요한 갈등 요인이다.
- 가족의 이해와 협력이 높을수록 학습자는 정서적 안정과 학습 몰입을 유지할 수 있다.

3. 대인관계 스트레스

- 대인관계 스트레스는 의사소통 부족이나 관계적 기대의 불일치에서 발생한다.
- 바운더리(경계)의 불균형은 의존적이거나 단절된 관계를 초래할 수 있다.
- 사회적 지지와 공동체 의식은 대인 갈등을 완화하고 심리적 회복력을 강화한다.

4. 각종 스트레스에 대한 상담 개입 전략

- 스트레스 상담은 인지, 정서, 행동, 관계, 환경의 다차원적 접근을 통해 학습자의 회복을 돕는다.
- 사고의 전환, 감정 조절, 행동 훈련, 관계 및 환경 지원을 통해 자기조절력과 학업 지속성을 높인다.
- 상담자는 학습자가 일상 속에서 실천 가능한 작은 변화를 지속하도록 격려해야 한다.

참고문헌

개인정보보호위원회(2023). 온라인 · 비대면 상담을 위한 개인정보보호 가이드라인. 서울: 개인정보보호위원회.

고수현 · 김지연 · 김은숙 · 박희야 · 오나경(2024). 진로상담의 개념과 특성에 대한 심리상담자의 인식 탐색. 進路敎育硏究, 37(1), 105-135.

고용노동부(n.d.). 근로자직업능력개발법 [최신 개정본]. https://www.law.go.kr

고용노동부 · HRD-Net(n.d.). 국민내일배움카드 제도 안내. https://www.hrd.go.kr

고종식 · 황진수(2010). 직무소진이 직무만족과 조직몰입에 미치는 영향에 관한 연구. 산업경제연구, 23(1), 523-545.

교육부(2024). 2024 평생교육백서.

교육부, 한국교육개발원(2024). 한국 성인의 평생학습 실태(2024).

국가평생교육진흥원(2022). 성인학습자 학습실태 조사 보고서. 서울: 국가평생교육진흥원.

국가평생교육진흥원(2023). 평생교육법의 최근 개정 동향에 관한 소고: 평생학습계좌를 중심으로.

국가평생교육진흥원(2024). 2024 평생교육백서.

국가평생교육진흥원(n.d.). 독학학위제 안내. https://bdes.nile.or.kr

국가평생교육진흥원(n.d.). 평생학습계좌제 안내. https://www.nile.or.kr

국가평생교육진흥원(n.d.). 학점은행제 안내. https://www.cb.or.kr

권대훈(2015). 교육심리학의 이론과 실제. 학지사

권두승(2000). 성인학습 지도방법의 이론과 실제. 교육과학사

권두승 · 조아미(2016). 평생학습사회 실현을 위한 성인학습 및 상담(3판). 교육과학사

김근홍 · 김효정(2016). 노인 평생교육 참여 특성이 사회적 자본에 미치는 영향에 관한 연구. 한국사회복지교육, 33, 29-57.

김동심 · 김실희(2017). 학업복귀 성인학습자의 자기조절학습 및 성취도 예측변인 검증. 평생학습사회, 13(4), 129-150.

김동일 · 신을진 · 이명경 · 김형수(2011). 학습상담. 학지사.

김동일 · 이미나 · 임형택(2022). 성인교육을 위한 성인학습 및 상담. 동문사.

김미영 · 강훈(2016). 성인교육자의 핵심역량 도출과 수준 분석. 교육연구논총, 37(1), 129-156.

김병숙(2010). 직업상담심리학. 시그마프레스.

김봉환(2019). 진로상담의 이론과 실제. 학지사.

김봉환 · 강은희 · 강혜영 · 공윤정 · 김영빈(2018). 진로상담. 학지사.

김성임 · 이제경 (2025). 텍스트 마이닝을 활용한 성인 내담자의 온라인 진로상담 호소문제 분석 : 커리어넷 온라인 진로상담 사례를 중심으로. 학습자중심교과교육연구, 25(3), 345-362.

김신희 · 양은주(2019). 내러티브 분석을 통한 진로 전환기 직장인의 생애 설계 상담(life design counseling)의 적용 연구. 인간발달연구, 26(2), 77-106.

김영빈 · 전용오 · 김병관 · 이자명(2021). 여성 성인학습자의 다중역할갈등 대처방법에 대한 합의적 질적 분석. 학습자중심교과교육연구, 21(21), 823-839.

김영석(2012). 성인학습자의 교육참여 및 학습동기 연구동향분석. *Andragogy Today, 15*(1), 31-62.

리사손(2019). 메타인지학습법. 21세기북스

문요한(2018). 관계를 읽는 시간. 더퀘스트.

법제처(2024). 평생교육법 [최신 개정본]. https://www.law.go.kr

법제처(n.d.). 교육기본법 [최신 개정본]. https://www.law.go.kr

법제처(n.d.). 대한민국 헌법 [최신 개정본]. https://www.law.go.kr

서은경 · 주은선(2017). 사무직 남성의 대인관계문제, 직무 스트레스와 분노반추가 화병증상에 미치는 영향. 사회과학연구논총, 33(2), 29-56.

안다휘 · 이희승(2018). 대학생의 학습전략 효과성 인지, 선호 및 활용. 교육심리연구, 32(3), 321-353.

안진아 · 정애경(2019). 일의 심리학 이론의 한국 진로상담 적용 방안. 상담학연구, 20(2), 207-227.

오현주(2012). 작업자의 계획된 우연과 기회전략이 직업안녕감에 미치는 영향. 경기대학교 대학원 박사학위논문.

은혜경 · 조영미 · 전선미(2014). 원격대학 성인학습자들이 호소하는 학업상담 내용 분석-게시판 상담내용을 중심으로-. 상담학연구, 15(6), 2509-2534.

이강은 · 홍아정(2015). 직장인 성인학습자의 학습특성이 학습성과에 미치는 영향과 일-삶의 균형의 매개효과. 평생교육학연구, 21(2), 109-135.

이신동(2005). Kolb 학습유형에 따른 교수방법 선호도 비교. 아시아교육연구, 6(4), 125-144.

이은경 · 김명진 · 정연희 · 김화민(2020). 학과별 재학생 규모 변화와 학습활동 특성 분석(정책연구 20-11). 서울 : 한국방송통신대학교 원격교육연구소.

이재규 외(2013). 학습상담. 학지사.

이현정 · 손수경 · 장유나 · 홍세희(2019). 다차원적 완벽주의와 학업지연행동의 관계에 대한 다변량 메타분석. 한국청소년연구, 30(4), 159-189.

이형득(1992). 대인관계 심리학. 학문사.

임연욱(2007). 사이버대학 학습자관련 변인과 중도탈락 간의 관계 규명을 위한 실증적 연구. 정보교육학회논문지, 11(2), 205-219.

임효진 · 하혜숙(2017). 원격대학 여성 성인학습자들의 끈기(Grit)와 목표인식, 학업-가정갈등 및 사회적 지지가 학업적응에 미치는 영향. 교육심리연구, 31(1), 59-81.

장미정 · 김문옥 · 유영초 · 이다현 · 임수정 · 전푸름(2021). 생애주기 맞춤형 환경교육 프로그램의 패러다임 연구. 환경교육, 34(4), 452–469.

장순현(2020). 성인대상 진로상담 연구 동향 분석 : 국내 주요 상담학술지를 중심으로 (2009–2018년). 부경대학교 석사학위논문.

전명남(2004). Kolb-McCarthy 학습유형에 따른 심층학습의 차이. 교육심리연구, 18(4), 297-292.

전주성 · 최은혜(2010). 두려움과 좌절을 넘어서 : 사이버대학 학습자들의 정서적 경험 이해하기. 평생교육학연구, 16(2), 93-116.

정기범(2014). 성인 여성학습자의 평생학습 참여동기가학습몰입과 학습성취도에 미치는 영향. HRD연구, 16(3), 159–183.

정혜령(2019). 성인학습자의 '시간 없음' 경험의 의미 탐색 : 방송대생의 사례를 중심으로. 교육문화연구, 25(4), 529-551.

정혜령 · 윤창국 · 우영희(2015). 방송대 학습자의 학업지속 장애요인 극복방안. 서울 : 한국방송통신대학교 원격교육연구소.

조성연 · 박미진 · 문미란(2025). 성인학습 및 상담(3판). 학지사.

주은지 · 최은선(2021). 학습상담. 학지사.

최윤정(2018). 성인학습 및 상담론. 학지사.

탁진국 · 임그린 · 이은주(2015). 경력적응성 척도의 타당화 검증. 한국심리학회지 : 산업 및 조직, 28(4), 591-608.

통계청(2024). 장래인구추계 2024–2070.

한국교육학술정보원(KERIS) · 교육부(n.d.). K-MOOC 소개. https://https://www.kmooc.kr

한국상담심리학회(2022). 상담심리사 윤리규정 및 시행세칙(개정). 서울 : 한국상담심리학회.

한국상담학회(2023). 한국상담학회 윤리강령 및 시행규정(개정). 서울 : 한국상담학회.

허용회(2017). 게으른 사람들의 심리학. 넘버나인.

현영렬 외(2024). 성인학습 및 상담. 양성원.

황매향(2016). 사례에서 배우는 학습상담의 실제. 사회평론아카데미.

황부순 · 이제경(2021). 대학상담자의 진로상담 수행에 대한 적응과정:근거이론 접근. 상담학연구, 22(4), 257-287.

Allport, G. W. (1937). *Personality : A Psychological Interpretation*. New York, NY : Holt, Rinehart & Winston.

American Counseling Association (2014). *ACA code of ethics*. Alexandria, VA : Author.

Anderson, J. R. (2010). *Cognitive psychology and its implications* (7th ed.). New York : Worth Publishers.

Arthur, M. B., & Rousseau, D. M. (1996). *The Boundaryless Career : A New Employment Principle for a New Organizational Era*. Oxford : Oxford University Press.

Atkinson, R. C., & Shiffrin, R. M. (1968). Human memory : A proposed system and its control processes. In K. W. Spence & J. T. Spence (Eds.), *The psychology of learning and motivation* (Vol. 2, pp. 47–89). New York : Academic Press.

Atkinson, R. C., & Shiffrin, R. M. (1968). Human memory : A proposed system and its control processes. In K. W. Spence & J. T. Spence (Eds.), *The psychology of learning and motivation : Advances in research and theory* (Vol. 2, pp. 89–195). New York, NY : Academic Press.

Bahrami, Z., & Cranney, J. (2022). The impact of SMART goal setting on goal attainment and positive affect. *Learning and Motivation, 78*, 101790. https://doi.org/10.1016/j.lmot.2022.101790

Bandura, A. (1977). Self-efficacy : Toward a unifying theory of behavioral change. *Psychological Review, 84*(2), 191–215.

Bandura, A. (1977). *Social learning theory*. Englewood Cliffs, NJ : Prentice-Hall.

Bandura, A. (1986). *Social foundations of thought and action : A social cognitive theory*. Englewood Cliffs, NJ : Prentice-Hall.

Bandura, A. (1997). *Self-efficacy : The exercise of control*. New York, NY : W. H. Freeman.

Bandura, A., Barbaranelli, C., Caprara, G. V., & Pastorellia, C. (2001). Self-Efficacy Beliefs as Shapers of Children's Aspirations and Career Trajectories. *Child Development, 72*(1), 187–206.

Bandura, A., Ross, D., & Ross, S. A. (1961). Transmission of aggression through imitation of aggressive models. *Journal of Abnormal and Social Psychology, 63*(3), 575–582.

Baruch, Y. (2006) Career Development in Organizations and Beyond : Balancing Traditional and Contemporary Viewpoints. *Human Resource Management Review, 16*, 125-138. https://doi.org/10.1016/j.hrmr.2006.03.002

Beck, A. T. (1976). *Cognitive therapy and the emotional disorders*. New York : International Universities Press.

Beck, A. T., Rush, A. J., Shaw, B. F., & Emery, G. (1979). *Cognitive therapy of depression*. New York, NY : Guilford Press.

Beck, J. S. (2011). *Cognitive behavior therapy : Basics and beyond* (2nd ed.). New York, NY :

Guilford Press.

Bereiter, C., & Scardamalia, M. (1989). From conversation to composition : The role of instruction in a developmental process. In L. B. Resnick (Ed.), *Knowing, learning, and instruction : Essays in honor of Robert Glaser* (pp. 171–194). Hillsdale, NJ : Lawrence Erlbaum Associates.

Berg, I. K., & de Shazer, S. (1993). Making numbers talk : Language in therapy. *Contemporary Family Therapy, 15*(5), 421–428.

Biesta, G. (2022). Reclaiming a future that has not yet been : The Faure report, UNESCO's humanism and the need for the emancipation of education. *International Review of Education, 68*(5), 655–672. https://doi.org/10.1007/s11159-021-09921-x

Bingham, R. P. (2002). The issue may be the integration of personal and career issues. *The Counseling Psychologist, 30*(6), 885–890. https://doi.org/10.1177/001100002237761

Broadhurst, P. L. (1957). Emotionality and the Yerkes–Dodson law. *British Journal of Psychology, 48*(1), 1–12.

Bronfenbrenner, U. (1979). *The ecology of human development*. Cambridge, MA : Harvard University Press.

Brookfield, S. (1986). *Understanding and Facilitating Adult Learning : A Comprehensive Analysis of Principles and Effective Practices*. Buckingham : Open University Press.

Brookfield, S. D. (1986). *Understanding and facilitating adult learning*. Jossey-Bass.

Bruning, R. H., Schraw, G. J., Norby, M. M., & Ronning, R. R. (2004). *Cognitive psychology and instruction* (4th ed.). Upper Saddle River, NJ : Pearson/Merrill Prentice Hall.

Buehler, R., Griffin, D., & Ross, M. (1994). Exploring the "planning fallacy" : Why people underestimate their task completion times. *Journal of Personality and Social Psychology, 67*(3), 366–381.

Callanan, M., Cervantes, C., & Loomis, M. (2011). Informal Learning. *Wiley Interdisciplinary Reviews Cognitive Science, 2*, 646-655. https://doi.org/10.1002/wcs.143

Candy, P. C. (1991). *Self-Direction for Lifelong Learning*. Jossey-Bass Inc, San Franciso.

Cardoso, P. (2016). Integrating life-design counseling and psychotherapy : Possibilities and practices. *The Career Development Quarterly, 64*(2), 133–144. https://doi.org/10.1002/cdq.12040

Carkhuff, R. R. (1969). *Helping and human relations : A primer for lay and professional helpers*. New York, NY : Holt, Rinehart & Winston.

Cattell, R. B. (1971). *Abilities : their structure, growth, and action*. Houghton Mifflin.

Cavanaugh, J. C., & Blanchard-Fields, F. (2006). *Adult development and aging* (5th ed.).

Wadsworth/Thomson Learning.

Cepeda, N. J., Vul, E., Rohrer, D., Wixted, J. T., & Pashler, H. (2008). Spacing effects in learning : a temporal ridgeline of optimal retention. *Psychological Science, 19*(11), 1095-1102.

Chun, M. M., Golomb, J. D., & Turk-Browne, N. B. (2011). A Taxonomy of External and Internal Attention. *Annual Review of Psychology, 62*, 73–101.

Clark, S. C. (2000). Work/family border theory : A new theory of work/family balance. *Human Relations, 53*(6), 747–770. https://doi.org/10.1177/0018726700536001

Coombs, P. H., Prosser, R. C., & Ahmed, M. (1973). *New Paths to Learning for Rural Children and Youth*. New York : International Council for Educational Development.

Cooper, C. L., & Marshall, J. (1976). Occupational sources of stress : A review of the literature relating to coronary heart disease and mental ill health. *Journal of Occupational Psychology, 49*(1), 11–28.

Corey, G. (2021). *Theory and practice of counseling and psychotherapy* (10th ed.). Boston, MA : Cengage.

Covey, S. R. (2023), 김경섭(역). 성공하는 사람들의 7가지 습관. 김영사.

Cranton, P. (2006). *Understanding and Promoting Transformative Learning : A Guide for Educators of Adults* (2nd ed.). San Francisco, CA : Jossey-Bass.

Crooke, A., Martínez-Alberquilla, I., Madrid-Costa, D., & Ruiz-Alcocer, J. (2022). Presbyopia : An outstanding and global opportunity for early detection of pre-frailty and frailty states. *Frontiers in Medicine, 9*. https://doi.org/10.3389/fmed.2022.968262

Cross, K. P. (1981). *Adults as learners : Increasing participation and facilitating learning*. San Francisco : Jossey-Bass.

Csíkszentmihályi, M. (1990). *Flow : The psychology of optimal experience*. New York, NY : Harper & Row.

Darwin, C. (1965). *The expression of the emotions in man and animals*. (Reprint of the 1872 ed.). Chicago : University of Chicago Press.

de Shazer, S., & Berg, I. K. (1997). *Interviewing for solutions*. Brooks/Cole.

de Shazer, S., Dolan, Y., Korman, H., McCollum, E., Trepper, T., & Berg, I. K. (2007). *More than miracles : The state of the art of solution-focused brief therapy*. Haworth Press.

Deci, E. L., & Ryan, R. M. (1985). *Intrinsic motivation and self-determination in human behavior*. NY : Plenum.

Deci, E. L., & Ryan, R. M. (2000). The "What" and "Why" of Goal Pursuits : Human Needs and the Self-Determination of Behavior. *Psychological Inquiry, 11*(4), 227–268.

https://doi.org/10.1207/S15327965PLI1104_01

Delors, J. et al. (1996). *Learning : The treasure within*. Paris : UNESCO.

Demerouti, E., Bakker, A. B., Nachreiner, F., & Schaufeli, W. B. (2001). The job demands-resources model of burnout. *Journal of Applied Psychology, 86*(3), 499–512.

Deutsch, M. (1973). *The resolution of conflict : Constructive and destructive processes*. Yale University Press.

Dewey, J. (1933). *How we think : A restatement of the relation of reflective thinking to the educative process*. Boston, MA : D.C. Heath.

Dewey, J. (1938). *Experience and Education*. New York : Macmillan Company.

Donnellan, M. B., & Lucas, R. E. (2008). Age differences in the big five across the life span : Evidence from two national samples. *Psychology and Aging, 23*(3), 558–566. https://doi.org/10.1037/a0012897

Doran, G. T. (1981). There's a S.M.A.R.T. way to write management's goals and objectives. *Management Review, 70*(11), 35–36.

Dunn, R., & Dunn, K. (1978). *Teaching students through their individual learning styles : A practical approach*. Reston, VA : Reston Publishing Company.

Dutton, D. G., & Aron, A. P. (1974). Some evidence for heightened sexual attraction under conditions of high anxiety. *Journal of Personality and Social Psychology, 30*(4), 510–517.

Ebbinghaus, H. (1913). *Memory : A contribution to experimental psychology* (H. A. Ruger & C. E. Bussenius, Trans.). New York : Teachers College, Columbia University. (Original work published 1885).

Egan, G. (2014). *The skilled helper : A problem-management and opportunity-development approach to helping* (10th ed.). Cengage.

Ekman, P. (1992). An argument for basic emotions. *Cognition and Emotion, 6*(3–4), 169–200.

Elliot, A. J., & McGregor, H. A. (2001). A 2 × 2 achievement goal framework. *Journal of Personality and Social Psychology, 80*(3), 501–519.

Ellis, A. (1962). *Reason and emotion in psychotherapy*. New York, NY : Lyle Stuart.

Eraut, M. (2004) Informal Learning in the Workplace. *Studies in Continuing Education, 26*, 247-273. http://dx.doi.org/10.1080/158037042000225245

Erikson, E. H. (1994). *Identity and the Life Cycle*. New York : W. W. Norton & Company.

Faure, E. et al. (1972). *Learning to be : The world of education today and tomorrow*. Paris : UNESCO.

Ferster, C. B., & Skinner, B. F. (1957). *Schedules of Reinforcement*. New York :

Appleton-Century-Crofts.

Flavell, J. H. (1976). Metacognitive aspects of problem solving. *The Nature of Intelligence, 12,* 231-235.

Flavell, J. H. (1979). Metacognition and cognitive monitoring : A new area of cognitive–developmental inquiry. *American Psychologist, 34*(10), 906–911.

Fredrickson, B. L. (2001). The role of positive emotions in positive psychology : The broaden-and-build theory of positive emotions. *American Psychologist, 56*, 218–226.

Freire, P. (1970). *Pedagogy of the oppressed.* New York, NY : Herder and Herder.

French, J. R. P., Rogers, W., & Cobb, S. (1974). Adjustment as a person environment fit. In G. V. Coelho, D. A. Hamburg, & J. F. Adams (Eds.), *Coping and adaptation* (pp. 316-333). NY : Basic Books.

Freud, S. (1900/1953). *The interpretation of dreams* (J. Strachey, Trans.). London, UK : Hogarth Press. (Original work published 1900)

Freud, S. (1923/1961). *The ego and the id* (J. Strachey, Trans.). New York, NY : W. W. Norton. (Original work published 1923)

Freud, S. (1955). *The origins of psycho-analysis* (E. Jones, Ed. & Trans.). Basic Books.

Fuchs, E., & Flügge, G. (2014). Adult neuroplasticity : More than 40 years of research. *Neural Plasticity*, 2014, Article 541870. https://doi.org/10.1155/2014/541870

Garrison, D. R. (1997). Self-directed learning : Toward a comprehensive model. *Adult Education Quarterly, 48*(1), 18–33.

Gladding, S. T. (2018). *Counseling : A comprehensive profession* (8th ed.). Boston, MA : Pearson.

Greenberg, L. S. (2011). *Emotion-focused therapy.* Washington, DC : American Psychological Association.

Greenhaus, J. H., & Beutell, N. J. (1985). Sources and conflict between work and family roles. *The Academy of Management Review, 10*(1), 76–88. https://doi.org/10.2307/258214

Gross, J. J. (2015). Emotion regulation : Current status and future prospects. *Psychological Inquiry, 26*(1), 1–26. https://doi.org/10.1080/1047840X.2014.940781

Grow, G. O.(1996). Teaching learners to be self-directed. *Adult Education Quarterly, 41*(3), 125-149.

Guglielmino, L. M. (1977). *Development of the Self-Directed Learning Readiness Scale.* Doctoral dissertation, University of Georgia.

Hall, D. T. (1976). *Careers in organizations.* Pacific Palisades, CA : Goodyear Publishing.

Hall, D. T. (2004). The protean career : A quarter-century journey. *Journal of Vocational*

Behavior, 65(1), 1–13. https://doi.org/10.1016/j.jvb.2003.10.006

Havighurst, R. J. (1972). *Developmental tasks and education* (3rd ed.). New York : David McKay

Hayes, S. C., Strosahl, K. D., & Wilson, K. G. (1999/2012). *Acceptance and commitment therapy : The process and practice of mindful change* (2nd ed.). New York, NY : Guilford Press.

Hiemstra, R. (1994). Self-directed learning. In T. Husen & T. N. Postlethwaite (Eds.), *The International Encyclopedia of Education* (2nd ed.). Oxford : Pergamon Press.

Hoggan, C. (2016). Transformative Learning as a Metatheory : Definition, Criteria, and Typology. *Adult Education Quarterly, 66*(1), 57–75.

Holland, J. L. (1985). *Making vocational choices : A theory of vocational personalities and work environments*. Englewood Cliffs, NJ : Prentice-Hall.

Holland, J. L. (1992). *Making Vocational Choices : A Theory of Vocational Personalities and Work Environments* (2nd ed.). Odessa, FL : Psychological Assessment Resources, Inc.

Houle, C. O. (1961). *The inquiring mind*. Madison : University of Wisconsin Press.

Hutchins, R. M. (1968). *The learning society*. New York : Praeger.

Illeris, K. (2003). Towards a contemporary and comprehensive theory of learning. *International Journal of Lifelong Education, 22*(4), 396–406.

Ivey, A. E., Ivey, M. B., & Zalaquett, C. P. (2018). *Intentional interviewing and counseling : Facilitating client development in a multicultural society* (9th ed.). Cengage.

Jarvis, P. (1987). *Adult learning in the social context*. London : Croom Helm.

Jarvis, P. (2006). *Towards a comprehensive theory of human learning*. London : Routledge.

Jarvis, P. (2007). *Globalization, lifelong learning and the learning society*. London : Routledge.

Jones, E. (1953). *The life and work of Sigmund Freud* (Vol. 1). Basic Books.

Jones, M. C. (1924). A laboratory study of fear : The case of Peter. *Pedagogical Seminary, 31*, 308–315.

Kahn, R. L., Wolfe, D. M., Quinn, R. P., Snoek, J. D., & Rosenthal, R. A. (1964). *Organizational stress : Studies in role conflict and ambiguity*. New York, NY : Wiley.

Kapp, A. (1833/1971). Die Andragogik oder Bildung im Mannesalter. In H. von Hentig (Ed.), *Andragogik : Grundfragen der Erwachsenenbildung* (pp. 9–24). Weinheim : Beltz.

Karasek, R. A. (1979). Job demands, job decision latitude, and mental strain : Implications for job redesign. *Administrative Science Quarterly, 24*(2), 285–308.

Karasek, R. A., & Theorell, T. (1990). *Healthy work : Stress, productivity, and the reconstruction of working life*. New York : Basic Books.

Kasworm, C. E. (2008). Emotional challenges of adult learners in higher education. *New Directions for Adult and Continuing Education, 120*, 27-34.

Kelly, G. A. (1955). *The psychology of personal constructs*. New York, NY : Norton.

Kendall, P. C., & Braswell, L. (1985). *Cognitive-Behavioral Therapy for Impulsive Children*. NY : Guilford Press

Klassen, R., Krawchuk, L., & Rajani, S. (2008). Academic procrastination of undergraduates : low self-efficacy to self-regulate predicts higher levels of procrastination. *Contemporary Educational Psychology, 33*(4), 915-931.

Klausmeier, H. J., & Goodwin, W. L. (1975). *Learning and human abilities : educational psychology* (3rd ed). New York : Harper & Row.

Knowles, M. S. (1970). *The Modern Practice of Adult Education : Andragogy versus Pedagogy*. New York : Association Press.

Knowles, M. S. (1975). *Self-directed learning : A guide for learners and teachers*. New York, NY : Association Press.

Knowles, M. S. (1980). *The modern practice of adult education : From pedagogy to andragogy*. Chicago, IL : Follett.

Knowles, M. S. (1980). *The Modern Practice of Adult Education : From Pedagogy to Andragogy*. Englewood Cliffs : Prentice Hall/Cambridge.

Knowles, M. S. (1990). *The Adult Learner : A Neglected Species*. Houston, TX : Gulf Publishing Co.

Knowles, M. S., Holton, E. F., & Swanson, R. A. (2015). *The Adult Learner* (8th ed.). New York : Routledge.

Kolb, D. A. (1984). *Experiential Learning : Experience as the Source of Learning and Development*. Englewood Cliffs, NJ : Prentice Hall.

Komarraju, M., & Nadler, D. (2013). Self-efficacy and academic achievement : Why do implicit beliefs, goals, and effort regulation matter? *Learning and Individual Differences, 25*, 67-72.

Kornell, N., & Bjork, R. A. (2007). The promise and perils of self-regulated study. *Psychonomic Bulletin & Review, 14*(2), 219-224.

Krumboltz, J. D. (2009). The Happenstance Learning Theory. *Journal of Career Assessment, 17*(2), 135–154. https://doi.org/10.1177/1069072708328861

Labouvie-Vief, G. (2003). Dynamic integration : Affect, cognition, and the self in adulthood. *Current Directions in Psychological Science, 12*(6), 201–206. https://doi.org/10.1046/j.0963-7214.2003.01262.x

Lane, M., & Saint-Martin, A. (2021). *The impact of Artificial Intelligence on the labour market : What do we know so far?* OECD Social, Employment and Migration Working Papers, No. 256. Paris : OECD Publishing. https://doi.org/10.1787/7c895724-en

Lazarus, R. S., & Folkman, S. (1984). *Stress, appraisal, and coping*. New York : Springer.

Lengrand, P. (1970). *An introduction to lifelong education*. Paris : UNESCO.

Lent, R. W., Brown, S. D., & Hackett, G. (1994). Toward a unifying social cognitive theory of career and academic interest, choice, and performance. *Journal of Vocational Behavior, 45*(1), 79–122. https://doi.org/10.1006/jvbe.1994.1027

Lent, R. W., Brown, S. D., & Hackett, G. (2002). Social cognitive career theory. In D. Brown & Associates (Eds.), *Career choice and development* (4th ed., pp. 255–311). San Francisco, CA : Jossey-Bass.

Levinson, D. J. (1978). *The seasons of a man's life*. New York, NY : Ballantine Books.

Levinson, D. J., & Levinson, J. D. (1996). *The seasons of a woman's life*. New York, NY : Ballantine Books.

Lewin, K. (1946). Action Research and Minority Problems. *Journal of Social Issues, 2*(4), 34–46.

Lieberman, M. D., Eisenberger, N. I., Crockett, M. J., Tom, S. M., Pfeifer, J. H., & Way, B. M. (2007). Putting feelings into words : Affect labeling disrupts amygdala activity in response to affective stimuli. *Psychological Science, 18*(5), 421–428.

Lindeman, E. C. (1926). *The meaning of adult education*. New York, NY : New Republic.

Lindner, S., Aschwanden, D., Zimmermann, J., & Allemand, M. (2021). How do personality traits manifest in daily life of older adults? *European Journal of Ageing, 19*(1), 131–142. https://doi.org/10.1007/s10433-020-00598-z

Martins, T. A., Nunes, J. A., Dias, I., & Menezes, I. (2022). Learning and the experience of social, civic, and political participation in old age. *Adult Education Quarterly, 72*(4), 401–421. https://doi.org/10.1177/07417136221080432

Marzola, P., Melzer, T., Pavesi, E., Gil-Mohapel, J., & Brocardo, P. S. (2023). Exploring the role of neuroplasticity in development, aging, and neurodegeneration. *Brain Sciences, 13*(12), 1610. https://doi.org/10.3390/brainsci13121610

Maslow, A. H. (1954). *Motivation and personality*. New York, NY : Harper & Row.

McCrae, R. R., & Costa, P. T., Jr. (1999). A Five-Factor theory of personality. In L. A. Pervin & O. P. John (Eds.), *Handbook of personality : Theory and research* (2nd ed., pp. 139–153). Guilford Press.

Mehrabian, A., & Wiener, M. (1967). Decoding of inconsistent communications. *Journal of Personality and Social Psychology, 6*(1), 109–114. https://doi.org/10.1037/h0024532

Meichenbaum, D., & Goodman, J. (1971). Training impulsive children to talk to themselves : A means of developing self-control. *Journal of Abnormal Psychology, 77*(2), 115–126.

Merriam, S. B., & Baumgartner, L. M. (2020). *Learning in adulthood : A comprehensive guide.* John Wiley & Sons.

Merriam, S. B., & Bierema, L. L. (2014). *Adult Learning. Linking Theory and Practice.* San Francisco, CA : Jossey-Bass.

Merriam, S. B., & Brockett, R. G. (2007). *The Profession and Practice of Adult Education.* San Francisco : Jossey-Bass.

Merriam, S. B., & Caffarella, R. (1999). *Learning in Adulthood : A Comprehensive Guide* (2nd ed.). San Francisco, CA : Jossey-Bass.

Merriam, S. B., Caffarella, R. S., & Baumgartner, L. (2007). *Learning in Adulthood : A Comprehensive Guide* (3rd ed.). San Francisco : Jossey-Bass.

Mezirow, J. (1978). Perspective transformation. *Adult Education, 28*(2), 100–110.

Mezirow, J. (1991). *Transformative dimensions of adult learning.* San Francisco, CA : Jossey-Bass.

Mezirow, J. (2000). *Learning as transformation : Critical perspectives on a theory in progress.* San Francisco : Jossey-Bass.

Mezirow, J., & Associates. (2000). *Learning as Transformation : Critical Perspectives on a Theory in Progress.* San Francisco, CA : Jossey-Bass.

Mitchell, K. E., Levin, A. S., & Krumboltz, J. D. (1999). Planned happenstance : Constructing unexpected career opportunities. *Journal of Counseling & Development, 77*(2), 115–124. https://doi.org/10.1002/j.1556-6676.1999.tb02431.x

Morstain, B. R., & Smart, J. C. (1976). Educational orientations of faculty : Assessing a personality model of the academic professions. *Psychological Reports, 39*(3, Pt 2), 1199–1211. https://doi.org/10.2466/pr0.1976.39.3f.1199

Neisser, U. (1967). *Cognitive psychology.* New York : Appleton-Century-Crofts.

OECD, & Statistics Canada. (2005). *Learning a living : First results of the Adult Literacy and Life Skills Survey.* OECD Publishing / Statistics Canada.

OECD. (2018). OECD S*kills Strategy 2018 : Skills for jobs and life.* Paris : OECD Publishing.

OECD. (2023). *Education at a Glance 2023 : OECD Indicators.* OECD Publishing.

OECD. (2025). *Introducing the OECD AI Capability Indicators : The AI and the Future of Skills (AIFS) Project.* Paris : OECD Publishing.

Ogbo, E., Brown, T., Gant, J., & Sicker, D. (2021). When being connected is not enough : An analysis of the second and third levels of the digital divide in a developing country.

Journal of Information Policy, 11, 104–133. https://doi.org/10.5325/jinfopoli.11.2021.0104

Ormrod, J. E. (2008). 인간의 학습(김인규 · 여태철 · 윤경희 · 임은미 · 임진영 · 황매향 역). 서울 : 시그마프레스.

Orona, G. A., Eccles, J. S., Solanki, S., Copp, D. A., Dang, Q.-V., & Arum, R. (2025). The structure of adult thinking : A network approach to (meta)cognitive processing. *Learning and Individual Differences, 117*, 102584. https://doi.org/10.1016/j.lindif.2024.102584

Parsons, F. (1909). *Choosing a Vocation*. Boston, MA : Houghton Mifflin.

Patterson, C. H. (1966). Theories of counseling and psychotherapy. Harper + Row.

Paul, G. L. (1966). *Insight vs. desensitization in psychotherapy : An experiment in anxiety reduction*. Stanford University Press.

Pavlov, I. P. (1927). *Conditioned Reflexes : An Investigation of the Physiological Activity of the Cerebral Cortex*. London : Oxford University Press.

Pekrun, R. (2006). The control–value theory of achievement emotions : Assumptions, corollaries, and implications for educational research and practice. *Educational Psychology Review, 18*(4), 315–341.

Pekrun, R. (2024). Control-Value Theory : From Achievement Emotion to a General Theory of Human Emotions. *Educational Psychology Review, 36*(3), 36-83.

Piaget, J. (1952). *The origins of intelligence in children*. New York, NY : International Universities Press.

Pintrich, P. R. (2002). The role of metacognitive knowledge in learning, teaching, and assessing. *Theory into Practice, 41*(4), 219–225.

Pintrich, P. R., & De Groot, E. V. (1990). Motivational and self-regulated learning components of classroom academic performance. *Journal of Educational Psychology, 82*(1), 33-40.

Pintrich, P. R., & Schunk, D. H. (2002). *Motivation in education : Theory, research, and applications* (2nd ed.). Upper Saddle River, NJ : Merrill Prentice Hall.

Pratt, D. D. (1993). Andragogy after twenty-five years. In S. B. Merriam (Ed.), *Adult Learning Theory : An Update* (pp. 15–23). San Francisco : Jossey-Bass.

Prince, J. B., Davis, H. L., Tan, J., Muller-Townsend, K., Markovic, S., Lewis, D. M. G., Hastie, B., Thompson, M. B., Drummond, P. D., Fujiyama, H., & Sohrabi, H. R. (2024). Cognitive and neuroscientific perspectives of healthy ageing. *Neuroscience & Biobehavioral Reviews, 161*, 105649. https://doi.org/10.1016/j.neubiorev.2024.105649

PwC. (2025). *Global AI Jobs Barometer 2025 : AI linked to fourfold productivity growth and 56% wage premium*. London : PwC Global Research.

Quick, J. C., Quick, J. D., Nelson, D. L., & Hurrell, J. J. Jr. (1997). *Preventive stress management in organizations*. Washington, DC : American Psychological Association.

Reeve, J. (2018). 동기와 정서의 이해(김아영 · 도승이 · 신태섭 · 이우걸 · 이은주 · 장형심 역). 서울 : 박학사.

Renaud, J., & Bédard, E. (2013). Depression in the elderly with visual impairment and its association with quality of life. *Clinical Interventions in Aging, 8*, 931–943. https://doi.org/10.2147/CIA.S27717

Ricoeur, P. (1970). *Freud and philosophy : An essay on interpretation*. New Haven : Yale University Press.

Roberts, B. W., Walton, K. E., & Viechtbauer, W. (2006). Patterns of mean-level change in personality traits across the life course : A meta-analysis of longitudinal studies. *Psychological Bulletin, 132*(1), 1–25. https://doi.org/10.1037/0033-2909.132.1.1

Rogers, C. R. (1951). *Client-centered therapy : Its current practice, implications and theory*. Boston, MA : Houghton Mifflin.

Rogers, C. R. (1957). The necessary and sufficient conditions of therapeutic personality change. *Journal of Consulting Psychology, 21*(2), 95–103. https://doi.org/10.1037/h0045357

Rogers, C. R. (1961). *On becoming a person : A therapist's view of psychotherapy*. Boston : Houghton Mifflin.

Rovai, A. P. (2002). Building sense of community at a distance. *International Review of Research in Open and Distance Learning, 3*(1). 1-16.

Ryan, R. M., & Deci, E. L. (2008). Self-determination theory and the role of basic psychological needs in personality and the organization of behavior. In O. P. John, R. W. Robins, & L. A. Pervin (Eds.), *Handbook of personality : Theory and research* (3rd ed., pp. 654–678). The Guilford Press.

Savickas, M. L. (2005). The Theory and Practice of Career Construction. In S. D. Brown, & R. W. Lent (Eds.), *Career Development and Counseling : Putting Theory and Research to Work* (pp. 42-70). Hoboken, NJ : John Wiley.

Savickas, M. L. (2011). *Career counseling*. Washington DC : American Psychological Association.

Savickas, M. L. (2013). Career construction theory and practice. In S. D. Brown & R. W. Lent (Eds.), *Career development and counseling : Putting theory and research to work* (2nd ed., pp. 147–183). Hoboken, NJ : Wiley.

Savickas, M. L. (2013). *Ten Ideas That Changed Career Development : A Monograph to Celebrate the Centennial of the National Career Development Association* (1913-2013). National Career Development Association. http://www.people.ku.edu/~tkrieshok/epsy846/10_ide

as_37.pdf

Savickas, M. L., & Porfeli, E. J. (2012). Career Adapt-Abilities Scale : Construction, reliability, and measurement equivalence across 13 countries. *Journal of Vocational Behavior, 80*(3), 661–673. https://doi.org/10.1016/j.jvb.2012.01.011

Schlossberg, N. K. (1981). A model for analyzing human adaptation to transition. *The Counseling Psychologist, 9*(2), 2–18. https://doi.org/10.1177/001100008100900202

Schugurensky, D. (2000). The Forms of Informal Learning : Towards a Conceptualization of the Field. NALL Working Paper No. 19.

Schunk, D. H. (2020). *Learning Theories : An Educational Perspective* (8th ed.). Pearson.

Shields, G. S., Moons, W. G., Tewell, C. A., & Yonelinas, A. P. (2016). The effect of negative affect on cognition : Anxiety, not anger, impairs executive function. *Emotion, 16*(6), 792 –797.

Siegel, I. H. (2000). Toward developing a universal code of ethics for adult educators. *PAACE Journal of Lifelong Learning, 9*, 39–64.

Siegrist, J. (1996). Adverse health effects of high-effort/low-reward conditions. *Journal of Occupational Health Psychology, 1*(1), 27–41.

Skinner, B. F. (1938). *The Behavior of Organisms : An Experimental Analysis.* New York : Appleton-Century.

Solomon, L. J., & Rothblum, E. D. (1984). Academic procrastination : Frequency and cognitive-behavioral correlates. *Journal of Counseling Psychology, 31*(4), 503–509.

Sommers, M. S., Hale, S., Myerson, J., Rose, N., Tye-Murray, N., & Spehar, B. (2011). Listening comprehension across the adult lifespan. *Ear and Hearing, 32*(6), 775–781. https://doi.org/10.1097/AUD.0b013e3182234cf6

Spear, G. E. (1988) Beyond the organizing circumstances : A search for methodology for the study of self-directed learning. In H. B. Long and Associates(eds.), *Self-Directed Learning : Application & Theory.* GA : University of Georgia, Athens.

Statistics Canada & OECD. (2005). *Learning a living : First results of the adult literacy and life skills survey.* Ottawa : Statistics Canada / OECD.

Super, D. E. (1957). *The psychology of careers.* New York, NY : Harper & Row.

Super, D. E. (1980). A life-span, life-space approach to career development. *Journal of Vocational Behavior, 16*(3), 282–298. https://doi.org/10.1016/0001-8791(80)90056-1

Super, D. E., Savickas, M. L., & Super, C. M. (1996). The life-span, life-space approach to careers. In D. Brown, L. Brooks, & Associates (Eds.), *Career choice and development* (3rd ed., pp. 121-178). San Francisco : Jossey-Bass.

Taylor, E. W. (2007). An update of transformative learning theory : A critical review of the empirical research (1999–2005). *International Journal of Lifelong Education, 26*(2), 173–191.

Taylor, S. E., & Stanton, A. L. (2022). 건강심리학(조성근 외, 역). 서울 : 시그마프레스.

Thorndike, E. L. (1898). Animal Intelligence : An Experimental Study of the Associative Processes in Animals. *Psychological Review Monograph Supplements, 2*(4), 1–109.

Tinto, V. (1993). *Leaving college : Rethinking the causes and cures of student attrition.* Chicago : University of Chicago Press.

Tough, A. (1971). *The adult's learning projects.* Toronto : Ontario Institute for Studies in Education.

Tough, A. (1971). *The adult's learning projects : A fresh approach to theory and practice in adult learning.* Toronto : Ontario Institute for Studies in Education.

Tough, A. (1979). *The adult's learning projects : A fresh approach to theory and practice in adult learning* (2nd ed.). Toronto : Ontario Institute for Studies in Education.

Vogelsang, E. M., Shultz, K. S., & Olson, D. A. (2018). Emotional well-being following a later-life career change : The roles of agency and resources. *The International Journal of Aging and Human Development, 87*(4), 327-346. https://doi.org/10.1177/0091415017745972

Vygotsky, L. S. (1978). *Mind in society : The development of higher psychological processes.* Cambridge, MA : Harvard University Press.

Walters, S. (2005). The learning society revisited. *Comparative Education, 41*(2), 243–260. https://doi.org/10.1080/03050060500035545

Watson, J. B. (1924). *Behaviorism* (Revised edition). New York : W. W. Norton & Company.

Watson, P. (2005). *Ideas : A history of thought and invention, from fire to Freud.* New York, NY : HarperCollins.

Weiner, B. (1979). A theory of motivation for some classroom experiences. *Journal of Educational Psychology, 71*(1), 3–25.

Weinstein, C. E., & Mayer, R. E. (1986). The teaching of learning strategies. In M. C. Wittrock (Ed.), *Handbook of research on teaching* (3rd ed., pp. 315–327). New York : Macmillan.

White, M., & Epston, D. (1990). *Narrative means to therapeutic ends.* New York, NY : Norton.

Wigfield, A., & Eccles, J. S. (1992). The development of achievement task values : A theoretical analysis. *Developmental Review, 12*(3), 265–310.

William, T., & William, K. (2010). Self-Efficacy and Performance in Mathematics : Reciprocal

Determinism in 33 Nations. *Journal of Educational Psychology, 102*(2), 453–466.

Wingfield, A., McCoy, S. L., Peelle, J. E., Tun, P. A., & Cox, L. C. (2006). Effects of adult aging and hearing loss on comprehension of rapid speech varying in syntactic complexity. *Journal of the American Academy of Audiology, 17*(7), 487–497. https://doi.org/10.3766/jaaa.17.7.4

Wollfolk, A. (2015). 교육심리학(김아영 · 안도희 · 이미순 · 임성택 · 장형심 역). 박학사.

Wolpe, J. (1958). *Psychotherapy by reciprocal inhibition.* Stanford University Press.

Zimmerman, B. J. (1989). A social cognitive view of self-regulated academic learning. *Journal of Educational Psychology, 81*(3), 329–339.

Zimmerman, B. J. (2000). Attaining self-regulation : A social cognitive perspective. In M. Boekaerts, P. R. Pintrich, & M. Zeidner (Eds.), *Handbook of self-regulation* (pp. 13–39). San Diego, CA : Academic Press.

저/자/약/력

■ 김현진
미국 텍사스 주립대학교 철학박사(교육심리 전공)
서울사이버대학교 상담심리학과 정교수

■ 이수란
연세대학교 철학박사 (산업및조직심리 전공)
명지대학교 청소년지도학전공 조교수

■ 최혜라
서울대학교 박사수료(상담및임상심리 전공)
서울사이버대학교 상담심리학과 조교수

평생교육사를 위한

성인학습 및 상담

| 공저자 | 김현진 · 이수란 · 최혜라

| 1판 1쇄 | 발행 2026년 1월 20일

| 발행인 | 김동훈
| 발행처 | **공동체**

| 주　　소 | 경기도 고양시 일산동구 호수로 358-39, 동문타워 I 905호(백석동)
| 전　　화 | 031)814-3000(대표)
| 팩　　스 | 031)814-3100
| 홈페이지 | http://www.compub.co.kr
| 전자우편 | compub@naver.com
| 출판등록 | 2005년 10월 6일
| 등록번호 | 제396-2005-36호

| ISBN | 979-11-7554-058-3
정가 21,000원